GERD WANGE

Deutschtum

*Deutschsein
im 20. Jahrhundert*

novum pro

Dieses Buch ist auch als
e-book
erhältlich.

w w w . n o v u m v e r l a g . c o m

Bibliografische Information
der Deutschen Nationalbibliothek:

Die Deutsche Nationalbibliothek
verzeichnet diese Publikation in
der Deutschen Nationalbibliografie.
Detaillierte bibliografische Daten
sind im Internet über
http://www.d-nb.de abrufbar.

Gedruckt in der Europäischen Union
auf umweltfreundlichem, chlor- und
säurefrei gebleichtem Papier.

© 2022 novum Verlag

ISBN 978-3-99131-563-6
Lektorat: Alexandra Eryiğit-Klos
Umschlagfoto:
Berlinpictures | Dreamstime.com
Umschlaggestaltung, Layout & Satz:
novum Verlag

www.novumverlag.com

Climate neutral
Print product
ClimatePartner.com/16547-2201-1002

INHALTSVERZEICHNIS

„Das 20. Jahrhundert hat uns in extreme Lagen menschlicher Existenz geführt."

Richard von Weizsäcker
1984–1994 Bundespräsident der
Bundesrepublik Deutschland

„Was die jetzige Regierung als nationale Gesinnung vorschreibt, ist nicht mein Deutschtum. Die Zentralisierung, den Zwang, die brutalen Methoden, die Diffamierung Andersdenkender, das prahlerische Selbstlob halte ich für undeutsch und unheilvoll."

Die deutsche Schriftstellerin, Philosophin und
Historikerin Ricarda Huch im April 1933 an die
Preußische Akademie der Künste

„Wie weit haben sich die Deutschen von ihrer Geschichte entfernt? Das Wort Vaterland geht heute niemandem mehr über die Lippen. Nicht nur, weil es während der Nazizeit pervertiert und mit Blut befleckt wurde, sondern auch, weil es einer Welt zugeordnet ist, die für uns nicht mehr existiert."

Marion Gräfin Dönhoff
Publizistin

„Man kann Deutschland nur mit gebrochenem Herzen lieben."

Bundespräsident Frank-Walter Steinmeier
zum 75. Jahrestag des Kriegsendes

VORREDE

Manchem Leser werden die im vorliegenden Buch gemachten Ausführungen über die beiden menschenverachtenden Weltkriege und ihre Folgen zweifelsfrei zu sehr ins Detail gehen. Doch das hat seine Bewandtnis. Bei meinen sich über viele Jahre hinziehenden Recherchen musste ich feststellen, dass die Mehrheit der Deutschen in Gesprächen auf das Thema „Drittes Reich", Judenverfolgung und Nachkriegschaos nicht selten mit Überdruss und Unbehagen reagierte – insbesondere in Bezug auf die unerschöpflichen Berichterstattungen in den Massenmedien. Nirgends zeigte sich dies deutlicher als im Umgang und in der Auseinandersetzung mit dem Holocaust. Dieser geriet zuweilen in scharfem Gegensatz zu den Erinnerungen der Eltern und Großeltern, die von der Angst im Bombenkeller erzählten, während sie die jüdischen Nachbarn, die plötzlich verschwunden waren, allenfalls beiläufig erwähnten. Täter- und Opfergeschichte standen unerträglich unverbunden nebeneinander.

Was die deutsche Geschichte des 20. Jahrhunderts betrifft, zeigen zahlreiche Studien ein bedenkliches Wissensdefizit unter den Angehörigen der Nachkriegsgenerationen, also unter den Kindern, Enkeln und Urenkeln. Dies gilt insbesondere für die neuen Bundesländer, was eingedenk des offensiv vertretenen Antifaschismus – ein zentraler Aspekt des ideologisch-politischen Legitimationssystems des DDR-Regimes – erstaunlich ist. Nach ihren Ergebnissen kann ein Fünftel der Jugendlichen im Alter von 14–17 Jahren mit dem Begriff „Auschwitz" oder „Treblinka" – Inbegriff für die Ermordung europäischer Juden – nichts mehr anfangen. Nach über 75 Jahren der Befreiung der Insassen aus den Konzentrationslagern wollen unzählige Menschen nichts mehr von der beschämenden Vergangenheit hören. Die Wahrheit über den Holocaust ist ein Statement gegen jene, die bis heute die Vernichtung des europäischen Judentums verdrängen, relativieren oder gar leugnen. Heute brennen wieder israelische Flaggen, Gedenksteine an den Holocaust und Grabsteine auf jüdischen Friedhöfen werden geschändet und auf vielen Schulhöfen ist „Jude" als Schimpfwort gegenwärtig. *„Nichts gehört der Vergangenheit an, alles ist noch Gegenwart und kann wieder Zukunft werden"* (Fritz Bauer, 1903–1968, ehem. hessischer Generalstaatsanwalt und Streiter für die Demokratie).

Ein Großteil der jungen Leute weiß bedauerlicherweise wenig über historische Hintergründe. Einer Studie zufolge können viele nicht zwischen Demokratie und Diktatur unterscheiden – und haben auch sonst ein mäßiges Wissen über die politischen und historischen Ereignisse in Deutschland. Jahrzehntelang gaben die Generationen, die Krieg und Judenverfolgung erlebt und erlitten hatten, wenn auch erst spät, ihre Erlebnisse weiter – in den Familien, in biografischen Berichten, als Zeitzeugen in den Medien. Doch tritt dieser Bezug zu den Menschheitskatastrophen im 20. Jahrhundert immer mehr in den Hintergrund. Für die nachgeborenen Generationen wird es immer schwieriger, authentische Stimmen aus dieser Zeit zu finden. Schließlich sind die Großeltern heutiger Teenager schon „Nachkriegskinder".

Geschichte – für manch einen ist das eine mehr oder weniger trockene Angelegenheit, eine Anhäufung von Namen und Daten, die man in der Schule gelernt und danach schnell wieder vergessen hat. Dass Geschichte eben nicht nur aus leblosen Jahreszahlen und nüchternen Fakten besteht, dass Geschichte lebendig wird, wenn man sie erzählt, dass sie immer und in erster Linie die Geschichte von Menschen ist, dass Geschichte einmal Leben war mit allem, was dazugehört, mit Hoffnungen und Ängsten, mit Leidenschaft und Träumen, Krankheiten und menschlichem Elend, dass Geschichte einmal Alltag war und die ganz persönliche Erfahrung einer namenlosen Zahl von Frauen, Männern und Kindern, all dies soll in diesem Buch zur Sprache kommen.

Das 20. Jahrhundert hat die Menschheit nach vorn katapultiert wie kein Jahrhundert zuvor. Doch Fortschritt und Konkurrenzstreben zeigen auch ihre dunkle Seite. Keine Generation wurde so gebeutelt wie die um die Jahrhundertwende geborene. Der Gang der deutschen Geschichte ließ ihnen erst spät Zeit zum Aufatmen: Erster Weltkrieg, Inflation, Weltwirtschaftskrise, NS-Zeit, Zweiter Weltkrieg, Nachkriegszeit, Währungsreform, Wiederaufbau. Ereignisse, die in vielen Familien tiefe Spuren hinterlassen haben. Nach der Barbarei zweier Weltkriege entwickelte der Mensch erstmals globale Instrumente, die stärker als jemals zuvor dabei helfen sollten, Kriege zu verhindern und Frieden zu sichern – wie die Gründung der Vereinten Nationen und die Allgemeine Erklärung der Menschenrechte. Bedauerlicherweise sind bis heute nur wenige Erwartungen erfüllt worden.

Der heute eher selten benutzte Begriff „Deutschtum" steht für die Wesensart des deutschen Volkstums, das Sein und den Charakter der Deutschen sowie als Bezeichnung für die unvergleichlichen Eigenarten, die sich neben der gemeinsamen Sprache durch das Zusammenwirken physischer, geografischer und geschichtlicher Ursachen herausgebildet haben. Es bezieht sich auf die ganze geistige und materielle deutsche Kultur, schließt alle Angehörigen deutscher Zunge ein, die innerhalb Deutschlands, Österreichs und des größten Teils der Schweiz leben, sowie diejenigen, die über das übrige Europa und die ganze Welt verbreitet sind. Volksdeutsche war in der Zeit des Nationalsozialismus eine Bezeichnung für außerhalb des Deutschen Reichs in den Grenzen von 1937 und Österreichs lebende Personen deutscher Volkszugehörigkeit, vor allem in Ost- und Südeuropa. Davor war es üblich, sie als „Auslandsdeutsche" zu bezeichnen.

Deutschtum, Anfang des 19. Jahrhunderts zuerst ironisch gebraucht, ersetzte das ältere Deutschheit. Für die Vertreter des „Alldeutschen Verbands" bedeutete *alldeutsch*, dass seine Mitglieder deutscher als die Deutschen sein sollten, also eben sehr deutsch. Man musste also eine besondere nationale Gesinnung aufweisen, um als *„Alldeutscher"* Anerkennung zu finden. *„Alldeutsch"* war quasi eine Steigerungsform von *„deutsch"*. Viele Mitglieder dieses Verbandes stammten aus dem Bildungsbürgertum, waren Lehrer und Professoren und hatten damit auch großen Einfluss auf die Jugend. Für diese galt das Deutschtum und das *„deutsche Wesen"* als Vorbild für alle, und das Schlimmste an diesem Denken war das Überlegenheitsgefühl gegenüber allem, was sie selbst als *„nicht deutsch"* betrachteten. Die *„Alldeutschen"* wollten das Deutschtum fördern und gegen die Minderheiten im Deutschen Reich – vor allem gegen die Polen, die in Westpreußen und Oberschlesien lebten, sowie die Franzosen im Elsass – vorgehen. Der Alldeutsche Verband wurde im Laufe der Zeit immer radikaler. Selbst die national eingestellte Politik Wilhelms II. reichte dem Verband noch nicht aus und man stellte sich sogar gegen Kaiser und die Reichsleitung. Der Glaube an das Recht des Stärkeren prägte das Denken des Verbandes. Der Wunsch nach *„Lebensraum im Osten"* und der Ausbreitung der Deutschen Richtung Osten war eines der wesentlichen Ziele. Zu den prominenten Gründungsmitgliedern des Verbands zählte der Unternehmer Alfred Hugenberg, der während der Weimarer Republik die rechten Parteien unterstützte und später zum Wegbereiter des Nationalsozialismus wurde. Der erste Reichskanzler des Deutschen Reiches, Graf Otto von Bismarck, war sogar Ehrenmitglied im Alldeutschen Verband. Durch ihre mutmaßliche Dominanz taten sich nicht selten einige Mitglieder durch markige Sprüche hervor, die später oftmals von den Nationalsozialisten kopiert wurden. Im Jahre 1935 gründete der SS-Reichsführer Heinrich Himmler die Forschungsgemeinschaft *Ahnenerbe e. V.* als Studiengesellschaft für deutsche Geistesurgeschichte. Im Vordergrund standen archäologische, anthropologische und geschichtliche Forschungen. Hingegen beteiligte sich das *Ahnenerbe* während der Nazizeit am systematischen Kunstraub und führte verbrecherische und grausame Menschenversuche durch.

Dieses Buch beschränkt sich explizit auf das Deutschtum oder Deutschsein im 20. Jahrhundert, weil in diesen zehn Dekaden der Werdegang Deutschlands insbesondere von Geschehnissen geprägt wurde, zu denen es bis dahin keine Parallelen gab. Das Jahrhundert war geformt von aggressivem Nationalismus, kriegerischen Auseinandersetzungen, der Hölle zweier Weltkriege und damit einhergehend tiefgreifenden Veränderungen, ethnischen Auseinandersetzungen und Gebietsstreitigkeiten, Klassen- und Generationskonflikten, Entwicklungslinien der Politik, Wirtschaft sowie Kultur und Gesellschaft. Dabei dürfen wir Deutsche nicht vergessen, dass die Geschichte unserer Nachbarvölker (kein zweites Land in Europa grenzt an so viele Nachbarstaaten) und ihre Kultur eng mit der unseren verbunden ist und dass zum Teil eine leidvolle und blutige Verknüpfung besteht, die uns Deutsche mehr zum Dialog verpflichtet als andere Völker.

Jedes Jahrzehnt brachte bahnbrechende Veränderungen mit sich sowie technische Errungenschaften, aber auch sozialen und politischen Wandel. Wo wären wir heute, wenn viele in den Sechziger- und Siebzigerjahren nicht für Frauenrechte, Umwelt und Frieden auf die Straße gegangen wären? Jede Generation verbindet mit ihrer Jugend ein bestimmtes Lebensgefühl, eng verknüpft mit Mode, Musik und politischen Meilensteinen jener Zeit. Wenn wir uns daran erinnern, verfallen wir gerne in nostalgische Schwärmereien: *„Früher war alles besser"*, *„Früher war alles billiger"*, *„Früher hatte man mehr Freizeit"* oder *„Früher war die Jugend noch politisch engagierter"*. Es gab weniger Leistungsdruck und die Dinge hatten mehr Beständigkeit. Reden wir uns dabei die Vergangenheit etwa nur schön? Was ist Nostalgie und was macht sie mit uns? Hängen bleibt in der Regel das Positive. Erinnerungen geben uns ein warmes Gefühl der Geborgenheit und gleichzeitig den bittersüßen Beigeschmack, dass Vergangenes nun mal unwiederbringlich verloren ist.

Generationen von Frauen und Männern haben Deutschlands Geschichte geprägt. Einen Zeitraum, der den Übergang von der Pferdekutsche zur Raumfahrt, vom ersten Telefon zur Datenautobahn erlebt hat. Erfindergeist und der Ehrgeiz der Bewohner haben das Land groß gemacht und immer mehr Menschen dazu verleitet, vom Land in die Stadt zu ziehen. Kein Land in Europa hat so viele Städte wie Deutschland. Aber es gab lange Zeit keine alles überragende Hauptstadt wie London oder Paris. Der Grund: Bis Ende des 18. Jahrhunderts war Deutschland das Land der Kleinstaaterei. Es gab über 300 beinahe selbstständige Staaten, die meisten davon im Miniformat. Und jeder Herrscher leistete sich seine eigene Residenzstadt. Bis nach dem Ersten Weltkrieg waren für die meisten Menschen Autoritäten sehr wichtig. Sie bewunderten Titel, verehrten den Adel und das Militär. Viele Deutsche sahen sich – anders als die Bürger anderer Länder – immer in erster Linie als Untertanen ihres Staates, ihrer Nation. Man passte sich an und hatte große Angst vor jeder – meist selbstüberzogenen – Amtsperson. Der Schriftsteller Heinrich Mann hat dieser Figur des deutschen Untertanen in seinem beachtenswerten Roman „Der Untertan" ein Denkmal gesetzt. Er persifliert unübertrefflich die damalige Zeit und analysiert eindrucksvoll die wilhelminische Epoche. Heinrich Manns Protagonist Diederich Heßling ist ein Kind seiner Zeit, ein Machtmensch, der nach oben buckelt und nach unten tritt. Heßling ist obrigkeitshörig, feige und ohne Zivilcourage. Er ist ein Mitläufer und Konformist. Mit ironischer Distanz erzählt der Autor Heßlings Lebensgeschichte von dessen Kindheit bis hin zur Sicherung seiner Stellung in der wilhelminischen Gesellschaft.

Geschichte ist ein faszinierendes Thema, hat es doch mit uns selbst zu tun. Unsere Vorgeschichte zu kennen, hilft uns, das Heute zu meistern und das Morgen zu erreichen. Wer seine Wurzeln sucht, wird nur in der Geschichte fündig. Fragen entstehen. Aus dem Woher kommt das Wohin, das Warum. Warum hat sich Geschichte so ereignet? Welche Alternativen gab es? Mit dem Bewusstsein für unsere eigene Geschichte lässt sich die Gegenwart besser verstehen und die Zukunft meistern. Es ist eine gewaltige Herausforderung, Geschichte zu erzählen, denn wir bekommen nur Überliefertes, manchmal nur vom Hörensagen Aufgeschriebenes.

Gleichwohl möchte ich nicht, dass eines Tages jüngere Generationen bei geschichtsrevisionistischen Scharlatanen landen, die neuerdings wieder Erinnerungen an 1933 wachrufen, Gaskammern in KZs leugnen, Überlebende des Holocaust beleidigen, mit ihrem rechtsextremen Gedankengut für ein „Viertes Reich" propagieren und somit zunehmend Anlass für die schlimmsten Befürchtungen geben. Es gibt beängstigende Parallelen zur Weimarer Republik, in der Verleumdung, Hass und Niedertracht hoffähig geworden sind. Der aufkeimende Neonazismus findet mittlerweile nicht nur auf der Straße statt, sondern auch in den Parlamenten, wo ein schleichender Verfall unserer politischen Kultur festzustellen ist und wo einige Volksvertreter derzeit im Wochenrhythmus antisemitische und rassistische Äußerungen von sich geben. Oft hat man den Eindruck, dass Antisemitismus hierzulande wieder offiziell legitimiert ist.

Ich würde mir wünschen, dass die heutige Jugend Deutschlands zukünftig ausschließlich über die zwei Weltkriege des 20. Jahrhunderts liest, aber niemals einen dritten durchmachen muss.

Gerd Wange, im Mai 2022

DEUTSCHTUM

Das Deutschtum ist tief verwurzelter Grundstock der eigenen Identität, obwohl es jahrhundertelang keine Deutschen im eigentlichen Sinn gab. Genauso wenig hat es die Germanen als einheitliches Volk nie gegeben. Hinter der Bezeichnung verbergen sich zahlreiche Sippen und Stämme, die ab Mitte des 6. Jahrhunderts v. Chr. in Mittel- und Nordeuropa gelebt haben und die unterschiedlicher nicht sein konnten. Es gibt kaum ein europäisches Land, das nicht auf germanische Ahnen zurückblicken kann. *„Wild blickende blaue Augen, rötliches Haar und große Gestalten, die allerdings nur zum Angriff taugen."* So abfällig beschrieben die Römer die Barbaren östlich des Rheins. Gemeint waren die Germanen, die selbst ihren Namen einem Römer zu verdanken hatten. Julius Caesar soll sie in seiner Abhandlung über den Gallischen Krieg so genannt haben, nachdem ihm bei seinen Streifzügen durch Germanien gewisse Prototypen über den Weg gelaufen sein sollen. Er fand sie muskulös und kriegerisch, jedoch diszipliniert. Außerdem schienen sie in einer Art kommunistisch-nudistischem Familienverband zu leben und strenge Paläodiät (Steinzeitdiät) zu halten. So jedenfalls verkaufte es Caesar seinen Römern, von denen er fand, sie könnten sich ein Vorbild nehmen am nordischen Lifestyle. (Gab es damals schon diesen Begriff?) Allerdings ließen die Herrscher vom Tiber in ihrer Heimat kein gutes Haar an dieser kulturlosen nordischen Rasse. Der Geschichtsschreiber Tacitus (dem es lediglich die *„entblößten Brüste"* der germanischen Weiblichkeit antaten) beschreibt sie ansonsten als grauenerregendes, durch Wälder und Sümpfe umherstreifendes Gesindel. Der Historiker Johannes Fried behauptet, dass es völliger Unsinn sei, Germanen und Deutsche gleichzusetzen. Ein deutsches Volk habe sich erst im Laufe des Mittelalters herausgebildet – aus einem multikulturellen Vielvölkergemisch, das sich unter anderem aus keltischen und germanischen Stämmen, Römern und Slawen zusammengesetzt habe. Zögerlich, von ihnen selbst unbemerkt und ohne Absicht, hätten die Bewohner weiter Teile Mitteleuropas schließlich das Bewusstsein entwickelt, Deutsche zu sein. *„Schon gar nicht existiert ein zeitlich weit zurückreichendes und nach außen abgrenzbares deutsches Wesen"*, ergänzt der Forscher. Die deutsche Sprache, lange Zeit roh und tumb, entwickelte sich erst in Auseinandersetzung mit dem Lateinischen zu kultureller Blüte.

Wir alle tragen das Erbe anderer Kulturen in uns. Nur sind einige von uns dieser Kultur zeitlich näher als andere. Aber wir alle entstammen einer anderen Wurzel. So ist eigentlich jeder Deutsche auch ein bisschen Türke, Iraker, Iraner oder Russe – und Afrikaner sowieso. Jeder trägt eine Mischung aus drei genetischen Bestandteilen in sich: die Gene einstiger einheimischer Jäger und Sammler, früherer Bauern aus dem Gebiet des heutigen Anatoliens und Nahen Ostens sowie der Menschen aus östlichen Steppengebieten.

Der menschliche Vorfahr „Homo erectus" wanderte vor rund 1,8 Millionen Jahren aus Afrika nach Europa ein. Er war sozusagen der erste Migrant, wenn auch nicht zielgerichtet, sondern eher unwillkürlich der Jagdbeute folgend. So wird nebenbei auch die übliche Unterscheidung zwischen Menschen mit oder ohne „Migrationshintergrund" in Deutschland angezweifelt. *„Eigentlich haben wir doch alle einen Migrationshintergrund"*, sagt die stellvertretende Leiterin des Neandertal-Museums in Mettmann bei Düsseldorf, Bärbel Auffermann: *„Wir sind alle Afrikaner."* Der Weg aus Afrika führte auch den nachfolgenden anatomisch modernen Menschen, den „Homo sapiens", nach Europa – übrigens über die Balkanroute. Er traf den Neandertaler, der sich in Europa aus dem aus Afrika eingewanderten „Homo erectus" entwickelt hatte. Während der Neandertaler vor etwa 40.000 Jahren ausstarb, überlebte der „Homo sapiens" mit Mühe und Not, doch ist in jedem von uns bis heute ein bisschen vom Neandertaler erhalten, denn er und der anatomisch moderne

Mensch zeugten gemeinsam Kinder. Allerdings zeigen neueste Knochenfunde, dass ein Menschenaffe vor etwa zwölf Millionen Jahren schon auf zwei Beinen im heutigen Allgäu unterwegs war. Muss die Geschichte der Menschheit wieder einmal neu geschrieben werden?

Bis wenige Jahrzehnte vor Beginn des 20. Jahrhunderts gab es Preußen, Bayern und Sachsen, eben die Stämme, die im Heiligen Römischen Reich Deutscher Nation zusammengeschlossen waren. Anders als etwa Britannien oder Frankreich war das Heilige Römische Reich kein Nationalstaat, sondern ein Konglomerat von Königtümern und Fürstentümern, darunter etliche Kleinstaaten, das Ende des 16. Jahrhunderts den Zusatz *„Deutscher Nation"* erhielt, weil die Mehrheit der Bevölkerung Dialekte sprach, die aus dem Westgermanischen erwachsen waren. Deutsch war, wer *„deutsch"* sprach – wenn auch ein friesischer und ein bayerischer Bauer einander damals nicht verstehen konnten. Und bis heute haben selbst eingefleischte Bayern noch Mühe, bayerische Wörter wie Gruamzinsler, Huisnblasi oder duddade Dirn einzuordnen. Dafür gibt es in Neudeutsch eine endlose Anzahl an Wörtern, die nicht nur Ausländern Schwierigkeiten bereiten, sondern ebenso Eingeborenen, wie etwa Wohngeldbewilligungsbescheidsungültigkeitserklärung, Klimaschutzumsetzungsgerätfestmachstelle oder Donaudampfschifffahrtselektrizitätenhauptbetriebswerkbauunterbeamtengesellschaft. Im internationalen Sprachgebrauch finden derweil einfachere Wörter wie Kindergarten, Blitzkrieg, Gemütlichkeit, Blasmusik oder Wanderlust oftmals Anwendung.

Das *„Heilige Römische Reich Deutscher Nation"* ging lange gut. Man muss auch sagen: Insgesamt haben sich die Deutschen im Laufe der Jahrhunderte eigentlich als eine sinnvolle Erfindung erwiesen, ihnen verdanken wir nicht nur Kant mit seinem kategorischen Imperativ, sondern auch andere wunderbare Individuen wie etwa Johann Sebastian Bach und Ludwig van Beethoven, Johann Wolfgang von Goethe und Friedrich Schiller oder Albert Einstein. Obwohl der Dreißigjährige Krieg viele deutsche Lande zu Wüsteneien gemacht hatte, als er 1648 mit dem Westfälischen Frieden endlich beendet wurde, sahen Könige und Fürsten keinen Grund, einander nicht auch in Zukunft eifrig zu bekämpfen. Doch irgendwann kamen die Deutschen ins Träumen; als alle anderen um sie herum schon Nationalstaaten hatten, meinten sie, dass sie auch so einen Nationalstaat brauchten. Doch erst Otto von Bismarck einte Deutschland zu einem Nationalstaat, zu einer Zeit, als man den Deutschen übersteigerten Nationalismus, maßloses Wohlgefallen am Militarismus, Todesmut sowie eine pathologische Abneigung gegen jegliche Art von Demokratie nachsagte. Somit erfolgte die deutsche Reichsgründung im Jahr 1871 nach dem gemeinsamen Sieg der deutschen Staaten im Deutsch-Französischen Krieg mit der Kaiserproklamation von Versailles.

Im Blick auf die Gewalterfahrungen seit 1914 sollte sich das gebrochene Verhältnis zu Nation und Nationalstaat zuspitzen. In der ideologischen Übersteigerung von Nation und Reich markierte das Jahr 1945 schließlich das Ende des klassischen deutschen Nationalstaates. Im Jahr 1949 zog Thomas Mann Bilanz. In seiner Rede über *„Deutschland und die Deutschen"* formulierte er aus der Perspektive des Exils, was aus dem deutschen Nationalstaat nach zwei Weltkriegen, Diktatur und Holocaust geworden war. Thomas Mann verwies auf eine verhängnisvolle Kontinuität in der Geschichte Deutschlands, die er aus dem Zusammenhang von Nationalstaatlichkeit, Krieg und Gewalt ableitete: *„Durch Kriege entstanden, konnte das unheilige Deutsche Reich preußischer Nation immer nur ein Kriegsreich sein. Als solches hat es, ein Pfahl im Fleische der Welt, gelebt, und als solches geht es zugrunde."* [...] *Im Dritten Reich ist vielen Menschen, besonders Künstlern, ihr Deutschtum machtvoll abgesprochen worden."* Das vernichtende Urteil des Schriftstellers war der Logik des Rückblicks geschuldet, es entstand aus der tiefen inneren Erschütterung über den nationalsozialistischen Unrechtsstaat. Thomas Mann schreibt dem Sohn Klaus nach Annahme der amerikanischen Staatsbürgerschaft, dass sein *„Deutschtum"* in dieser großen kosmopolitischen Gemeinschaft am besten untergebracht sei, denn *„wo ich bin, ist Deutschland"*.

Deutschtum bezeichnet die Lebensäußerungen des deutschen Volkes sowie ihrer ethnischen Minderheit als Ausdruck eines gemeinsamen *„Volkscharakters"*. Der Begriff wurde von deutschen Nationalisten im Kontext der Freiheitskriege bewusst als Gegensatz zu den Idealen der Französischen Revolution, den universalen Menschenrechten, geprägt und von den Nationalsozialisten als Rechtfertigung der aggressiven Volkstumspolitik verwendet. Diese Form von Nationalismus durchdrang nicht nur die Politik, sondern auch das Alltagsleben der Menschen. Auf der einen Seite entwickelte sich in Deutschland ein fortschrittlicher und moderner Industriestaat, auf der anderen Seite verklärte man die deutsche Geschichte und vor allem die deutsche Vergangenheit. Berühmte Herrscher wurden verehrt. Die Heldentaten der Deutschen wurden bedeutsam, das Selbstbewusstsein – das *Deutschsein* – und was man dafür hielt, wuchs und man war stolz darauf, ein Deutscher zu sein, und sah sich als einen Teil der deutschen Geschichte. Auch nach dem Ende der zweiten großen Katastrophe im 20. Jahrhundert wollte man ein „geistiges Deutschtum" verteidigen und in Besitz nehmen, welches die Nationalsozialisten mit ihrer Menschenverachtung und ihren unbeschreiblichen Bestialitäten geraubt und für immer reklamiert hatten.

Deutschtümler, also solche, welche die deutsche Wesensart in aufdringlicher, übertriebener Weise betonten, gab es (und gibt es heute auch noch) en masse. In genau diesem „Deutschtümler-Milieu" bildeten sich Ende des 19., Anfang des 20. Jahrhunderts die Burschenschaften heraus. Von nun an schwollen auf den Backen die Schmisse. Es herrschte bis zum Ende des Zweiten Weltkrieges ein repressives obrigkeitsstaatliches Regime, das seine Gegner unterdrückte und sich vor allem auf das Militär stützte. *„Seid untertan der Obrigkeit."* Man kannte nur Befehle und Gehorsam. Zu Beginn des 20. Jahrhunderts herrschten immer noch preußische Tugenden, ausgeprägtes Pflichtbewusstsein, Selbstbeherrschung und Strebsamkeit, schroffes Selbstbewusstsein, Pünktlichkeit, Disziplin und Ordnungsliebe. Es war und ist auch heute noch eine unserer Untugenden, dass man sich nur mit schlechtem Gewissen des Lebens freuen darf.

Der Glaube, als Deutscher etwas Besseres zu sein, sein Deutschtum unbedingt verteidigen und gar ausbreiten zu müssen, schuf die besten Voraussetzungen für den Erfolg der Nationalsozialisten. Betonten sie in ihrer Propaganda doch immer wieder, dass Deutschland alles geopfert werden müsse. Das *„Deutschland, Deutschland über alles"* war keine Idee der Nationalsozialisten, sondern eine Vorstellung, die schon sehr lange in den Köpfen der Deutschen wirkte und schließlich während der Zeit des Nationalsozialismus seine verhängnisvollste Ausprägung erfahren sollte.

Vereine förderten *„das Deutsche"*. So entstanden im Laufe der Zeit auch immer mehr sogenannte Vereinigungen wie der *„Altdeutsche Verband"*, die *„Deutsche Kolonialgesellschaft"* oder der *„Deutsche Flottenverein"*.

Und bei allen begegnen wir unablässig der Bekräftigung des Wortes „Patriotismus". Das Konversationslexikon übersetzt Patriotismus mit „Vaterlandsliebe" und definiert ihn als *„die im staatsbürgerlichen Ethos wurzelnde, zugleich gefühlsbetonte, oft leidenschaftlich gesteigerte Hingabe an das überpersönliche staatliche Ganze"*. Nicht nur in Deutschland – aber auch und besonders hier – hat diese gesteigerte Hingabe an das überpersönliche staatliche Ganze eine verhängnisvolle Tradition. Nach der Entlassung Bismarcks gab Kaiser Wilhelm II. einen Erlass heraus, der sich auf die neue Gesinnung bezog, die besonders in den Volksschulen für die einfachen Leute und in den Gymnasien für das gehobene Bürgertum Einzug halten sollte. Die Gesinnung ging eindeutig hin auf Patriotismus, vaterländische Gesinnung und Kriegsbegeisterung. Unterstützt wurde diese durch die jährlichen Feiern zu Kaisers Geburtstag, Aufmärsche, Umzüge, Militärmusik und Kriegervereine. Die Militärbehörden konnten sich vor kriegsfreiwilligen Gymnasiasten förmlich nicht retten. Es mussten eigene Schülerkompanien zur Bewältigung der Vielzahl von Antragstellern eingerichtet werden.

Für Heinrich Heine bestand Anfang der Dreißigerjahre des 19. Jahrhunderts der Patriotismus des Deutschen darin, *„dass sein Herz enger wird, dass es sich zusammenzieht wie Leder in der*

Kälte, dass er das Fremdländische hasst, dass er nicht mehr Weltbürger, nicht mehr Europäer, sondern nur ein enger Deutscher sein will". Sein etwa ein Jahrzehnt später verfasstes Gedicht „Nachtgedanken", wo es in der ersten Strophe heißt: *„Denk ich an Deutschland in der Nacht,//dann bin ich um den Schlaf gebracht"*, beinhaltet weniger seine Sorgen um Deutschland; vielmehr befasst sich Heine mit seiner alten, in Deutschland lebenden, geliebten Mutter, die er seit zwölf Jahren nicht gesehen hatte und mit der er lediglich in Briefkontakt stand.

Gustav Heinemann, von 1969 bis 1974 Bundespräsident der Bundesrepublik, antwortete einem Reporter auf die Frage, ob er Deutschland liebe: *„Ich liebe meine Frau."* Für manche Ohren mag seine Antwort privatistisch oder sogar zynisch geklungen haben. Es sei deshalb daran erinnert, dass Heinemann in den Fünfzigerjahren die „Gesamtdeutsche Partei" mitbegründet hat. Er war einer der wenigen Politiker, die sich Adenauers Kurs der Westintegration widersetzten, weil ihm als „Patriot" klar war, dass dadurch die Spaltung Deutschlands auf Jahrzehnte zementiert würde.

Der Begriff Patriotismus wirkt heute in seiner alten, nationalstaatlichen Bedeutung immer obsoleter. Praktisch war Patriotismus nach dem Zweiten Weltkrieg abgeschafft. Heute trägt er paradoxe, ja sogar skurrile Züge. Man denke nur daran, wie bis ins 20. Jahrhundert wirtschaftliche Interessen patriotisch kostümiert wurden, nach dem Motto: „Was gut ist für Krupp, AEG, Siemens oder die Deutsche Bank, das ist auch gut für Deutschland." Oder wie Demokraten jeglicher Couleur als *„vaterlandslose Gesellen"* stigmatisiert werden konnten. Heute sind die vaterlandslosen Gesellen die Großkonzerne, die ihre Gewinne auf den Bermudas oder in Luxemburg versteuern, während sie im eigentlichen Stammland über massiven Stellenabbau die Sozialversicherung ruinieren und mit der Verlagerung der verbliebenen Arbeitsplätze ins Au-land drohen, wenn die Politik sie dennoch in die Pflicht zu nehmen gedenkt. Vaterlandslose Gesellen könnte man im Nachhinein auch solche Unternehmen bezeichnen, die sich unter der Schreckensherrschaft Hitlers im „Dritten Reich" begünstigt haben. Der überwiegende Teil renommierter Konzerne, die auch heute noch einen großen Namen haben, hat sich hinter des Diktators Politik gestellt und die Verbindung mehr oder weniger für ihr Geschäft benutzt. Der deutsche Patriot alten Schlages wirkt da so anachronistisch wie der Bayer, der noch immer dem „Kini" nachtrauert oder den Hass gegen die „Saupreußen" pflegt.

„UND ES MAG AM DEUTSCHEN WESEN – EINMAL NOCH DIE WELT GENESEN."

So dichtete schon im Jahre 1861 der Dichter Emanuel Geibel. Dieses Zitat wurde schon zu Zeiten von Kaiser Wilhelm I. und Wilhelm II. und später auch von den Nationalsozialisten missbraucht. Die Deutschen fühlten sich anderen Völkern gegenüber überlegen, glaubten an die deutsche Kulturnation und deren Leistungen und grenzten sich von anderen Nationen bewusst ab. Preußischer Autoritarismus, Stolz und Nüchternheit, Eigendünkel, Aufgeblasenheit, Besserwisser- und Spießertum kennzeichneten damals den deutschen Charakter. Man war stolz darauf, deutsch zu sein, und ordnete diesem Gefühl alles Mögliche unter. Leider ging damit auch der Gedanke einher, dass man Menschen, die eine andere Nationalität besaßen, als minderwertig ansah. Die Folge davon war ein steigender Rassismus und Antisemitismus. Mit dem Begriff *„Antisemitismus"* wollte man der Abneigung und dem Hass gegenüber dem Judentum einen quasi *„wissenschaftlichen"* Anstrich geben. Man versuchte, die Vorurteile gegenüber den Juden wissenschaftlich zu begründen, was natürlich völliger Unsinn war. Trotzdem waren viele gebildete Menschen, Wissenschaftler und Professoren Antisemiten. Die Juden wurden im Kaiserreich rechtlich gleichgestellt, auch das passte den Antisemiten nicht und sie wollten diese Gleichstellung gerne rückgängig machen. So gab es viele Hetzschriften gegen Menschen jüdischen Glaubens. Man wollte ihnen die Einwanderung ins Deutsche Reich verweigern, sie sollten höhere Steuern zahlen und einige Berufe nicht ausüben. Man betrachtete sie als Angehörige eines fremden Volkes. Auch dies war völliger Unsinn, denn die meisten Juden waren ja Deutsche, sie waren im Deutschen Reich geboren, lebten dort seit Generationen und sprachen als Muttersprache Deutsch. Sie übten nur einfach einen anderen Glauben aus. Und manche nicht einmal das, sie waren zwar als Juden getauft, aber sehr oft gar keine gläubige Juden, die jüdische Sitten und Gebräuche tatsächlich lebten. Viele Menschen im Kaiserreich waren neidisch auf die jüdische Bevölkerung, weil viele gesellschaftlich oftmals sehr erfolgreich waren, in angesehenen Berufen als Ärzte, Bankiers und Rechtsanwälte arbeiteten und nicht selten auch über beträchtliche Geldmittel verfügten. Und Erfolg ruft eben oft Neider auf den Plan. Zahlreiche Menschen strömten um 1900 zum Badeurlaub auf die Nordseeinsel Borkum. Nur ein Personenkreis war ausgeschlossen. *„Borkum, der Nordsee schönste Zier, bleib du von Juden rein"* heißt es im antisemitischen „Borkum-Lied". Ein Reiseführer hob den „besonderen Vorzug" der Insel hervor: Im Gegensatz zum nahen Norderney sei Borkum „judenrein". Die „Kinder Israels" wurden von den Kurgästen stets gemobbt. Was zeigt, dass die heile Postkartenidylle auf den Fotochrombildern romantisch verbrämt war. Auch wenn während der Kaiserzeit die rechtliche Gleichstellung der Juden – obwohl sie angefeindet und diskriminiert wurden – letztlich nicht abgeschafft wurde, die antisemitische Propaganda hatte die Bevölkerung beeinflusst. Die Nationalsozialisten mussten letztlich den vorhandenen Judenhass nur aufgreifen und ihren Zielen zunutze machen.

Ist der Deutsche ruhelos und *„ständig auf dem Sprung"* oder im tiefsten Innern doch eine romantische Seele und ein *„grübelnder Bedenkenträger"*? Gehört er zum viel beschworenen *„Volk der Dichter und Denker"*, also zum Volk Goethes und Nietzsches, ist er obrigkeitshörig, arbeitswütig, ordnungsliebend und sparsam? Oder gehört er letztendlich als Nachfahre der Hunnen doch zu den *„barbarischen Stämmen"*? Diese und andere tiefgründige Fragen stellt der Literaturwissenschaftler Dieter Borchmeyer in seinem schwergewichtigen, aber auch tiefgründigen Buch *„Was ist deutsch?"*. Eine nüchtern-unbequeme Realitätsbeschau eines Volkscharakters, der für viele schwer zu fassen ist und an dem sich Philosophen, Dichter und Politiker seit Ewigkeiten *„abgearbeitet"* haben. Einer der bekanntesten Aphorismen Friedrich Nietzsches lautet: *„Es kennzeichnet die Deutschen, dass bei ihnen* die Frage ‚Was ist deutsch?' niemals ausstirbt." Er schrieb auch, die Deutschen seien mehr als die anderen europäischen Völker *„ein Volk der ungeheuerlichsten Mischung und Zusammenrührung von Rassen".* Für Nietzsche war das Bier sogar eine Metapher für eine nationale Verdummung der Deutschen (*„Wie viel Bier ist in der deutschen Intelligenz?"*). Der Philologe goss die volle Schale seines Zorns und Spotts über das Deutschtum aus. Er bekundete u. a: *„Für das Deutsche Reich uns zu begeistern, sind wir einfach nicht dumm genug."* Oder: *„‚Deutschland, Deutschland über alles' ist vielleicht die blödsinnigste Parole, die je gegeben worden ist."* Die Deutschen zeigten *„bäuerische Gleichgültigkeit gegen Geschmack".* In einer *„deutschen Stadt"* ist *„alles farblos, abgebraucht, schlecht kopiert".* Schon 1810 reflektierte die französische Schriftstellerin Madame de Staël in ihrem berühmt gewordenen Buch *„De l'Allemagne"* dass die „Gebildeten Deutschlands" auf dem Gebiet der Theorie lebhaft streiten, *„dafür aber ziemlich gern den irdischen Machthabern die ganze Wirklichkeit des Lebens überlassen",* die somit von den Intellektuellen nichts zu befürchten hätten. Typisch deutsch seien auch ein zu hoher Respekt vor der Macht und eine Bedenkenträgerei, wenn es darum gehe, handelnd aufzutreten. Auch für den amerikanischen Historiker schottischer Herkunft Gordon A. Craig (1913–2005) hat eine obrigkeitsstaatliche Gehorsamsethik die Deutschen bis weit ins 20. Jahrhundert geprägt. Wie Kurt Tucholsky bereits sagte: *„Der deutsche Traum ist, hinter einem Schalter zu sitzen. Der deutsche Albtraum ist, vor einem Schalter zu stehen."* Goethe wiederum waren vor allem die *„Aufpasserei und Verbieterei"* von allem und jedem im öffentlichen Leben zuwider. Auch das Rauchen und Biertrinken konnte der Weimarer Dichterfürst und Geheimrat nicht leiden: In einigen Generationen werde man *„schon sehen, was die Bierbäuche und Schmauchlümmel aus Deutschland gemacht haben".* Als Rettung gegen die Verdummung pries Richard Wagner dagegen in seinen „Meistersingern von Nürnberg" die *„heil'ge deutsche Kunst".* Der Hölderlin-Wiederentdecker Norbert von Hellingrath meinte 1915, also mitten im Ersten Weltkrieg (in dem er 1916 in Verdun fiel), auch wenn die Deutschen immer wieder als Barbaren und Nachfolger der Hunnen bezeichnet werden, müsse doch das Ausland darauf hingewiesen werden, *„dass wir eigentlich im Grunde das Volk Goethes"* seien. Wenn auch behaftet mit dem „Faust"-Syndrom – dem Streben als Lebensprinzip, genannt auch die *„deutsche Unruhe"*, verdammt dazu, wie eben Deutschlands Hauptstadt, *„immerzu zu werden"*. Richard von Weizsäcker, von 1984 bis 1994 Bundespräsident der Bundesrepublik Deutschland, vermerkt in seiner Autobiografie „Vier Zeiten: Erinnerungen": *„Der Deutsche eignet sich von Natur zum Revolutionär nur schlecht. Respekt vor der Staatsautorität ist ihm eingeboren. Aufruhr und Bürgerkriege, in anderen Ländern häufig, kommen in der deutschen Geschichte fast nie vor. Wer es unternimmt, der Obrigkeit in den Arm zu fallen, hat von vornherein mit einer starken Gegnerschaft zu rechnen, ganz gleichgültig, ob er sachlich recht hat oder nicht."*

Eigentlich sollte man nicht versuchen, das Wort deutsch zu definieren. In unserer bewegten jüngsten Geschichte wurde es oftmals missbraucht. Im Kaiserreich war es deutsch, untertänig, ehrerbietig und duckmäuserisch zu sein. Im Dritten Reich war es deutsch, verrannt, verbohrt und missbrauchbar zu sein. Dann aber wurde in einer Wirklichkeit von Trümmern und Ruinen der Satz geprägt: *„Die Würde des Menschen ist unantastbar"*. Wie waghalsig, märchenhaft und utopisch dieser Satz im Jahr 1949 im Grundgesetz für den neuen Staat Bundesrepublik Deutschland gewirkt haben muss, ist heute nicht mehr vorstellbar. Formuliert als Konsequenz aus den Unrechtserfahrungen der Nazidiktatur, garantierte es erstmals und umfassend Bürgerrechte – und wurde in Westdeutschland zum Bürgen für politische Stabilität.

„DEUTSCHLAND IST UND BLEIBT AUF EWIG DAS WAHRE VATERLAND MEINES GEISTES UND HERZENS." *(J. W. von Goethe)*

Sind es die „deutschen Tugenden" wie Pünktlichkeit, Ordnung und Fleiß oder eher Eigenheiten wie die Magie des Abendbrotes (eine feste Institution in deutschen Haushalten – der Übergang vom Arbeits- ins Privatleben), das komplizierte Flaschenpfandrückgabesystem, die Kehrwoche, die Pommesbuden, Döner und Currywurst oder die Liebe zu Schwarzbrot, die das Image der Deutschen prägen? Nicht zu vergessen die einiges Fachwissen voraussetzende Mülltrennung in mindestens vier verschiedenfarbigen Mülltonen. Wenn es um Müll geht – bzw. die Entsorgung desselben –, laufen die Deutschen regelmäßig zur Höchstform auf. In wohl keinem anderen Land wird so eifrig getrennt, gesammelt, sortiert und wiederverwertet wie in Deutschland – und vor allem kein Land, in dem so leidenschaftlich über Vor- und Nachteile dieses oder jenes Entsorgungssystems, dieser oder jener Verpackungsmethode debattiert wird.

Der Deutsche liebt sein Auto und Verkehrsregeln und verteilt strafende Blicke an roten Fußgängerampeln. Es ist eines der vielen Klischees über die Deutschen, dass sie morgens um 3.00 Uhr vor einer kaputten Ampel eher verhungern, als bei Rot zu fahren. Dafür finden Radfahrer das Rotsignal offenbar eher als unverbindliche Empfehlung. Und nicht selten verbringen Rentnerehepaare mit fleischigen Unterarmen – die Männer im Unterhemd, die Frauen in der Kittelschürze – ihre Tage in engen Fensterrahmen ihrer Mietwohnung, schreiben Falschparker auf oder ermahnen den Hundebesitzer zu Waldis Notdurft im Straßengraben statt auf dem Bürgersteig.

Deutsche lassen sich im Supermarkt vom Kassenpersonal den Takt vorgeben und bekommen schwitzige Hände, wenn zwischen ihrem und dem Einkauf des Vordermannes kein Trenner auf dem Kassenband liegt. Beim Sex favorisieren sie die althergebrachte Missionarsstellung und planen ansonsten räumlich und minutiös den Ablauf der Prozedur. Angeblich wechseln 82 Prozent der Deutschen täglich ihre Unterhosen und 96 Prozent duschen oder baden mindestens alle drei Tage. Einen großen Wandel hat es offenbar bei der Körperrasur gegeben. 71 Prozent der 18- bis 24-Jährigen rasieren sich im Intimbereich, bei den über 55-Jährigen sind es immerhin noch 23 Prozent. Deutsche Männer pinkeln zwar gern im Stehen, doch zwei Drittel von ihnen wurden erfolgreich domestiziert und setzen sich zu Hause hin. Im Urlaub legen wir bereits am Vorabend unser Handtuch auf eine Liege am Pool, damit uns am nächsten Morgen niemand den Platz klaut. Nicht zuletzt deshalb wirbt ein englischer Reiseveranstalter mit einem eingeölten blonden Rücken in schwarz-rot-goldener Badehose, der den Briten den perfekt durchorganisierten Strandurlaub mit reservierter Sonnenliege anpreist.

Sechs Prozent der Deutschen leben vegetarisch, zwei Prozent vegan. In unserem Land besitzen 93 Prozent der Bevölkerung einen Grill. Damit sind wir Grill-Europameister. Der Deutsche und sein Grill – das kommt einer Liebesbeziehung ziemlich nahe. Grillen gehört im Sommer zu den beliebtesten Freizeitbeschäftigungen – ob im eigenen Garten oder auf der Terrasse, ob im Park oder am Badesee, ein geeigneter Ort für den Grill findet sich fast überall. Laut einer Statista-Umfrage ist für einen Großteil der Deutschen ein Sommer ohne Grillen kein richtiger Sommer. Die Brutzelkästen sind Staats- und Statussymbole. Unfassbare 1.200 Euro geben Griller im Schnitt für Stahlmonster mit Gasbetrieb aus. Dabei ist das Braten und Anrösten offenbar immer noch eine Männerdomäne; die Frau fungiert lediglich als „Zulieferer". Bei den Männer-Gesprächen an der Feuerstelle dreht sich meist alles um Grillhersteller, Bauart und Ausstattung, wasserdichte Smokerbox, Infrarot-Sizzle-Zone und XXL-Verdampfungssystem. Manche Leute geben für einen Grill so viel aus wie für einen gebrauchten Kleinwagen – und legen dann 99-Cent-Würstchen oder Hähnchenkeulen von

Aldi, Penny oder der nächsten Tankstelle für 2,50 Euro das Kilo auf den Grill. Deutschland ist von einer Kulturnation zu einer Konsumnation geworden.

Im Ausland sind wir für unsere Volksfeste bekannt. Das Dirndl, die Lederhose und dösende Bierleichen dürfen auf dem Oktoberfest nicht fehlen. Die nervige Angewohnheit, streng im Takt zu klatschen, sobald die ersten Töne bei einer öffentlichen Musikdarbietung erklingen, ist im Land eine weitverbreitete Marotte. Ob das wohl an der Schlagerkultur liegt? Ebenso das Klatschen nach einer gelungenen Landung eines Ferienfliegers. Was die Mitgliedschaft in einem Sportklub, Kegel-, Taubenzüchter-, Rassekaninchenzüchter-, Kleingarten- oder Schützenverein betrifft, sind wir unangefochten Weltmeister. Es herrscht sozusagen eine „Vereinsmeierei"; immerhin sind 40 Prozent der Deutschen Mitglied in einem der annähernd 600.000 Vereine. Schätzungsweise sieben Millionen sind in einem der etwa 27.000 Fußballvereine aktiv. Diese sportliche Beschäftigung wird nur noch weit übertroffen von den Nichtaktiven, den Zuschauern in den Stadien oder im trauten Heim vor der Glotze bei Bier und Naschwerk. Große Gefühle um einen kleinen Ball, deren nationale Manie auch von immer mehr Frauen getragen wird.

Wandern ist die Freizeitbeschäftigung der Deutschen schlechthin. Mehr als die Hälfte der Bundesbürger nutzt diese einfache Möglichkeit, um etwas für den Körper zu tun und dabei die Natur zu erleben. Und ein kleines Stück reglementierte deutsche Erde mit einer überdimensionalen Schwarz-Rot-Gold-Fahne drauf und bunten Gartenzwergen auf dem sauber getrimmten Rasen nennen wir einen Schrebergarten, eine Laube, einen Heimgarten oder eine Parzelle. Bei den von Kleingärtnervereinen verwalteten und günstig an Mitglieder verpachteten engen Rückzugsorten deutscher Ordnungshuber wird das Kleingartenleben durch die jeweilige Kleingartenordnung eines jeden Vereins reglementiert. Die sauber gestutzten Hecken zwischen den Parzellen erinnern an Festungsmauern, und böse Zungen behaupten, dass die Weite eines Schrebergartens in etwa der Weite des Horizonts seiner Besitzer entspricht. Dennoch werkeln Millionen von uns während ihrer Freizeit als Schrebergärtner oder Laubenpieper. Für den Städter ist der Schrebergarten ein kleines, persönliches Erholungsgebiet. Ein grüner Ausnahmezustand samt Bier, Bratrost und Schwoof.

Wenn ein Baum in ein fremdes Grundstück ragt oder der Mindestabstand von einer Hütte, von Zäunen oder Hecken nicht eingehalten wird, ist es mit dem Frieden zwischen Nachbarn oft schnell vorbei. Dann wird das Amtsgericht, das Landgericht, das Oberlandesgericht, der Zivilsenat, das Verwaltungsgericht, das Oberverwaltungsgericht und letztlich der Bundesgerichtshof bemüht, ein Urteil zu fällen. Grob geregelt sind die Rechte und Pflichten von Nachbarn im Bürgerlichen Gesetzbuch ab Paragraf 903. Beispiele einiger Gerichtsurteile: *„Für die Beseitigung fremden Laubes kann eine ‚Laubrente‘ verlangt werden." „Schatten von großen Bäumen ist zu dulden." „Nachbarn dürfen überhängende Äste nach Fristablauf (?) abschneiden." „Für hohes Elefantengras zählen nicht die Abstandsrichtlinien von Bäumen." „Mülltonnen an der Grundstücksgrenze müssen geduldet werden." „Zwei Meter hohe Brennholzstapel zählen als Gebäude."* Die Liste könnte noch über mindestens drei Buchseiten vervollständigt werden. Doch das würde manchem Leser zweifellos die unentbehrliche Nachtruhe kosten. Anscheinend hat das sich zu einer Bananenrepublik mutierende Deutschland keine ernsteren Probleme.

Klischees gibt es massenweise, und wenn irgendwo Klischee und Realität übereinstimmen, dann an den Kiosken der Metropole Ruhr. Zu Zeiten der Industrialisierung entstanden die ersten sogenannten Trinkhallen, an denen hungrige und vor allem durstige Arbeiter auf dem Weg zur „Maloche" oder auf dem Heimweg einen kurzen Stopp einlegten. Ursprünglich waren sie zur Versorgung der Arbeiter im Ruhrgebiet mit Mineralwasser entstanden. Entwickelt haben sich daraus, vor allem nach dem Zweiten Weltkrieg, kleine Verkaufsläden, in denen auch viele Alltagsartikel angeboten werden. Ein Büdchen gibt es im Ruhrgebiet fast bei jedem „umme Ecke", es ist fester Teil des Lebens im ganzen Revier. Ob man sie Büdchen, Buden, Kioske oder

Trinkhallen nennt: Die kleinen Verkaufsstellen für Zeitungen, Tabakwaren, Süßigkeiten, Bier und vieles mehr sind der Treffpunkt im Stadtteil. Kaum ein anderer Ort wie der „Dorfplatz der Großstadt" ist so eng mit der Geschichte und den Menschen des Ruhrgebiets verbunden wie die Trinkhalle. In den Sechzigerjahren starben die Zechen – die Buden blieben. Nach groben Schätzungen gibt es heute an der Ruhr noch 18.000 Kioske, allerdings müssen jedes Jahr etwa 250 schließen. Für viele sind die Kioske ein Anker für soziale Kontakte. Die Bude als sozialer Treffpunkt. Hier kann man sein Herz ausschütten, die Weltpolitik diskutieren, hier weiß man Bescheid über freie Wohnungen und vermisste Katzen. Man trifft Bekannte und tauscht sich mit dem Budenbesitzer aus. Trinkhallen gehören zum Ruhrgebiet. Das ist Kult, für die Region immer noch identitätsstiftend und für viele Menschen ein Stück Heimat. Nordrhein-Westfalen erkannte nun im Frühjahr 2021 die Trinkhallenkultur im Ruhrgebiet als Kulturerbe an.

Stichwort Heimat. Was bedeutet eigentlich Heimat? Eine Frage, die schon Generationen beschäftigt: Vaterland, Familie, Sprache, Freundeskreis, Geborgenheit, Vertrautheit, Wärme, Schweinebraten mit Knödel, Maultaschen oder Labskaus? Oder einfach nur der Ort, an dem unser Herz ist und die Menschen, die wir lieben? *„Heimat ist für die meisten Menschen etwas, das vor aller Vernunft liegt und nicht beschreibbar ist. Etwas, das mit dem Leben und Sein jedes Heranwachsenden so eng verbunden ist, dass dort die Maßstäbe fürs Leben gesetzt werden."* (Marion Gräfin Dönhoff)

Heimat hat viele Gesichter, Heimat hat viele Geschichten. Die einen denken dabei an schuhplattlernde Trachtengruppen oder Heimatfilme mit Luis Trenker, die anderen an Aufmärsche der SA und an Konzentrationslager. Im Ersten Weltkrieg wurde Heimat tatsächlich propagandistisch ausgebeutet. Während die Materialschlachten mit modernster Kriegstechnik Wunden in Menschen und Landschaften schlugen, prangte auf Postkarten und Plakaten ländliche Heimatidylle. Paradoxerweise entstehen Heimatgefühle mitunter erst durch Mobilitätsoptionen oder durch das Gefühl des Verlustes: Oft merkt man erst während längerer Auslandsaufenthalte, was einen mit der Heimat verbindet, sei es auch nur, dass man von der Umwelt als Deutscher wahrgenommen wird. Nicht immer steht es uns frei zu entscheiden, wie und wo wir leben möchten. Aber egal wohin es uns verschlägt, unsere Heimat, die tragen wir in uns selbst. Wir schaffen sie neu mit jeder Erinnerung an jedem Ort.

Der Durchschnittsdeutsche lebt zumeist nicht im erträumten Eigenheim, sondern in einer 3,5-Zimmer-Mietwohnung. Etwa 15.000 Gegenstände besitzt ein mittelprächtiger Haushalt. Wenig überraschend: Die meisten davon brauchen wir nicht, aber wir hängen an ihnen, weil sie Erinnerungen bergen und uns ein Gefühl der Sicherheit geben. Denn in vielen Familien sind die Verluste von Hab und Gut in den Kriegen und Krisen des 20. Jahrhunderts noch sehr präsent. Unsere Wohnung, unseren Wald, unsere Burgen, unsere atemberaubenden Schlösser vor beeindruckender Bergkulisse – all das betrachten wir Deutsche als wichtigen Bestandteil unseres Lebens, den es zu schützen und zu erhalten gilt. Deutschland kann so schön sein. Mitunter genügt es, ein paar Kilometer zu fahren, um neue Welten zu entdecken.

Den Deutschen ist die Natur besonders wichtig, vor allem der Wald. Sie lieben die Bäume, die schon die alten Germanen verehrten. Für die Deutschen ist der Wald wie eine Gemütslandschaft, er hat für sie etwas Sakrales. Der deutsche Wald wurde als Metapher und Sehnsuchtslandschaft schon vor dem 20. Jahrhundert in Gedichten, Märchen und Sagen der Romantik beschrieben und überhöht. Historische und volkskundliche Abhandlungen erklärten ihn zum Sinnbild germanisch-deutscher Art und Kultur. Dabei wurde auch auf historische oder sagenhafte Ereignisse in deutschen Wäldern Bezug genommen, so auf Tacitus' Beschreibung der Schlacht im Teutoburger Wald oder auch auf die Naturmystik des zum deutschen Nationalmythos stilisierten Nibelungenliedes, wie dessen vielfältige Rezeptionsgeschichte zeigt. Die frühe Naturschutz- und Umweltbewegung, der einsetzende Tourismus, die Jugendbewegung, Wandervögel und Wandervereine wie auch die rechtsgerichtete völkische Bewegung sahen in Wäldern ein wichtiges Element deutscher Kulturlandschaft.

Der jüdische Schriftsteller und Aphoristiker deutscher Sprache Elias Canetti betont in seinem Hauptwerk „Masse und Macht" die Wirkung der frühen und intensiv gepflegten Romantik des deutschen Waldes auf die Deutschen. Canetti bringt den deutschen Wald in Zusammenhang mit dem Heer als deutschem Massensymbol, so wörtlich: *„Das Massensymbol der Deutschen war das Heer. Aber das Heer war mehr als das Heer: es war der marschierende Wald. In keinem modernen Land der Welt ist das Waldgefühl so lebendig geblieben wie in Deutschland. Das Rigide und Parallele der aufrechtstehenden Bäume, ihre Dichte und ihre Zahl erfüllt das Herz des Deutschen mit tiefer und geheimnisvoller Freude. Er sucht den Wald, in dem seine Vorfahren gelebt haben, noch heute gern auf und fühlt sich eins mit Bäumen."*

Die viel zitierte *„German Angst"*, womit man gern die Deutschen verspottet, die sich vor Kriegen und Umweltkatastrophen fürchten, wird im Ausland häufig als Melancholie und Schwarzseherei belächelt. Dabei sehen Historiker und Psychologen ihre wahren Gründe in den vielen kriegerischen Auseinandersetzungen, welche die deutsche Geschichte prägten – beginnend mit dem Dreißigjährigen Krieg bis hin zu den beiden großen Weltenbränden des 20. Jahrhunderts. Die Furcht vor Vergeltung in der unmittelbaren Nachkriegszeit, die Angst vor nuklearer Bedrohung und kommunistischer Infiltration in den Fünfzigerjahren und dann vor Arbeitslosigkeit durch Automatisierung und vor autoritären politischen Tendenzen, vor Umweltverschmutzung bis hin zu Pandemien. Sorge auch vor individuellen Schicksalsschlägen, das Unglück eines Familienangehörigen oder die Angst vor einem schweren Unfall. Furcht vor Terror, Vergewaltigung, Flüchtlingsströmen, Moscheen und „No-go-Areas".

Der Schriftsteller Günter Grass brachte in seiner Rede bei der Berliner Begegnung zur Friedensförderung im Dezember

1981 seine Angst vor einem apokalyptischen Inferno zum Ausdruck, die viele Menschen zu Beginn der Achtzigerjahre teilten. Und es war natürlich vor allem die Jugend, die diese Angst öffentlich artikulierte.

Empirisch konnte die These einer Angstzunahme und eines hohen Niveaus von Angst allerdings zumindest für die Zeit zwischen den 1980er-Jahren bis zum Ende des Jahrtausends in Deutschland bislang nicht bestätigt werden.

Und doch jagt nun schon seit Jahren eine Angstdebatte die nächste und es wird behauptet, die Deutschen hätten eine masochistische Lust am Weltuntergang entwickelt, die bisweilen in Frust, Hass und Gewalt umschlägt. Und meist sollen die Protagonisten dieser angeblichen „Apocalypse Now"- Bewegung eher ältere Bürger sein, die einen tief sitzenden Groll auf das System pflegen.

Auch andere *„typisch deutsche"* Eigenschaften, wie die viel zitierte Sparsamkeit, soll eine Folge von Krisenzeiten sein. *„Spare in der Zeit, dann hast du in der Not"* heißt es in einem bekannten Sprichwort. Und bereits Martin Luther mahnte: *„Der ersparte Pfennig ist redlicher als der erworbene."* Verständlich, wenn deshalb viele Konsumenten die Angebote der Supermarktwerbeblättchen studieren wie eine Bibel. Mancher Bürger der Republik ist entsetzt über die Art und Weise der Tierhaltung, dass Hormone und Pestizide gespritzt werden und Kunstdünger gestreut wird, um dann aber als Verbraucher zum Discounter zu laufen und ein Hähnchen für 2,39 Euro zu kaufen. Billig kaufen und sich aufregen. Die Deutschen gehören zu den reichsten Menschen in Europa und haben die billigsten Lebensmittel.

Apropos sparen: Der Bausparvertrag gehört zu einer der beliebtesten Anlageformen der Deutschen – meist mit dem Ziel, eine Immobilie zu finanzieren. Abhängig von der Tarifart kann ein Bausparvertrag aber auch als Sparanlage verwendet werden. Obwohl das Bausparen oft als etwas typisch „Deutsches" gilt und hierzulande auf eine über hundertjährige Erfolgsgeschichte zurückblicken kann, vermutet man den Ursprung des kollektiven Spargedankens in China. Zur Zeit der Han-Dynastie (ca. 200 v. Chr. bis 200 n. Chr.) sollen dort die ersten Spargesellschaften auf Gegenseitigkeit gegründet worden sein.

Nach dem Zweiten Weltkrieg erlebte das Bausparen in Deutschland aufgrund der extremen Wohnungsnot einen starken und anhaltenden Aufschwung. Das Bausparen heizte die Konjukturlokomotive „Bauindustrie" mit an und leistete somit einen bedeutenden Beitrag zum deutschen „Wirtschaftswunder".

Warum wählten laut einer Umfrage des britischen Fernsehsenders BBC im Jahre 2013 Menschen aus 25 verschiedenen Nationen Deutschland mit seiner Kleinstaatenmentalität zum *„beliebtesten Land der Welt"*? Und wie erklärt es sich, dass nichtsdestotrotz Deutsche von Karikaturisten im Ausland immer wieder als wütende Aggressoren mit Hitler-Bärtchen oder als vollbusige Germanie mit Pickelhaube dargestellt werden? Übrigens galt die Pickelhaube als Symbol für Untertanengeist, Drill und Militarismus. Sie wurde 1842 nicht aus romantischen Gründen eingeführt, sondern weil sie hochmodernen Schutz bot. Im Winter 1843/44 verließ Heinrich Heine sein Exil in Paris und besuchte Aachen. Was er dort sah, verarbeitete er umgehend in seinem Gedicht: „Deutschland: Ein Wintermärchen". – *„Ja, ja, der Helm gefällt mir, er zeugt//Vom allerhöchsten Witze!//Ein königlicher Einfall war's!//Es fehlt nicht die Pointe, die Spitze!//Nur fürcht ich, wenn ein Gewitter entsteht,//Zieht leicht so eine Spitze//Herab auf euer romantisches Haupt//Des Himmels moderne Blitze!"*

Das 20. Jahrhundert begann mit der von militärischem Prunk gezeichneten wilhelminischen Epoche, der Inszenierung und Vollstreckung zweier menschenverachtender, tyrannischer Weltkriege, bei denen Abermillionen ihr Leben und ihre Existenz verloren, nicht nur im sinnwidrigen Hinmetzeln während unzähliger Schlachten, sondern gleichfalls in erbarmungswürdigen Konzentrationslagern, verbunden mit dem Holocaust, einer bis dato an Ausmaßen und Perfidität niemals zuvor gekannten entmenschten Tötungsmaschine. Nach Ende der Naziverbrechen und Massenvernichtung Entbehrung, die in eine Hungerkatastrophe endete und erneut Millionen Tote hinterließ. Darauf folgend ein beispielloses Auferstehen aus Ruinen und das bis heute unfassbare *„Deutsche Wirtschaftswunder"*. Dann der insbesondere Deutschland in Atem haltende Ost-West-Konflikt, der als *„Kalter Krieg"* in die jüngste Geschichte eingegangen ist und von 1947 bis 1989 von den Westmächten unter Führung der Vereinigten Staaten von Amerika und dem sogenannten Ostblock unter der Führung der damaligen Sowjetunion ausgetragen wurde. Trennung und Wiedervereinigung der beiden divergierenden deutschen Staaten. Politische, soziale und kulturelle Aspekte rückten in den Vordergrund und bahnten den Weg für eine neue Weltordnung.

Erfindergeist und Forschungsdrang veränderten bereits im 19. und darüber hinaus im 20. Jahrhundert die Arbeitswelt grundlegend. Maschinen übernahmen die Aufgaben der Menschen. Der ehemalige Agrarstaat entwickelte sich zu einer Industrienation. Hochöfen und Fördertürme prägten das Bild einer ganzen Region. Der Glaube an den Fortschritt und die technische Entwicklung führten zu ungeahnten Leistungen. „Made in Germany" wurde zum Gütezeichen in der ganzen Welt. Seit Jahrzehnten teilen sich deutsche Wissenschaftler die ersten Plätze mit der Konkurrenz aus den USA, Japan und seit jüngster Vergangenheit auch China. Bei der „dritten industriellen Revolution" standen bei den großen Entwicklungen in der Kommunikationstechnik – bei Telefon, Radio, Fernseher und Computer – Deutsche Pate. Physiker und Chemiker machten bahnbrechende Erfindungen – etwa bei der Quantenphysik oder der Kernspaltung. Die ersten Nobelpreise wurden im Jahr 1901, am Todestag des schwedischen Stifters Alfred Nobel, verliehen. Der erste Nobelpreisträger für Physik ging an den Deutschen Wilhelm Conrad Röntgen *„als Anerkennung des außerordentlichen Verdienstes, das er sich durch die Entdeckung der nach ihm benannten Strahlen erworben hat"*. Viele Nobelpreise gingen in dieser Zeit an deutsche Wissenschaftler, bis der Nationalsozialismus hier eine Zäsur brachte. Zwischen 1901 und 1933 ging ein Viertel aller Nobelpreise für die Wissenschaften nach Deutschland. Zwischen 1933 und 1960 waren es noch ganze 8. Brillante Forscher, wie der Papst der Physik, Albert Einstein, emigrierten in die USA. Das goldene Zeitalter der Wissenschaft war zu Ende, und die Vereinigten Staaten übernahmen die Führung. Andere fügten sich dem Willen und den Vorgaben des menschenverachtenden Regimes. Werner von Braun beispielsweise ließ sich mit dem Teufel ein und baute für Hitler sogenannte „Vergeltungswaffen". Er konstruierte für die Nazis die grausame Rakete V2, von denen im Zweiten Weltkrieg 1.400 allein auf England abgeschossen wurden. Nach dem Krieg ließ sich Braun von den Amerikanern anheuern. Sein damaliges Ziel: eine Mondrakete zu bauen. 24 Jahre später erfüllte sich sein Traum. Am 16. Juli 1969 erhob sich von Cape Canaveral in Florida eine Apollo-Rakete in den Morgenhimmel und schickte drei Astronauten in Richtung Mond. Von Braun wurde zu einem Mythos. Aber er hatte am Anfang seiner Karriere wie Faust seine Seele dem Teufel verkauft. Ohne Hitler und ohne die Mitgliedschaft in der SS hätte er die Grundlagen für seine späteren Erfolge kaum erreichen können.

Naturwissenschaft, Medizin, neue Technologien, Kunststoffe, technologische und elektronische Geräte sowie auch die Modernisierung der Fortbewegungsmittel auf der Straße, der Schiene, der Luft und dem Wasser veränderten das Land bedeutsam. Mechanische Geräte wurden in immer mehr Bereichen durch digitale oder elektrische Innovationen ersetzt. Elektrizität und das Auto begleiteten bereits seit Anfang des Jahrhunderts Generationen und der Luftverkehr entwickelte sich zu einem Massentransportmittel. Die Welt drehte sich immer schneller, es wurde immer schwieriger, Innovationen zu verschleiern oder deren Verbreitung zu verhindern. Der Wandel vom Industriezeitalter in das Datenzeitalter war bedeutender als der Wandel von der Agrargesellschaft zur Industriegesellschaft.

Ein Geheimnis bleibt natürlich, warum in Deutschland so viele Erfindungen gemacht wurden, welche die Welt verändert haben, vom Verbrennungsmotor über das Aspirin bis zur Kernspaltung; von der Zahnpasta über die Thermoskanne und den Dübel bis zum Kaffeefilter, zur Waschmaschine und zum Kühlschrank. Der Personenaufzug ist ebenso eine deutsche Erfindung wie der Büstenhalter, das Latexkondom, der Schnuller und der MP3-Player.

DAS KAISERREICH UNTER WILHELM II.

„Zum Repräsentanten taugt er,
sonst kann er nichts [...]
Er hätte Maschinenschlosser
werden sollen."

(Wilhelms Erzieher Hinzpeter)

In dem wohlhabenden, meist kaufmännischen Mittelstand empfand man zu Anfang des 20. Jahrhunderts politisch meist kon-
servativ-liberal und national. Das Wilhelminische Zeitalter –
eine äußerlich glanzvolle Epoche deutscher Geschichte – prägte
mit seinem Zusammenspiel von preußischer Tradition und neu-
zeitlichem Fortschrittsglauben, seiner Aufgeschlossenheit für
Wissenschaft und Technik und der Überhöhung durch eine mo-
narchistische Gloriole auch das Lebensgefühl vieler Menschen.

Zu klein, um über andere zu herrschen, und zu groß für die
Balance der Mächte in Europa. Weltmacht sein, das wollte Kaiser Wilhelm II. Viele im Volk hielten ihn für den idealen Repräsentanten. Es war die Zeit der Paraden, schmucker Uniformen
und Pickelhauben. Der Kaiser entpuppte sich als selbstverlieb-
ter, prunksüchtiger Monarch. Für die Mehrheit des deutschen
Bürgertums aber wurde er zum Sinnbild eigenen Strebens nach
Glanz und Größe. *„Zu Großem sind wir noch bestimmt, und herr-
lichen Tagen führe ich Euch entgegen"*, verkündete der junge Ho-
henzollern-Kaiser Wilhelm II. zu Beginn der Epoche. Viele waren stolz, den begehrten Kaisernamen zu tragen, und pflegten
ihren Schnurrbart mit den nach oben gezwirbelten Spitzen, à
la Wilhelm II.

„Heil dir, o Wilhelm, Kaiser
Heil dir, herrlicher Friedensfürst
Du bist der Deutschen großer Weiser
Der das Volk zum Glücke führt."

Seine Majestät gab sich mitunter der Illusion hin, ein Herrscher von „Gottes Gnaden" zu sein. Seine unüberlegten Brandreden, sein Narzissmus, sein Hang zur Selbststilisierung machten ihn gelegentlich zur „tickenden Zeitbombe" auf dem Parkett der europäischen Diplomatie. Nicht erst unter Hitler, sondern bereits der Anfang des Jahrhunderts unter Kaiser Wilhelm II. bedeutete Aufbruch ins Grenzenlose, ohne politische Fantasie, ohne moralische Maximen – lediglich machtpolitische Ambitionen. Wilhelm wollte im Konzert der Weltmächte mitspielen. Vor allem das deutsche Großbürgertum spekulierte auf ein imperiales Reich und auf profitable Kolonien. Man war sich mit seinem Kaiser einig, Deutschland musste Weltmacht werden. Dieser sah sich als ein Alleinherrscher im Reich, obwohl es einen Kanzler und ein Parlament gab. Für ihn war jeder Deutsche, der ihn und damit die Nation kritisierte, ein schlechter Patriot. Sein Verhältnis zur Arbeiterschaft war gespalten. Industriearbeiter begannen sich zu organisieren und forderten eine politische Vertretung. Dafür stand die SPD. Allerdings waren für Wilhelm II. die Sozialdemokraten *„eine Rotte von Menschen, nicht wert, den Namen Deutscher zu tragen"*. Innenpolitisch drohte dem Kaiserreich die Spaltung, auch wenn es Wilhelm gelang, die großen Probleme, die das Industriezeitalter mit sich brachte, wie etwa Hunger, Armut, fehlende Wohnungen, die große Kluft zwischen Arm und Reich oder die soziale Not, durch den Glauben an die deutsche Nation zu überdecken. Schließlich hatte die Industrialisierung den Nationalstaat reich gemacht.

Im Wettlauf mit den anderen europäischen Großmächten forderte Deutschland seinen Platz an der Sonne. Politisch wie wirtschaftlich. Berlin, die Hauptstadt, war Boomtown und Zentrum einer nie da gewesenen Aufbruchstimmung. Die Prachtbauten am Vorzeigeboulevard „Unter den Linden" repräsentierten Preußens Gloria. Und nur einen Steinwurf entfernt pulsierte bereits das moderne Berlin. Die Metropole stand niemals still. Großfabriken prägten das Stadtbild. Der Zustrom an Arbeitssuchenden aus Schlesien, Brandenburg und Pommern riss nicht ab. Auf dem Lande war die Gruppierung fest gefügt: Grundherrschaft, Gutsherrschaft, Pächter, Bauer und Landarbeiter. Für die Neuankömmlinge war die Hauptstadt Sehnsuchtsort; Magnet für Hunderttausende Zuwanderer. Golo Mann bemerkt dazu in seiner „Deutschen Geschichte": *„Die Landlosen, und gerade die Tüchtigsten, Lebensmutigsten unter ihnen, zieht es in die Städte. Je mehr gebraucht werden, desto mehr strömen nach: Fortschritte der medizinischen Wissenschaft und Hygiene versprechen, dass neue Generationen zahlreicher werden als die alten. Bevölkerungsvermehrung; industrielle Expansion; noch stärkere Bevölkerungsvermehrung. Deutschland hatte um 1800 nicht wesentlich mehr Bewohner als vor dem Dreißigjährigen Krieg; um 1900 aber gut dreimal soviel. Es ist nicht die Landbevölkerung, die zunimmt, es ist die Zahl der Städter. Um die alten Stadtkerne bilden sich riesige Vorstädte; gleichförmige, traurige Straßenzeilen, benannt nach den Schlachten der deutsch-französischen Kriege, aber bewohnt von Menschen, die sich um vaterländischen Ruhm wenig kümmern."*

Das Reich wird Ursprungs- und Transitland für Auswanderer. In manchen Jahren verlassen mehr als 100.000 Deutsche ihre Heimat gen Übersee, zumeist in die USA. Viele Passagiere gehen in Hamburg an Bord, von wo aus Schnelldampfer die strapaziöse Atlantikfahrt auf rund eine Woche verkürzen. Der Menschenstrom macht die Reedereien reich. Sie erwirtschaften im Passagierverkehr zwei Drittel ihrer Gewinne mit den Emigranten. Durch diesen Aufschwung wird in Deutschland eine ganz neue Industrie geschaffen: die der großen Werften. Wo vor einer halben Generation nicht einmal ein großer Dampfer hätte geflickt werden können, arbeiten 1902 auf den Werften rund 40.000 Menschen an 421 Schiffen. Wegen seiner zentralen Lage und des gut mit dem osteuropäischen Netz verbundenen Schienensystems wird Deutschland zudem zum Sprungbrett für jene Emigranten, die in den Dimensionen einer Völkerwanderung das Zarenreich verlassen, hinausgetrieben durch wirtschaftliche Not, politische Unterdrückung und, im Fall der Juden, durch mörderische Pogrome.

Am Anfang des neuen Jahrhunderts hat Berlin in weniger als 100 Jahren seine Einwohnerzahl bereits mit über zwei Millionen Menschen verzehnfacht. Eine Stadt auf dem Weg in die Moderne. Technische Neuheiten kommen auf den Markt und erleichtern das Leben im Alltag. Beispielsweise sind elektrische Bahnen das Zeichen des neuen Fortschritts. Die Häuser in den besseren Gegenden sind zum größten Teil bereits ans öffentliche Stromnetz angeschlossen. Die Gutverdiener sind deshalb auch schon auf dem neuesten Stand der Technik. AEG baut Elektrogeräte für den Haushalt: Eierwärmer und Zigarrenanzünder, monströse „Staubsaugpumpen" und elektrische Kaffeekocher begeistern das Establishment. Die Elektrizität, das ist eine Verheißung, das ist das Zauberwort; in den Fabriken, im Haushalt, in der Landwirtschaft wird ohne Ende elektrifiziert und bringt einen Quantensprung in Sachen Lebensqualität. Die öffentlichen Verkehrsmittel machen eine neue Mobilität möglich. Die elektrische Bahn erschließt in den Großstädten immer größere Gebiete. Auch U-Bahn-Netze werden ständig weiter ausgebaut, wenn auch größtenteils noch oberirdisch. Die U-Bahnen und Straßenbahnen sind nicht nur schnell, sondern auch preiswert und somit geeignet für die breite Masse, die weder eine Kutsche besitzt noch sich ein Taxi leisten kann. Doch wird der Fortschritt nicht von allen begrüßt: Biologen warnen vor magnetischen Feldern, die von der Oberleitung erzeugt würden und negativen Einfluss auf die menschlichen Körpersäfte nähmen. Tierschützer sagen ein Massensterben unter Vögeln voraus. Und mit der Geschwindigkeit haben viele in den Großstädten auch noch ein Problem. Die 30 Stundenkilometer, die eine Straßenbahn an Geschwindigkeit erreicht, empfinden die meisten als zu hoch. Um den Fahrgästen die Angst zu nehmen, statten einige Verkehrsbetriebe die Waggons mit Rollos, Holzvertäfelun-

gen und Malereien aus. Die heimelige Wohnzimmeratmosphäre
solle beruhigend wirken.

Sie sahen aus wie Kutschen, hatten weder Dach noch Scheinwerfer und wurden in der Anfangszeit ihrer Entwicklung meist
nur von reichen Leuten gekauft. Trotzdem ging mit den ersten Automobilen ein lang gehegter Menschheitstraum in Erfüllung – sich frei über große Distanzen zu bewegen. Im Jahr
1907 gab es im ganzen Deutschen Reich etwa 10.000 Autos, im
Jahr 1914 waren es schon 65.000. Die meisten Autos fuhren
überwiegend in den Großstädten und schon damals beschwer-
ten sich die Leute über den Lärm, den Gestank und die Hektik.
Von Luftfiltern und Umweltschutz hatte man noch nichts gehört. Der Dreck wurde einfach ungefiltert in die Luft gepustet
(wie oftmals heutzutage immer noch). Kaiser Wilhelm II. nannte sie „Stinkkarren" und hielt sie nur für eine vorübergehende
Erscheinung. Die Fortbewegungsmittel der alten und der neu-
en Zeit kamen sich ständig in die Quere, schließlich existierten noch keine Verkehrsregeln und dieser Umstand führte zu
zahlreichen Unfällen. Die zunehmende Technisierung löste sogar bis dahin unbekannte Krankheiten aus: Die Neurasthenie,
eine psychische Störung, verbunden mit Erschöpfung und An-
triebslosigkeit, galt als das Burn-out-Syndrom und gehörte im
ausgehenden 19. und beginnenden 20. Jahrhundert zu den Mo-
dekrankheiten einer gehobenen Gesellschaftsschicht.

Noch heute fallen in Berlin und anderorts gelegentlich kleine
grün lackierte Häuschen auf, die in einem Achteck erbaut wurden. Aufgrund dieser Bauweise nennt man sie auch „Café Achteck" und sie waren ab 1900 weitverbreitet. Natürlich handelt
es sich nicht um ein Café der herkömmlichen Art, sondern um
einen Ort, an dem der Kaffee wieder „rauskommt", sogenannte
„Pissoirs" oder „öffentliche Bedürfnisanstalten". Vor 1900 durften sie nur von Männern genutzt werden, Frauen mussten sich
„in die Büsche schlagen". Gut, meist trugen sie ja lange Röcke,
aber bequem war das gewiss nicht. Etwas später gab es dann
auch öffentliche Toiletten für Frauen. Zuvor ging man vielleicht

davon aus, dass die Frauen eh die meiste Zeit zu Hause arbeiteten und seltener auf die Straße gingen. Vielleicht mussten die Damen früher auch weniger auf die Toilette gehen.

In der Hauptstadt ist zu Beginn des Jahrhunderts das Rohrpostsystem beeindruckend fortschrittlich. Ein Netzwerk aus über 100 Kilometer Leitungen verband bereits 70 Postämter miteinander und ein Eilbrief konnte in weniger als einer Stunde von einem zum anderen Ende der Stadt geschickt werden. Davon kann ein heutiger Postkunde nur träumen. Und es begann ein betriebsames Verkabeln des Strom- und Telefonnetzes. Deutscher Erfindungsgeist und der unaufhaltsame technische Fortschrift erleichterten immer mehr das tägliche Leben. Jedes Jahr, jeder Monat zeitigte neue, unvermutete Entdeckungen.

„Kathedralen des Handels", wie der französische Schriftsteller Émile Zola die neuen monumentalen Warenhäuser pries, sprossen in deutschen Städten überall aus dem Boden und revolutionierten das Konsumverhalten der Menschen. Warenhäuser wie Tietz, Wertheim, Jandorf, Horten oder das Berliner Kaufhaus des Westens (KaDeWe) waren nicht nur Orte des Konsums, sondern urbane Treffpunkte, Impulsgeber, Architektur-Ikonen und Touristenattraktionen. Es war ein Paradies der kauf- und schaulustigen Frauen, wie es keine Weltstadt je preiswerter und kultivierter auf die Beine gestellt hatte. Prinzessinnen, Beamten- und Arbeitertöchter bezogen hier ihre Aussteuer. Die Etiketts dieser Firmen garantierten Qualität und trugen einen Hauch von Luxus in die kleinste Bürgerwohnung. Hier bewegte sich die Käuferin auf spiegelndem Parkett, zwischen Marmorsäulen, im Glanz zahlloser elektrischer Lampen. Hier empfing sie im Winter wohlige Wärme und im Sommer angenehme Kühle.

Die erste Rolltreppe Deutschlands konnte man ab 1925 in der Kölner Tietz-Filiale bestaunen und auch benutzen. Das Prinzip „Alles unter einem Dach" wurde zum Erfolgstrend, weil es die Logik einer uralten Einrichtung konsequent fortsetzte: Kaufhäuser waren im Grunde Marktplätze, die in die Vertikale wuchsen. Sie machten Luxusgüter auch für das aufstrebende Bürgertum bezahlbar. Der Konsum wurde demokratisiert. „Die vornehme

Dame steht schwesterlich neben der kleinen Angestellten, und keine wird vor der anderen bevorzugt", schrieb das Berliner Tageblatt 1907 bei der Eröffnung des KaDeWe. Dieses zählt noch heute gemeinsam mit Harrods in London und dem Kaufhaus Macy's in New York zu den größten Warenhäusern der Welt.

Als 1929 die Weltwirtschaftskrise auch über Deutschland hinwegrollte, gerieten viele große Warenhäuser in Schwierigkeiten – die Konsumflaute bekamen sie schnell zu spüren. Und kaum hatten sich die Konzerne halbwegs davon erholt, bekamen sie politischen Druck. Der Zorn der Nationalsozialisten hatte sich schon vor 1933 vornehmlich gegen jüdisch geführte Unternehmen wie Tietz und Wertheim gerichtet. Bald nach Hitlers Machtübernahme erließen die neuen Machthaber das „Gesetz zum Schutz des deutschen Einzelhandels". „Warenhäuser", so die populistische These der Nazis, trügen „zur Entwurzelung des Menschen bei". Das hinderte sie allerdings nicht daran, die lukrativen Unternehmungen weiter zu betreiben, nachdem sie jüdischen Familien ihre Konzerne entrissen und die Geschäftsleitungen „arisiert" hatten.

Das Schicksal des Berliner Hotels Adlon spiegelt auch die deutsche Geschichte des 20. Jahrhunderts wider. Im Jahre 1907 eröffnete Kaiser Wilhelm II. mit Pomp das Berliner Luxushotel. Er selbst hatte dem ehrgeizigen Hotelier Lorenz Adlon geholfen, dessen Vision zu verwirklichen. Und jetzt wollte er der erste Gast des Hauses sein, „seines" Hauses. Kaum Kaiser geworden, fand der Monarch in Adlon den Visionär, der ihm einen großen Wunsch erfüllte. Paris und London hatten es bereits – für seine Residenzstadt wollte auch er ein Luxushotel. Adlon baute es für ihn und als Absteige für Monarchen, Präsidenten und Künstler. Bei seiner Eröffnung schwärmten die Zeitungen von Suiten, die „halb Museum, halb Wohnzimmer" seien, und von der riesigen Hotelhalle mit der Büste des Monarchen. Die moderne Sanitärtechnik wussten vor allem amerikanische Gäste zu schätzen. Zum Fünfuhrtee fand sich die Jeunesse dorée des wilhelminischen Berlin ein, um zu plauschen und zu flirten. Im Zweiten Weltkrieg wurde das bis dahin von Bomben verschonte Hotel für kurze Zeit zum Lazarett. Unter sowjetischer Besatzungsmacht kam es zu einem Großbrand. Der einstige Prachtbau wurde dabei zum größten Teil zerstört. Der erhaltene Wirtschaftsteil, ein notdürftig zusammengeflickter Rest einer Ruine, aus dem die Ostberliner Behörden eine Art Übernachtungsheim gemacht hatten, wurde nun von der Handelsorganisation (HO) der Deutschen Demokratischen Republik geführt. Allerdings lag die Qualität der Herberge zu jener Zeit eher im Verborgenen. Nach dem Fall der Mauer übernahm die Kempinski-Hotelbetriebsgesellschaft am Pariser Platz, also an gleicher Stelle und architekturgetreu, den Wiederaufbau, der nach seiner Fertigstellung am 26. April 1997 erneut von einem Staatsoberhaupt, diesmal vom damaligen Bundespräsidenten Roman Herzog, eingeweiht wurde. Bei dieser Gelegenheit appellierte das Staatsoberhaupt an ein Deutschland, das von der Wende überfordert war, denn seiner Ansicht nach war sieben Jahre nach der Wiedervereinigung von der einstigen Euphorie über ein geeintes Deutschland nicht mehr viel zu spüren. Wenige Reden von Bundespräsidenten haben sich so eingeprägt wie die „Ruck-Rede" Herzogs an diesem Tag. Er sagte u. a.: „*Durch Deutschland muss ein Ruck gehen. Wir müssen Abschied nehmen von lieb gewordenen Besitzbeständen. Alle sind angesprochen, alle müssen Opfer bringen, alle müssen mitmachen.*" [...] *In Deutschland herrscht überwiegend Mutlosigkeit, Krisenszenarien werden gepflegt und ein Gefühl der Lähmung liegt über unserer Gesellschaft.*" Roman Herzog war ein Mann mahnender und auch oftmals markiger Worte. Im Oktober 2004 bemerkte er in einer Rede anlässlich der Verleihung des Leibniz-Rings in Hannover: „*Die ganze Gesellschaft leidet bei uns an eingeschlafenen Füßen, die allerdings bis ans Hirn führen.*" Wie wahr! *Herzog war es auch, der den Impuls für den „Holocaust-Gedenktag" (27. Januar, Tag der Befreiung des Konzentrationslagers Auschwitz) gegeben hat.*

Altes Klassendenken prägte noch lange nach Beginn des 20. Jahrhunderts den Zeitgeist, trennte die Welt in Arm und Reich – in oben und unten. Das Versprechen auf ein besseres Leben blieb für Hunderttausende unerfüllt. Das Proletariat lebte am Existenzminimum, schuftete für ein einigermaßen menschenwürdiges Dasein. Doch waren die Arbeitsbedingungen miserabel: 16 Stunden für eine Hausangestellte der Normalfall, bei sieben Tagen in der Woche, alle zwei Wochen einen halben Tag frei, falls er nicht gestrichen wurde. Ganze 10 Mark im Monat. Ein Arbeiter verdiente das in drei Tagen. Aufstehen um 4.30 Uhr, Ofen anheizen, Wasser holen, denn fließendes Wasser war noch eine Seltenheit, die Mahlzeiten servieren, putzen, die Kinder ankleiden, beaufsichtigen, und noch vieles mehr gehörte zu den Pflichten eines Dienstmädchens. Oft wurde auch noch am Abend gearbeitet. Die wohlhabende Gesellschaftsschicht lud regelmäßig zum Essen Gäste ein. Diese galt es dann auch noch zu versorgen. Absoluter Renner war in jener Zeit frisch geschossenes Wild, und zwar so vielfältig wie nur möglich. So kamen auf die Teller der oberen Schicht Reh, Wildschwein und Hirsch. Die untere Schicht begnügte sich mit Kartoffeln, Rüben und Milchsuppen.

Triebfeder für viele war der Traum vom sozialen Aufstieg, obgleich Dienstmädchen in der Hierarchie ganz unten standen und dem Arbeitgeber auf Gedeih und Verderb ausgeliefert waren. Sie kannten nur Befehle und Gehorsam. Die Rechtslage für die Dienstboten war extrem schlecht und auch in den verschiedenen Ländern des Deutschen Reiches unterschiedlich geregelt. Meist waren sogenannte „Gesindeordnungen" zuständig. In Bayern hatte ein Dienstmädchen mit einer anderen Gesetzeslage zu rechnen als in Preußen. Dort durften die Mädchen sogar von ihrer Herrschaft misshandelt werden, wenn es einen Grund dafür gab. Und einen guten Grund fanden die Herrschaften immer. Anfang des 20. Jahrhunderts arbeiteten geschätzte 150.000 Dienstmädchen in den reichen Stadtvierteln von Berlin. Dort wohnten Unternehmer, Bankiers, hohe Beamte und Ärzte. Der neue Geldadel stand gesellschaftlich ganz oben und lebte im Luxus. Die Herrschaften wurden von einer großen Dienerschaft umsorgt, außer dem bereits erwähnten Dienstmädchen gab es noch Kindermädchen, Küchenpersonal, Köchinnen, Kutscher und Chauffeure. Wurde einer der Finanzkräftigen krank, erholte man sich in luxuriösen Heilbädern oder genehmigte sich eine Kur. Die Kinder vieler Reicher wurden oftmals von Hauslehrern oder -lehrerinnen unterrichtet und tauchten somit schon sehr früh in die Welt des Luxus ein. Doch den Töchtern aus höherem Hause wollte man unter keinen Umständen Arbeit zumuten. Eine Erwerbstätigkeit war nur ungern gesehen. Angeblich verdarb sie die jungen Frauen und impfte ihnen Gedanken ein, die vielleicht ihre Selbstständigkeit und ihren Freiheitsdrang förderten. Zwar konnte eine Bürgerstochter als Lehrerin arbeiten, doch musste sie unverheiratet sein. Heiratete sie, wurde sie ersucht, ihren Beruf aufzugeben. Das galt übrigens – bis auf eine kurze Unterbrechung von 1919 bis 1923 – bis hinein ins Jahr 1957! Man nannte das auch „Lehrerinnenzölibat". Eine Frau mit Doktorhut? Am Anfang des 20. Jahrhunderts undenkbar! Das sorgte für kräftigen Gegenwind. Anwältinnen und Richterinnen hielt man für äußerst gefährlich. Die Zeitung „Die Woche" fürchtete sogar, dass in 100 Jahren womöglich eine Frau Reichskanzlerin werden könnte. Die Befürchtung erfüllte sich im Jahre 2005 mit einer Bundeskanzlerin.

Die Wilhelminische Epoche war nicht nur von einer strikten Sexualmoral geprägt, sondern auch von einer doppelten Sexualmoral. Man vermutet, dass rund ein Drittel der Männer aus dem Klein- und Großbürgertum eine Wäscherin oder eine Verkäuferin als Geliebte ausgehalten hat. Die Zahl der sexuellen Übergriffe in Haushalten ist nicht bekannt. Aber wohl, dass sie damals üblich waren. Die Dienstherren hatten die Mädchen in der Hand. Im schlimmsten Fall waren sie nach einem Übergriff sogar schwanger, was für die meisten Dienstmädchen in die Katastrophe führte, denn dies bedeutete in der Regel Kündigung und Arbeitslosigkeit.

Vor dem Ersten Weltkrieg war bei einer gewissen Gesellschaftsschicht Geld ausreichend vorhanden. Viele konnten sich aufwendige Kleider und kostbaren Schmuck leisten und betonten ihren materiellen Wohlstand; ihr Vorbild war der opulente Le-

bensstil des Adels. Viele „Neureiche" richteten sich hochherr-
schaftliche Villen ein, die oftmals mit Erzeugnissen aus den
Kolonien ausgestattet waren, sei es mit kostbaren Teppichen,
Fellen oder Gemälden. Man feierte Gartenpartys, vergnügte sich
bei Pferderennen, ging ins Theater oder in die Oper und unternahm luxuriöse Reisen.

Das wilhelminische Bürgertum lebte in einem festgefügten
Weltbild. Man wollte als wohlhabend und gebildet gelten – Re-
präsentation war alles. Die Kinder wuchsen behütet auf, in die
Öffentlichkeit durften sie nur im Sonntagsstaat und in Begleitung Erwachsener. Die Beziehung zu den Eltern war distanziert.
Man siezte sich. Wohnungen und Häuser waren in zwei Welten
aufgeteilt. Im Vorderhaus residierte die Herrschaft. Im hinteren
Bereich, sozusagen unsichtbar, lag der Dienstbotentrakt. Zwei
voneinander abgetrennte Wegesysteme und Wohnbereiche waren üblich in der Klassengesellschaft des Kaiserreiches. Beide
Bereiche sollten sich nicht überschneiden, sodass die Hausher-
ren mit dem Personal überhaupt nicht in Verbindung kamen.
Alle Dienste, die das Personal zu leisten hatte, sollten nach Möglichkeit so ablaufen, dass die Herrschaft das Personal nicht zu
Gesicht bekam. Ausgenommen der Service bei den Mahlzeiten
am Esstisch. Und dort am Tisch herrschte allgemein preußische Disziplin. Man wollte zeigen, dass man vornehme Sitten
beherrschte, und bediente sich nicht selten französischer Rede-
wendungen. Fleisch – vor allem der Braten – durfte bis zu Beginn des Ersten Weltkriegs niemals fehlen. Fisch gewann erst
langsam an Bedeutung. Meerestiere waren sehr beliebt. Auf dem
Speiseplan der reichen Leute standen Austern und Hummer genauso wie Trüffel und Exotisches. Aus den Kolonien kamen allerlei Früchte, die man so vorher gar nicht kannte, wie Orangen, Papayas, Mangos, Bananen oder auch exotische Nusssorten.
Doch die Lieferzeiten waren lang, viele Obstsorten überstan-
den die langen Reisen gar nicht, sodass man oft auf Trocken-
obst zurückgreifen musste, wollte man exotisches Obst essen.
Obst hatte keinen so hohen Stellenwert, zumindest nicht aus
gesundheitlichen Gründen; die Bedeutung von Vitaminen hat-

te man noch nicht erkannt. Einer breiten Masse wurden viele exotische Früchte erst in den 1970er-Jahren bekannt.

Der Hausherr war das Oberhaupt der Familie, die Ehefrau ihm untergeordnet. Sie wurde als Eigentum des Mannes erachtet. Fürsorglich sollte sie sein. Der Mann war definiert durch seinen Beruf und sein Einkommen. Die Frau war definiert durch den Mann, dessen soziale Stellung sie zu spiegeln hatte. Die Frau hatte lediglich repräsentative Aufgaben zu erfüllen und wurde oftmals mit dem Titel des Gatten angeredet: Frau Amtsgerichtsrat, Frau Oberstaatsanwalt, Frau Generalin, Frau Senator oder Frau Justizrat. Grotesk. Heutzutage unvorstellbar. In bürgerlichen Kreisen galt, dass sich das Bürgerkind im Hause gesittet aufzuführen und sich unter keinen Umständen mit Straßenkindern einzulassen hatte. Straßenkind war ein Schimpfwort, gleichzusetzen mit Schmuddelkind. Man war der Auffassung, dass dies zu einer moralischen Gefährdung, ja zu einer „ansteckenden sozialen Krankheit" führen könnte. Deswegen wurden die Kinder säuberlich getrennt und die bürgerlichen Familien achteten konsequent darauf, dass ihre Kinder nicht gemeinsam mit „asozialen" Kindern in die Schule gingen. In den Schulen herrschte ein Zweiklassensystem. Die Arbeiterkinder besuchten die Volksschule. Jungen und Mädchen wurden in gemischten Klassen unterrichtet. Private Grundschulen, die sogenannten Vorschulen, blieben den Kindern reicher Bürgersfamilien vorbehalten, die es sich leisten konnten, für die Ausbildung ihrer Kinder Geld zu bezahlen. In den weiterführenden Klassen der Gymnasien und Lyzeen wurden die Kinder aus dem Bürgertum getrennt nach Jungen und Mädchen unterrichtet. Nicht ihre Begabung, sondern ihre gesellschaftliche Stellung entschied über ihre Zukunft. Die Erziehung war autoritär. Gewalt und Zucht hatten in Deutschland eine lange, erfolgreiche Tradition. Die „Körperstrafe" galt der Züchtigung der Ehefrauen, der Lehrlinge, Schüler und Kinder. Besonders in der Schule waren körperliche Strafen an der Tagesordnung. Die Liste der Prügel-Requisiten ist lang: Bambusstock, Rute, Gürtel, Lineal oder Lederriemen gehörten generell zur Ausstattung eines Pädagogen. Die Disziplinierung mit der Hand war ebenfalls in der Schule, allerdings auch im Elternhaus geläufig. Es war also durchaus normal, Kinder zu züchtigen. Es gehörte unhinterfragt zur Erziehung und Ausbildung. Auch da waren die Deutschen mit einem perfiden Konzept der preußischen Schule Meister. Erst 1973 wurde in Deutschland die Körperstrafe in Schulen abgeschafft. Und erst seit Anfang des neuen Jahrtausends haben Kinder das Recht auf eine gewaltfreie Erziehung – seither gilt selbst eine Ohrfeige als gesetzwidrig.

Derweil wurden die Knaben auf ihre Karriere beim Militär vorbereitet. Im militaristisch geprägten Deutschland der Kaiserzeit fanden die 1907 gegründeten Pfadfindervereine regen Zulauf. Entsprechend gedrillt begannen die jungen Männer ihre Rekrutenausbildung. Immer stärker beeinflusste das Militär die Staatsgeschäfte des Deutschen Reiches. Der Rüstungsetat verschlang jährlich einige Milliarden Reichsmark. In der militarisierten Gesellschaft wurde der Wunsch immer stärker, Ausbildung und Ausrüstung endlich einmal zu gebrauchen. Selbst Künstler und Literaten schwelgten in Kriegsfantasien und Wilhelms Weltmachtstreben fand großen Rückhalt in der Bevölkerung. Viele konnten sich der Sogwirkung des Militärs nicht entziehen. Es brauchte nur noch einen Funken, um eine bis dahin nie gekannte Kriegsmaschinerie in Gang zu setzen.

Weit weg von den Villenvierteln der Wohlhabenden befanden sich die Wohnquartiere der Arbeiterfamilien. In Berlin beispielsweise in Friedrichhain oder in Wedding. Feuchte Neubauten wurden von den Allerärmsten bewohnt, bis sie für Reichere beziehbar waren. „Trockenwohner" blieben daher nur so lange, bis *„wat Neuet, wat noch nass is, frei is"*. Die hygienischen Zustände in den erheblich heruntergekommenen Mietskasernen mit ihren verschachtelten Hinterhöfen waren katastrophal; Feuchtigkeit und Dunkelheit die Ursachen schwerer Gesundheitsschäden. Die Straßen waren eng, über den Dächern hingen Wolken aus Kohlestaub. Es verbreitete sich ein Leiden, das man als „englische Krankheit" bezeichnete. Die meisten Kinder waren krank und schwach, ihre Beine wuchsen krumm. Es dauerte einige Zeit, bis man merkte, dass vor allem zu wenig Sonne und Unterernährung die Ursachen waren. Bei den Armen waren Kartoffeln und Rüben oftmals die einzigen Grundnahrungsmittel. Man war auch erfinderisch und versuchte, bestimmte Lebensmittel durch andere zu ersetzen. Häufig aß man Suppen, die umso dünner ausfielen, je ärmer die Familie war. Etwas dickflüssiger war der Eintopf, in dem Gemüse, Fleisch und Kartoffeln in einem großen Topf gekocht wurden. Den Begriff „Eintopf" benutzte man aber noch nicht, man nannte das einfach „Durcheinander" – das Wort Eintopf kennt der Duden erst ab 1934. Wer nicht gerade mitten in der Stadt wohnte, sondern auf dem Dorf oder in einer Kleinstadt, versuchte sich mit möglichst vielen Lebensmitteln selbst zu versorgen. Im Garten wurden Kartoffeln, Bohnen und Erbsen angebaut, die Obstbäume lieferten Pflaumen, Äpfel, Birnen und Kirschen. Die Ernte wurde für den Winter eingelagert oder verarbeitet. Im Keller oder in der Speisekammer stapelten sich dann die Einweckgläser mit Gurken, Kürbis und Quitten, daneben gab es Erdbeermarmelade und Apfelmus. Viele Menschen hielten sich auch ein paar Hühner und hatten so frische Eier.

Die engen Zimmer der Mietskasernen dienten den vielköpfigen Familien als Küche, Schlaf- und Esszimmer in einem. Manche hatten sich kunstvoll bestickte Deckchen in die Wohnungen gehängt mit der Selbstverwirklichungsformel des angebrochenen bürgerlichen Zeitalters: *„Jeder ist seines Glückes Schmied."* Bei großen Familien mussten sich zwei bis drei Kinder ein Bett teilen. Arme städtische Familien vermieteten ihre Schlafstellen tagsüber an *Schlafgänger*, also Menschen, die sich kein eigenes Zimmer mieten konnten. Viele fielen ganz durch die weiten Maschen des sozialen Netzes. Obdachlose, die von einem der überfüllten Asyle abgewiesen wurden, blieb lediglich, bei „Mutter Grün" zu nächtigen. Oftmals nahm eine „Wärmehalle", ein Tagesasyl für Obdachlose, bis zu 4.000 Personen auf. In Zeiten verschärfter Wohnungsnot stieg die Zahl der Suizide. Wöchentlich veröffentlichten die Zeitungen die Liste der Selbsttötungen.

Kontrolliert von einer misstrauischen Hausmeisterin hatte eine Hausfrau nach acht, neun oder zehn Stunden Fabrikarbeit zwei- oder dreimal wöchentlich den Treppendienst zu versehen. In der Stadt wurde unterschieden zwischen Hausbesitzer, Mieter, Untermieter und dem Schlafstellenmieter. Neun von zehn Berlinern hausten zu Anfang des Jahrhunderts in einer Mietskaserne, etwa die Hälfte von ihnen mit nur einem beheizbaren Zimmer. Sanitäre Anlagen gab es nur außerhalb der Wohnungen, entweder „auf der halben Treppe" oder als Plumpsklo im Hof. Diese Gemeinschaftstoiletten benutzen oftmals bis zu 40 Personen. Anstelle von Klopapier verwendete man alte Zeitungen. Das Benutzen von Klopapier blieb lediglich den „Reichen" vorbehalten. Körperpflege war nur ein sehr kleiner Bestandteil des Alltags. Waschen war nicht von Wichtigkeit und wurde quasi nebenbei durchgeführt. Sauberkeit und Hygiene hatten damals bei Weitem nicht so einen hohen Stellenwert wie heute. Üblich war es, sich morgens flüchtig zu waschen, zumeist mit kaltem Wasser und Kernseife. Wenige Haushalte verfügten über ein Badezimmer mit fließendem Wasser. Viele besaßen Waschschüsseln und Waschkrüge, die direkt in den Schlafzimmern auf Kommoden standen. Um die notwendige Ganzkörperhygiene zu betreiben, behalf man sich anderweitig. Badewillige suchten sogenannte Volksbadeanstalten auf oder nahmen durchschnittlich alle 8 bis 14 Tage ein Bad in einer Zinkbadewanne in ihren engen Wohnungen oder in der Waschküche. Die Wanne wurde mit heißem Wasser gefüllt und die Familie stieg nacheinander ins Wasser; die Kinder zuletzt. Das Wasser musste oftmals mangels fließenden Wassers in den Häusern vom Hofbrunnen oder von einem Straßenbrunnen geholt und in zeitaufwendiger Arbeit in Töpfen auf dem Herd erhitzt werden. Zahnbürsten mit Kunststoffborsten wurden erst ab den Vierzigerjahren hergestellt und setzten sich nur langsam durch. In Notzeiten konnte sich kaum jemand so etwas wie Zahnputzpulver leisten, daher wurde die Zahnpflege eher vernachlässigt. Da die Zahnmedizin auch noch „in den Kinderschuhen" steckte und zudem teuer war, wurden kranke Zähne zumeist sofort gezogen, sodass auch schon Menschen in mittleren Jahren oft fast zahnlos waren. Die Männer rasierten sich fast täglich, mit Rasierseife und einem Rasiermesser, das am eigenen Ledergürtel geschärft wurde.

Heute verschwindet die Wäsche einfach in der Waschmaschine: Pulver rein, anstellen, laufen lassen und sauber ist die Wäsche. Doch um 1900 verlangte ein Waschvorgang von den Frauen noch einiges ab. Hier hieß es: Wäsche einweichen, kochen, auf dem Holzbrett rubbeln, wieder ausspülen, noch einmal rubbeln. Danach wurde die Wäsche gestärkt, und damit sie wieder so richtig weiß wurde, legte man sie auch mal in die Sonne, um sie zu bleichen. Ab 1907 gab es endlich Hilfe, denn in diesem Jahr brachte ein gewisser Fritz Henkel ein Pulver auf den Markt, mit dem das Wäschewaschen sehr viel leichter ging. Das Besondere daran war, dass die Wäsche nicht nur sauber gewaschen wurde, sondern gleichzeitig gebleicht.

Zurück zu den Mietskasernen. Betrat man einen dieser unwirtlichen Orte, wurde man für gewöhnlich von einem verpesteten Geruch befallen. Schmutz, so weit das Auge reichte. Zank und Streit entflammten ständig zwischen den Flurnachbarn; bei dem geringsten Anlass wurden auf Korridoren und Treppen lärmende Wortgefechte in den unflätigsten Ausdrücken und oftmals blutige Raufereien ausgefochten. Kinder wuchsen größtenteils auf der Straße auf; ihre Freizeit verbrachten sie in den Hinterhöfen ihrer Quartiere. Bis zu 20 miteinander verbundene Höfe hatten beispielsweise die geschlossenen Häuserblocks am Berliner Prenzlauer Berg. Bauten, die größtenteils aus der Zeit um die Wende zum 20. Jahrhundert stammten. Der Lohn der Väter reichte meistens nicht aus, um eine Familie zu ernähren. Oftmals mussten nicht nur die Mütter, sondern auch die Kinder mitarbeiten. Berauscht vom rasanten technischen Fortschritt, störte sich zunächst kaum jemand an dem Bild von barfüßigen und verdreckten Minderjährigen, die für ein paar Groschen den ganzen Tag durch Minenschächte jagen mussten und sich an glühend heißen Boilern verbrannten, oder wenn Maschinen ihnen die Gliedmaßen abrissen. Scheinheilig verkauften Unternehmer die Anstellung von unterbezahlten und ausgebeuteten Kindern gar als Wohltat für verarmte Familien, die schließlich auf jeden Groschen angewiesen seien. In jenen Jahren arbeiteten Frauen zwar in allen Wirtschaftsbereichen, hatten aber immer noch kaum Rechte. Wenn eine Frau berufstätig sein wollte, benötigte sie das Einverständnis ihres Ehemannes. Verdientes Geld gehörte ihren Ehemännern, die auch über Wohnort, Arbeitsplatz und die Kinder entschieden. Frauen besaßen kein Recht darauf, einen eigenen Namen zu führen, und mussten den Namen ihres Mannes annehmen. Frauen war es nicht gestattet, ihren eigenen Wohnsitz auszuwählen, und Männer besaßen das letzte Entscheidungsrecht in allen Angelegenheiten der Ehe. Nietzsche/Zarathustra: *„Gehst du zum Weibe, vergiss die Peitsche nicht."* Wirtschaftlich waren Frauen völlig abhängig vom Mann, denn ihr gesamtes Vermögen ging bei einer Heirat in den Besitz des Mannes über, bis auf ihre persönlichen Sachen. *„Dem Manne steht die Entscheidung in allen das gemeinschaftliche Leben betreffenden Angelegenheiten zu"*, so bestimmte es einst der Paragraf 1354 aus dem Bürgerlichen Gesetzbuch. Doch mit wachsender wirtschaftlicher Rolle wurde die Frauenbewegung militant.

Gleich zu Beginn des neuen Jahrhunderts beschäftigte die Menschen im Kaiserreich ein Skandal, ein grenzüberschreitendes Medienereignis, in denen Personen verwickelt waren, die jeder kannte – bis hinauf zum Kaiser höchstpersönlich. Ursache war ein Artikel des Publizisten Maximilian Harden in der Wochenzeitschrift „Die Zukunft", in dem dieser behauptete, Philipp Fürst zu Eulenburg, seines Zeichens preußischer Diplomat und enger Berater Wilhelms II., sei homosexuell und der Kopf eines Homosexuellen-Zirkels. Selbst über ein mögliches Verhältnis Eulenburgs mit dem Regenten wurde spekuliert. Ein gewagter Vorwurf, immerhin sah Paragraf 175 des Reichsstrafgesetzbuches für gleichgeschlechtlichen Verkehr Gefängnis vor. Am Ende wurde die Untersuchung gegen Eulenburg eingestellt und behauptet, der Konflikt sei zu politischen Zwecken instrumentalisiert worden.

Die neuen Erfindungen machten manches bequemer und leichter, und wer es sich leisten konnte, der fuhr in einem Automobil oder flog mit dem Flugzeug, denn mit der Gründung der LUFTHANSA kam eine weitere Dimension ins Spiel. Nicht nur eine Revolution für Reise und Transport, sondern auch der Beginn eines bis heute andauernden Wettstreits – zwischen Schienen-, Straßen- und Luftverkehr. Anfangs einem exklusiven Kreis vorbehalten, heute Transportmittel für die Massen. Geldaristokraten unternahmen damals eine Reise im Zeppelin, einem überdimensionalen zigarrenähnlichen, mit Stoff überzogenen Luftschiff, das mit Traggas gefüllt war und von zwei Motoren angetrieben wurde. 1917 flog eines der inzwischen 130 Zeppelin-Luftschiffe ununterbrochen 101 Stunden lang, und ein anderes Modell legte eine Fahrtstrecke von insgesamt 6.757 Kilometern zurück. Es gab zu dieser Zeit internationale Bemühungen, ein weltweites Luftschiff-Liniennetz aufzubauen. Jedoch beendete der Absturz der „Hindenburg" am 6. Mai 1937 bei der Landung in Lakehurst (USA) aufgrund einer Brandkatastrophe diese Pläne jäh. Das Luftschiff wurde komplett zerstört, nachdem sich die Wasserstofffüllung entzündet hatte. 35 der 97 Menschen an Bord sowie ein Mitglied der Bodenmannschaft kamen ums Leben. Die Ursache wurde nie ganz geklärt.

Um die Jahrhundertwende durchstreifte der Maler, Karikaturist und Fotograf Heinrich Zille Berlin nicht nur mit Block und Zeichenstift, sondern auch mit Fotoapparat und Stativ. Sein Objekt richtete er auf das Alltagsleben der einfachen Leute: Schwatzende Frauen in Kittelschürzen, spielende Kinder mit Rotznasen, die auf morastigen Straßen in Pfützen herumhüpften, verfallene Hinterhöfe, Latrinen. *„Von's Vergnügen der reichen Leute ham wir Armen doch noch immer wat: von die Pferde die Wurscht, von die Zigarr'n die Stummel, von die Flieger die Notdurft un' von die Automobile den Jestank."* Zille mit seinen bissigen Karikaturen und Bonmots wurde zu einem Chronisten des Arme-Leute-Berlin. Malochende Arbeiter, verhärmte Frauen inmitten einer großen Schar verwahrloster Kinder, Saufgelage und pikante Bordell-Szenen gehörten zu seinen bevorzugten Sujets. Seine Gegner verspotteten ihn als „Pinselheinrich" oder „Raffael der Hinterhöfe", doch davon ließ er sich nicht irritieren. Zille dokumentierte unverfälscht Armut und Verfall und hinterließ einen sinnentsprechenden Spruch: *„Wenn die Frauen verblühen, verduften die Männer."*

Eine bekannte Wochenzeitschrift um die Jahrhundertwende und auch noch Jahrzehnte später war der „Simplicissimus". Ursprünglich wollte der Simplicissimus gar nicht satirisch sein, sondern war als eine Zeitschrift für Kunst und Literatur gedacht. Viele berühmte Autoren schrieben für sie, wie zum Beispiel Hermann Hesse, Thomas Mann, Frank Wedekind, Robert Walser, Heinrich Mann oder Erich Kästner. Die Zeitschrift zeichnete sich nicht nur durch kritische Texte, sondern vor allem auch durch seine entlarvenden Zeichnungen aus und viele bekannte Karikaturisten und Illustratoren nahmen daran teil. Wer in dieser Zeit etwas auf sich hielt, wollte für den Simplicissimus schreiben oder zeichnen. Die Zeitschrift zielte auf die wilhelminische Politik, die bürgerliche Moral, die Beamten, die Kirche, das Militär, den Untertanengeist der Zeit und die Obrigkeit ab, und das zu einer Zeit, in der man alles, was nicht ins politische Weltbild passte, einfach mal schnell verbot. Kaum jemand entkam den bissigen Texten und witzigen Zeichnungen. So kam es letztlich dazu, dass der affrontierte Kaiser das Heft verbieten ließ. Der Verleger Albert Langen floh ins Ausland und einigen Autoren blühten Haftstrafen. Aber wie so oft, wenn etwas verboten ist, wird es so richtig interessant, und so erging es auch dem Simplicissimus. Nach 1918 schwenkte die Zeitschrift behutsam auf ihre alte Linie ein, sprach sich bei grundsätzlicher Zustimmung zur Weimarer Republik gegen Extreme von rechts und links aus, verlor dabei aber, auch wegen der wachsenden Konkurrenz der Illustrierten, ständig an Bedeutung. 1933 wurde die Zeitschrift unter den Nazis sofort gleichgeschaltet. Im September 1944 erschien die letzte Nummer und ein Wiederaufleben im Jahre 1953 gelang nur halbherzig. Der Simplicissimus ist heute eine

Legende aus einer Zeit, als die Satire ihrer Position noch sicher war und eine gesellschaftliche Macht darstellte.

Burschenschaften, eine tradierte Form einer Studentenverbindung, träumten bereits Anfang des 19. Jahrhunderts von „Freiheit und Vaterland". Blutige Fechteinlagen, ausufernde Trinkgelage, markige Männersprüche, altmodische Mützchen, bunte Bänder über dem Jackett und nach Möglichkeit eine fette Narbe auf der Wange prägen auch heute noch das Bild vom Burschenschafter. War am Ende des 20. Jahrhunderts diese rückständige Minderheit in Deutschland mit immerhin noch runden 900 Studentenverbindungen und ca. 150.000 Mitgliedern eine Bedrohung für das demokratische Gemeinwesen, oder gehörten diese in etwa 30 Bünde organisierten deutschtümelnden Studenten- und Altenvereine mit ihrer starren Geisteshaltung längst zu einer aussterbenden Art? Die Mitglieder dieser Verbindungen mit ihren seltsamen Ritualen gelten als rechtskonservative Akademikerelite, die sich gegenseitig protegiert und geheime Seilschaften bildet. Ihnen wird unterstellt, systematisch die Schaltstellen von Wirtschaft und Politik zu besetzen, um einen autoritären Nationalstaat zu etablieren. Tatsächlich landen sie mit ihren rassistischen und extremistischen Standpunkten immer wieder in den Schlagzeilen.

Als sich zum Beispiel im Oktober 2008 einige „Alte Herren" der Münchener Burschenschaft „Elektra Teplitz" während ihres gemeinsamen Aufenthalts im tschechischen Teplice fotografieren ließen, lag ein Ereignis, das ihnen überregionale Aufmerksamkeit verschafft hatte, erst wenige Jahre zurück. Die „Elektra" hatte nicht nur in der Zeitschrift „Nation und Europa" um Mitglieder geworben, die damals eine der bedeutendsten Zeitschriften der extremen Rechten in Deutschland war; vor allem hatte ihr Sprecher sich ein wenig zu weit aus dem Fenster gelehnt. Im Gespräch mit zwei Journalisten hatte er auf die Frage, ob Juden Mitglieder in seiner Burschenschaft werden könnten, geantwortet, das sei wohl nicht möglich: *„Weil sie nicht in den christlichen Kulturkreis passen."* Um die Schoah werde, meinte

er, *„viel zu viel Tumult"* gemacht; schließlich seien die *„Verbren-*
nungen der Juden eine wirtschaftliche Notwendigkeit" gewesen.
Der „Elektra"-Aktivist ergänzte dann noch, mit dem Mord in
Gaskammern habe er *„keine Probleme"*.

In der Generation, die Anfang des 20. Jahrhunderts jung war,
fanden sich nicht wenige, die das wilhelminische Staatswesen
und seine Gesellschaft sowie die Vordergründigkeit und Rück-
wärtsgewandtheit seiner „offiziellen" Kultur und Lebensweise als unerträglich empfanden. Die Wertmaßstäbe wurden als
„Bürgermief" abgelehnt und die Errungenschaften der Zivilisation als unnatürlicher Zwang empfunden. Weit mehr als der
naturgegebene Generationenkonflikt trennte in damaliger Zeit
die Welt der Söhne von der Welt der Väter. Viele Kinder des wilhelminischen Bürgertums, welche die Reichsgründung miterlebt hatten und mit so viel Stolz auf die materiellen Erfolge der
Industriemacht Deutschland blickten, „stiegen plötzlich aus".
Sie wurden Sozialisten und Nihilisten, sie folgten den Prophe-
ten der gegenbürgerlichen Kultur in Kolonien und Kommunen.
In Worpswede im Emsland oder in anthroposophischen Gemeinschaften und Lebensformen suchten sie eine neue Welt,
ein neues Menschenbild, das nichts mehr zu tun haben sollte
mit dem überkommenen der älteren Generation, obgleich viele junge Leute die bürgerliche Normenwelt nur auf Zeit verließen. Sie flohen wochenends in die Natur und sie wanderten.
So entstand aus vielen Gruppierungen, Freundeskreisen, Bün-
den und Gemeinschaften, denen oft nur eine Antihaltung zur
wilhelminischen Standes- und Klassengesellschaft gemeinsam
war, die Deutsche Jugendbewegung. Mit wachsender Beteiligung
machten sich Schülergruppen zu mehrtägigen Wanderungen
oder zu mehrwöchigen Reisen auf in deutsche Naturgebiete. In
diese Zeit fällt auch der Beginn der Jugendherbergsbewegung.
Der Lehrer Richard Schirrmann und der Fabrikant Wilhelm
Münker schufen 1909 die erste Herberge für Jugendliche, damals „Schülerherberge" genannt, in Altena in Westfalen, und
das Beispiel machte schnell Schule. Bereits ein Jahrzehnt spä-

ter entwickelte sich daraus das „Deutsche Jugendherbergs-
werk", welches lange Zeit Vorbild für ähnliche Bestrebungen im
Ausland war. Die Jugendherbergen, heute meist modernisiert,
sind eine preiswerte Unterkunft für alle Altersgruppen geworden, und die Eigenschaft des Wanderns, im Ausland als „wun-
derliche Neigung" der Deutschen angesehen, hat sich bis heute
erhalten, wird aber im Gegensatz zu vor 100 Jahren meist von
älteren Jahrgängen praktiziert.

Was Uroma und Uropa noch ganz selbstverständlich in der Schule als Kinderschrift lernten, dürfte den Grundschülern von heute Kopfzerbrechen beim Lesen bereiten: Die Sütterlin-Schrift,
einfach „Sütterlin" genannt. Der Pädagoge und Grafiker Ludwig
Sütterlin erhielt 1911 den Auftrag vom preußischen Kultusmi-
nisterium, eine Reformschrift zu erfinden, die helfen sollte,
das damals herrschende Handschriftenchaos im Kaiserreich
zu überwinden. Sütterlins Schöpfung galt wegen ihrer runden
Schnörkel, klaren Linien, bauchigen Zeichen und kantigen Za-
cken als besonders kinderfreundliche Vereinfachung. Ab 1915
führten preußische Schulen die Schrift ein. Die Nazis schafften sie wieder ab. Nach dem Krieg und bis in die Sechzigerjahre
hinein wurde sie in Schulen gelegentlich noch als Zweitschrift
gelehrt – und sei es nur, damit man die Briefe der Eltern und
Großeltern lesen konnte.

DAS GESICHT DES KAISERREICHES

Diplomatisches Geschick zählte nicht zu Wilhelms Stärken. Berüchtigt ist seine *„Hunnenrede"*, die er am 27. Juli 1900 in Bremerhaven anlässlich der Verabschiedung des deutschen Ostasiatischen Expeditionskorps zur Niederschlagung des Boxeraufstandes im Kaiserreich China hielt. Dort war es zuvor zu einem Aufruhr gegen die westlichen Kolonialherren gekommen, bei dem etwa 23.000 Chinesen christlichen Glaubens sowie zahlreiche Beschäftigte ausländischer Botschaften umkamen. Wilhelm II. wollte der Welt zeigen, wie man sich Respekt verschafft. *„Meine Nachfolger sollen einmal wissen, dass ich forsch war."* – *„Kommt ihr vor den Feind, so wird er geschlagen. Pardon wird nicht gegeben. Gefangene werden nicht gemacht. Wer euch in die Hände fällt, sei euch verfallen!"*, forderte der Kaiser die Teilnehmer des Expeditionskorps auf, um die Ermordung des deutschen Gesandten Freiherr von Ketteler zu rächen. Die Soldaten sollten ihren Kaiser beim Wort nehmen. *„Wie vor tausend Jahren die Hunnen unter ihrem König Etzel sich einen Namen gemacht, so möge der Name Deutscher in China auf tausend Jahre durch euch in einer Weise bestätigt werden, dass es niemals wieder ein Chinese wagt, einen Deutschen ‚scheel anzusehen'."* Seine Worte gingen um den Erdball und prägten das Bild der Deutschen in der Welt. In Berlin regte sich bald Kritik am persönlichen Regiment des Kaisers. Das chinesische Qingdao war seit dem ausgehenden 19. Jahrhundert ein deutscher Kolonial-Handelsstützpunkt und stand von 1897 bis 1914 als Hauptstadt des „Deutschen Schutzgebiets" Kiautschou unter deutscher Herrschaft. Aus dieser Zeit sind viele Bauten erhalten, so zum Beispiel eine Brauerei, eine protestantische Kirche, ein Bahnhof sowie die Residenz des ehemaligen Gouverneurs.

In einer Rede am 18. Dezember 1901 in Berlin anlässlich der Enthüllung eines Denkmals posaunte der Landesherr: *„Uns,* *dem deutschen Volke, sind die großen Ideale zu dauernden Gütern geworden, während sie anderen Völkern mehr oder weniger verloren gegangen sind. Es bleibt nur das deutsche Volk übrig, das an erster Stelle berufen ist, diese großen Ideen zu hüten, zu pflegen, fortzusetzen.*" Zur gleichen Zeit formulierte er in einem Telegramm an einen seiner Gesandten, dessen Name bedauerlicherweise nicht überliefert ist: „*Lassen Sie sich durch das Geschrei der dämlichen bayerischen Treue nicht irremachen, die auf jeden Blödsinn hereinfällt [...] Ich habe weidlich über die Torheiten der guten Bayern gelacht.*"

Viele Taten Wilhelms II. erklären sich aus einer problematischen Kindheit und einem Geburtstrauma, das ihn wohl zeit seines Lebens verfolgte. Im Januar 1859 schenkte Kronprinzessin Victoria, Royal Princess of England – erstes Kind von Königin Victoria von Großbritannien und des Thronfolgers Friedrich Wilhelm von Preußen –, einem Knaben das Leben. Wilhelm wäre bei der Geburt beinahe gestorben. Eine Verletzung des linken Arms blieb tagelang unbemerkt. Trotz schmerzhafter Behandlungsmethoden blieb der Arm zeitlebens verkürzt und gelähmt. Ein verdammenswertes Omen für den zukünftigen König von Preußen und deutschen Kaiser, das die Beziehung zu seiner Mutter schwer belastete. „*Sein Arm verbitterte mir das Leben*", klagte einst Prinzessin Victoria. Schmerzvoll waren die Versuche der Familie, seiner Behinderung entgegenzuwirken. Sein verkümmerter linker Arm führte zu Gleichgewichtsstörungen und Haltungsschäden sowie häufigen Schmerzen im linken Ohr. Doch der zukünftige König von Preußen und Kaiser Deutschlands sollte ein „*ganzer Mann*" und kein Krüppel sein. So wurden dem Kind verschiedene schmerzhafte Therapien zugemutet. Beispielsweise fiel ihm das oft erforderliche Reiten lebenslang schwer. Ansonsten erfuhr Wilhelm keine besondere Zuwendung von seinen Eltern, was zu bleibenden Ressentiments besonders gegen seine Mutter führte, die ihn ihrerseits, folgt man ihren familiären Briefen, auch politisch sehr kritisch sah. Auch Großmutter Queen Victoria machte ihren Einfluss auf die Tochter geltend. In einem ihrer unzähligen Briefe ließ sie sie wissen: „*Dass die Prinzen und Prinzessinnen [...] nicht denken sollen, sie wären von anderem Fleisch und Blut als die Armen, die Bauern, Arbeiter und Dienstboten ...*" Dessen ungeachtet fand Prinz Wilhelm regelmäßig liebevolle Aufnahme bei seiner legendären englischen Großmutter. Auf ihrem Feriensitz Osborne House auf der Isle of Wight verbrachte der deutsche Prinz glückliche Tage. Beeindruckt von der mächtigen britischen Flotte erwachte hier sein Wunsch, „*auch einmal eine so schöne Flotte wie die englische zu besitzen*". Die Marine hatte es Wilhelm schon als Kind angetan. Seit 1906 lieferten sich Deutschland und England im Flottenbau ein beispielloses Wettrüsten. England sah sich und das europäische Gleichgewicht bedroht. Es bildete mit Frankreich und Russland Allianzen, wobei Deutschland zwischen zwei Fronten geriet. Aus dem Jugendtraum wurde ein fataler Rüstungswettlauf, der Deutschland immer mehr isolierte. Ein tödliches Spiel. Das fatalste Spiel, das Wilhelm II. und die Deutschen je gespielt haben.

Golo Mann bemerkt in seinem rühmenswerten Buch: „Deutsche Geschichte des 19. und 20. Jahrhunderts" über Wilhelm II.: „*Er war kein böser Mensch. Er wollte geliebt werden, nicht Leid verursachen. Zu blutrünstigen Reden konnte er sich verirren; blutiges Handeln lag ihm gar nicht. Überhaupt das Handeln nicht. Er war faul und vergnügungssüchtig. Feste feiern, reisen, sich den Leuten zeigen, hoch zu Roß seine Garden zum Manöversturme führen, mit seinesgleichen bei fürstlichen Banketten Toaste wechseln, in der Hofloge sitzen, angetan wie ein Pfau.*"

Nichts bewegte die Berliner Gemüter mehr als Geschichten um ihn und das Leben am Hof. Wo immer der Staatsmann auftauchte, jagten ihn die Paparazzi. Je privater die Einblicke, desto besser. Wilhelm war der Medienkaiser. Er nutzte jede Gelegenheit, sich gekonnt in Szene zu setzen. Die Tageszeitungen waren voll davon, und Nachrichten von den Royals waren fast täglich eine Schlagzeile wert, schließlich gab es um diese Zeit kein anderes aktuelles Medium. Insofern hatte die Tageszeitung mindestens einen Stellenwert wie heute das Fernsehen oder das Internet.

Aufsehenerregende Schlagzeilen nicht höfischer Geistesart machte allerdings im Jahre 1906 jemand anders als der Medienkaiser. Am 16. Oktober nahm der arbeitslose Schuhmacher Wilhelm Voigt in geliehener Hauptmannsuniform den Bürgermeister von Berlin-Köpenick fest und beschlagnahmte die Stadtkasse. Ganz Deutschland lachte unbekümmert über den Streich des Schusters, der in einer Uniform vom Trödler einen Trupp von Soldaten so beeindruckte, dass er das Köpenicker Rathaus besetzen konnte. Die Gefahr dieser blinden Uniformgläubigkeit, des *„Kadavergehorsams"* angesichts eines Militärrockes, stand wenigen deutlich genug vor Augen. Allerdings fand der Kaiser den Streich *„zum Piepen"* und freute sich über die *„Disziplin im deutschen Heer"*. Den ernsten Sinn dieser „Köpenickiade" wollte man nicht wahrhaben. Der „Hauptmann von Köpenick" büßte mit 20 Monaten Haft für seinen Streich und wurde nach seiner Entlassung ein bekanntes Berliner Original. Ein enormer Publikumserfolg wurde die Verfilmung im Jahre 1956 nach dem gleichnamigen Theaterstück von Carl Zuckmayer, in der Heinz Rühmann die Rolle des Schusters Voigt verkörperte.

Oft bezeichnete man das Regieren Wilhelms als *„persönliches Regiment"*. Der Kaiser mischte sich in alles ein, vor allem auch in Dinge, die ihn nichts angingen. Dazu kam die Betonung seines Gottesgnadentums, was zu einem modernen Staat eigentlich gar nicht mehr passte. Besonders kritisch wurden seine Reden und Kommentare gesehen, die er immer wieder in seiner impulsiven Art von sich gab, vor allem zur Außenpolitik. Speziell in der Darstellung nach außen hat er das Bild des Deutschen Reiches oft in ein sehr schlechtes Licht gerückt, denkt man an seine bereits erwähnte *„Hunnenrede"*, an die *„Krüger-Depesche"* oder auch die *„Daily-Telegraph-Affäre"*.

Das deutsche Kaiserreich war eine sogenannte konstitutionelle Monarchie. Der Kaiser hatte eine starke Stellung inne. Er ernannte den Reichskanzler, der auch nur ihm persönlich verantwortlich war. Auch wenn der Kanzler die Befehle des Kaisers bestätigen musste, stand er in einem völligen Abhängigkeitsverhältnis zum Kaiser. Gleichzeitig war der Kaiser auch noch König von Preußen und stand dem Bundesrat als Präsident vor. Er besaß auch den Oberbefehl über die Streitkräfte und konnte sogar einem anderen Land den Krieg erklären, ohne dass der Bundesrat zustimmen musste. Er durfte sein Amt innerhalb der Hohenzollern-Dynastie auch weitervererben. Letztlich konnte er sowohl den Reichstag wie den Bundesrat einberufen, Sitzungen einfach schließen oder sogar den Reichstag auflösen. Solange zwischen Kaiser und Kanzler Einigkeit herrschte, konnten sie letztlich mit gewissen Einschränkungen ohne das Volk regieren. Probleme tauchten auf, wenn Kaiser und Kanzler unterschiedlicher Meinung waren. Ein Zustand, der nach der Abdankung Bismarcks häufiger vorkam. Eine der wichtigsten Grundlagen des 1900 verabschiedeten Bürgerlichen Gesetzbuches war das Ideal des freien Bürgers, der seine persönlichen Verhältnisse autonom gestalten durfte. Dennoch war kein Bürger im vollen Wortsinne Staatsbürger. Denn nach diesem Ideal, das in der Zeit der Aufklärung entstand, hätte jedermann das Recht gehabt, an der Gestaltung des Staates mitzuwirken. Und genau diesen Status errangen die Deutschen im Kaiserreich niemals vollständig. Denn nicht das frei gewählte Parlament berief den Kanzler und bestimmte damit wesentlich die Politik des Reiches, sondern nur der Kaiser.

Oft bezeichnet man den Zeitraum zwischen 1888 und 1918 auch als *„Wilhelminische Epoche"*. So wie man die Zeit zuvor als *„Zeitalter Bismarcks"* sieht, ist man der Meinung, dass Kaiser Wilhelm II. dieser Zeit seinen persönlichen Stempel aufgedrückt hat. Viele Menschen sahen in *„ihrem Kaiser"* den Ausdruck für eine neue Zeit. Deutschland sollte innerhalb Europas, ja der Welt, eine wichtige Rolle spielen. Dafür stand der Kaiser und betonte dies immer wieder in seinen Reden. Dass er hierbei oft über sein Ziel hinausging, das Ausland beleidigte und auch seine Freunde und Berater, hat man ihm meist irgendwie dann doch verziehen. Nicht nur der Adel und das Bürgertum standen hinter ihm, auch viele Arbeiter sahen in ihm einen tatkräftigen und entschlossenen Politiker. Er erfüllte die Erwartungen vieler Menschen seiner Zeit. Paraden, Manöver, Empfänge, eine Admiralsuniform für den Opernbesuch des „Fliegenden Holländers" und eine eigene Flotte, gleichsam als Spielzeug. *„Herrliche Zeiten"* hatte Wilhelm II. den Deutschen versprochen und es schien lange so, als würde er sein Volk nicht enttäuschen. Zum silbernen Thronjubiläum am 17. Juni 1913 stand er im Zenit seiner Popularität. Schon frühmorgens brachten 7.000 Berliner Schulkinder „Seiner Majestät" ein Ständchen. Bei sprichwörtlichem „Kaiserwetter" pilgerten Hunderttausende ins eindrucksvoll geschmückte Zentrum der Reichshauptstadt, wo Wilhelm II. vom Balkon des Berliner Schlosses seinen Untertanen zuwinkte. Ein Tag ganz nach dem Geschmack des letzten deutschen Monarchen. Eine überwältigende Inszenierung höfischen Prunks und kaiserlicher Selbstdarstellung. *„Er wäre ein fabelhafter Televisionskaiser geworden. Wenn er gekonnt hätte, hätte er jeden Abend im Fernsehen eine Pressekonferenz gegeben"*, sagt der Historiker Michael Stürmer über Wilhelm II., den ersten deutschen Medienstar. Kaum eine Gelegenheit ließ er aus, um seinem ungebremsten Rededrang zu frönen. Kein Zweifel, der Kaiser war populär. Als „Friedenskaiser", so dachten viele, würde er in die Annalen der Geschichte eingehen. Doch es sollte anders kommen. Hinter den Kulissen wetzten die Großmächte bereits die Messer. Europa fieberte einer Explosion entgegen.

Die Volksvertretung im Reichstag kümmerte den Kaiser wenig. Am liebsten hätte er ganz ohne sie regiert, aber das ging nicht. So musste er sich vor allem bei Entscheidungen über den Haushalt, das heißt über das Geld, das er für seine Pläne, wie zum Beispiel den Ausbau der Flotte benötigte, dem Parlament beugen. So bezeichnete er den Reichstag sogar einmal abschätzig als *„Reichsaffenhaus"* und ließ auch den Architekten Paul Wallot seine Missbilligung spüren. Überhaupt war ihm der Sitz des Parlaments ein Dorn im Auge, am liebsten hätte er gänzlich ohne die Volksvertreter geherrscht.

Wie kaum ein anderes Gebäude in Deutschland verkörpert der Berliner Reichstag die Geschichte Deutschlands vom Kaiserreich bis heute. Vor allem ist er ein „Überlebenskünstler". In Brand gesetzt, zerschossen und erobert, fast abgerissen, ummauert und verlassen, verhüllt und am Ende auferstanden wie Phönix aus der Asche, bildet er Höhen und Tiefen deutscher Vergangenheit – und nicht nur der parlamentarischen. Er ist ein Zeuge guter und schlechter Zeiten, ein Ort der Wendepunkt deutscher Geschichte. Seine Kuppel aus Stahl und Glas war damals Hightech, 74 Meter überwölbte sie den Sitzungssaal im Zentrum des Baus. Auf dem Giebel plante der Architekt die Inschrift *„Dem deutschen Volke"*, doch bei der Einweihung des Reichstags war die Marmortafel leer. Der Kaiser hatte die Widmung erfolgreich verhindert. Erst im Ersten Weltkrieg, als seine Tage bereits gezählt waren, genehmigte er zähneknirschend die Inschrift.

Am 9. November 1918 verkündete der Sozialdemokrat Philipp Scheidemann von einem Fenster des Reichstags aus den Zusammenbruch der Monarchie. Die Ausrufung der Republik gilt als Sternstunde des *„Superbaus"*. 15 Jahre danach, in der Nacht vom 27. auf den 28. Februar 1933, wurde der Brandanschlag auf das Gebäude zum Fanal der Hitlerdiktatur. Der Brand beruhte auf Brandstiftung. Allerdings konnten die Umstände niemals einwandfrei geklärt werden. Am Tatort festgenommen wurde der Holländer Marinus van der Lubbe. Er wurde am 23. Dezember 1933 wegen *„Hochverrats in Tateinheit mit vorsätzlicher Brandstiftung"* durch das Reichsgericht in Leipzig zum Tode verurteilt; das Urteil wurde knapp zwei Wochen später vollstreckt. Die Schuld van der Lubbes wurde bereits kurz nach dem Brand erstmals angezweifelt. Vermutlich nutzten die Nationalsozialisten den Reichstagsbrand als Vorwand, um gegen ihre Gegner, die deutschen Kommunisten, vorgehen zu können.

Am 1. März 1933 wurde die *„Notverordnung zum Schutze von Volk und Staat"* erlassen, die wichtige Grundrechte außer Kraft setzte. Der Reichstagsbrand beschleunigte den Prozess hin zu einer Diktatur. So geriet das Gebäude zum Symbol für den Anfang und den Untergang der ersten Demokratie auf deutschem Boden. Am Ende des von den Nazis entfesselten Vernichtungskrieges hissten Rotarmisten auf dem Dach des Reichstags die sowjetische Siegesfahne.

Im Kalten Krieg wurde der Reichstag zum Sinnbild des geteilten Deutschlands. Während der Wendezeit geriet er zum Schauplatz der Wiedervereinigung. Die Bilder von der bewegenden Einheitsfeier am 3. Oktober 1990 gingen um die Welt. Nach kunstvoller Verhüllung durch das Künstlerehepaar Christo und Jeanne-Claude und aufwendigem Umbau mitsamt neuer Kuppel, entworfen vom britischen Stararchitekten Lord Norman Foster, wurde das Reichstagsgebäude nicht nur Sitz des Deutschen Bundestages, sondern auch Anziehungspunkt für mehr als eine Million Besucher jährlich.

Zehn Jahre vor der Wende zum 20. Jahrhundert hatte sich nach der Abdankung des Kanzlers Fürst Otto von Bismarck (*„Der Lotse geht von Bord"* – englische *Punch*-Karikatur) im Deutschen Reich der imperiale Anspruch zusehends verstärkt. Der Reichsgründer verließ die offizielle Plattform der Politik, blieb aber bis zu seinem Tode in Rede und Schrift politisch aktiv. Der Kaiser bemerkte zum Abgang Bismarcks: *„Das Amt des wachhabenden Offiziers auf dem Staatsschiff ist mir zugefallen. Der Kurs bleibt der alte, und nun Volldampf voraus."* Das viel zitierte Kaiserwort verrät viel über den jungen Monarchen, der den alten, erfahrenen Kanzler und Regierungschef seines Großvaters, welcher fast 30 Jahre erfolgreich Preußen- und Reichspolitik gemacht hatte, endlich losgeworden war. Doch weder blieb der Regierungskurs der alte noch war Wilhelm II. der verantwortungsbewusste, erfahrene, verlässliche *„wachhabende Offizier"*.

Er soll Hunderte von Uniformen besessen und sie mehrmals täglich gewechselt haben. Überhaupt liebte er das feudale, barocke Kostümgepränge, offenbar um seinem Überwertigkeits- und Unterwertigkeitsgefühl, seinem Größenwahnsinn und seinen Depressionen gerecht zu werden. Er posierte mit Vorliebe in russischer Uniform, in einer Husarenuniform, in der Robe der Garde-Kürassiere, inklusive Mantel und typischer Pickelhaube. Oder aber in russischer Militärkluft vor dem Eintreffen des Zaren Nikolaus II. am Bahnhof von Potsdam. Wilhelm schien alle verfügbaren Uniformen anprobiert zu haben – außer die französischen. Schließlich sah der Hohenzollern-Herrscher in Frankreich den Erbfeind Preußens. Während des Ersten Weltkrieges (1914–1918) trug der Kaiser meist eine stein- oder feldgraue Uniform des deutschen Heeres.

Bei aller Kritik und bei allem Schmunzeln über eine solche Kostümierungswut, bei all seinen hochtrabenden Reden und seinen Marotten darf man nicht vergessen: Wilhelm verkörperte typische Eigenschaften jenes Deutschlands vor dem Ersten Weltkrieg. Das Prahlerische, Dynamisch-Explosive war nicht nur sein Privatcharakter – es begeisterte seine Deutschen so, weil die meisten von ihnen ganz genauso fühlten und dachten; und der Kaiser repräsentierte sie nur allzu gut. Aber die europäischen Nachbarn blickten mit wachsender Unruhe auf das Deutsche Reich und seinen obersten Repräsentanten. Was im Lande selbst oftmals peinlich berührte und Stoff für Karikaturen lieferte, wirkte nach außen beunruhigend. Bismarcks Außenpolitik war stabil, verlässlich, berechenbar gewesen – nun wurde Deutschland unberechenbar. Obwohl auch Bismarcks Berechenbarkeit nach seinem umstrittenen, später folgenschweren Ausspruch angezweifelt werden darf: *„Nicht durch Reden und Majoritätsbeschlüsse werden die großen Fragen der Zeit entschieden – das ist der große Fehler von 1848/1849 gewesen –, sondern durch Blut und Eisen."* Man hat später Bismarck vorgeworfen, dass er mit diesem Ausspruch seine Verachtung gegenüber dem Liberalismus und dem demokratischen Verfassungsstaat offenbart habe.

Der spätere Reichskanzler Bernhard von Bülow gab dann auch prompt den denkwürdigen Satz zum Besten, dass die Deutschen auch gerne einen *„Platz an der Sonne"* beanspruchen würden. Was nichts anderes hieß als die Tatsache, dass das Deutsche Reich ebenso Kolonien und Herrschaftsgebiete anstrebte wie die anderen Großmächte auch, schließlich war das Kaiserreich der Spätzünder unter den Kolonialisten. Die Expansionspolitik der Großmächte betraf in erster Linie den afrikanischen Kontinent und Gebiete in Asien. Einerseits wollte man an Macht und Ansehen gewinnen, andererseits auch die Rohstoffe ausbeuten, über die diese Länder verfügten. Ein weiterer wichtiger

Punkt lag darin, dass man Absatzmärkte für seine Waren suchte, also Länder, in denen man Produkte verkaufen konnte. Da aber alle Großmächte das gleiche Ziel hatten, kam es hier zu einer Art Wettkampf. Jeder wollte der Erste sein und möglichst viele Länder und Gebiete in seinen Machtbereich bringen. Bei den Engländern ging im britischen Weltreich niemals die Sonne unter. Im 16. Jahrhundert bemerkte bereits Karl V., dass in seinem Reich, bedingt durch die Ost-West-Ausdehnung, niemals die Sonne untergehe.

Doch freiwillig wollte kein Land zur Kolonie werden und sich damit in Abhängigkeit begeben. Die meisten Kolonien wurden gewaltsam erobert, manche auch ohne größeren Widerstand einfach besetzt. Fast immer versuchten die Kolonialmächte, ihre eigene Kultur, ihr Weltbild und ihr Lebensgefühl auf die Kolonien zu übertragen. Auf der anderen Seite gab es ebenso positive Entwicklungen, denn die Kolonialmächte bauten oft Schulen, Straßen und Krankenhäuser und kümmerten sich um ein funktionierendes Versorgungssystem in den Kolonien. Das war eine Verbesserung der Infrastruktur. Wer mehr Länder besaß, konnte sein Ansehen als Weltmacht stärken, wurde von den anderen Ländern geschätzt und beneidet. Ein Grund, weshalb viele Länder gerne Kolonien in ihren Besitz bringen wollten. Das traf auch auf das Deutsche Reich vor dem Ersten Weltkrieg zu. Man träumte von einem Reich, das sich über die ganze Welt erstrecken sollte. Abenteurer, Entdecker und Forscher machten sich auf zu neuen Kontinenten. Deutsche Soldaten hissten ihre Fahnen in fernen Ländern. Siedler drangen nach Afrika, Asien und in die Südsee vor. Fremde Welten trafen aufeinander, beispielsweise in Deutsch-Ostafrika, einer Kolonie (von den Besatzern Schutzzone genannt), die bereits seit 1885 zum Deutschen Reich gehörte. Das heutige Tansania, Ruanda und Burundi zählten zu Deutsch-Ostafrika. Die Kolonie war doppelt so groß wie das ganze Deutsche Reich und es lebten dort zur Kolonialzeit etwa acht Millionen Menschen. Eine Landschaft von unberührter Schönheit und mit einem für die Beheimateten heiligen Berg: dem Kilimandscharo. Der höchste Berg Afrikas, auch Berg des Bösen Geistes genannt, hat bei den Afrikanern eine hohe symbolische Bedeutung. Der Erstbesteiger, der den Gipfel nach zwei fehlgeschlagenen Versuchen im Jahr 1889 erklomm, war der Leipziger Buchhändler und Forscher Hans Meyer, der eine Gesteinsprobe aus schwarzem Lavafels entnahm, um sie Kaiser Wilhelm II. als Symbol für die Inbesitznahme des Massivs durch Deutschland zu überreichen. Daraufhin erklärte der Monarch den Kilimandscharo als den höchsten Berg Deutschlands.

Reichskommissare in Deutsch-Ostafrika verwalteten die Kolonien und waren von Berlin mit weitreichenden Befugnissen ausgestattet. Sie verhielten sich wie despotische Alleinherrscher und missachteten jegliche Gesetze. Ihre Ideen waren von Rassismus geprägt und sie sahen die Menschen, die keine weiße Hautfarbe besaßen, als minderwertig an. Die Einwohner Afrikas waren nach ihrem Verständnis nach einzig und allein dazu da, den herrschenden Weißen als Arbeitskräfte zu dienen. Dementsprechend verhielten sie sich auch der afrikanischen Bevölkerung gegenüber und gingen besonders grausam unter exzessivem Machtmissbrauch gegen die Einheimischen vor. Der zuvor geäußerte Wunsch des amtierenden Reichskanzlers von Bülow nach einem *„Platz an der Sonne"* hatte dann allerdings gravierende Folgen. In der ruhmlosen deutschen Kolonialgeschichte dürfte das Kapitel über Kamerun eines der finstersten sein. Die unter fragwürdigen Begleitumständen ergaunerte Kolonie wurde in einträglicher Zusammenarbeit zwischen wilhelminischen Kolonialbeamten und „ehrbaren" Kaufleuten in ein Inferno für die versklavte Bevölkerung verwandelt. Einem Sohn des ehemaligen Königs wurde dennoch gestattet, in Deutschland Jura zu studieren. Als Prinz Manga Bell allerdings vom Gelernten Gebrauch machte und vor Gericht gegen die deutschen Gräueltaten in seiner Heimat klagte, wurde er zu Beginn des Ersten Weltkriegs des Hochverrats bezichtigt und in Windeseile aufgehängt.

Zwischen 1905 und 1907 lehnten sich große Teile der im Süden des heutigen Tansanias, vormals Tanganjika, lebenden Gesellschaft gegen die deutsche, militärisch weit überlegene Kolonialherrschaft auf. Hauptauslöser war die hohe Steuerlast, welche die Bauern zwang, in Plantagen zu arbeiten und die eigenen Felder zu vernachlässigen sowie die repressiven Zustände im kolonialen System und die Ausschaltung der einheimischen Wirtschaft zu dulden. Der „Maji-Maji-Aufstand" gilt als einer der größten Kolonialkriege in der Geschichte des afrikanischen Kontinents. Anders als der Widerstand, der sich nahezu überall in Afrika gegen die Eroberung durch europäische Mächte bildete, zeichnete sich der Maji-Maji-Krieg durch eine breite Allianz zwischen Angehörigen verschiedener ethnischer Gruppen und seine Ausbreitung über ein Gebiet von der Größe Deutschlands aus. Dennoch endete der Freiheitskampf für die afrikanische Bevölkerung mit einer verheerend blutigen Niederlage, nachdem die deutschen Truppen mit aller Brutalität einen Krieg nach dem Prinzip der verbrannten Erde führten. Hunderttausende fielen diesem mörderischen Gemetzel zum Opfer. In Geschichtsberichten ist von 200.000 bis 300.000 Betroffenen die Rede, die infolge der Zerstörung von Dörfern, Feldern und damit jeglicher Lebensgrundlage in der Region ihr Leben verloren. Unzweifelhaft stellt der Maji-Maji-Krieg die wichtigste Erhebung gegen die kaiserliche Kolonialherrschaft dar.

Das damalige „Deutsch-Südwest" (heute Namibia) war ebenfalls Schauplatz deutscher Verbrechen, die man neuerdings als Genozid bezeichnen darf. Der Stamm der Herero hatte den beachtlichen Mut, sich gegen Willkürherrschaft und Landraub der skrupellosen Fremdherrscher zu erheben, die der Bevölkerung Zwangsarbeit auferlegten und deren weiße Siedler Frauen und Mädchen vergewaltigten. Zu den anfänglichen Militärschlägen der Herero gegen die Kolonisten gehörte das Niederbrennen von Farmen weißer Siedler, wobei zahlreiche Männer ermordet wurden. Nach den erfolgreichen Angriffen der gut organisierten und mit Schusswaffen ausgerüsteten aufständischen Armee gegen die zahlenmäßig weit unterlegene deutsche Schutztruppe entsandte das Deutsche Reich ein Expeditionskorps mit etwa 15.000 Mann unter dem Kommando des Generals der Infanterie Lothar von Trotha. Seine kaltblütige „Strafexpedition" kam einem barbarischen Vernichtungsbefehl, einem systematischen Völkermord gleich. Seine taktisch überlegene Vorgehensweise trieb etwa 80 Prozent der Angehörigen des Volkes der Hereo und Nama, also annähernd 90.000 Männer, Frauen und Kinder, in die lebensfremde Omaheke-Wüste und versperrte ihnen dort zugleich den Zugang zu den Wasserstellen. Die meisten kamen dabei um. Die Eingeborenen sollten nicht mehr missioniert, gezähmt oder zivilisiert werden, sie sollten sterben, wenn sie sich den Eroberern nicht fügten. Noch kurz vor dem Ersten Weltkrieg erschien ein Bestseller des populären Autors des völkischen Nationalismus Gustav Frenssen. Seine Werke gehörten zur Massenliteratur des Kaiserreichs und verbreiteten kolonialistische und rassistische Wertvorstellungen. In seinem xenophoben Werk „Peter Moors Fahrt nach Südwest" heißt es über den Herero-Aufstand: *„Die Schwarzen haben vor Gott und Menschen den Tod verdient, nicht weil sie gegen uns aufgestanden sind, sondern weil sie keine Häuser gebaut und keine Brunnen gegraben haben. Gott hat uns hier siegen lassen, weil wir die Edleren sind. Den Tüchtigeren, den Frischeren gehört die Welt. Das ist Gottes Gerechtigkeit."* Im Jahr 1912 war Frenssen für den Literaturnobelpreis nominiert und im gleichen Jahr in die Preußische Akademie der Dichtung aufgenommen worden.

100 Jahre nach dem Ende der deutschen Kolonialherrschaft bezeichnete der damalige Bundestagspräsident Norbert Lammert die Gräueltaten an Herero und Nama als *„Völkermord"*. Vertreter beider Volksgruppen haben im Januar 2017 in New York eine Sammelklage gegen die Bundesrepublik eingereicht. Ziel der erhobenen Vorwürfe sind Entschädigungszahlungen für die Anfang des 20. Jahrhunderts begangenen Kolonialverbrechen. Nach mehrjährigen Verhandlungen stufte letztendlich Ende Mai 2021 die Bundesregierung die Gräueltaten an Herero und Nama als Völkermord ein und beabsichtigt, die Nachkommen der Opfer mit 1,1 Milliarden Euro zum „Wiederaufbau und zur Entwicklung" zu unterstützen. Dabei stellt sich die Frage: Kann Vergangenheit durch finanzielle Forderungen von Nachgeborenen, die oft, wenn überhaupt, am Rande betroffen sind,

aufgearbeitet werden? Solche konstruierten Ansprüche, im Fall der Herero nach etwa vier Generationen, behindern lediglich die Auseinandersetzung mit den Verbrechen früherer Verantwortlicher. Wenn Deutschland nach mehr als einem Jahrhundert selbst ernannte oder echte Nachkommen des Hererovolkes entschädigen will, müssen dann nicht auch andere Staaten das Gleiche für die Toten ihrer Kolonialherrschaft tun? Die USA für alle Afroamerikaner, deren Vorfahren als Sklaven über den Atlantik kamen? Die Spanier für die einheimischen Völker Lateinamerikas? Die Russen für die vom Zarenreich unterdrückten Völker und die von Stalin durch massive Verfolgung und Tötung von Millionen aus stalinistischer Sicht politisch „unzuverlässigen" und oppositionellen Personen? Richtig ist, Überlebende von Staatsverbrechen nach Möglichkeit zu entschädigen, ebenso die direkten Nachkommen von Opfern. Seit 1949 hat die Bundesrepublik deutlich mehr als 100 Milliarden Euro an Leistungen für NS-Opfer erbracht. Auch nur ansatzweise vergleichbar hat sich nie ein anderes Land um die Opfer der eigenen Politik gekümmert. Völkermord verjährt nicht.

Noch immer tragen Straßen in Namibias Hauptstadt Windhuk Namen deutscher Kolonialherren, deutscher Größen und Bauten. Das soll sich nun ändern, befinden namibische Politiker, und treiben Umbenennungen voran. Nur eine Straße, die erst Anfang der 1990er-Jahre umbenannt wurde, soll ihren Namen behalten. Es ist die Hans-Dietrich-Genscher-Straße – als Dank an den ehemaligen deutschen Außenminister für seine Unterstützung bei Namibias Streben nach Unabhängigkeit von Südafrika.

Auch in der Südsee besaßen die Deutschen Kolonien wie Deutsch-Neuguinea und Deutsch-Samoa. Deutsch-Neuguinea umfasste das Kaiser-Wilhelm-Land, den Bismarck-Archipel, einen Teil der Salomoninseln, die Marianen, die Karolinen und Palau, die Marschallinseln und weitere Inseln. Die Entwicklung in den Kolonien der Südsee war eine andere als die in den afrikanischen Staaten. Da die Südsee ein ganzes Stück weiter weg vom Deutschen Reich lag, kümmerte man sich sehr viel weniger um diese kleinen Kolonien. Die Verwaltung ging behutsamer und vorsichtiger vor und so gab es in der Folge auch weniger Aufstände der Einheimischen. Und diese sahen durchaus auch die Vorteile, die ihnen die Herren aus fernen Ländern brachten. Allerdings machten das Klima, die Hitze und Krankheit vielen zu schaffen. Das Paradies Südsee wurde oft zu einer „grünen Hölle auf Erden".

Der verlorene Krieg 1918 bedeutete auch das Ende sämtlicher Kolonien. Das Einzige, was in Deutschland noch an eine Kolonie erinnerte, waren die sogenannten „Kolonialwarenläden". Dort gab es das zu kaufen, was aus Kolonien bzw. überhaupt aus Übersee nach Deutschland kam. Dazu gehörten Kaffee, Reis, Kakao, Gewürze und Tee. Allerdings gab es dort nicht nur diese Lebensmittel, sondern eigentlich alles, was man so benötigte. Neben Grundnahrungsmitteln gab es auch Seife, Waschmittel oder Petroleum zu kaufen. So sprach man auch vom „Gemischtwarenladen".

KULTURGESCHICHTE, NATURWISSENSCHAFTEN
UND TECHNIK IM DEUTSCHEN KAISERREICH

Die Kulturgeschichte des deutschen Kaiserreiches mutet ungleich farbiger, bedeutsamer und moderner an als seine politische Geschichte. Die geistigen Strömungen sowie die Entwicklung der Naturwissenschaften und der Technik im „Wilhelminischen Zeitalter" sind grundlegend für Generationen von Nachfahren geworden. Die Abkehr vom Rationalismus, Positivismus und Fortschrittsglauben manifestierte sich vor allem in der Literatur jener Zeit. Die realistische Dichtung, zu der noch Fontane, ja sogar Thomas Mann mit seinen *„Buddenbrooks"* zu rechnen sind, wurde vom Naturalismus abgelöst, dem die Dichter mit leidenschaftlichen Anklagen gegen die Welt des Bürgertums huldigten. Ihre großen Vorbilder waren Fedor M. Dostojewski, Emile Zola und Henrik Ibsen. Vor allem zählte Gerhard Hauptmann zu den Vorkämpfern des Naturalismus, einem Angriff auf die satte Borniertheit der Gründerjahre. Man nannte ihn auch den *„Dramatiker des Hässlichen"*. Hauptmann, der die Not der schlesischen Weber schildert, Arno Holz, der bitteres Elend mit protzendem Reichtum kontrastiert, Max Kretzer, der drastisch die Elendsverhältnisse in Mietskasernen und Vorstadtdestillen schildert: All diese Autoren, die sich zum Naturalismus bekennen, entdeckten nun die Hinterhöfe und Kaschemmen, die Krämerläden und Obdachlosenasyle, die Bordelle und Ganoventreffs. Die großen sozialen Veränderungen, die Schicksale der Proletarier wurden zum Gegenstand der dramatischen Literatur. Alles Geschehen, auch das Hässliche, Niedrige, Perverse, wurde literaturfähig. An die Stelle der schönen poetischen Sprache traten Dialekt und Umgangssprache. Gerhard Hauptmanns realistische Darstellungen aus dem Leben der vielen Unterdrückten, im Schatten des im Wohlstand Lebenden, lösten, wie nicht anders zu erwarten gewesen, Theaterskandale und heftige Proteste aus. Der Kaiser kündigte aus Protest seine Theaterloge, Offizieren wurde nahegelegt, Hauptmanns Stücke nicht in Uniform zu besuchen.

Die Gegenströmung blieb nicht aus, und bald trat eine Dichtung der Verinnerlichung, des Irrationalen und des Symbolismus in Erscheinung. Bekannte Namen hierfür sind u. v. a. Stefan George und Rainer Maria Rilke. Aber auch der radikale und zerstörerische Protest gegen das Überlieferte – die „bürgerliche" Welt – fand seinen Ausdruck: Ludwig Thoma etwa, der Wilhelm II. und die spießbürgerliche Geisteshaltung der Künstleropposition spöttisch kritisierte. Im philosophischen Bereich stach vor allen Friedrich Nietzsche hervor. Er und einige seiner Zeitgenossen wurden die geistigen Väter der ab 1900 langsam aufkommenden „deutschvölkischen" Bewegung und faktisch Förderer des nun nicht mehr religiös, sondern rassistisch begründeten Antisemitismus, der später entsetzliche Früchte tragen sollte. Geistige Verwandtschaft hatte auch zuvor Richard Wagner mit dieser Geisteshaltung verbunden. Seine Musik beherrschte das Musikleben dieser Zeit, trotz Wilhelms Meinung: *„ein ganz gemeiner Kapellmeister".* Wagner hatte sich bereits zuvor von den herkömmlichen Gesetzen der Harmonik abgewandt und um die Jahrhundertwende führten dann Komponisten wie Richard Strauss, Gustav Mahler, Hans Pfitzner und Max Reger seine Ansätze konsequent bis zur atonalen modernen Musik weiter. Arnold Schönbergs Vorstoß in die Atonalität der Zwölftonmusik wirkte auf seine Zeitgenossen wie ein Schock. Alle Gesetzmäßigkeiten des harmonischen Systems der Musik waren zerstört. Es dauerte Jahrzehnte, bis wenigstens ein Teil der Musikfreunde diesen Vorstoß in neue Ausdrucksbereiche begreifen konnten.

Bahnbrechend für die Theatergeschichte waren zu jener Zeit Max Reinhardt, Direktor des Deutschen Theaters in Berlin, die Schauspielerinnen Tilla Durieux und Adele Sandrock sowie der Schauspieler und vormaliger Freund von Ludwig II. von Bayern, Joseph Kainz. Tatsächlich gewann infolge des ungeheuren kulturellen Aufschwungs das wilhelminische Deutschland eine führende Stellung im internationalen Kunstleben. Modern und gewagt waren die Trümpfe auf den Bühnen, auch auf denen der „leichten Muse" des Varietés und der Revuen.

Alfred Kerr ist uns in Erinnerung als der einflussreichste Theaterkritiker Deutschlands im 20. Jahrhundert. Er rühmte Henrik Ibsen als den Ahnherrn der Moderne, kämpfte für Gerhart Hauptmann, Arthur Schnitzler, Frank Wedekind, George Bernard Shaw, entdeckte Robert Musil, stritt gegen den Talmiruhm Hermann Sudermanns, kämpfte mit Bertolt Brecht, verspottete Karl Kraus und setzte gegen Thomas Manns endlose Sätze seine knappen, treffenden, die deutsche Sprache präzisierenden Sentenzen. Er war verehrt von den jungen Dichtern, kämpfte in der Republik gegen Rückwärtserei und die Nazis. Goebbels hasste ihn so sehr, dass Kerr sich 1933 ins Exil retten musste. Die Jahre in Paris und London waren ein Sturz in Not und Elend.

Die Entwicklung der bildenden Künste war im Kaiserreich weniger spektakulär als etwa in Frankreich, wo der Impressionismus eine Revolution auslöste. Wohl griffen Max Liebermann, Lovis Corinth, Ernst Oppler und Max Slevogt in Deutschland impressionistische Elemente auf, doch in der Umgebung des Kaisers am Hofe und beim Bürgertum waren nur die „patriotischen" Werke der Militär- und Hofmaler in der Nachfolge eines Kaulbach, Lenbach oder Adolph von Menzel angesehen, darunter das berühmte und von Wilhelm hoch geschätzte Gemälde des Flötenkonzerts Friedrichs des Großen in Sanssouci. In jenen Jahren löste sich die Malerei immer radikaler von der Wirklichkeit und erschloss neue Möglichkeiten der Ausdruckssteigerung. Junge Maler experimentierten mit künstlerischen Mitteln, die alle Traditionen der abendländischen Malerei beiseiteschoben. Die Abkehr von der wilhelminischen Moral und deren Werten sowie das Zerbrechen alter Ordnungen scheinen in diesen Bildern hellsichtig vorweggenommen worden zu sein. Alle künstlerischen Strömungen (bis hin zur abstrakten Kunst), welche die Malerei des 20. Jahrhunderts beeinflussen sollten, sind bereits vor dem Ersten Weltkrieg entstanden. Der Jugendstil dagegen setzte sich um die Jahrhundertwende im Kaiserreich sehr rasch durch. Er war eine ernst zu nehmende Reaktion gegen den hohlen Prunk des Wilhelminismus und eine Abwendung vom überladenen Pomp jener Zeit. Er „dekorierte" Industriearchitektur und Wohnhäuser mit Ornamenten aus dem Bereiche des „Vegetabilischen". Der Jugendstil war ein spielerischer Proteststil gegen die industrielle Reißbrettwelt, trotz seines vielversprechenden Namens zuletzt aber ohne Zukunft.

Schlechthin unmöglich ist es, in diesem Rahmen die Fülle der Veränderungen des Weltbildes durch die modernen Naturwissenschaften und die Technik sowie deren soziale Auswirkungen auch nur anzudeuten. Hier können nur einige Namen und Richtungen genannt werden, die bis in die Gegenwart fortwirken. Max Planck, theoretischer Physiker, Albert Einstein, Begründer der Relativitätstheorie, Robert Koch, Entdecker der Erreger von Tuberkulose und Cholera, und Wilhelm Conrad Roentgen, Entdecker der nach ihm benannten X-Strahlen gehören hierher. Aber auch Forscher und Mediziner wie Rudolf Vierchow, Begründer der Zellularpathologie, Emil von Behring, der das Diphtherieserum entdeckte, oder den Chemiker Paul Ehrlich. Weiterhin die Erfinder und Entdecker, die zur Motorisierung, zur Industrialisierung und zum Ausbau des Verkehrs auf dem Lande, zu Wasser und bald auch in der Luft beigetragen haben. Wissensgebiete wie Elektrizität (Werner von Siemens), Automotoren (Gottlieb Daimler, Carl Benz, Rudolf Diesel) oder Fliegerei (Otto Lilienthal, Ferdinand Graf von Zeppelin, Hugo Junkers). Neue Phänomene wie Landflucht, Städtebau usw. weisen auf umwälzende Neuerungen auf fast allen Gebieten des öffentlichen Lebens hin – Neuerungen, wie sie in dieser Vielfalt, Konzentration und wachsenden Beschleunigung noch in keiner Epoche der Weltgeschichte so tief in das Leben eines jeden Einzelnen eingegriffen haben. Dass diese Entwicklung in Deutschland während einer Ära stagnierender politischer Entwicklung stattfand, beweist einmal mehr die Ambivalenz der Erscheinungen im deutschen Kaiserreich.

Keine Epoche hat Deutschland so verändert wie die Zeit der Industrialisierung. Hunderttausende verließen ihre Heimat, um in der Stadt ihr Glück zu suchen. Man lenkte Flüsse um, rodete Wälder und höhlte die Erde aus. Nie zuvor hatte der Mensch so stark in seine Umwelt eingegriffen. Er wollte immer mehr, neue Rohstoffe, größere Fabriken, ein besseres Leben. Glühende Hochöfen und rauchende Schlote wurden Symbole des Fortschritts. Besonders im Ruhrgebiet, im Herzen der deutschen Schwerindustrie. Allerdings wurden dort Arbeitskräfte in der Hochindustrie Mangelware, da der Bedarf größer war, als die umliegenden Gebiete hergaben. Also „importierte" man Arbeiter aus Polen, den Niederlanden, Österreich-Ungarn und Italien, was in wenigen Jahren zu einer „Explosion" der Bevölkerung wurde. Stahl hieß das Zauberwort der industriellen Revolution im 19. und 20. Jahrhundert, und das Ruhrgebiet wurde industrielles Machtzentrum und zur Stahlschmiede für das Reich. Dort lag das beste Revier, die Kohle zu fördern, die für den Stahl gebraucht wurde. Wenige Konzerne beherrschten den Markt. Der „Stahlbaron" Alfred Krupp wurde dabei Symbolfigur für eine ganze Epoche. Die Krupps waren die Hexenmeister des wirtschaftlichen Aufstiegs; Erfolgsstory, Skandalreport, Politthriller und menschliche Tragödie zugleich. Von der kleinen Unternehmersippe aus dem Ruhrgebiet zu einer der einflussreichsten Industriefamilien der Welt aufgestiegen, prägte die Stahldynastie als „Waffenschmiede der Nation" die deutsche Geschichte des 20. Jahrhunderts. Alfred Krupp vollbrachte kühl kalkuliert den Aufstieg, Friedrich Alfred, sein Sohn, vereinte Erfolg und Skandale. Er starb ohne männlichen Erben und hinterließ die Firma seiner ältesten Tochter. Berta Krupp und ihr Gatte Gustav von Bohlen und Halbach erlebten Boomzeiten und Wirtschaftskrisen, Potentaten und Diktatoren. Kaum ein anderes Unternehmen ist so eng mit der deutschen Geschichte verflochten, das zum Symbol für industrielle Pionierleistung und soziale Verantwortung ebenso wie für die deutsche Rüstungsindustrie wurde. Im deutschen Kaiserreich erlebte der Produktionsbetrieb seinen rasantesten Aufschwung und wurde zum größten Unternehmen Deutschlands. Man pflegte bis in die Zeit des Dritten Reichs uneingeschränkt die Nähe zum Staat. Ungeachtet einer Anklage und Verurteilung gegen die Führungsspitze im Nürnberger Kriegsverbrecherprozess gelang es den Krupps dennoch, sich nach dem Zweiten Weltkrieg neu zu erfinden. Der Name Krupp behielt zwar seinen Nimbus, die Familie aber verlor an Einfluss. Aktive Kruppianer gibt es nicht mehr, jedoch ist der Mythos bis heute ungebrochen. Ohne den Essener Stahlgiganten hätte das Revier vielleicht niemals eine so große Bedeutung erlangt. Und wäre die Familiengeschichte nicht, so hätte der Name nicht seinen ehernen Klang.

Ebenfalls schrieb die Familie Thyssen aus dem Ruhrgebiet deutsche Geschichte. Der Konzern war das Schwungrad der industriellen Revolution, schmiedete Waffen für den Kaiser und die Nazis und setzte das Wirtschaftswunder unter Dampf. In den Neunzigerjahren gab die Familie die Beteiligung an der Firma auf. Durch Erbstreitigkeiten und eine beachtliche Kunstsammlung macht sie jedoch nach wie vor Schlagzeilen. Im Jahre 1999 entstand aus der Fusion der Friedrich Krupp AG Hoesch Krupp mit der Thyssen AG der Industriekonzern ThyssenKrupp AG.

Uniformschneider des Kaisers, Waffenschmiede der Nazis, Motor des Wiederaufbaus und des vereinigten Deutschland: Mehrere Generationen schreiben an der Erfolgsgeschichte der Familie Quandt. Neben dem Autohersteller BMW gehören eine Vielzahl von Industriebeteiligungen und ein gewaltiger Immobilienbesitz zum Quandt-Imperium. Ihr Erfolg ist ein Lehrstück für das Zusammenspiel von Familientradition, Unternehmen und Macht in Deutschland.

Gemeinhin steht die Unternehmensdynastie Dr. Oetker seit weit über 100 Jahren für Back- und Puddingpulver und in den beiden Weltkriegen mit Kuchen für die Söhne an der Front. Doch dieses tradierte Bild der Marke, die zu den bekanntesten in Deutschland zählt, stimmt schon lange nicht mehr. Längst ist aus dem Nahrungsmittelhersteller ein verzweigter Mischkonzern geworden, dessen Portfolio von Bier über Fertigpizza, Sekt und Erdnüsse bis zur Schifffahrt reicht. Überregionale Schlagzeilen machte Ende 1976 die 47 Stunden dauernde Entführung von Richard Oetker in München. Der 1,94 Meter große Oetker wurde in einer nur 1,45 Meter langen und 70 Zentimeter breiten Holzkiste gefangen gehalten, die sich im Inneren eines Lieferwagens befand. Oetker konnte in der Kiste nur in Embryonalhaltung liegen. Die Kiste war mit einer Sprechanlage, einem Babyfon, ausgerüstet, und ein akustisch gesteuertes Gerät sollte Oetker bei Hilferufen oder Ausbruchsversuchen über die an Händen und Füßen angebrachten Handschellen Stromschläge versetzen. Nach Zahlung eines Rekord-Lösegeldes von 21 Millionen DM durch Richard Oetkers Vater wurde das Opfer aus der Kiste befreit. Richard Oetker konnte vier Jahre lang ausschließlich nur mit Gehstützen gehen, er musste bis 1994 immer wieder operiert werden und ist bis heute schwer gehbehindert.

DER HALLEYSCHE KOMET

Nicht nur selbst ernannte „Seher", Sektengurus, endzeitfixierte Theologen oder Esoteriker sagten vielfach den Weltuntergang voraus. Auch Wissenschaftler sorgten oftmals mit dramatischen Äußerungen für Panikstimmung im Volke. Seit Jahrtausenden galten Kometen als Unglücksboten und versetzten die Menschen in Angst und Schrecken. Kometen und Meteoriten, die hell beschweift oder düster dräuend aus den Tiefen des Alls erscheinen und die Erdbahn kreuzen – meist jedenfalls, denn hin und wieder kommt es zu Teil- oder gar Volltreffern mit buchstäblich globalen Folgen. So wird das Aussterben der Dinosaurier auf den Einschlag eines gewaltigen Brockens zurückgeführt.

Am 19. Mai 1910 erreichte der Halleysche Komet mal wieder seine größte Annäherung an die Erde und sorgte damit weltweit für Aufregung. Schon Wochen vorher war der Komet am Nachthimmel sichtbar und wurde zum gesellschaftlichen Ereignis. Forscher befürchteten eine Weltkatastrophe, weil man, kurz bevor der Himmelskörper die Laufbahn der Erde durchquerte, in diesem Giftgas entdeckt hatte. Der etwa alle 76 Jahre wiederkehrende Halleysche Komet war 1910 besonders eindrucksvoll, denn er fiel in dem Jahr durch einen sehr langen Schweif auf. Drohte also hier ein Massensterben? Oder gar das Ende der Menschheit? Auch im Deutschen Reich herrschte große Aufregung und es machte sich Untergangsstimmung breit. Menschen drängten sich zu Tausenden auf Straßen und Plätzen und erwarteten das Ende des Planeten. In den Städten suchten in der Nacht der Nächte zahlreiche Menschen Gaststätten und Cafés auf, um in Gemeinschaft das Kommen des Schweifsterns zu erwarten. Plätze an Fenstern und auf Dächern wurden vermietet. Andere wiederum suchten Höhlen und Schutzräume auf. Viele Kirchen hielten Gottesdienste ab und clevere

Geschäftsleute hielten Kometenansichtskarten und Kometenseife feil, und echte Braunschweiger Kometenwurst war der Verkaufsschlager. Der Renner waren Pillen gegen den giftigen Kometendunst und Sauerstoffflaschen gegen das Giftgas Dicyan aus dem All. Viele Menschen hatten in Erwartung schlimmer Ereignisse Gasmasken gekauft. Die von Astronomen erkannte Blausäure des Kometenschweifs bestand in einer Konzentration, die nach dem damaligen Wissen ungefährlich war, dennoch waren archaische, uralte Ängste vor den Schweifsternen am Firmament wieder hochgekommen. Menschen versiegelten ihre Häuser, damit das giftige Gas nicht eintreten möge, andere gestanden der Polizei freiwillig ihre Verbrechen, wieder andere begingen aus Angst Selbstmord.

Wie wir wissen, zog damals der Komet in sicherem Abstand an der Erde vorbei, allerdings benötigte die Bevölkerung eine gewisse Zeit, um sich wieder zu beruhigen.

Der Halleysche Komet ist nach dem 1741 verstorbenen, britischen Astronomen Edmond Halley benannt, weil dieser die stete Umlaufbahn dieses Kometen richtig berechnet hatte. Seit 240 vor unserer Zeitrechnung wurde der Komet mindestens 25 Mal beobachtet. Frühestens im Jahre 2060 soll er wieder in Erdnähe gelangen.

Übrigens: Der berühmte Autor Mark Twain wurde 1835 im Schatten des Kometen geboren und starb 1910 – ein paar Tage nachdem Halleys Komet die Erde erneut besuchte – genau, wie er es sich gewünscht hatte.

DAS ENDE DES DEUTSCHEN KAISERREICHES
UND DIE URKATASTROPHE

Für zahlreiche Historiker beginnt das 20. Jahrhundert mit dem Ersten Weltkrieg. Doch wer von Deutschland in jenem Jahrhundert spricht, wird zwangsläufig auf beide Weltkriege eingehen müssen. Die Kriege von 1914–18 und 1939–45 gehören zusammen: Bis in die Gegenwart hinein ist die Weltpolitik von diesen beiden Militäraktionen, den grausamsten in der Geschichte der Menschheit, bestimmt. Sie haben die Welt, in der wir leben, mehr verändert als alle Kriege vorher. Die Länder und Völker fünf unterschiedlicher Kontinente wurden in eine tödliche Auseinandersetzung getrieben, die das Antlitz der ganzen Welt veränderte. *„Krieg, das ist das grausam-lächerliche Abenteuer, in das sich Männer einlassen, wenn sie der Hafer des Wahnsinns sticht."* (Siegfried Lenz)

Europa lebte seit Ende 1913 in einem Zustand banger Erwartung. Kriegsdrohungen wurden nun zum unentbehrlichen Werkzeug der Vorkriegsdiplomatie. Und je mehr man von Krieg sprach, desto denkbarer wurde er auch. Vielleicht wäre alles anders gekommen, wenn die Öffentlichkeit auch nur geahnt hätte, wie grauenvoll die moderne Kriegsführung sein würde. Deutschland beschloss eine Heeresverstärkung um weit über 100.000 Mann. Kriegervereine und nationale Verbände gaben den Ton an. Fatalerweise gewannen auch die Militärs an Einfluss und mischten sich in die Politik von Kaiser Wilhelm II. ein, die vom Weltmachtanspruch geprägt war. Das Machtstreben Wilhelms sahen die Nachbarmächte nicht gerne und begannen voller Misstrauen ihre Aufrüstung. Frankreich führte die dreijährige Dienstzeit ein. Der persönliche Berater des amerikanischen Präsidenten Wilson, Oberst House, der im Mai 1914 in Europa weilte, berichtete, dass jedermanns Nerven zum Zerreißen gespannt seien, ein Funke genüge, um das Ganze in die Luft zu jagen. Dieser Funke war dann der Mord in Sarajewo am 29. Juni 1914. Gavrilo Princip, ein serbischer Nationalist, erschoss den österreichischen Thronfolger Erzherzog Franz Ferdinand und seine Gemahlin Sophie Chotek, Herzogin von Hohenberg, bei ihrem dortigen Besuch.

Die Schüsse von Sarajevo bildeten den Auftakt zur europäischen Urkatastrophe. Das Attentat kam den Scharfmachern in Wien und Berlin gelegen. Österreich wollte mit Serbien abrechnen und sich die Vorherrschaft auf dem Balkan sichern, wobei es mit dem Beistand des deutschen Bündnispartners rechnete. Doch ein militärisches Vorgehen gegen Serbien würde unweigerlich die Gefahr eines Krieges mit dessen Bündnispartner Russland heraufbeschwören.

Das Mächtesystem in Europa hatte sich gefährlich verändert. 1907 waren sich die Erzrivalen Russland und Großbritannien über die Aufteilung ihrer Kolonialinteressen im Mittleren Osten einig geworden. Zusammen mit Frankreich bildeten die Großmächte nun eine „Triple Entente". In Deutschland ging die Angst vor der „Einkreisung" um. Dabei hatte sich das Reich in seiner Überhebung selbst ausgegrenzt. So blieb als Bündnispartner nur noch Österreich-Ungarn mit dem greisen Kaiser Franz Joseph an der Spitze. Der Donaumonarchie versicherte das Deutsche Reich nun seine unbedingte „Nibelungentreue". Ein Garant für Frieden war dieser Partner nicht: Der Vielvölkerstaat war in seinem Innern von übermäßigen Nationalitätenstreitigkeiten geschüttelt und stand im Krisenherd Balkan mit russischen Interessen im Konflikt. In Potsdam schwankte der Kaiser zwischen Friedenssehnsucht und Kriegslust. Zunächst überwog Letzteres. Als sein Botschafter in Wien zur Mäßigung riet, kommentierte der Kaiser das Dokument mit der zornigen Randbemerkung: „Mit den Serben muss aufgeräumt werden, und zwar bald." Und als Österreichs Kaiser Franz Joseph einen Gesandten nach Potsdam beorderte und um Rückendeckung für ein sofortiges Einschreiten gegen Serbien ersuchte, versprach Wilhelm spontan seine „volle Unterstützung", machte seine Zusage aber von der Antwort des Reichskanzlers abhängig. Bethmann Hollweg gab am 6. Juli grünes Licht. Der Kanzler war es, der mit der Bestätigung von Wilhelms Zusicherung schließlich den letzten Anstoß zum „Sprung ins Dunkle" gab. Diese Zusage ist als „Blankoscheck" in die Geschichte eingegangen, denn damit war die Kriegsentscheidung der Habsburger so gut wie gefallen. Zwar hoffte der Kanzler noch, den Konflikt auf den Balkan begrenzen zu können, nichtsdestotrotz ging er bewusst das Risiko eines Kontinentalkriegs ein. Der Generalstab hatte ihn davon überzeugt, dass ein Krieg unvermeidbar war. Wenn er ausbrach, wollte er Russland als Angreifer darstellen. Am 1. August 1914 erklärte das Deutsche Reich Russland den Krieg. Am 3. August Frankreich. Am 4. August erklärte England Deutschland den Krieg und Italien, Deutschlands „Dreibundpartner" erklärte sich für neutral. Vom Balkon des Berliner Schlosses aus rief Kaiser Wilhelm II. die Deutschen zur Mobilmachung auf. „Mitten im Frieden überfällt uns der Feind. Darum auf zu den Waffen. Jedes Schwanken, jedes Zögern wäre Verrat am Vaterlande", lauteten die auf Tonband aufgenommenen Worte. Vor dem Reichstag postulierte der Kaiser anschließend: „Ich kenne keine Parteien mehr, ich kenne nur noch Deutsche." Selbst die Sozialdemokraten glaubten den Beteuerungen der Reichsregierung, Deutschland führe einen Verteidigungskrieg gegen das verhasste zaristische Russland. Unter diesen Umständen wollten sie ein für alle Mal den Vorwurf, „vaterlandslose Gesellen" zu sein, abstreifen und sich als Patrioten erweisen. Am 4. August 1914 bewilligte die SPD-Fraktion im Reichstag einstimmig die Kriegskredite für den Ersten Weltkrieg. Innerhalb der Sozialdemokratie hatte sich eine Wandlung vollzogen. Die Mehrheit wollte zur staatstragenden Partei werden und erklärte im Reichstag: „Wir lassen in der Stunde der Gefahr das Vaterland nicht im Stich." Die Verfechter einer linksradikalen, revolutionären Position – wie Rosa Luxemburg und Karl Liebknecht – sahen sich auf einmal in der Minderheit. Der Krieg sollte zum Ursprung einer folgenschweren Spaltung der deutschen Arbeiterbewegung werden, obwohl er von vielen zunächst als eine erfrischende Abwechslung betrachtet wurde. Man war der Ansicht, dass nichts notwendiger sei als ein Krieg, um die Menschen zu bessern und zu Gott zurückzuführen. Es sei Wille Gottes, der mit dem deutschen Volk große Dinge vorhabe. Und so war aus einem lokalen Konflikt zwischen Österreich-Ungarn und Serbien ein unermesslicher Flächenbrand geworden.

Sieht man sich die aktuellen Ereignisse im Juli und August 1914 genau an, so kann man durchaus sagen, „die Ereignisse haben sich überschlagen". Letztlich fühlte sich jedes Land im Recht, fühlte sich angegriffen und glaubte, sich verteidigen zu müssen. So vermittelte Kaiser Wilhelm II. in seinen Reden seinem Volk, dass die Deutschen sich nur verteidigen würden. Das stimmte natürlich nicht so, aber deshalb waren die Massen begeistert. Viele glaubten, sie würden ihre Heimat, ihre Familien und eben ihr Land verteidigen.

Mit der Kriegserklärung gingen in den Großstädten unzählige Kriegsbegeisterte auf die Straßen. Besonders euphorisch reagierten Bürgertum und Bildungselite, allen voran Studenten. Der patriotische Lärm wirkte betäubend und putschte die kriegerischen Hetzer immer mehr auf; die Kriegsbegeisterung schien keine Grenzen mehr zu kennen. Junge Männer zogen jubelnd und johlend durch die Straßen, Gruppen schwenkten ihre Hüte, lächelnde Soldaten nahmen Blumen von Frauen entgegen oder winkten aus Eisenbahnwaggons, welche die Truppen an die Front bringen sollten, mit Aufschriften wie *„Freie Fahrt über Lüttich nach Paris"* oder *„Zum Frühstück auf nach Paris"*.

Unter Hochrufen auf den Kaiser, Glockengeläut und Absingen der Volkshymne fuhren die Züge mit den Einberufenen und Kriegsfreiwilligen unter nicht enden wollenden Jubelrufen der begeisterten Menge langsam aus den Städten. Ohne zu ahnen, wie lange und wie furchtbar der Krieg sein würde, zogen sie siegessicher und voller Begeisterung ins Ungewisse. Der Schriftsteller Klaus Mann erinnert sich später an die ersten Augusttage: *„Flatternde Fahnen, graue Helme mit possierlichen Blumensträußchen geschmückt. [...] Die Luft ist erfüllt von der allgemeinen Prahlerei und den lärmenden Refrains der vaterländischen Lieder."* Ledige junge Männer erhofften sich von dem vermeintlichen Blitzkrieg (*„Jetzt kommen wir auch einmal hinaus – Weih-*

nachten sind wir wieder zu Hause") Abwechslung, Prestigegewinn und nicht selten einen touristischen Aspekt. Sie erwarteten eher Auseinandersetzungen im Stil dörflicher Raufereien als jenes Gemetzel, das binnen vier Jahren über neun Millionen Tote unter den Soldaten und rund zehn Millionen Tote unter den Zivilisten fordern sollte. Die Zahl der Intellektuellen, die 1914 in einen nationalistischen Kriegstaumel gerieten und die reinigende Wirkung des Kampfes priesen, war unerwartet groß: Sie reichte von Schriftsteller Thomas Mann (*„Krieg! Es war Reinigung, Befreiung, was wir empfanden"*) über Theaterkritiker Alfred Kerr (der im Angesicht der Feinde schrieb: *„Hunde dringen in das Haus! – Peitscht sie raus!"*) bis zum Jenaer Philosophieprofessor Ernst Haeckel, der ausgerechnet dem lange um Frieden bemühten England *„brutalen nationalen Egoismus"* vorwarf. Hingegen ließ der britische Außenminister Sir Edward Grey ratlos und resigniert verlauten: *„In Europa gehen die Lichter aus. Wir werden sie in unserem Leben nicht mehr leuchten sehen."*

Ein kurzer Krieg sollte es werden, das glaubten wohl die meisten der Monarchen und Politiker, die Europas Großmächte im Sommer 1914 lenkten. In Deutschland erinnerten sich viele an den Deutsch-Französischen Krieg von 1870/71, in den Köpfen spukte die absurde Vorstellung von einem heroischen Kampf Mann gegen Mann. In der Begeisterung meinten die meisten der vielen Kriegsfreiwilligen, in wenigen Wochen über die Pariser Boulevards flanieren zu können. Einen Tag vor der Kriegserklärung des Deutschen Reiches an Russland stürmten zahlreiche Menschen die Banken und Sparkassen. Sie hatten Angst um ihr Erspartes, sodass ihnen der Platz unter dem heimischen Kopfkissen für ihr Geld geeigneter schien. Hamsterkäufe in Lebensmittelläden nahmen täglich zu. Während das Großbürgertum feierte und junge Studenten sich kriegerische Abenteuer in fremden Ländern erhofften, herrschte in Arbeiterfamilien Zukunftsangst: Wer sollte sie ernähren, wenn der Ernährer in den Krieg zieht? Der Schriftsteller Gerhard Hauptmann notierte am Tag des Kriegsausbruchs in sein Tagebuch: *„Ich hatte heute morgen (vor 7 Uhr) bei meinem Spaziergang in die Stadt Augenbli-*

cke, wo es mir Mühe kostete, nicht laut aufzuschluchzen angesichts des ungeheuren, nahenden Völkermordens."

Die Begeisterung, die anfangs in vielen deutschen Städten, vor allem den Großstädten, herrschte, übertrug sich nicht auf das Land. Die ländliche Bevölkerung, die Landarbeiter, Bauern und einfachen Leute teilten die Kriegsfreude nicht so sehr. Viele hatten Angst vor dem, was kommen sollte. Angst davor, ihr weniges Hab und Gut zu verlieren, und sahen nicht so recht ein, weshalb sie in einen Krieg ziehen und ihr Leben lassen sollten. Ebenfalls wurde nach Kriegsbeginn in vielen Städten der anfängliche Freudensturm vieler Deutscher gehemmt, als deutlich wurde, dass der Krieg voraussichtlich länger und weitreichender ausfallen würde als vorerst angenommen. Zur gleichen Zeit wandten sich führende sozialdemokratische Politiker und Vertrauensleute der Partei gegen den erneuten Stillhaltekurs der SPD. Um Karl Lieb-knecht, einem Reichstagsabgeordneten, der den Burgfrieden ablehnte und Rosa Luxemburg, einer einflussreichen Vertreterin der europäischen Arbeiterbewegung und bedeutendste marxistische Denkerin ihrer Zeit, bildete sich eine Gruppe Gleichgesinnter, die sich „Spartakus" nannte. Der Name des Bundes bezog sich auf den Anführer eines Sklavenaufstands (73–71 v. Chr.) im antiken Römischen Reich und symbolisierte den andauernden Widerstand der Unterdrückten gegen ihre Ausbeuter. Ab 1916 nannte sich die Bewegung „Spartakusgruppe" und schloss sich 1917 der von der SPD abgespalteten „Unabhängigen Sozialdemokratischen Partei Deutschlands" als linker Flügel an. Im Januar 1919 ging die Gruppe in der neu gegründeten Kommunistischen Partei Deutschlands (KPD) auf. Nach einem aussichtslosen Aufstand gegen eine Bürgerwehr wurden die beiden wichtigsten Spartakisten und KPD-Führer, Rosa Luxemburg und Karl Liebknecht, von Angehörigen der Garde-Kavallerie-Schützen-Division, einem Großverband der Preußischen Armee, aus dem nach der Novemberrevolution eine Vielzahl von Freikorps hervorgegangen waren, gefangen, schwer misshandelt und ermordet. Ihre Leichen ließ man in den Berliner Landwehrkanal werfen.

Einmal zu den Waffen gerufen, betrachteten allerdings fast alle Soldaten zu Beginn des Krieges die Vaterlandsverteidigung als ihre Pflicht. Patriotisch waren sie allemal – und nach den ersten Siegesmeldungen kurz nach Kriegsausbruch auch zunehmend euphorisch. Sie fühlten sich alle auserwählt. Stattdessen kam der Vormarsch nach Frankreich schon im September zum Erliegen. Plötzlich zeigten die Militäraktionen ihr wahres Gesicht, so wie es der Schriftsteller Erich Maria Remarque beschreibt: *„Während sie noch schrieben und redeten, sahen wir Lazarette und Sterbende. Während sie den Dienst am Staate als das Größte bezeichneten, wussten wir bereits, dass die Todesangst stärker ist. Und wir sahen, dass nichts von ihrer Welt übrig blieb.“*

Nachdem der Traum von Ruhm, Ehre und raschem Sieg die Gemüter in Hochstimmung versetzt hatte und auch jetzt noch die Begeisterung zu Hause nachklang, wich an der Front Euphorie *Ernüchterung. Zwar* wurden die deutschen Helden noch verehrt, allerdings gab es inzwischen mehr Tote als Helden zu verzeichnen. Der global werdende „Große Krieg" mobilisierte nicht nur unzählige Menschen und Ressourcen, sondern auch neue Waffen und erprobte unzählige Erfindungen: Flugzeuge, Panzer, U-Boote und Tarnungsmöglichkeiten. Er entfesselte das ganze Grauen des technisierten Mordens. Giftgas, Flammenwerfer und Materialschlachten warteten auf die Soldaten an der Front, Hunger und Revolution auf die Zivilbevölkerung daheim. Die Streitkräfte begannen den Ersten Weltkrieg als Armeen des 19. Jahrhunderts und entwickelten sich in seinem Verlauf zu modernen und komplexen Militärsystemen des 20. Jahrhunderts. Maschinengewehre kamen erstmals flächendeckend zum Einsatz. Sie konnten bis zu 600 Schuss in einer Minute abfeuern – unvorstellbar – zehn Kugeln pro Sekunde und jede einzelne konnte einen Menschen töten. Übrigens stammt die Bezeichnung „08/15" von einem Maschinengewehr, dem MG 08/15, und steht für etwas, was nichts Besonderes oder normal ist. Von der 1915 eingeführten Tötungsmaschine gab es so viele, dass es eben das Normale war, damit zu schießen. Erstmals kam die „Dicke Bertha", wie sie bald im Volksmund hieß, zum Einsatz: eine von dem Rüstungskonzern Krupp gebaute überdimensionale Kanone, deren Geschosse einen Durchmesser von 42 Zentimetern hatten. Sie wurde vor allem eingesetzt, um Festungen zu erobern. Ob „Bertha" eine Anspielung auf die Krupp-Erbin Bertha ist, konnte bis heute nicht geklärt werden. Davon, dass sie sich gegen ihre Patenschaft gewehrt hätte, ist allerdings auch nichts bekannt.

„Was für eine schlechte Angewohnheit, die Menschen im Morgengrauen hinzurichten. Ich wäre lieber gegen fünfzehn Uhr nach einem guten Mittagessen aus dieser Welt geschieden." Mit diesen Worten verabschiedete sich die gebürtige Holländerin Margaretha Geertruida Zelle, die sich später Mata Hari nannte, von dieser Welt, bevor sie am Morgen des 15. Oktober 1917 von einem Erschießungskommando im Pariser Frauengefängnis Saint-Lazare hingerichtet wurde. In dieser Stadt hatte sich die mittellose Holländerin über Nacht als Nackttänzerin einen Namen gemacht. Ihre Tänze verhießen Exotik, Erotik und Sex. Als Kurtisane der Reichen und Mächtigen war Mata Hari bald in ganz Europa berühmt und berüchtigt. Die Männer lagen ihr zu Füßen. Ihre Talente nutzte sie, um immer neue zahlungskräftige Männer an sich zu binden, was ihr mit den Jahren aber immer schwererfiel. Der alternde Star brauchte Geld, egal von wem. So reiste sie mitten im Ersten Weltkrieg unbekümmert durch Europa, traf deutsche und französische Militärs und Politiker und ließ sich für ihre Dienste bezahlen. Ob sie ihren Liebhabern tatsächlich brisante Informationen entlockte, die sie an die gegnerische Kriegspartei weitergab, ist bis heute umstritten. Allerdings hatten deutsche, französische und britische Geheimdienste sie längst im Visier, als die vermeintlich berühmteste Spionin des 20. Jahrhunderts in Frankreich verhaftet wurde.

In Verdun, einer Kleinstadt in Lothringen im Norden Frankreichs, die in Deutschland wie in Frankreich symbolisch für sinnloses, massenhaftes Sterben und für die Gräuel des Ersten Weltkrieges steht, tobte monatelang eine der unmenschlichsten Materialschlachten des Krieges. Die gepeinigten Soldaten lebten in verschlammten, rattenverseuchten Schützengräben zwischen Minenfeldern und verknäulten Stacheldrahtverhauen, die Angst im Nacken und den Tod vor Augen, in Wurfweite einer Handgranate vom Feind entfernt. Sie mussten sich wie Maulwürfe vergraben, obwohl sich die Gräben oftmals mit Regenwasser füllten. Die hygienischen Verhältnisse waren schaudererregend, es war schmutzig, stank infernalisch und die Soldaten wurden von Ungeziefer, wie Läusen und Flöhen, geplagt. Dazu kam die Angst vor dem nächsten Angriff, dem nächsten Feuergefecht, bei dem wieder viele sterben oder verwundet werden würden. Der Kampfplatz wurde zum Inbegriff des Grauen moderner Vernichtungskriege. Auch wenn sich die Front kaum veränderte, war der massive Artilleriebeschuss verheerend. Soldaten wurden wie Schafe zur Schlachtbank geführt. Entlang der Kampflinien wandelten sich Ortschaften zu Steinwüsten und Wälder mit Baumstümpfen zu Kraterlandschaften. In der „Hölle von Verdun" starben insgesamt mehr als 500.000 Soldaten. Hinter dieser Zahl standen so viele qualvolle Tode, so viel Grauen und Verzweiflung, so viel Schmerz und Trostlosigkeit der Hinterbliebenen in der Heimat, dass auch die forscheste Kriegspropaganda, die rührselige Verherrlichung des Heldentodes darüber kaum noch hinwegtäuschen konnte. Die dortigen Erfahrungen spiegeln die unmenschliche und menschliche Dimension der Tragödie: Hass und Angst, Durchhaltewahn und Verzweiflung, Alltag zwischen Leben und Tod.

Unerwartet hatten sich zu Beginn des Krieges an Heiligabend 1914 die verhassten und erbittertsten Gegner für wenige Stunden verbrüdert. Deutsche, französische und britische Soldaten, einträchtig um einen Christbaum versammelt, sangen gemeinsam Weihnachtslieder und spielten in den Schützengräben Fußball, um kurz darauf wieder aufeinander zu schießen. Dennoch hat die ungewöhnliche, alle Erwartungen übersteigende Feuerpause bis heute an Symbolkraft nichts eingebüßt.

Die Versorgung der Zivilbevölkerung verlangte von Tag zu Tag mehr Anstrengung. Lebensmittel wurden knapp und streng rationiert. Man erhielt Lebensmittelkarten, mit denen man sich seine Ration an Eiern oder Milch kaufen konnte. Viele Kinder waren völlig auf sich selbst gestellt, da ihre Mütter in den Rüstungsfabriken arbeiteten und die Väter nicht zu Hause waren. So mussten sie sich selbst um Lebensmittel kümmern. Ganz schlimm wurde es im Winter 1916/17. Jetzt gab es nicht einmal mehr Kohlen, um zu heizen oder zu kochen. Kartoffeln, von denen man sich zuvor weitgehend ernährte, gab es auch fast keine mehr. Anstelle der Kartoffeln aber Steckrüben. Aus Steckrüben kochte man Suppen und erstellte sogar Nachtische. Deshalb ging dieser Winter auch als „Steckrübenwinter" in die Annalen der Geschichte ein. Um der schlimmsten Not zu entkommen, wanderten viele Kinder am Wochenende aufs Land, um bei den Bauern zu „hamstern". Das bedeutet, dass man sich Vorräte anlegte, wie eben Hamster das gerne tun, wenn sie alles Mögliche in ihre Backentaschen stopfen. Trotz Androhung harter Strafen ließen die Menschen sich nicht von den Hamsterkäufen abhalten. Der Hunger musste auf irgendeine Art gestillt werden. Und der Krieg ging unvermindert weiter. Die Fäuste an Schaft und Kolben stürmten die Verzweifelten vorwärts zum vermeintlichen Sieg, und sie sangen:

Kein schön'rer Tod ist in der Welt
als wer vorm Feind erschlagen,
Auf grüner Heid, im freien Feld
Darf nicht hör'n groß Wehklagen

Insgesamt zehn Monate dauerte die Schlacht von Verdun. In Frankreich entstand der Mythos vom heroischen Abwehrkampf. In den Achtzigerjahren wurde Verdun zum Symbol der deutschfranzösischen Versöhnung und Freundschaft.

Der Krieg in der Luft hatte im Ersten Weltkrieg nicht die Bedeutung wie im Zweiten. Bei Kriegsausbruch konnte man gerade mal zehn Jahre überhaupt mit Motoren fliegen. Dennoch gewannen die Flugzeuge im Laufe des Krieges an Bedeutung, selbst wenn sie nicht kriegsentscheidend waren. Bald bauten die Kriegsparteien Kampfflugzeuge, die Bomben transportieren konnten, und warfen diese über den feindlichen Zielen ab. Städte wurden zu Angriffszielen und die Menschen mussten sich irgendwie schützen. Sie flüchteten meist in die Keller aus Angst und in der Hoffnung, dort einen sicheren Unterschlupf zu finden. Der junge Leutnant und Jagdflieger Manfred von Richthofen, von seinen Landsleuten „Roter Baron", von seinen Feinden „Roter Teufel" genannt, galt als Inbegriff des ehrenhaften Kriegshelden und wurde zum Idol und Hoffnungsträger einer ganzen Generation. Der bekannteste Kriegsheld galt mit 80 Luftsiegen als der erfolgreichste Pilot des Ersten Weltkriegs. Im April 1918 führte er sein letztes Gefecht im Luftkampf mit einem kanadischen Jagdflieger. Nachdem er nahe der nordfranzösischen Gemeinde Vaux-sur-Somme zum Tiefflug übergegangen war, wurde er vom Boden durch ein Geschoss aus einem australischen Maschinengewehr tödlich getroffen.

Zu allem Unheil wurde am Ende der Kriegstragödie die Welt von einer der schlimmsten Katastrophen der Menschheitsgeschichte heimgesucht – einer Grippeepidemie, die schätzungsweise bis zu 50 Millionen Menschen das Leben kostete und damit deutlich mehr Opfer forderte als der Erste Weltkrieg. Wie war die Grippe nach Deutschland gekommen? Und woher kam die Infektion? Neuesten medizinhistorischen Forschungen zufolge hatte sie irgendwo im Mittleren Westen der USA begonnen. Dort waren im Winter 1917/18 mutierte Viren vom Typ A/H1N1 von Schweinen auf Menschen übergesprungen. In den improvisierten Mobilisierungslagern der US-Armee in Kansas fand der Erreger ideale Bedingungen für die Verbreitung: Zehntausende vom ungewohnten Drill erschöpfte Männer auf engem Raum bei ungenügenden hygienischen Bedingungen.

Anfang März 1918 hatten US-Militärärzte die ersten ungewöhnlich schweren Krankheitsfälle registriert. Doch die Warnung kam zu spät: Drei Wochen später erreichte das Virus mit

US-Truppentransporten die französische Bretagne. Von hier aus breitete es sich gleichzeitig in alle Himmelsrichtungen aus – nach Paris und weiter nach Südfrankreich über den Kanal nach Großbritannien und natürlich zu den Fronten in Westbelgien und Ostfrankreich. Bald grassierte die Seuche auch unter den deutschen Frontsoldaten, die sich binnen weniger Wochen zu Hunderttausenden krankmelden mussten. Schätzungen gehen von bis zu 500.000 Infizierten aus. Als die Kranken ab Anfang Juni massenhaft zur Erholung in die Heimat verlegt wurden, brachten sie die Erreger mit nach Deutschland.

Nach Spanien drang die unbekannte Seuche ebenfalls vor. Weil die Zeitungen des im Weltkrieg neutralen Landes vergleichsweise frei berichten konnten, kamen von hier aus die ersten Nachrichten über die rätselhafte Krankheit nach Deutschland. Rasch nannte man die Infektion nur noch die Spanische Grippe.

Die Infektionskrankheit löschte ganze Familien aus. Arm und Reich fielen ihr gleichermaßen zum Opfer. Wer überlebte, hatte einfach Glück gehabt. Die Krankheit führte in weiten Teilen zur Lahmlegung des öffentlichen Lebens. Schulen, Kirchen und andere öffentliche Einrichtungen wurden geschlossen. Der Postverkehr kam zum Erliegen. Die Grippesterblichkeit erreichte ihren Höhepunkt in den letzten Oktobertagen 1918.

GEBURT DER WEIMARER REPUBLIK

Mit der Meuterei von Matrosen der Kriegsmarine in Wilhelms-
haven begann ein landesweiter Aufstand. Als dort im Oktober
die Hochseeflotte vor Anker lag und erneut gegen die Engländer antreten sollte, traten die Matrosen in den Aufstand. Daraufhin wurde das Geschwader nach Kiel verlegt, um zu verhindern, dass die Meuterei sich ausbreiten konnte. Aber genau das
geschah dann im November mit dem Matrosenaufstand in Kiel,
der das Ende des Ersten Weltkrieges durch eine allgemeine Revolution einleitete. Ziel der Revolutionsbewegung, an der sich
Hunderttausende Arbeiter anschlossen, war, den preußischen
Militarismus und die Reste des Kaiserreichs in Verwaltung, Justiz, Schulen und Universitäten zu beseitigen und eine von Grund
auf demokratische Gesellschaft zu schaffen. Die „Novemberrevolution" leitete den Umsturz des Deutschen Kaiserreichs ein
und stellte die Weichen für die Einführung eines parlamentarischen Regierungssystems mit Verfassung. General Ludendorff,
der für die gescheiterte Frühjahrsoffensive 1918 wesentlich
mitverantwortlich war, erfand die „Dolchstoßlegende": Mit der
Dolchstoßlegende sollte die Schuld an der Niederlage des Deutschen Reiches im Ersten Weltkrieg auf die Sozialdemokraten ab-
gewälzt werden. Demnach hätte das deutsche Heer an der Front
gesiegt, aber von hinten einen Dolch in den Rücken bekommen,
weil die zivile Bevölkerung und insbesondere die Sozialdemokraten gestreikt und gegen den Krieg agiert hätten. Die Dolchstoßlegende wurde von nationalistischen Kreisen genutzt, um
in der Weimarer Republik gegen Sozialdemokraten und Kommunisten vorzugehen. Die Oberste Heeresleitung wurde damit
von ihren Fehlern in der Kriegsführung und ihrer Verantwortung für die Niederlage entlastet. Diese Verschwörungstheorie
machte sich auch Hitler später im Zweiten Weltkrieg zunutze.

Der „Große Krieg", den viele nicht gewollt hatten, wurde zu einer Katastrophe, nach der nichts mehr so sein konnte wie vorher. Er verwüstete riesige Landstriche in Europa und hinterließ Millionen Gefallene in zerpflügten Schlachtfeldern, die zum Sinnbild der Schrecken moderner Militäraktionen wurden. Der Krieg hatte aus Großmächten Mittelmächte gemacht und Monarchien hinweggefegt. Er hatte mörderische politische Kräfte freigesetzt – den Nationalsozialismus und den Bolschewismus – und somit die blutigste Epoche der Weltgeschichte eingeleitet.

Jahre später erinnerte sich der Schriftsteller Stefan Zweig an den Ersten Weltkrieg: „*Er hatte nichts mit irgendwelchen Ideen und nicht einmal etwas mit Grenzfragen zu tun [...] Ich kann ihn nicht anders als durch jene überschüssige Kraft erklären, eine tragische Konsequenz der inneren Dynamik, die sich in den 40 Jahren Frieden angestaut hatte und nun einen gewaltsamen Ausdruck suchte.*"

Im Herbst 1918 war der Krieg für Deutschland verloren. Als die Niederlage offenkundig war, forderte die deutsche militärische Leitung, den Kriegsgegnern ein Waffenstillstandsgesuch anzubieten, was sie im Januar noch abgelehnt hatten. Die Regierung sollte auf eine parlamentarische Grundlage gestellt werden. Der amerikanische Präsident Wilson forderte indirekt die Abdankung des Kaisers. Der als liberal geltende Prinz Max von Baden, Vetter Wilhelm II., wurde gegen den Willen des Kaisers zum Reichskanzler ernannt, mit dem klaren Auftrag, durch Waffenstillstandsverhandlungen den Ersten Weltkrieg zu beenden. Man änderte die Verfassung und das Deutsche Reich wurde mit der Reform vom 3. Oktober zu einer parlamentarischen Monarchie. Die Macht des Kaisers sank. Am 9. November verkündigte Philipp Scheidemann, Vorstandsmitglied der SPD, vor einer Schar von Menschen das Ende des Kaiserreichs: „*Arbeiter und Soldaten! Furchtbar waren die vier Kriegsjahre. Grauenhaft waren die Opfer, die das Volk an Gut und Blut hat bringen müssen. Der unglückselige Krieg ist zu Ende; das Morden ist vorbei. Die Folgen des Krieges, Not und Elend, werden noch viele Jahre lang auf uns lasten [...] Es lebe das Neue; es lebe die deutsche Republik.*"

Ob Scheidemann seine Rede in diesem Wortlaut tatsächlich gehalten hat, wird mittlerweile angezweifelt. Denn es gibt von seiner Ansprache keine Originalaufzeichnung. Diese soll erst 14 Monate später von ihm auf einer Schallplatte besprochen worden sein. Das ist nicht verwunderlich, wurden doch damals öffentliche Reden nicht einmal per Mikrofon verstärkt. Möglich also, dass Scheidemann seine Worte an die bereits völlig veränderte politische Lage zum Zeitpunkt der Aufnahme angepasst hatte.

Merkwürdigerweise zeigen sich Glanz und Elend der deutschen Geschichte immer wieder am 9. November. So wurde an diesem Tag im Jahr 1848 der deutsche Freiheitskämpfer Robert Blum vom Militär des Habsburger Kaiserreichs ermordet. An diesem Tag im November 1918 wurde durch Philipp Scheidemann in Berlin die deutsche Republik ausgerufen, was das Ende des Kaiserreichs bedeutete und damit auch das Ende des Ersten Weltkriegs. Am 9. November 1923 misslang Hitler in München ein Putschversuch und so sollte es noch zehn Jahre dauern, bis er die Macht ergreifen würde. Ein besonders düsterer Tag war der 9. November 1938. Die Nazis gingen in der sogenannten Reichskristallnacht in fast allen deutschen Städten gewaltsam gegen Juden vor, zerstörten Synagogen und jüdische Geschäfte. Ab diesem Tag begann unter Hitler die systematische Verfolgung des jüdischen Volkes. Hingegen herrschte bei einigen Freude, als am 9. November 1989 nach einer missglückten Presseerklärung des DDR-Funktionärs Günter Schabowski die Mauer in Berlin fiel und das Ende der deutschen Teilung einläutete.

Zeitgleich mit der Verkündung Scheidemanns gab des Kaisers Reichskanzler Prinz Max von Baden das Ende der Monarchie bekannt und ernannte den Sozialdemokraten Friedrich Ebert zum neuen Reichskanzler. Zwei Tage später unterzeichnete die neue deutsche Regierung in einem Salonabteil eines Eisenbahnwaggons des französischen Marschalls Foch im Wald von Compiègne (unweit von Paris) die von den Alliierten gestellten Waffenstillstandsbedingungen. Dieser Vertrag kam einer bedingungslosen Kapitulation gleich, das Deutsche Reich erkannte seine Niederlage an und ergab sich, ohne irgendwelche Bedingungen zu stellen. Im Juni 1940 drehte Hitler nach dem (vorläufigen) Sieg über die Franzosen den Spieß um, ließ seinerseits den Eisenbahnwaggon aus dem Waffenstillstandsmuseum holen und zwang die französischen Militärs zur Unterschrift ihrer Niederlage.

Der Adel wurde abgeschafft, die Adelsprädikate wurden jedoch, anders als in Österreich, rechtlich zum Bestandteil des bürgerlichen Namens gemacht. Seitdem sind die ehemals aristokratischen Familien per Gesetz Bürger wie alle anderen auch. Trotzdem bereiteten die gesellschaftlichen Umwälzungen 1918 dem Adel Orientierungslosigkeit und erhebliche Probleme, die u. a. dazu führten, dass große Teile mit dem Hitlerregime ab 1933, zumindest für eine Zeit lang, sympathisierten. Andere spürten die Gefahr, welche mörderische Gefahr von Hitler ausging.

Heute lebt der Adel in seinen inneren Zirkeln, seinen gesellschaftlichen Traditionen und Gebräuchen und seinem gigantischen Erbe als eine gesellschaftliche Schimäre fort und wird auch gern von der Republik in Anspruch genommen – als traditionsreiche Zierde, als Hauptdarsteller für bunte Klatschgeschichten und bei Bedarf auch als Feindbild.

Unmittelbar nach dem unterzeichneten Waffenstillstandsabkommen von Compiègne wurden die Kampfhandlungen des Ersten Welt-kriegs eingestellt. Die Monarchie war gestürzt, Kaiser Wilhelm II. wurde zur Abdankung gezwungen, verzichtete mit seinem Sohn, dem Kronprinzen, auf den Thron. Zu seinem Glück hielt sich Wilhelm II. in diesen Wochen gar nicht in Deutschland auf. Er residierte in seinem Großen Hauptquartier im belgischen Spa. Hier markierte er den starken Mann: *„Und wenn wir auch alle totgeschlagen werden – vor dem Tod habe ich keine Angst. Nein, ich bleibe hier."* Dass Wilhelm II. gerne große Sprüche klopfte, hatten die Deutschen bereits hinreichend erfahren. So auch diesmal: Bereits in den Morgenstunden des nächsten Tages setzte sich der Kaiser in die Niederlande ab.

So entkam er den Revolutionären und den westlichen Kriegsgegnern, die ihn am liebsten vor Gericht gestellt hätten. Das
holländische Königshaus gewährte ihm Asyl. Seine Wahl fiel
auf das Haus Doorn in der Provinz Utrecht. Zuvor, am 28. November 1918, hatte er eine formlose Abdankungsurkunde unterschrieben. In der Erklärung hieß es: *„Ich verzichte hierdurch
für alle Zukunft auf die Rechte an der Krone Preußens und die damit verbundenen Rechte an der deutschen Kaiserkrone. [...] Ich bin
hier nur noch Privatmann.*"

59 Güterwaggons, beladen mit erlesenen Möbelstücken,
Kunstwerken, Waffen und Kleidung, rollten aus Deutschland
Richtung Niederlande. Derart ausgestattet richtete sich der
Kaiser im Haus Doorn ein. Und tat, was ein Kaiser nun einmal
tat: Er hielt Hof. Prachtvolle Lüster, Gemälde der alten Hohen-
zollern-Könige und erlesenes Geschirr versüßten Wilhelm das
Exil ein wenig. Die Hoffnung auf eine Rückkehr zur Monarchie
gab er allerdings nie auf.

Damit endete nach fast 217 Jahren das Königreich Preußen.
Die Nachfahren des letzten Hohenzollern-Monarchen tauchten
im Lebensbereich einfacher Staatsbürger unter. Bildern zufolge sah man den seiner Regentschaft Enthobenen nur noch selten in einer seiner geliebten Uniformen. Stattdessen haderte
er mit seinem Schicksal, polterte gegen tatsächliche und ver-
meintliche Gegner und fand eine neue Marotte: Er sägte und
hackte Holz in seinem holländischen Exil. Von dort meldete er
sich gelegentlich mit deplatzierten Kommentaren:

» *„Die Presse, die Juden und Mücken sind eine Pest, von der sich
die Menschheit befreien muß – I believe the best would be gas."*
Zitiert aus einem Brief an seinen amerikanischen Freund
Pouitney Bigelow am 15. August 1927.
» *„Blut muß fließen, viel Blut [...] bei allen, die mich verlassen haben."* Der Ex-Kaiser 1934 in der irrigen Erwartung einer bal-
digen Restauration der Monarchie in Deutschland.
» *„Die Taten unserer tapferen Truppen sind herrlich, Gott gab ihnen den Erfolg. – Möge Er ihnen weiterhin zu einem Frieden in*

*Ehren & zum Sieg über Juda & den Antichrist in britischem Ge-
wand verhelfen."* (Wilhelm am 20. April 1941 – Adolf Hitlers
Geburtstag – über militärische Siege der deutschen Wehrmacht unter anderem über Frankreich).

» *„Ich versinke, ich versinke."* Wilhelms letzte Worte in der Stunde seines Todes.

Im März 1941 war er beim Holzhacken ohnmächtig zusammen-
gebrochen. Am 4. Juni starb er, 82 Jahre alt. Aufgebahrt wurde
er in Generalsuniform. Beim Begräbnis, es herrschte „Kaiserwetter", paradierten Wehrmachtssoldaten aller Teilstreitkräf-
te. Adolf Hitler schickte einen monströsen Kranz – und untersagte alle Trauerfeiern im Reich.

Während der bürgerkriegsähnlichen Zustände in Berlin im
Herbst 1918 begann ebenfalls die bayerische Bevölkerung auf-
zubegehren. In München wurde die Stimmung explosiv. Zehntausende Menschen versammelten sich am 7. November 1918
auf der Theresienwiese zu einer Großdemonstration, woraus
die bayerische Novemberrevolution entstand. Kurt Eisner, Berliner Jude, Journalist und Schriftsteller, der 1917 aufgrund einer gewachsenen oppositionellen Haltung gegen die deutsche
Kriegspolitik wie auch gegen die sozialdemokratische Burg-
friedenspolitik zur USPD (Unabhängige Sozialdemokratische
Partei Deutschlands) übergetreten war, rief noch in derselben
Nacht den Freistaat Bayern aus und wurde von der Versammlung der Arbeiter- und Soldatenräte zum Ministerpräsidenten
gewählt – alles, ohne einen Tropfen Blut zu vergießen. Noch am
gleichen Abend verließ der Wittelsbacher König Ludwig III. mit
seiner Familie München und suchte Zuflucht am bayerischen
Chiemsee. Wer an Bayerns Geschichte denkt, der denkt an die
Wittelsbacher, eines der bedeutendsten Hochadelsgeschlechter
Europas. Er denkt auch an die Vielzahl eigenwilliger Märchen-
schlösser des weltfremden Königs Ludwig II. und an die überwältigende Architektur zahlreicher Bauten der monarchischen
Epoche in der Landeshauptstadt.

Der Begriff „Freistaat Bayern" geht auf Kurt Eisner zurück. Was heute in manchen Ohren wie ein privilegierter Sonderstatus klingt, war ursprünglich schlicht und einfach ein Synonym für „Republik". Als Pazifist wollte der studierte Philosoph Eisner eine gewaltfreie Gesellschaft und ein basisdemokratisches Rätesystem aufbauen. Das verübelten ihm Bayerns Reaktionäre. Am 21. Februar 1919 – kurz bevor er als Konsequenz aus der für ihn und seine Partei verloren gegangenen Landtagswahl seinen Rücktritt bekannt geben wollte – wurde er vom aus dem Umfeld der gegen die Revolution agierenden und zu dieser Zeit beurlaubten Leutnant im Königlich Bayerischen Infanterie-Leib-Regiment Anton Graf von Arco auf Valley aus unmittelbarer Nähe mit zwei Schüssen in Rücken und Kopf erschossen. Eisner war sofort tot. Sechs Tage später veröffentlichte Kurt Tucholsky in der „Weltbühne" ein Gedicht. Es heißt einfach „Eisner" und beginnt so: *„Da war ein Mann, der noch an Ideale glaubte//und tatkräftig war.//In Deutschland ist das tödlich."*

Kriegsmüde Soldaten, Matrosen und enttäuschte, brotlose Arbeiter hatten in der Endphase der Urkatastrophe des 20. Jahrhunderts mit der sogenannten „Novemberrevolution" zum Sturz der Monarchie und deren Umwandlung in eine parlamentarische Demokratie geführt. Den leicht aufflammenden Unruhen und Straßenkämpfen von Berlin entrückt, wurde die verfassungsgebende Nationalversammlung in die beschauliche Kleinstadt Weimar verlegt. Weimar war der Versuch, einer Nation am Rande des Bürgerkrieges das Haus einer gemeinsamen Verfassung zu geben. Folglich wurde das politische System im deutschen Reich von 1919 bis 1933 als Weimarer Republik bezeichnet und stand namensgebend für diese Epoche. Das Zustandekommen in harter Zeit war eigentlich eine Sensation, aber niemand nahm das so recht wahr. Innere Unruhen zerrissen die Bevölkerung, die gegen quälenden Hunger, Arbeitslosigkeit, die Not um Kriegstote, Verwundete und Entwurzelte zu kämpfen hatte.

Die Armut und Not der Menschen nach dem verlorenen Krieg war allgegenwärtig. Besonders hart traf das Elend die Kinder –

noch 1923 ist die Hälfte von ihnen unterernährt. Kurt Tucholsky schreibt im Jahre 1920 über die Kinder in Berliner Arbeiter-
vierteln: „*Leere Räume und kalte Räume [...] und Kinder, die den
ganzen Tag überhaupt nicht ausgehen können, weil sie bis auf einen
dünnen Kittel ganz nackt sind, und Frauen und Kinder, die krank
und schmutzig in einer kalten Wohnung dunkle Winterwochen lang
hocken, zwecklos, sinnlos.*"

Viele waren verbohrt in ihren Weltanschauungen. Die autoritäre Kaiserzeit und der Erste Weltkrieg hatten die Männer zu
kriegerischen und gewaltsamen Lösungen erzogen. Ein Freund-
Feind-Denken beherrschte die Köpfe und mündete in Saal- und
Straßenschlachten. Ein Gefühl des ständigen Bürgerkriegs und
einer ständigen Bedrohung durch den Gegner bedrückte die Menschen. Sie, die das Leid und die Entbehrungen des vorangegangenen Kriegs noch in frischer Erinnerung hatten, sehnten sich nach
Frieden und Wohlstand. Die Sehnsucht nach einer obrigkeitlichen
Autorität war größer als das Bedürfnis, das politische Schicksal
selbst in die Hand zu nehmen. Weimar war ein Scheitern in Raten.

„*Verehrte Herren und Damen ...*" Es ist ein historischer Moment,
als Marie Juchacz am 19. Februar 1919 ans Rednerpult der Weimarer Nationalversammlung im Deutschen Nationaltheater
tritt. Es war fast wie eine Revolution, dass eine Frau im Parlament ans Mikrofon ging und eine Rede hielt. Zusammen mit 36
weiteren Frauen gehörte die damals 40-jährige Sozialreformerin
und Frauenrechtlerin zu den ersten weiblichen Abgeordneten in
Deutschland. Erst ein Vierteljahr zuvor, also unmittelbar nach
dem Ende des Ersten Weltkriegs, war den Frauen in Deutschland überhaupt erst das Wählen und Gewähltwerden erlaubt
worden. Obwohl die Frauenbewegung bereits im 19. Jahrhundert für die Gleichberechtigung gekämpft hatte, war es ein langer und schwieriger Kampf und die Erfolge waren mäßig. Frauen
waren das, was man heute „politisch entmündigt" nennen würde.
Sie hatten kein Recht, für ihre Interessen in politischen Einrichtungen zu kämpfen. Bis 1908 durften sie weder in politischen
Vereinen sein noch an politischen Versammlungen teilnehmen.

Der Friedensvertrag von Versailles wurde am 28. Juni 1919 zwischen den 26 alliierten und assoziierten Mächten und dem Deutschen Reich im weltberühmten Spiegelsaal von Versailles unterzeichnet, wo 1871 nach dem gemeinsamen Sieg der deutschen Staaten im Deutsch-Französischen Krieg das Deutsche Kaiserreich verkündet und der preußische König zum Kaiser Wilhelm I. ausgerufen wurde. Dass Deutschland gerade an diesen Ort nun als Verlierer des Krieges kommen musste, bedeutete eine zusätzliche Demütigung. Der Versailler Vertrag wies dem Kaiserreich die Alleinschuld am Ausbruch des Ersten Weltkriegs zu und sah für Deutschland große Gebietsabtretungen im Osten und Westen bzw. zeitweilige Gebietsbesetzungen, den Verzicht auf alle Kolonien und die Internationalisierung wichtiger deutscher Flüsse vor. Er hatte mit seinen jeder Vernunft Hohn sprechenden Reparationsforderungen eine sich mehr und mehr beschleunigende Inflation zur Folge. Den Besiegten wurden Reparationen in Höhe von 132 Milliarden Goldmark, später Papiermark, auferlegt. (1918 entsprach 1 Papiermark heutigen 3,73 Euro.) Als Deutschland schließlich nicht mehr willens und in der Lage war, weitere Zahlungen zu leisten, besetzten, unterstützt von belgischen Einheiten, etwa 40.000 Franzosen das Ruhrgebiet. Daraufhin standen sämtliche Eisenbahnen still, keine elektrische Eisenbahn fuhr mehr, kein Schornstein rauchte. Über 100.000 Menschen wurden aus ihrer Heimat vertrieben, viele saßen im Gefängnis.

Nach der Besetzung des Ruhrgebiets wurde ganz Deutschland von einer nationalen Protestwelle erfasst, die quer durch die Parteien und alle sozialen Schichten verlief. Reichspräsident Friedrich Ebert rief zum passiven Widerstand auf. Den Befehlen der Besatzer wurde nicht mehr Folge geleistet. Demonstrationen und Ausschreitungen führten zu einem gewalttätigen Klima.

Der Kaiser hatte ein demoralisiertes Land hinterlassen, dem der Friedensvertrag eine gigantische Schuldenlast aufbürdete. Die junge Weimarer Republik musste nun die Last des verlorenen Krieges tragen. Zur Niederlage kam nun auch noch die Revanche der Sieger. Schnell machten sich Radikale im Land die allgemeine Empörung zunutze. Der Vertrag wurde für alles verantwortlich gemacht, was in der jungen Weimarer Republik Unmut hervorrief. Verantwortliche Demokraten, die den Friedensvertrag notgedrungen unterzeichnen mussten, wurden als Erfüllungspolitiker diskreditiert, manche von ihnen ermordet. Die Mehrheit der Deutschen und Vertreter aller deutschen Parteien betrachteten den Versailler Vertrag als ungerecht und eine Schmach. In Deutschland hatte man sich nach dem Sturz des Kaiserreichs Hoffnungen auf wohlwollendere Friedensbedingungen gemacht. Nun wies der Frieden den Weg in eine dunkle Zukunft – *„Frieden des Rechts"* wurde letztendlich zur Keimzelle eines neuen Krieges.

Somit entstand der neue Staat unter schlimmsten Vorzeichen. Die Wirtschaftstätigkeit war durch den langen Krieg stark abgeschwächt worden und der Staat hatte sich hoch verschuldet. Eine instabile Regierungskoalition hatte sich zunächst den Krisenjahren der frühen Zwanzigerjahre zu stellen, es gab immer wieder Aufstände und Putschversuche und die hohen Schulden der Weimarer Republik führten zu einer Hyperinflation. Das Währungssystem kollabierte, die Inflation galoppierte, die Republik ging über Nacht bankrott. Dabei fraß sich der Prozess der Erstarrung und Verelendung immer weiter ins Land. Jegliche Produktion war praktisch zum Erliegen gekommen, das Geld total entwertet. Ersparnisse, Versicherungspolicen und Renten waren wertlos geworden. Wer über ein paar Devisen verfügte, konnte alles aufkaufen: Ländereien, Häuser, Schmuck, Kunstwerke – alles, was die so plötzlich Verarmten verkaufen mussten, um überleben zu können. Im Jahr 1923 konnten die Deutschen beim Einkaufen ihre Portemonnaies getrost zu Hause lassen – sie brauchten stattdessen Schubkarren, Reisetaschen und Wäschekörbe, um ihr Geld zum Kaufmann um die Ecke zu tragen, denn ihr Papiergeld, das einmal eine echte Währung gewesen war, verlor täglich dramatisch an Wert. Im Mai 1923 kostete in Berlin ein Kilo Brot 474 Mark. Zwei Monate später stieg der Preis auf 2.200 Mark, Anfang Oktober waren es bereits 14 Millionen. Noch einmal vier Wochen später kostete der Brotlaib

5,6 Milliarden Mark. Viele Unternehmen unterbrachen kurz die Produktion, sobald die Löhne ausbezahlt waren, damit sich die Arbeiter sofort etwas kaufen konnten. Über 1.800 Druckmaschinen liefen rund um die Uhr, um immer neues „Spielgeld" in den Markt zu drücken; fast 30.000 Menschen waren mit der Herstellung neuer Geldscheine beschäftigt. Eine Straßenbahnfahrt gab es für 50 Milliarden Mark, und um einen einzigen US-Dollar zu bekommen, mussten die Bürger rund vier Billionen Reichsmark zur Wechselstube karren – verrückter, unvorstellbarer Alltag der Hyperinflation.

Die dramatische Geldentwertung des Jahres 1923 ist in der deutschen Wirtschaftsgeschichte ein singuläres Ereignis, nicht nur, weil sie Millionen Sparer und viele mittelständische Unternehmer enteignete. Das deutsche Desaster zeigt, wie elementar eine unabhängige Notenbank für die Funktionsfähigkeit eines Währungssystems ist – und was umgekehrt passieren kann, wenn sie unter dem Druck der Politik und aufgrund einer vermeintlichen Alternativlosigkeit die Notenpresse anwirft. Erst im November 1923 beginnt mit der Einführung der Rentenmark die Stabilisierung der Währung. „*Die Stöße übriggebliebenen Inflationsgeldes haben wir dann genutzt, die getünchten Wände unserer wenig einladenden Toilettenanlage zu tapezieren, unseren Lokus, mit Verlaub zu sagen, in ein Billionenkabinett zu verwandeln. Die Hauptattraktion war eine aus Millionenscheinen montierte Zahl mit sechsunddreißig Nullen, die in Worten auszudrücken uns nie gelungen ist. Wir hätten schon einen Astronomen zurate ziehen müssen.*" So der Schriftsteller Rudolf Pörtner in seinen Erinnerungen an die unruhige Zeit.

DIE GOLDENEN ZWANZIGERJAHRE

Die Weimarer Republik war nicht nur bemüht, den Gedanken der Demokratie in Deutschland heimisch zu machen. Ihr Selbstverständnis zielte auch darauf ab, einem neuen Kulturzeitalter Raum zu geben; und in der Tat zog die Republik dann auch einen nicht unerheblichen Teil ihrer Lebenskraft aus den geistig-kulturellen Schöpfungen dieser Zeit. Deutschland erlebte in den „Goldenen Zwanziger Jahren" (etwa von 1924 bis 1929) eine kurze intensive Blütezeit. Nun brachen, befreit von stilbildenden Normen der alten bürgerlichen Gesellschaft, schöpferische Kräfte hervor, von Walter Gropius' Bauhaus bis zu den Komponisten Richard Strauß und Paul Hindemith. Vom Physiker Albert Einstein zu Werner Heisenberg. Von dem politischen Theaterregisseur Erwin Piscator bis zu den Schriftstellern Erich Kästner, Alfred Döblin, Hans Fallada, Hermann Hesse sowie Thomas und Heinrich Mann. Der Krieg war beendet, doch in den Köpfen der Menschen – und auch der Autoren – ein wichtiges Thema. Viele von ihnen versuchten, eigene Erlebnisse im Krieg aufzuarbeiten oder die innere Zerrissenheit von Menschen zu zeigen, die ihren Platz im Leben nicht fanden. Beispiele sind Ernst Jüngers „Stahlgewitter", Thomas Manns „Zauberberg", Hans Falladas „Kleiner Mann – was nun?", Hermann Hesses „Steppenwolf" oder „Im Westen nichts Neues" von Erich Maria Remarque. Weitere Themen waren die Großstadt, die Industrie und die Arbeitslosigkeit. Trotz des Anspruches der Autoren, für das breite Volk zu schreiben, waren bei vielen Menschen andere Bücher beliebt. Leichte Kost von Hermann Löns, Hans Carossa und Hedwig Courths-Mahler – meist noch aus der Kaiserzeit – war populär. Bei diesen Autoren ging es um die heile Welt, die schöne Natur, wilde Abenteuer oder die Liebe. Man träumte sich aus der unschönen Wirklichkeit in traumhafte Welten. Ebenfalls beliebt waren Heimatromane. Die heile Welt des Dorfes und der Natur wurde heraufbeschworen und stand somit in krassem Gegensatz zu der Kriegs- und Großstadtthematik der anderen Autoren. Ebenfalls schon in der Kaiserzeit beliebt waren etwa die Romane von Ludwig Ganghofer, dessen letztes Werk 1920 erschien. Was für Ganghofer die bayerischen Berge waren, war für Hermann Löns die norddeutsche Heide. Gern gelesen wurden aber auch Reportagen, die nicht nur in Zeitungen erschienen, sondern auch in eigenen Bänden herausgegeben wurden. Der bekannteste Reporter dieser Zeit war Egon Erwin Kisch, der auch der „rasende Reporter" genannt wurde. Er gilt bis heute als einer der bedeutendsten Reporter in der Geschichte des Journalismus. So besuchte er innerhalb weniger Jahre die Sowjetunion, Tunesien und Algerien, die USA und China. Literarische Reportagen, wie er sie schrieb, gab es zwar schon vorher, doch Kisch hat diese bekannt gemacht. Mit seinen Schilderungen der Lebenswelten verschiedener Menschen passte sein Werk zum neu-sachlichen Stil der Zeit. Kisch wurde einen Tag nach dem Reichstagsbrand wegen „dringenden Verdachts der Teilnahme am Hochverrat" verhaftet. Er war jüdischer Abstammung und tschechoslowakischer Staatsbürger. Nach der Intervention der Botschaft der Tschechoslowakei wurde er zwei Wochen nach seiner Verhaftung freigelassen und aus Deutschland ausgewiesen. Von nun an engagierte er sich für den Widerstand gegen den Nationalsozialismus.

Bei Jungen und Mädchen gleichermaßen beliebt waren – und sind heute immer noch – die Kinderbücher von Erich Kästner. „Emil und die Detektive", „Pünktchen und Anton" und „Das fliegende Klassenzimmer" wurden nicht nur gelesen, sondern auch verfilmt und als Bühnenstücke in die Theater gebracht. Kästner wurde während des Naziregimes mehrmals von der Gestapo vernommen und aus dem Schriftstellerverband ausgeschlossen. Seine Werke fielen der Bücherverbrennung im Mai 1933 bei einer von Goebbels initiierten *Aktion wider den undeutschen Geist*" zum Opfer, was Kästner aus nächster Nähe beobachtete. Er hörte auf dem Berliner Opernplatz (heute Be-

belplatz) neben anderen unliebsam gewordenen Autoren seinen Namen und sah seine Bücher brennen, begafft von Zehntausenden Zuschauern, darunter jubelnde Studenten- und Burschenschaften. Das Regime hatte die Studentenschaft zur „geistigen SA" des Dritten Reichs deklariert. Propagandaminister Josef Goebbels rief von einem erhöhten Pult: *„Hier sinkt die geistige Grundlage der Novemberrevolution* [Ausrufung der Weimarer Republik] *zu Boden."* Die Hetzrede von Goebbels lässt Kästner über sich ergehen. Später wird der Schriftsteller schreiben: *„Ich habe Gefährlicheres erlebt, Tödlicheres – aber Gemeineres nicht."* Ihm sei damals klar geworden: *„Die Flammen dieser politischen Brandstiftung würden sich nicht löschen lassen."* In fast allen deutschen Großstädten wurden in dieser Nacht unzählige Bücher von verfemten Autoren und Wissenschaftlern zu Asche. Werke von deutschen und internationalen Autoren, die von den braunen Machthabern als links, jüdisch und liberal deklariert worden waren. Dessen ungeachtet emigrierte Kästner nach der Machtergreifung der Nazis, im Gegensatz zu fast allen seinen regimekritischen Kollegen, nicht.

Unanfechtbar galt Karl May als Deutschlands erster Bestsellerautor. Er zählt bis heute zu den meistgelesensten Autoren überhaupt. Seine Helden sind zu Beginn des 20. Jahrhunderts so bekannt wie heute Joanne K. Rowlings Harry Potter. Sie begleiteten Generationen junger Deutscher auf fantastische Reisen in ferne Welten. Um das Leben Karl Mays ranken sich fast so viele Mythen wie um seine Helden. Als Betrüger vorbestraft, machte er Karriere als Schriftsteller und behauptete, alle Abenteuer persönlich erlebt zu haben. Er verstrickte sich letzten Endes so in seine Lügen, dass er sie am Ende selbst glaubte.

Es war die erfolgreichste deutsche Erfindung des 20. Jahrhunderts, der größte aller Exportschlager, das langlebigste unter allen Markenzeichen: das Bauhaus in Dessau, das in Weimar gegründet wurde. Kein anderes in Deutschland entwickeltes Design hat weltweit einen ähnlichen Durchbruch erzielt. Kein zweites verbindet sich so vollkommen und unerschütterlich mit

Modernität. Das Bauhaus steht bis heute für kühne, rationale und funktionale Entwürfe. Doch für die, die in den 1920er-Jahren erstmals mit der modernen Architektur konfrontiert wurden, waren die neuen Häuser und Gegenstände hingegen oftmals ein Schock. Einer der bedeutendsten Vordenker in der Kunst war der noch junge Walter Gropius. Nicht nur als Architekt wagemutiger, moderner Bauten machte er sich einen Namen, auch als Verfasser theoretischer Schriften war er ein Vordenker. Neben Mies van der Rohe und Le Corbusier galt er als Mitbegründer der modernen Architektur.

Ein Haus im Bauhausstil hat meist eine kubische Form, ist also würfelförmig mit einem Flachdach. Die Stützen des Hauses sind nach innen verlegt, sodass viel Glas verwendet werden kann. Typisch sind auch die Fenster, die um die Ecke gehen. Bei den Häusern wurde viel Stahl verwendet. Glas und Stahlbeton waren weitere Materialien, mit denen man baute. Häufig baute man in Skelettbauweise. Das heißt, dass zunächst eine Konstruktion aus Stahl oder Stahlbeton gebaut wurde. Davor kam dann die Fassade, häufig aus Glas, die sogenannte Glasvorhangfassade. Viele Künstler des Bauhauses hatten in nur 14 Jahren ihrer Zusammenarbeit gezeigt, dass nicht nur revolutionäre Architektur so gestaltet werden konnte, dass sich in ihrer Einfachheit, Strenge der Form und Schönheit verbanden, sondern dass auch Gegenstände des täglichen Lebens wie Möbel, Besteck, Porzellan und Lampen einem modernen Design standhielten. 1932 musste das Bauhaus nach Berlin umziehen. Konservativen Kreisen waren die Bauhaus-Mitglieder seit jeher ein Dorn im Auge. Mit der Machtergreifung der Nationalsozialisten 1933 wurde das Bauhaus binnen Kurzem aufgelöst. Die Architekten Walter Gropius und Ludwig Mies van der Rohe machten sich in den USA international einen Namen. Sie errichteten Bauwerke, die bis heute als Inbegriff der modernen Architektur gelten. Meist jüdische Architekten, die in den Dreißigerjahren nach Israel geflohen waren, brachten die Ideale der Bewegung „Bauhaus" nach Tel Aviv, wo über 4.000 solcher Gebäude entstanden und heute noch erhalten sind.

Aber noch wesentlich mehr als die Architektur, die Schrift-
stellerei und die Musik sorgte innerhalb eines Jahrzehnts die
Malerei für bedeutsames Aufsehen. Die Vielfalt der Richtungen war kaum zu überblicken: Expressionismus, Neue Sachlich-
keit, Dadaismus, Futurismus, Kubismus, Neoklassizismus u. v. a.
mehr. Viele Maler hatten ihren charakteristischen Stil bereits
vor 1914 entwickelt, doch waren ihre Arbeiten vom breiten Publikum nicht zur Kenntnis genommen worden, weil Wilhelm II.
verkündet hatte, dass eine Kunst, die *„über die von mir bestimmten Gesetze und Grenzen"* hinausging, überhaupt keine Kunst war,
und weil die Direktoren staatlich finanzierter Galerien sich in
ihrer Einkaufspolitik an diese Richtlinie gehalten hatten. Erst
in den Zwanzigerjahren fiel eine Rücksicht dieser Art weg, wurden Ausstellungen für moderne Künstler veranstaltet, und die
Museumsbesucher gewöhnten sich daran, Bilder zu sehen, die
mit allen bis dahin geltenden Regeln der Kunst brachen.

Vorherrschende neue Malrichtung war zweifellos der Expressionismus. Die Expressionisten wollten ihr eigenes Empfinden ausdrücken. Das, was sie empfanden, stand im Mittelpunkt. Sie wollten nicht die Wirklichkeit zeigen, sondern das,
was sie selbst sahen. Häufig sind die Farben anders als in der
Wirklichkeit, zum Beispiel malte Franz Marc blaue Pferde und
Emil Nolde grüne, gelbe und rote Gesichter. In Deutschland
fiel diese Kunstbewegung auf besonders fruchtbaren Boden.
Es entstanden sogar zwei expressionistische Gruppen. Eine
nannte sich „Die Brücke" in Dresden (später Berlin), zu der
Maler wie Erich Heckel, Ernst Ludwig Kirchner, Otto Müller,
Karl Schmitt-Rottluff und Emil Nolde gehörten. Gleichfalls
den Expressionismus vertrat die Gruppe „Der Blaue Reiter" in
München, mit den Malern Franz Marc, August Macke, Was-
sily Kandinsky, Gabriele Münter und Paul Klee. In Österreich
wirkte Oskar Kokoschka.

Der französische Ursprung des Namens „Impressionismus"
darf nicht darüber hinwegtäuschen, dass etwa zur selben Zeit
in Deutschland die Maler Adolf von Menzel oder Max Liebermann, nur um einige zu nennen, die bildnerische Widergabe

des Lichtes, der Farben und des Augenblicks auf ähnliche Weise zu lösen suchten.

Alsbald erlangte auch die Fotografie immer mehr einen Status als Kunstform. 1924 kam die erste Kleinbildkamera aus deutscher Produktion auf den Markt. Eine Leica. Plötzlich konnte man seinen Fotoapparat mit sich herumtragen, ohne schwer schleppen zu müssen. Die Kamera benutzte nicht nur den handlichen Rollfilm, auf den mehrere Aufnahmen hintereinander fotografiert werden konnten anstatt immer nur eine, sondern vor allem ein neues Filmformat: Der Filmstreifen war 35 mm breit. Er wurde schon vorher für bewegte Bilder benutzt, also für den Kinofilm. Seine Entdeckung für den Fotoapparat eröffnete neue Möglichkeiten.

Als sich die Republik politisch und wirtschaftlich zu konsolidieren begann, pulsierte das Leben in den Großstädten wie nie zuvor. Die Zwanzigerjahre in Berlin bedeuteten eine Glanzzeit des Theaters, der Oper, der Musik, üppige Operetteninszenierungen, sagenumwobene Varietés und Tanzpaläste, wo u. a. die berühmten Comedian Harmonists auftraten. Bubikopf, Monokel und queere Kieze. Jeden Tag Sensationen und Spektakel, Charleston, Vergnügungsparks und eine nicht enden wollende Parade von tanzwütigen Nachtschwärmern in angesagten Bars und Schwulenkneipen. Gigolos, Bohemiens, Intellektuelle, Koksbarone und Gangster. In der Friedrichstraße konzentrierten sich die Nachtlokale, Tanzbars und Animierkneipen, die der Stadt den Ruf eines Sündenbabels eingetragen hatten, in das der brave Provinzler nur mit frommem Schauder (und heimlicher Sehnsucht) fuhr. In der Friedrichstadt standen gedrängt die Huren. Sie trugen Federhüte, Federboas und hochgeschnürte Busen. Zu jener Zeit sollen in Berlin etwa 20.000 Frauen der Prostitution nachgegangen sein. Viele hatten zuvor versucht, als Hausmädchen über die Runden zu kommen.

Der Schriftsteller Klaus Mann beschreibt in seiner Autobiografie „Der Wendepunkt" 1942, wie er die Hauptstadt in den Zwanzigerjahren wahrgenommen hat: *„Ich bin Babel, die Sünderin, das Ungeheuer unter den Städten. Sodom und Gomorra waren*

nicht halb so verderbt, nicht halb so elend wie ich. Nur hereinspa-
ziert, meine Herrschaften, bei mir geht es hoch her, oder vielmehr, es
geht alles drunter und drüber. Das Berliner Nachtleben, Junge-Junge,
so was hat die Welt noch nicht gesehen. Früher mal hatten wir eine
Armee, jetzt haben wir prima Perversitäten. Laster noch und noch.
Kolossale Auswahl. Es tut sich was. Das muss man gesehen haben."

Doch war es eher das Maßstäbe schaffende Kulturleben, was
Berlin zur Weltstadt machte. Die bedeutendsten Künstler der
Zeit trafen sich oder wirkten hier. Rundfunk und Film etablierten sich als Massenmedium. Das Radio hatte inzwischen in der
Unterhaltung und Information einen hohen Stellenwert mit einem auffallend unpolitischen Programm, Wortsendungen auf
hohem Niveau, vielen Sinfoniekonzerten und bald auch als neue
Gattung das Hörspiel. Die technischen Voraussetzungen für
den Radioempfang waren noch vor dem Ersten Weltkrieg gelegt worden. In Deutschland gab es im Dezember 1920 die erste
Rundfunkübertragung: Die Reichspost gab ein Weihnachtskon-
zert. Die Postbeamten sangen, trugen Gedichte vor und spielten auf ihren Instrumenten. Im Oktober 1923 wurden die ersten Unterhaltungssendungen ausgestrahlt, und zwar von dem
neuen und ersten Hörfunksender *Funk-Stunde Berlin*. Schnell
entstanden weitere Sender, sodass bald im ganzen Reich Radio
gehört werden konnte. Die Empfangsgeräte hießen zunächst
nicht Radio, sondern Detektor. Mit einem solchen Detektor-
apparat konnte man nur per Kopfhörer zuhören, und das auch
nur in begrenzter Reichweite rund um einen Sender. 1926 lösten die Röhrengeräte die Detektoren ab. Nun konnte man über
einen Lautsprecher zuhören und der Empfang war besser. Die
ersten Geräte benötigten Batterien, erst ab 1927 gab es Radios
für den Netzbetrieb. Die Röhrengeräte wurden übrigens erst
Ende der 1950er-Jahre vom Transistorradio abgelöst, das wesentlich kleinere Bauweisen ermöglichte.

Viele Jahrzehnte war die Schallplatte der einzige Tonträger.
Die Musikkassette kam erst 1963 auf den Markt, die CD 1982.
Im Jahre 1887 war das Grammofon erfunden worden. Die Töne

wurden von einer sogenannten Schallplatte abgelesen. Eine große Erneuerung war der Plattenspieler, der elektrisch betrieben werden konnte. Man musste kein Federwerk mehr aufziehen, sondern ein Elektromotor versetzte den Plattenspieler in Drehung. Als Standard setzte sich eine Drehgeschwindigkeit von 78 Umdrehungen pro Minute durch. Zunächst sprach man noch vom „elektrischen Grammofon", dann setzte sich ab etwa 1930 der Name „Plattenspieler" durch. Die ersten Schallplatten bestanden aus Schellack. Schellack gewann man aus den Ausscheidungen der Lackschildlaus. Die Spielzeit betrug drei oder vier Minuten. Ab den Fünfzigerjahren wurden die Schellackplatten mehr und mehr von den neuen Vinylschallplatten verdrängt. Sie waren leichter, zerbrachen nicht so schnell, boten eine bessere Tonqualität und hatten eine längere Spieldauer.

Das Kino erlebte in der Zeit der Weimarer Republik einen wahren Boom. Der Film mit seinen traumhaften Möglichkeiten, den Zuschauer dem grauen Alltag zu entreißen, verlockte Menschen zu Unterhaltung und Entspannung und wurde zu einem Massenmedium. 1918 gab es 2.300 Kinos in Deutschland. 1930 waren es dann schon 5.000. Viele Kinos im ganzen Reich gehörten der UFA. Es gab auch andere Kinobetreiber, aber die größten und schönsten Kinos trugen das UFA-Logo. In diese Zeit fällt auch der Umstieg vom Stummfilm auf den Tonfilm. In völliger Stille wurden zuvor Stummfilme aber keineswegs geschaut. Begleitet wurden sie meist von einem Klavierspieler, der besonders dramatische Szenen genauso musikalisch hervorhob wie romantische. Außerdem gab es noch die Kino-Orgel. Auf ihr konnte man nicht nur Musik erzeugen, die wie ein ganzes Orchester klang, sondern auch Schüsse, Pferdegetrappel, Türklingeln oder Vogelgezwitscher nachahmen. Ab 1932 waren alle Spielfilme, die in Deutschland ins Kino kamen, vertont. Es gab zwar schon Entwicklungen zum Farbfilm, doch der setzte sich erst ab Ende der 1930er-Jahre langsam durch. Die Kinofilme aus der Zeit der Weimarer Republik waren sämtlich in Schwarz-Weiß. Neben dem Hauptfilm waren in der Regel mehrere kurze Vorfilme zu sehen, darunter meist auch ein sogenannter Kulturfilm. Das waren Lehrfilme zu naturwissenschaftlichen, geschichtlichen oder sonstigen Sachthemen. Außerdem wurde auch immer eine Wochenschau im Vorprogramm gezeigt. In einem Wochen-Rückblick wurden dabei alle wichtigen Ereignisse – politische, gesellschaftliche und kulturelle – gezeigt. Zunächst waren dies Stummfilm-Wochenschauen, später dann solche mit Ton. Bis 1940 konkurrierten mehrere Unternehmen, die diese Wochenschauen produzierten, danach gab es nur noch die von den Nazis kontrollierte „Deutsche Wochenschau". Nach dem Krieg kamen erneut verschiedene Wochenschauen in die Kinos, doch wurden sie im Laufe der Siebzigerjahre durch das Fernsehen verdrängt. Sie waren einfach nicht mehr aktuell und gegenwartsnah.

In Deutschland wurden mehr Filme gedreht als in allen anderen europäischen Staaten zusammen. Übertroffen wurde die Produktion nur noch von Hollywood. Das „Deutsche Hollywood" entstand durch die Berliner UFA (Universum Film AG) in Babelsberg mit der größten Atelierhalle der Welt und ihren zahlreichen Jahrhundertstars. UFA-Klassiker wurden u. a. „Der blaue Engel", „Münchhausen", „Die Drei von der Tankstelle" und „Die Feuerzangenbowle". Im Nazikrieg wurde die UFA zu Asche. Ihre Auferstehung fand sie in der nun von den Sowjets besetzten Zone unter dem Namen DEFA. Als die Mauer fiel, stand die UFA wieder auf und wurde seither attraktiv für zahlreiche Hollywoodproduktionen.

Der Film wurde in der Weimarer Republik überhaupt erst zu einer anerkannten Richtung der Kunst – neben Malerei und Bildhauerei, Musik, Literatur, Theater und Tanz. Mit Hitlers Machtübernahme endete 1933 die große Zeit des künstlerischen Kinos. Die Filme waren von nun an geprägt von der NS-Propaganda. Viele deutsche Stars gingen nach Hollywood. Emil Jannings erhielt nicht nur den ersten „Oscar" überhaupt, sondern machte auch in Amerika Karriere. Mit der Einführung des Tonfilms kam er jedoch zurück. Marlene Dietrich kehrte Deutschland gleich nach ihrem Erfolg in „Der blaue Engel" im Jahr 1930 den Rücken. Das Gleiche galt für viele Regisseure. Nach der Machtübernahme der Nazis 1933 verschärfte sich die Abwanderung deutscher Künstler um ein Vielfaches.

Es gibt wenige deutsche Stars, die sich Weltstars nennen können. Marlene Dietrich war zweifellos einer davon. Schon zu Lebzeiten war sie eine Leinwandlegende, Mythos, Femme fatale. Im Krieg zwischen der neuen und der alten Heimat bezog die gebürtige Berlinerin eindeutig Stellung. Sie tourte jahrelang durch die Vereinigten Staaten und Europa, um für Kriegsanleihen zu werben und die amerikanischen Truppen zu unterhalten. Dieses Engagement verzieh ihr allerdings die Mehrzahl des deutschen Publikums nicht. Bei einer zweiwöchigen Tournee durch Deutschland 1960 war sie auch der bundesrepublikanischen Presse starken Anfeindungen ausgesetzt, wobei man mit dem Wort „*Vaterlandsverräterin*" schnell bei der Hand war. Die Dietrich wurde beschimpft, bedroht, angespuckt und auf der Bühne mit Eiern beworfen. Sie weigerte sich allerdings energisch, „*sich von einem blonden Nazi von der Bühne vertreiben zu lassen*". Auf die Frage eines Journalisten, ob sie Angst vor einem Anschlag hätte, antwortete sie lakonisch: „*Angst? Nein, ich habe keine Angst. Nicht vor den Deutschen, nur um meinen Schwanenmantel, aus dem ich Eier und Tomatenflecken kaum herausbekommen würde, um den habe ich etwas Angst.*" Obwohl sie von zahlreichen Fans herzlich empfangen wurde, beschloss sie, nie wieder in ihre einstige Heimat Deutschland zurückzukehren. Das Versprechen hielt sie bis zu ihrem Tod. Die Versöhnung mit ihrer Geburtsstadt Berlin erfolgte erst danach. Zwar wurde sie nach einer Trauerfeier in Paris in Berlin beerdigt, doch eine geplante Gedenkveranstaltung wurde (offiziell aus „*organisatorischen Gründen*") abgesagt.

Die rein privatwirtschaftlich organisierte Filmindustrie richtete sich weitgehend nach dem Publikumsgeschmack, und das Publikum hatte rasch seine Lieblinge und gesellschaftlichen Leitbilder unter den Stars. Kino war etwas völlig anderes als Theater und begeisterte mit den neuen Möglichkeiten der Kamera, des Schnitts und anderen bis dato nicht geläufigen Technologien. Mit Beginn seiner Existenz war die Expansion rund um das neue Medium Film gewaltig. Wo immer Filme vorgeführt wurden, verdrängte sie langsam andere Formen der Unterhaltung und zog immer mehr Zuschauer an. Wie das Publikum wuchsen auch rasant die Vorführsäle, von umgebauten Lagerhäusern bis hin zu pompösen „Filmpalästen". Abendfüllende Spielfilme verblüfften das nach Amüsement dürstende Publikum.

Die erste Fernsehübertragung in Deutschland und eine der ersten weltweit fand 1928 in Berlin statt. Der Ungar Dénes von Mihály hatte ein Gerät gebaut, dessen Bildschirm von 4 × 4 Zentimeter man lediglich mit einer Lupe betrachten konnte. Gleichzeitig stellte die Firma Telefunken ihren ersten Fernseher vor. Das Bild war zwar etwas größer, doch es war noch unverkäuflich. Wichtiges Forum für neue Geräte wurde die Internationale Funkausstellung in Berlin, die erstmals 1924 stattfand. 1930 gelang dem deutschen Forscher Manfred von Ardenne die erste vollelektronische Fernsehübertragung. Dafür benutzte er eine Kathodenstrahlröhre (auch Braunsche Röhre genannt). Die war schon 1897 von Ferdinand Braun erfunden worden. Von Ardenne verbesserte sie und nun war die Qualität des „Fernsehens" wesentlich besser und so setzte sich diese elektronische Bildabtastung schnell durch. Es liefen nun erste Versuchssendungen und 1935 gab es das erste regelmäßige Fernsehprogramm. Bis der Fernseher allerdings Einzug in die Mehrheit der Wohnzimmer hielt, dauerte es viele Jahre. Einen eigenen Fernseher konnten sich nur die Wohlhabendsten leisten. Immerhin gab es aber öffentliche „Fernsehstuben", wo man zum Beispiel die Olympischen Spiele 1936 verfolgen konnte.

Somit sind nur einige wenige Beispiele für den Geist und den Fantasiereichtum genannt, die zu dem Urteil berechtigen, dass die Weimarer Epoche im Reichtum und in der Vielfalt ihrer kulturellen Errungenschaften keiner anderen Ära in der deutschen Geschichte nachsteht. Dass diese Leistungen möglich wurden, ist größtenteils der Freiheit und der Förderung zu verdanken, welche die Republik im Unterschied zu den meisten anderen Staatsformen der Zeit ihren Künstlern und Intellektuellen gewährte, sodass sie sich ihren Bedürfnissen gemäß ausdrücken konnten. Als die Nationalsozialisten an die Macht kamen, verlegten sie sich auf eine Politik der allgemeinen Verunglimpfung der Kultur der Weimarer Epoche; sie verwarfen sie als „Kulturbolschewismus" und wollten glauben machen, dass nichts von dem, was Deutsche zwischen dem Kriegsende und 1933 geschaffen hatten, des Ansehens oder Anhörens, des Lesens oder des Nachdenkens wert war. Adolf Hitler soll voller Verachtung erklärt haben: *„Vierzehn Jahre, ein Trümmerfeld."*

Die Befreiung der deutschen Frau von den Fesseln der Vergangenheit hatte in der Weimarer Republik ihre zwiespältigen Momente. Zwar konnten Frauen wählen und gewählt werden, nachdem die Weimarer Verfassung 1919 festgelegt hatte, dass Männer und Frauen grundsätzlich die gleichen staatsbürgerlichen Rechte und Pflichten hatten, doch galt immer noch das Bürgerliche Gesetzbuch aus dem Jahr 1896, welches seitdem von Frauenrechtlerinnen angefeindet wurde, weil es ein zutiefst patriarchalisches Ehe- und Familienmodell propagierte. Das neue Familienrecht setzte den Frauen im Alltag immerhin noch viele Grenzen. Beim Ehemann lag weiterhin das alleinige Entscheidungsrecht in allen Eheangelegenheiten, er bestimmte darüber, ob seine Frau einem Beruf nachgehen durfte, und verwaltete ihr Vermögen. Lediglich ihre Bildungschancen hatten sich verbessert und die Welt der Wirtschaft hatte sich für sie geöffnet, sodass Millionen Frauen nun einem geregelten Beruf nachgehen konnten. Allerdings arbeitete die Mehrzahl in verhältnismäßig untergeordneter Stellung und zu Löhnen, die unter denen ihrer männlichen Kollegen lagen. Bedauerlicherweise hält diese Ungleichheit bis zum heutigen Tag an.

Im Mai 1957 wurde schlussendlich das „Letztentscheidungsrecht" des Mannes in der Ehe gekippt und der Deutsche Bundestag verabschiedete das Gesetz über die Gleichberechtigung von Mann und Frau auf dem Gebiet des bürgerlichen Rechts. Am 1. Juli 1958 trat es in Kraft. Obwohl Männer und Frauen seither gleichberechtigt sind, wurde erst 1977 das Ehe- und Familienrecht endgültig reformiert und die „Hausfrauen-Ehe" abgeschafft.

Endlich hatte sich die deutsche Frau vom Zwang des Korsetts befreit, die figurverhüllenden Kleider der Vorkriegsepoche abgelegt und ihre wogende Haarfülle auf unter „Bubikopf" und „Herrenschnitt" bekannte Frisuren gekürzt. Sie hatte sich auch von den nicht mehr zeitgemäßen Vorschriften losgesagt, die bestimmten, was sich für eine Frau schickte und was nicht. Sie warf Tabus über Bord, die etwa das Besuchen öffentlicher Lokale ohne Begleitung, den Genuss von Tabak und Alkohol oder das Unterhalten vorehelicher Geschlechtsbeziehungen betrafen. Zweifellos gab es auch noch im Deutschland der Weimarer Republik viele Effi Briests, deren Leben von älteren Moralbegriffen und von der Angst vor gesellschaftlicher Ächtung bestimmt war, aber niemand mehr hätte in einer solchen Frau eine typische Vertreterin der neuen Weiblichkeit gesehen. Die Säulen der Orthodoxie hatten allgemein Risse bekommen.

Dennoch versuchte im Sommer 1932 ein Beamter des Berliner Innenministeriums die Freizügigkeit in Sachen Badeanzüge und Badehosen an den Stränden und in den Badeanstalten Preußens per Gesetz zu verbieten. Einen Zwickel musste die Badebekleidung haben, ein nahezu dreieckiges Stück Stoff, das mit seiner V-Form eingenäht im Schritt Unaussprechliches auch unsichtbar machen sollte. Denn zu Beginn des letzten Jahrhunderts, in verruchten „Vor-Zwickelzeiten" sozusagen, war die Badebekleidung zumeist von Hand genäht, mitunter sogar selbst gestrickt. Der Stoff hing eng am Körper, besonders wenn er mit Wasser vollgesogen war. Eingezwängte Körperteile beiderlei Geschlechts zeichneten sich unter nasser, eng anliegender Badekleidung äußerst detailgenau ab. So ging der Geheime Regierungsrat zielstrebig daran, frivole Augenfälligkeiten in öffentlichen Bädern zu unterbinden, und erließ den „Zwickelerlass". Dieser ging einher mit dem Verbot der kurzen, äußerst knapp sitzenden sogenannten „Dreiecksbadehose" für Männer. Und Frauen durften nur noch öffentlich baden, wenn sie einen Anzug trugen, der ihre Vorderansicht vollständig bedeckte und dessen Rückenausschnitt nicht über das untere Ende der Schulterblätter hinausging. „Zwickelkontrolleure" schwärmten aus, rückten überraschten Badegästen zu Leibe, und natürlich – wie immer in verzwickten Angelegenheiten – waren Definitionsschwierigkeiten vorprogrammiert: So erhielt dann jede Polizeidienststelle den preußischen Vorschriften exakt entsprechende amtliche Badekostüme, sozusagen als Ansichtsexemplar.

Da taumelte die Weimarer Republik am Rande des Abgrunds, schwer gebeutelt von der Wirtschaftskrise – und was tat die preußische Regierung? Sie erfand den Zwickel und verschwendete ihren juristischen Hirnschmalz an die ordnungsgemäße Verhüllung der Geschlechtsmerkmale badender Bürger.

Mit der Weimarer Verfassung kam auch die Grundschule und somit die allgemeine Schulpflicht, die Standesunterschiede überbrücken und Gesellschaftsschichten zusammenführen sollte. Bis dahin bekamen Kinder aus wohlhabenden Familien noch Hausunterricht und ärmere Kinder besuchten unregelmäßig überfüllte Volksschulen. Der größte Teil der Schülerinnen und Schüler kam seiner Schulpflicht – nach Konfessionen getrennt – nach. Diese gliederte sich in die 4 Jahrgänge umfassende Grundschule und eine drei- oder vierjährige Volksschuloberstufe. Weniger als zehn Prozent der Schulen boten überhaupt eine 8. Jahrgangsstufe an, auch wenn es immer wieder Bestrebungen gab, für alle Schüler ein achtes Pflichtschuljahr einzuführen.

DER ANFANG VOM ENDE

Am 3. Oktober 1929 starb der bedeutendste deutsche Politiker der Zwanzigerjahre, Gustav Stresemann. Stresemann war 1923 Reichskanzler und danach bis zu seinem Tod Reichsminister des Auswärtigen. Er hatte sich vom konservativen Politiker der Kaiserzeit zum überzeugten Anwalt der Weimarer Republik gewandelt. Stresemann vertrat erfolgreich auf internationalen Konferenzen fünf Jahre lang Deutschland und trug entscheidend zur Verbesserung der Beziehungen zu Frankreich bei. 1926 erhielt er zusammen mit seinem französischen Amtskollegen Aristide Briand den Friedensnobelpreis. Maßgeblich war seine Mitwirkung unter anderem 1924 beim Zustandekommen des Dawes-Plans sowie bei den Verträgen, die während der Locarno-Konferenz 1925 abgeschlossen wurden. Dies trug 1926 zur Aufnahme des Deutschen Reiches in den Völkerbund bei. Stresemanns Tod und der Beginn der Weltwirtschaftskrise markierten im Oktober 1929 den Anfang vom Ende der Weimarer Republik.

Mit Inkrafttreten des „Dawes Planes", benannt nach dem US-Finanzexperten Charles Gates Dawes, nach dem die Reparationszahlungen Deutschlands an die Siegermächte des Ersten Weltkrieges sich an der ökonomischen Leistungsfähigkeit der Weimarer Republik orientieren sollten, hatte sich die Wirtschaft nach 1924 überraschend schnell und vor allem kräftig erholt. Doch plötzlich ließ der Aufschwung weltweit nach. Was anfangs noch wie ein vorübergehender Konjunktureinbruch aussah, sollte sich, 1929, unerkannten Eigengesetzlichkeiten folgend, zu einer Katastrophe der Wirtschaft auswachsen. Der berüchtigte „Schwarze Donnerstag", 24. Oktober 1929, bzw. der „Schwarze Freitag", 25. Oktober, haben sich als Symbol für das jähe Ende einer Illusion ins historische Gedächtnis eingebrannt. In diesen Tagen leitete ein gewaltiger Kurssturz an der

New Yorker Börse das Ende der amerikanischen Nachkriegsprosperity ein und damit zugleich die schwerste Wirtschaftskrise, welche die Welt bis dahin erlebt hatte. An der Wall Street platzte eine gewaltige Spekulationsblase – der Traum von Reichtum und Wohlstand für alle. Die Börsenkurse brachen stark ein, unter den Anlegern brach Panik aus. Die ganze Welt war betroffen, im besonderen Deutschland, denn hier traf diese Erschütterung ein vorerst noch höchst labiles Wirtschaftsgefüge. Die kurzfristigen Anleihen und Kredite, mit denen sich Wirtschaft und Industrie ebenso wie Länder und Gemeinden in den zurückliegenden Jahren eingedeckt hatten, wurden vom Ausland in rascher Folge gekündigt und zurückgezogen. Das Schuldenkarussell, das sie über Jahre in Schwung gehalten hatte, stand mit einem Male still. Die Folge war eine Massenarbeitslosigkeit von unfassbarem Ausmaß: In Deutschland stieg die Zahl der Arbeitslosen von September 1929 bis Jahresbeginn 1932 von 1,6 Millionen auf 6,1 Millionen. Indessen nahm der Unmut in der Bevölkerung zu, was zu einem starken Misstrauen gegenüber den etablierten Parteien führte. Linker und rechter Radikalismus machten sich die allgemeine Not zunutze. Damit begann der Untergang der Weimarer Republik. Sie scheiterte auch daran, dass die breite Mehrheit der Deutschen den Strukturveränderungen der Demokratie Ablehnung entgegenbrachte. Der Wandel zu einer Massen- und Parteiendemokratie hatte die politische und parlamentarische Auseinandersetzung zu einem Kampf unterschiedlicher politischer Interessen und sozialer Klassen werden lassen.

Im Reichstag fanden sich keine regierungsfähigen Mehrheiten mehr. Die Wählerschaft der Weimarer Koalition wanderte zunehmend in die rechts- und linksextremen Parteien ab. Darunter tat sich besonders die NSDAP (Nationalsozialistische Deutsche Arbeiterpartei) hervor, die mit Adolf Hitler einen charismatischen Führer hatte und deren Programm und Ideologie von radikalem Nationalismus und wütendem Antisemitismus sowie der uneingeschränkten Ablehnung von Demokratie und Marxismus bestimmt war. Es war der Nationalismus, der von nun an Feindbilder verbreitete, Rassenwahn und Völkerhass predigte und Menschenverachtung praktizierte. Die NSDAP, die nun so offenkundig in großen Scharen Wähler anzog, war noch kurz zuvor eine unbedeutend wirkende Splittergruppe gewesen. In den unruhigen Anfangsjahren der Weimarer Republik war die Partei, die sich selbst „Bewegung" nannte, aus einer der zahlreichen völkisch-alldeutschen Gruppierungen in München entstanden – ganz und gar Schöpfung ihres „Führers" Adolf Hitler.

Wie andere nationale Gruppen auch, war die NSDAP mit einer Parteigruppe, den „Sturmabteilungen" (SA) ausgerüstet. Wo Hitlers Rednergabe nicht ausreichte, da sorgte die SA für Schlagzeilen, indem sie gegnerische Versammlungen mit brutaler Gewalt störte und umfunktionierte. Bei seinem Putsch in München im November 1923 stützte sich der noch unbekannte Hitler auf die SA als Bürgerkriegstruppe, aber das Unternehmen misslang und endete kläglich mit der Festnahme Hitlers und seiner Mitverschwörer. Während seiner Festungshaft in der Haftanstalt im oberbayerischen Landsberg am Lech, zu der milde Richter ihn verurteilt hatten, verfasste er den ersten Band seines Buches „Mein Kampf". Das Buch gibt unmissverständlich Hitlers Weltanschauung wieder. Seine Absicht war die Darstellung der Entwicklung und der Ziele des Nationalsozialismus, die er darin in ihren Grundlagen eingehend darlegt. Er übt Kritik an der westlichen Demokratie und fordert als Gegenentwurf die germanische Demokratie. Die Schaffung von mehr Lebensraum erklärt er als unbedingt notwendig und philosophiert ausführlich über die menschliche Erblichkeitslehre sowie über eine Gesundung der Rasse. Über die Juden als Staat, Religion und Rasse schreibt er: *„Völker, die sich als Drohnen in die übrige Menschheit einzuschleichen vermögen, um diese unter allerlei Vorwänden für sich schaffen zu lassen, können selbst ohne jeden eigenen, bestimmt begrenzten Lebensraum Staaten bilden. Dies trifft in erster Linie zu bei dem Volke, unter dessen Parasitentum besonders heute die ganze ehrliche Menschheit zu leiden hat: dem Judentum. [...] Hätte man zu Kriegsbeginn und während*

des Krieges einmal 12.000 oder 15.000 dieser hebräischen Volks-
verderber so unter Giftgas gehalten, wie Hunderttausende unserer
allerbesten deutschen Arbeiter aus allen Schichten und Berufen es
im Felde erdulden mussten, dann wäre das Millionenopfer der Front
nicht vergeblich gewesen." Konnte dies bereits als Ankündigung
für zukünftige Konzentrationslager verstanden werden?

WIE GELANG ES HITLER 1933 AN
DIE MACHT ZU KOMMEN?

Niemand hat das 20. Jahrhundert stärker geprägt als Adolf Hitler, ein Symbol für Gewalt und Unmenschlichkeit, fanatischen Rassismus und pervertierten Nationalismus, für Krieg und Völkermord. Die Inkarnation des Bösen. Am 30. Januar 1933 ernannte der amtierende Reichspräsident Paul von Hindenburg einen höchst umstrittenen Adolf Hitler zum Reichskanzler. Die Handlung ist in der Geschichte als „Machtergreifung" eingegangen. Als man Hindenburg vorher einmal Hitler als Reichskanzler nannte, da soll er geantwortet haben: *„Hitler Reichskanzler? Höchstens Postminister; da kann er mich dann – auf den Briefmarken hinten ..."* Eigentlich verachtete Hindenburg den „böhmischen Gefreiten", wie er ihn nannte. Er wusste angeblich nicht einmal, dass Hitler aus Österreich stammte. Doch schließlich war der Präsident weichgeklopft. Er war dem Druck von außen nicht mehr gewachsen. Hitler hatte sich weder an die Macht geputscht noch hatte seine Partei, die NSDAP, bei den vorausgegangenen Wahlen die absolute Mehrheit im deutschen Reichstag errungen. Wie also wurde er Reichskanzler und damit Regierungschef?

Hitler hatte nach seiner kurzen Haftzeit dazugelernt und war von dem Gedanken, den Staat gewaltsam zu stürzen, abgekommen. Am 27. Februar 1925 wurde die NSDAP neu gegründet und Hitler stand am Ende als Sieger da. Hitlers Machtergreifung wird meistens als Folge guten Wahlkampfs und schließlich außerordentlicher Übereinkunft im Volk betrachtet. Doch auch politische Fehlentscheidungen, unglückliche Umstände und glückliche Zufälle haben zu Hitlers Erfolg geführt. Den ersten schnellen Zuwachs von Mitgliedern hatte Hitler zwischen 1925 und 1928 dem wirkungsvollen Einsatz von organisierten, massenwirksamen Großveranstaltungen und paramilitärischen Attributen zu verdanken. Seine Reden wirkten wie Massenhypnosen und brachten viele Menschen dazu, den Führer maßlos, ja krankhaft zu verehren. Demonstrative Aufmärsche mit Uniform und Marschmusik vermittelte vielen Deutschen das Gefühl, gebraucht zu werden und gemeinsam für etwas zu kämpfen. Adolf Hitler profitierte von der extrem schlechten Wirtschaftslage und der Unzufriedenheit der Deutschen mit der Regierung. In ihren Reden sprach die NSDAP genau das an, was viele Leute beschäftigte.

Richard von Weizsäcker bemerkt dazu in seiner Erinnerung „Vier Zeiten": „*Noch oft wird die Frage aufgeworfen werden, wie es kam, dass ein anspruchsvolles, ernstes Volk wie das deutsche einem Mann wie Hitler hörig wurde. Einige Voraussetzungen liegen auf der Hand: die Misserfolge der Weimarer Demokratie, die Kette moralischer Demütigungen Deutschlands seit Versailles, das Ausbleiben gleicher Rechte im Kreise der Nationen, die Arbeitslosigkeit, die soziale Not, das religiöse Vakuum. Auf diesen Zustand der Entmutigung und der Leere waren nun die Versprechungen abgestimmt, die Hitler brachte. Dass Richtiges und Irreales, Wahrheit und Falsches wirr durcheinanderlief, wurde überdeckt durch sein Selbstbewusstsein und seine hemmungslose Dynamik. [...] Der Deutsche, harmlosnaiv, wie er nun einmal in politischen Geschäften ist, verschrieb sich ihm, ohne ihn zu kennen. Es gab ja auch Zeiten, wo das deutsche Volk für seinen Peiniger Napoleon schwärmte.*"

Der letzte Kanzler der Weimarer Republik, der auf demokratischer Grundlage regierte, war Heinrich Brüning. Als Reichspräsident Paul von Hindenburg unter Druck 1932 den Reichstag auflöste, dankte Kanzler Brüning ab. Diese Auflösung hatte Neuwahlen zur Folge, von denen vor allem die NSDAP profitierte. Nachfolger von Brüning wurde Franz von Papen. In seiner gerade einmal halbjährigen Regierungszeit löste von Papen gleich zweimal den Reichstag auf. Mit seinem „Preußenschlag" stürzte er die letzte große Bastion der Sozialdemokratie; mit seinem Angriff auf Löhne und Tarifrechte löste er eine massive Streikwelle aus; mit Reformplänen wollte er die Weimarer Verfassung quasi im Galopp erledigen. Immer wieder versuchte er

Adolf Hitler als Vizekanzler zu gewinnen. Als letztendlich von Papen zurücktreten musste, war er zum Steigbügelhalter Hitlers geworden.

Um einen Bürgerkrieg zu verhindern, stellte sich Hindenburg hinter seinen Vertrauensmann Kurt von Schleicher und ernannte ihn am 3. Dezember zum letzten Reichskanzler der Weimarer Republik. Seine Kanzlerschaft dauerte gerade mal 57 Tage. Franz von Papen hingegen sah seine Chance, wieder an die Macht zu kommen. Von Machtgier getrieben, ließ er sich auf eine gemeinsame Sache mit der NSDAP ein. Er wollte Hitler als Marionette benutzen. Dass von Adolf Hitler Gefahr ausgehen könnte, hielt er nicht für möglich. Es fehlte nur noch die Zustimmung von Hindenburg zu einer Kanzlerschaft Hitlers. Weil der Reichspräsident dem Druck von außen nicht mehr gewachsen war, stimmte er zu: Am 30. Januar 1933 wurde an Schleichers Stelle Adolf Hitler zum Reichskanzler ernannt und durch die Reichstagswahl am 5. März 1933 bestätigt. Damit war Hitler Regierungschef. Das war der erste entscheidende Schritt der „Machtergreifung". Seither rätseln Historiker, was den standesbewussten Reichspräsidenten von Hindenburg bewogen haben könnte, dem verachteten ehemaligen Kunstmaler, Gefreiten und Meldegänger Adolf Hitler den höchsten politischen Posten im Reich zu übertragen. Noch vier Tage zuvor hatte Hindenburg versichert, *„er denke gar nicht daran, den böhmischen Gefreiten zum Wehrminister oder gar Reichskanzler zu machen"*.

Franz von Papen amtierte bis Juli 1934 als Vizekanzler im Kabinett Hitler. Kurt von Schleicher wurde anderthalb Jahre später im Zuge des sogenannten Röhm-Putsches erschossen.

DIE AUSBREITUNG DER DIKTATUR
IM INNERN

Als der greise Reichspräsident Paul von Hindenburg „seinen" neuen Reichskanzler ernannte, ahnte wohl niemand in Deutschland und in der Welt, in welchem Tempo und mit welcher Konsequenz Hitler und sein Umfeld nun darangingen, ihre Macht auszubauen. Die Nationalsozialisten schalteten unmittelbar nach der Machtübernahme mit gnadenloser Härte alles gleich. Die Mehrheit der Deutschen folgte dem Diktator Adolf Hitler willig auf dem Weg zu Krieg und Völkermord. Das Ausland beobachtete die Veränderungen im Deutschen Reich mit großer Sorge, schien indes überwiegend auf die politischen Kontrollmechanismen der Weimarer Republik zu bauen. Vielleicht haben viele Deutsche ähnlich gedacht, weil man sich das Ausmaß an Bereitschaft zu Zynismus und Terror nicht hat vorstellen können.

Zwölf Reichskanzler hatten der Republik schon gedient, ohne großes Aufsehen waren sie an die Arbeit gegangen. Jetzt setzte ein gewisser Joseph Goebbels, seit 1928 nationalsozialistischer Reichstagsabgeordneter und ein Jahr später von Hitler zum Reichspropagandaleiter der NSDAP ernannt, den Machtwechsel einprägsam in Szene. Sechs Stunden lang marschierten die aus blutigen Straßenkämpfen berüchtigten Sturmkolonnen der SA zusammen mit Abteilungen des „Stahlhelms", alle uniformiert, bei Fackelschein und Militärmusik, düster bedrohliche Gewalt, in Freudentaumel und Lichtermeer ins Bild gesetzt, durch die Straßen Berlins, vorbei an der Reichskanzlei, wo Hitler zu den Seinen sagte: *„Lebend bringt uns hier keiner mehr raus!"* Der berühmte Maler Max Liebermann schaute zur gleichen Zeit aus einem Fenster seines prachtvollen Hauses direkt am Brandenburger Tor auf den Fackelzug der Hitler-Anhänger. Er berlinerte: *„Ick kann jarnich so viel fressen, wie ick kotzen möchte."* Doch die Geschichte des nationalsozialistischen Unrechtsstaats, des „Dritten

Reichs", nahm ihren Lauf. *„Das Land der Kultur, das Land der Intellektuellen, das Land von Literatur, Musik, Philosophie und Kunst, das Land von Goethe und Schiller wurde zum Land von Hitler, Göring und Goebbels."* (Michael Berenbaum, amerikanischer Historiker)

Die Nationalsozialisten selbst haben ihre Regierungszeit als „Drittes Reich" bezeichnet und für ihre Propaganda genutzt. Erfunden haben sie diesen Begriff nicht, sie haben ihn lediglich in ihrem Sinne „umgedeutet". Denn ursprünglich meinten die Christen mit dem „Dritten Reich" das Reich des Heiligen Geistes.

1923 erschien ein Buch des nationalistisch eingestellten Historikers Arthur Moeller van den Bruck (1876–1925). Dieser sah im Ersten Reich das „Heilige Römische Reich deutscher Nation" vom Spätmittelalter bis Anfang des 19. Jahrhunderts; das Reich Bismarcks seit der Reichsgründung 1870/71 als das „Zweite Reich" und das „Dritte Reich" als das Reich, das kommen sollte, in dem die Großdeutschen eine Volksgemeinschaft gründen sollten. Der Autor selbst sah dies als eine Vision, einen Wunsch. Die Nationalsozialisten haben diesen Terminus aufgegriffen, weil sie sich selbst als Verwirklicher dieses Gedankens begriffen. Sie sahen dieses Reich als „Tausendjähriges Reich", also ein Reich „fast" für die Ewigkeit. Übrigens wurde ab 1939 aus Propagandagründen die Nennung des Begriffs verboten, weil Gegner des nationalsozialistischen Regimes dessen Ewigkeitsanspruch mit dem Begriff „Viertes Reich" persifliert hatten. Wörtlich hieß es in der Begründung: *„Die tiefgreifende Entwicklung, die seitdem stattgefunden hat, wird dieser historisch abgeleiteten Bezeichnung nicht mehr gerecht."*

Getilgt wurde der Begriff allerdings nicht. Er wurde beispielsweise in der von Joseph Goebbels herausgegebenen Zeitung „Das Reich" weiterhin benutzt, und selbst im sogenannten politischen Testament von Hitler, in den vor seinem Tod verfassten Borman-Diktaten, wurde der Begriff verwendet.

Innerhalb weniger Monate hatte Hitler nach seinem Amtsantritt jeden Widerstand im Reich gebrochen und eine funktionierende Diktatur implementiert. Nun arbeitete er mit Hochdruck auf seinen Traum hin, Deutschland zu einer Weltmacht zu führen. Dies wollte er mittels eines brutalen Vernichtungskriegs durchsetzen. Die Macht über das Reich einmal in den Händen, ließen die Nazis sie nicht mehr los – bis zum Untergang am 8. Mai 1945. Es begann mit großen Hoffnungen und beispiellosem Jubel – und endete nach einem Weltkrieg mit zig Millionen Toten, der Zerstörung Europas und dem Völkermord an den europäischen Juden. Unbestreitbar wirkt bis heute die schockierende Erfahrung nach, dass sogar eine moderne, fortschrittliche und kultivierte Gesellschaft unvorstellbar schnell in die Barbarei sinken kann. Hitler, das Monster der Geschichte, die Inkarnation des Bösen, ein Symbol für Gewalt und Unmenschlichkeit, fanatischen Rassismus und pervertierten Nationalismus, konnte nur mit einer entsprechenden Gefolgschaft sämtliche Verbrechen rechtfertigen. Dazu die deutsche Schriftstellerin, Philosophin und Historikerin Ricarda Huch im April 1933 an die Preußische Akademie der Künste: *„Was die jetzige Regierung als nationale Gesinnung vorschreibt, ist nicht mein Deutschtum. Die Zentralisierung, den Zwang, die brutalen Methoden, die Diffamierung Andersdenkender, das prahlerische Selbstlob halte ich für undeutsch und unheilvoll."*

Viele Aristokraten – darunter auch spätere Widerständler – sollen anfangs Hitlers Aufstieg begeistert begrüßt und zu den Sympathisanten des Kompromisses vom 30. Januar 1933 gehört haben – oder zumindest ein ambivalentes Verhältnis zum NS-Regime gepflegt und zu den Steigbügelhaltern Hitlers gehabt haben. Obwohl die Revolution von 1918/19 den Adel in Deutschland abschaffen wollte, lebt er juristisch bis heute weiter. Die österreichische Republik zog bereits im April 1919 einen Schlussstrich unter die habsburgische Geschichte und hob den Adel nach dem Gesetz auf. Doch im alltäglichen Umgang hat sich das bis heute nicht ganz durchgesetzt.

Lange bevor Hitler den Zweiten Weltkrieg begann, hatte er allem den Krieg erklärt, was das 20. Jahrhundert prägte: der Demokratie, der Technik, der Gesellschaftswissenschaft und der Geschichte; und doch sollte er sich all dieser Mittel bedienen. Er war Erlöser und Demagoge, er nutzte die Technik zuerst als Propagandamittel und dann als Instrument für Bürgerkrieg und Krieg. Er wollte die Geister beherrschen und die geschichtliche Bewegung beenden. Hitler war Virtuose im skrupellosen Umgang mit der Macht. Er baute Hass auf wie ein magnetisches Feld. Er hatte den Instinkt des Wolfes – er wollte Wolf und nicht Adolf genannt werden, sein Autowerk hieß Wolfsburg und auch sein Hauptquartier in Ostpreußen nannte er Wolfsschanze.

Am 27. Februar 1933 brannte der Reichstag. War das das Fanal des Kommunisten-Putsches? So behaupteten die Nazis das Unwahrscheinliche. War der Brand das Werk Görings? Oder ein makabrer Zufall und das Werk eines Geistesgestörten? Diese Frage spaltet bis heute die Historiker-Zunft wie nur wenige andere Fragen – und sie gehört zu den großen ungeklärten Geheimnissen aus der Zeit des Dritten Reichs. Unzweifelhaft bleibt, wer Nutznießer des Feuers war. Schon am folgenden Tag legte der neue Reichskanzler Adolf Hitler Reichspräsident Paul von Hindenburg die Notverordnung „Zum Schutz von Volk und Staat" vor. Sie hob alle Bürgerrechte auf, sie war das Ende des Rechtsstaats.

Hitlers „Gleichschaltung" bedeutete das Ende des politischen Lebens in Deutschland. Sie vollzog sich vergleichsweise geräuschlos, als die Aufmerksamkeit vieler Deutscher darauf gerichtet sein musste, in Zeiten wirtschaftlicher Not überhaupt zu überleben. Die Nazis begannen unverzüglich, wichtige Einrichtungen und Organisationen wie Verbände, Parteien, Gruppieren, Interessensgemeinschaften gleichzuschalten. Alle Organisationen, die sich den Nationalsozialisten widersetzten, wurden ausgeschaltet. Anstelle der jeweiligen Organisation trat eine Einrichtung, die im Sinne des Nationalsozialismus arbeitete und sich kontrollieren ließ. Die Nationalsozialisten wollten die Kontrolle über alle öffentlichen Bereiche, um sie ihrer Idee nach entsprechend umzuformen. Freie Entscheidungen waren nicht mehr möglich. Die meisten Deutschen hießen das nach innen wie außen gewalttätige Regime gut, tilgte es doch die „Schmach von Versailles" und sorgte letztendlich für Arbeitsplätze, vornehmlich in der Rüstungsindustrie, obwohl die Nationalsozialisten behaupteten, Hitler sei ein „Mann des Friedens". Das Gift der NS-Ideologie wirkte schnell, zersetzte Beziehungen und drang in feinste Kapillare des Familienlebens vor.

Auch die katholische Kirche, die sich bis zur Machtergreifung gegen die Nazis gestemmt hatte, erkannte die Hitlerbewegung an. Der Vatikan verhalf mit dem Reichskonkordat dem neuen Regime zum ersten außenpolitischen Coup – und damit zu Renommee in der Welt. In diesem im Juli 1933 geschlossenen völkerrechtlichen Staatskirchenvertrag wurde das Verhältnis zwischen dem Heiligen Stuhl und dem Deutschen Reich geregelt. Die Erzdiözese Freiburg hatte bereits im Amtsblatt am 31. März 1933 den grundsätzlichen Widerstand gegen die NSDAP aufgegeben und legte den Gläubigen nahe, die rechtmäßige weltliche Regierung anzuerkennen.

Hitlers Weg zur Macht beruhte auf Wählertäuschung. Ihm kamen die verbesserten Wirtschaftsbedingungen nach der Großen Depression zupass. Sein Nimbus, er habe die vielen Arbeitslosen wieder in Arbeit gebracht und Autobahnen gebaut, beruht auf dem Wirken der demokratischen Vorgängerregierungen. Sie erreichten einen Schuldenerlass für Deutschland; die Pläne für den Autobahnbau lagen längst in der Schublade. Doch hält sich bis heute der Mythos, dass der Gewaltherrscher die Autobahn erfunden hat. Die Nationalsozialisten nutzten das Projekt als Propagandamittel und versprachen die „Mobilität der Volksgemeinschaft". Dabei hatten sie noch wenige Jahre zuvor den Bau von sogenannten „Nur-Autostraßen" abgelehnt, mit der Begründung, dass diese nur wohlhabenden Aristokraten und jüdischen Großkapitalisten und ihren Interessen diene – bis sie das Projekt für die Propaganda entdeckten. Indes ließ bereits der damalige Oberbürgermeister von Köln, Konrad Adenauer, im Jahre 1932 die erste Autobahn Deutschlands zwischen Köln und Bonn bauen. Um die Ersten zu sein, die eine Autobahn fertigstellten, erklärten die Nationalsozialisten diese kurzerhand zu einer Landstraße. Und sie nutzten das größte Problem der Zeit – die Massenarbeitslosigkeit – für sich. Sie behaupteten, dass das

Bauvorhaben an die 600.000 Jobs schaffen würde. Tatsächlich wurden es lediglich etwa 120.000, von denen nicht wenige von Krankheit, Tod und Hunger geprägt waren. Viele Arbeiter streikten und wurden zur Strafe in ein Konzentrationslager gesteckt. Die Öffentlichkeit erfuhr von alledem natürlich nichts. Nicht der Bau der Reichsautobahn reduzierte schließlich die Arbeitslosigkeit, sondern die Rüstungsindustrie.

Anfang der Dreißigerjahre trug der Ex-Putschist Hitler Anzug und gab sich staatsmännisch. Nach der Machtübernahme ließ er die Maske fallen. Die Rollen für die Naziführung wurden klar verteilt. Goebbels war zuständig für Hetze und Propaganda. Göring kümmerte sich um die Reichswehr. Himmler überzog Deutschland mit Terror und Überwachung und der Stabschef der Sturmabteilung (SA) Ernst Röhm wurde auf Anordnung Hitlers kaltblütig ermordet. Zwischen den beiden war es bereits nach der Machtergreifung zu mehreren Streitpunkten gekommen. Röhm fand etwa die Arbeiterinteressen nicht ausreichend vertreten, war gegen den Austritt Deutschlands aus dem Völkerbund, plädierte für eine Zusammenarbeit mit den Westmächten und wollte die Zusammenlegung der Reichswehr mit der SA. Er vertrat diese Meinungen öffentlich immer vehementer, bis es Hitler zu bunt wurde und er die „Nacht der langen Messer" befahl, die dann von der offiziellen Propaganda als „Röhm-Putsch" dargestellt wurde. Hitler ließ Röhm, der offen schwul lebte, am frühen Morgen des 30. Juni in Bad Wiessee in Oberbayern, wo er sich zur Kur befand, wegen Verrats verhaften – samt den beiden Männern, die in seinem Hotelzimmer übernachtet hatten. Ob es am Abend zuvor zu ausgelassenen Homo-Orgien kam, wie in Viscontis Film „Die Verdammten", wird nicht berichtet. Doch es wurde erzählt, dass Röhm mit den beiden Gymnasialjungs Sex gehabt haben soll. Röhm wurde umgehend in das Münchener Gefängnis Stadelheim gebracht. Hitler befahl, dass Röhm sich selbst umbringen solle, was er jedoch nicht tat. Schließlich erschossen ihn zwei SS-Männer. Die anderen Verhafteten wurden im KZ Dachau erschossen. Außerdem wurden an jenem Wochenende zusätzlich 83 unliebsame SA- und SS-Mitglieder sowie 200 Oppositionelle ermordet. Unter den Toten fand man auch den letzten Reichskanzler der Weimarer Republik, Kurt von Schleicher.

Die Nazis bauten ihre Macht immer weiter aus. Gegner verschwanden im KZ. Der Großteil der Bevölkerung ließ sich blenden – von Propaganda und der Illusion der „Volksgemeinschaft" – die Hitler-Begeisterung, die doch mit ihrem martialischen Auftreten, dem Terror nach innen und den Drohgebärden nach außen und gegen die Juden hätte den Deutschen die Augen öffnen müssen.

Die eigene Rasse – Hitler nannte sie in seiner Schundliteratur „Mein Kampf" nach einem der Sprachwissenschaft entnommenen Begriff die *„arische"* – sei die höchste und allen anderen überlegen, wenn sie *„rein"* bewahrt werde. Alle Vermischung – nach dieser Ideologie ja nur mit tieferstehenden Rassen denkbar – bedeute zugleich den *„Verfall der Kultur".* Die jüdische Rasse aber sei der Hauptfeind der Arier und die Verkörperung des Bösen schlechthin.

Blonde Haare, blaue Augen, ein gesunder Körper – Hitlers Idealbild eines Menschen war der Arier. Offensichtlich war ihm und seinen Nazischergen nicht bekannt, dass die Arier bereits vor mehreren Zehntausend Jahren gelebt haben und menschliche Gemeinschaften mit einer gemeinsamen Sprache und Kultur in der sogenannten „Iranischen Hochebene" bildeten. Etwa im 2. Jahrtausend soll der Klimawandel die Ursache für die Völkerwanderung verschiedener arischer Stämme in Richtung des indischen Subkontinents gewesen sein, wo sie sesshaften Menschen begegneten und sich mit ihnen genetisch und kulturell vermischten. Eine Völkerwanderung im eigentlichen Sinne von oder in Richtung Europa ist durch nichts bewiesen und damit reine Spekulation. Und dass der Urarier blonde Haare und blaue Augen hatte, war lediglich eine Mutmaßung Hitlers und seiner Mörderbande. Hitlers Wahn, es gebe eine arische Rasse, die zum Herrschen über alle Menschen bestimmt sei, fand vor allem in der von ihm angeordneten Ermordung von Juden Ausdruck. Es war Heinrich Himmler, der Reichsführer der Schutzstaffel (SS) und engster Vertrauter von Hitler, der aber noch einen weiteren Gedanken ins Spiel brachte: Die Arier müssten nicht nur vor dem schlechten Einfluss, den Juden, kranken Menschen und solchen mit Behinderung geschützt werden. Sie müssten selbst auch mehr Nachwuchs produzieren, um die Zukunft ihrer Rasse zu sichern. Also planten sie schon bald eine „arische Herrenrasse" zu schaffen. Doch dafür brauchte es den richtigen Nachwuchs: blonde, blauäugige Kinder. Für diesen Zweck rief das Naziregime ein perverses Zuchtprogramm ins Leben und ließ im gesamten Deutschen Reich Kinderheime bauen. Das Programm trug den Namen „Lebensborn" und sollte Männer im Sinne einer patriotischen Fortpflanzung zu außerehelichen Affären ermutigen. Um die Mütter und ihre Kinder würde sich dann der Verein „Lebensborn" kümmern. Als das genetische Experiment nur langsam fortschritt, ließ Himmler nach Ausbruch des Krieges blonde, blauäugige Kinder aus den besetzten Gebieten verschleppen und in „Lebensborn"-Häusern zu guten Deutschen erziehen. Denn bald wurde spürbar, dass die weitaus meisten gefallenen Männer zwischen 20 und 35 Jahren waren und binnen Kurzem ein deutlicher Frauenüberschuss existieren würde. Von klein auf wurden die Kinder in „Lebensborn"-Heimen zur Einpassung in die „Volksgemeinschaft" erzogen. Bald hatten sie – in Wirklichkeit Gebärstationen für uneheliche Mütter und schwangere Witwen – den Ruf, „Kopulationsheime" oder gar „SS-Bordelle" zu sein. Insgesamt wurden in den Heimen mehr als 12.000 Kinder geboren, etwa jedes zweite davon unehelich.

Für Nationalsozialisten war „Rasse" ein bedeutender Begriff, er ist überall in ihrem Vokabular zu finden. Der Kern der sogenannten Rassenlehre – die übrigens auch als eigenes Fach an Schulen unterrichtet wurde – war, dass man Menschen in verschiedene Rassen, die bestimmte Merkmale besaßen, einteilte. Das Erbgut sollte entscheidend sein für den Wert, das heißt für die Fähigkeit eines Volkes, zu überleben, und das schloss den Kampf gegen andere Völker mit ein.

Der Rassismus hatte sich schon Ende des 19. Jahrhunderts entwickelt. Anhänger der sogenannten „Rassenbiologie" behaupteten, sie könnten die Erbanlagen von Menschen und von ganzen Völkern bestimmen. Und diese Erbanlagen hätten auch eine Folge für das Handeln der Völker. Man untersuchte nicht nur rein körperliche Merkmale wie Größe, Hautfarbe, Augenfarbe, Haarfarbe, Form des Kopfes, sondern auch das Verhalten der Menschen und ihre Geschichte. Beides versuchte man dann in einen Zusammenhang zu setzen. Hiermit war verbunden, manche Rassen für wertvoller als andere zu halten. So war für die Nationalsozialisten die sogenannte „nordische Rasse", der sie sich selbst zuordneten, die wertvollste. So ein Germane war edel und schön, gut gebaut, hellhäutig und hatte helle Haare. Sie sollten als „Herrenmenschen" über alle anderen herrschen. Schaut man sich allerdings so manchen Vertreter der Nationalsozialisten oder gar Hitler selbst an, so entsteht der Eindruck, nur wenige Nazis entsprachen diesem von ihnen selbst aufgestellten Ideal wirklich.

Die verschrobene Rassenlehre des Nationalsozialismus kam ohne eine Gegenmacht zum heils- und lichtbringenden „Ariertum" nicht aus: Nur aufgrund ihrer Zugehörigkeit zu einer bestimmten „Rasse" sollten die Juden nun alles Schlechte, Böse und Abartige, das Satanische schlechthin verkörpern, und eine tausendjährige europäische Tradition der Judenverfolgung hatte es Hitler leicht gemacht, sie in diese Rolle zu pferchen. Die Beseitigung der Juden gehörte zu den ideologischen Zwecken des Regimes.

Bereits wenige Wochen nach der Machtübernahme wurden im gesamten Reich alle Geschäfte in jüdischer Hand boykottiert, es gab Demonstrationen, Mordreden und Willküraktionen gegen Juden. Wer Augen hatte zu sehen und Ohren zu hören, der musste wissen, dass der Weg des Regimes der des Bürgerkriegs war. Allerdings wurde es schon bald gefährlich, zu sehen und zu hören und etwas zu sagen. Wie in ihrem Parteiprogramm, in unzähligen Reden und Hetzartikeln angekündigt, ging man sofort gegen die jüdischen Deutschen vor. Es kam zu Verhaftungen und Übergriffen, bald folgten Entrechtung, Enteignung, schließlich Massenmord. Im Ausland formierte sich mancherorts Protest gegen die neuen Machthaber in Deutschland. Doch blieb dieser wirkungslos. Die Nazis mühten sich, als friedliebende Bewegung wahrgenommen zu werden, dabei wurde das Spitzel- und Überwachungssystem immer perfekter. Das Deutsche Reich entwickelte sich rasch zu einer Bespitzelungsdiktatur.

Hitler versprach schon bald nach seiner Machtübernahme 1933, dass jeder Deutsche sich in Zukunft ein bezahlbares Radio leisten könne. Und bereits wenige Monate später wurde auf der 10. Großen Deutschen Funkausstellung in Berlin der Volksempfänger vorgestellt, mit dem Hintergedanken, nationalsozialistische Propaganda möglichst vielen Menschen nahezubringen. Durch die Gleichschaltung des Rundfunks war es möglich, alle kritischen Töne auszuschalten und nur Parteipropaganda oder aber inhaltsleere und banale Unterhaltung zu senden. Mit dem Volksempfänger wurden sämtliche Hitlerreden übertragen und während des Zweiten Weltkrieges gab es Durchhalteparolen für das Volk. Allerdings glaubten am Ende die wenigsten an diese Schlachtrufe, denn an einen Sieg der Deutschen glaubte fast keiner mehr. So hörten zahlreiche Bürger ausländische Sender, allen voran BBC London. Dieses „Feindsenderhören" stand jedoch unter drakonischen Strafen, bis hin zur Todesstrafe. Trotzdem konnten die Nazis nicht verhindern, dass Zuhörer sich ein wahres Bild über den Kriegsverlauf machten.

DIE OLYMPISCHEN SPIELE 1936

Der absolute Höhepunkt der Täuschung waren die Olympischen Spiele 1936 in Berlin und Garmisch-Partenkirchen. Hitler war sichtlich zufrieden mit dem Bild, das er der Weltöffentlichkeit vorgespielt hatte. Im NS-Hetzblatt „Der Stürmer" waren plötzlich statt antisemitischer Parolen Sportnachrichten zu lesen. Statt des Horst-Wessel-Liedes klangen heitere Swingtöne durch die Reichshauptstadt. Obwohl der dort gespielte Swing und Jazz von den Nazis als „Negermusik" geschmäht wurde, genossen die Lokale vor allem während der Sommerspiele etliche Freiheiten. „Der Tod macht Urlaub" titelten ausländische Zeitungen im Vorfeld der Spiele in Berlin. Um das internationale Ansehen nicht weiter zu beschädigen, verzichtete das NS-Regime während der zweiwöchigen Spiele bewusst auf antijüdische Aktionen. Die vielen Schilder, die sonst Juden den Zutritt zu Restaurants, Schwimmbädern und selbst Parkbänken verboten, hatten sie abmontieren lassen. Nach der Verkündung der „Nürnberger Gesetze" hatte es 1935 eine Initiative des amerikanischen Olympischen Komitees gegeben, die Spiele in der Hauptstadt des „Dritten Reichs" wegen zahlreicher Verstöße gegen das olympische Prinzip der religiösen und politischen Gleichheit abzusagen.

Am 15. September 1935 hatte Hitler die sogenannten Nürnberger Gesetze erlassen. Mit ihrem Inkrafttreten war die rechtliche Grundlage für die Verfolgung der Juden in Deutschland geschaffen. Antisemitismus war fortan nicht nur legal, sondern gesetzlich verordnet. Eines der Nürnberger Gesetze war das sogenannte Gesetz zum Schutze des deutschen Blutes und der deutschen Ehre. Es gründete auf der Annahme, dass *„die Reinheit des deutschen Blutes die Voraussetzung für den Fortbestand des deutschen Volkes"* sei. Es wird auch als Blutschutzgesetz bezeichnet. Nach dem Gesetz war es Juden und Nichtjuden verboten zu heiraten. Bereits geschlossene Ehen galten als nichtig. Zudem war es ihnen auch untersagt, außerehelichen Geschlechtsverkehr zu haben. Eine weitere Verordnung des Blutschutzgesetzes war, dass Juden keine nicht jüdischen Hausangestellten beschäftigen durften. Es war ihnen auch verboten, die Reichs- und Nationalflagge zu hissen oder die Reichsfarben zu zeigen. Im Falle eines Verstoßes drohte ihnen eine Geldstrafe, Gefängnis oder Zuchthaus. Das zweite Nürnberger Gesetz nannte sich Reichsbürgergesetz. Es regelte die Reichszugehörigkeit im nationalsozialistischen Deutschland. In den dazugehörigen Verordnungen war festgelegt, dass Staatsangehörige jüdischen Glaubens nicht als Reichsbürger gelten konnten. Es war ihnen auch untersagt, zu wählen und ein öffentliches Amt zu bekleiden. Jüdische Beamte hatten mit Ablauf des 31. Januar 1935 in den Ruhestand zu treten. Nach den Verordnungen zum Reichsbürgergesetz galt als Jude, wer mindestens drei jüdische Großeltern hatte. Außerdem wer zwei jüdische Großeltern hatte und nach dem Erlass des Gesetzes jüdischen Glaubens war, mit einem Juden verheiratet oder ein jüdisches Elternteil hatte.

Berlin war herausgeputzt, schmuck und adrett und sauber und in einer freudigen und lustigen Feierstimmung. Diese Stimmung hat der Berliner Kulturhistoriker Oliver Hilmes in seinem Buch „Berlin 1936 – Sechzehn Tage im August" rekonstruiert. Hilmes hat sich weniger für das sportliche Ereignis interessiert, als vielmehr für dessen Inszenierung. Also etwa für Hitlers tägliche Besuche im Olympiastadion, wo ihm Zehntausende mit Heilrufen zujubelten. Während die Scala-Revue „Herrliche Welt des Scheins" die Olympiabesucher zur abendlichen Abwechslung anlockte und die NS-Größen pompöse Staatsempfänge im Schloss Charlottenburg, in der Staatsoper Unter den Linden, im Pergamonmuseum und auf der Pfaueninsel in der Havel mit gigantischem Feuerwerk gaben, rodeten Häftlinge bei Sachsenhausen/Oranienburg nördlich von Berlin den Wald für ein künftiges Konzentrationslager. Und zwei Wochen vor der Eröffnung der

Olympischen Spiele hatte man 600 Sinti und Roma in ein Zigeunerlager im Berliner Bezirk Marzahn zusammengetrieben, direkt an den Rieselfeldern mit den Abwässern der Millionenmetropole. Die Nazis waren immer gegen internationale Spiele. Noch am Ende der Weimarer Republik hatte es einen Hetzartikel im „Völkischen Beobachter" gegen die Spiele in Berlin gegeben, vor allem aber gegen die Teilnahme von ausländischen Mannschaften, die möglicherweise dann mit Negern und mit Juden kommen würden. Die NS-Führung benutzte dann die Spiele als Gelegenheit, antike Symbole und Traditionen für die eigene Ideologie zu beanspruchen. Der Fackellauf vom griechischen Olympia bis zum Austragungsort der Olympischen Spiele fand 1936 das erste Mal statt. Die Partei schließlich nutzte das Ereignis zu einer perfekt organisierten Propaganda-Schau vor der Weltöffentlichkeit. Die sportlichen Erfolge der deutschen Athleten kamen den NS-Ideologen sehr gelegen, schien sich doch die propagandistische Rede von der „deutschen Überlegenheit" auch im Bereich des Sportes zu bewahrheiten.

Dennoch, unbestrittener Publikumsliebling der Spiele war der US-Leichtathlet Jesse Owens, der vier Mal Gold gewann. Gegenüber Reichsjugendführer Baldur von Schirach ließ Hitler seine Maske fallen. *„Ich werde diesem Neger nicht die Hand geben"*, erklärte er. Als sich Owens und der deutsche Weitspringer Carl Ludwig Long – Spitzname „Luz" – nach den Wettkämpfen im Stadion auch noch umarmten und gegenseitig gratulierten, war für Hitler das Maß voll. Sein Stellvertreter Rudolf Heß drohte „Luz", dieser solle sich nie wieder erdreisten, *„einen Neger zu umarmen"*.

Hitlers Lieblingsfilmregisseurin Leni Riefenstahl drehte mit einem beträchtlichen technischen Aufwand den offiziellen Olympiafilm, nachdem sie bereits den von den Nazis mit Applaus bedachten Propagandafilm „Triumph des Willens" über den Reichsparteitag 1934 in Nürnberg filmisch inszeniert hatte. Die aufwendigen Dreharbeiten während der Olympiade in Berlin, an denen etwa 45 Kameramänner beteiligt waren, wurden ausnahmslos auf 35 mm Kinofilm belichtet. Riefenstahl setzte filmische Maßstäbe für Aufnahme und Schnitt, verwendete relativ neuartige Techniken, wie bewegte Kameras, bugsierte diese auf Schienen, in Aufzüge und Gräben oder an Fesselballons, um neuartige Perspektiven zu erzielen. Auch bewährte Mittel wie die suggestive Untermalung mit Musik und raffinierte Bildmontagen setzte sie gekonnt ein. Zum ersten Mal wurden Schwimmwettkämpfe unter Wasser gefilmt. Solche Bilder hatte man zuvor noch nicht gesehen: die Anstrengungen in den Gesichtern der Sportler, Schweißperlen und Tränen, Entschlossenheit, Jubel bei Kämpfern und Publikum. Riefenstahl filmte die Ornamentik der Menge, schnitt den perfekten Körper dagegen und montierte Masse gegen Muskel. Der „Olympiafilm", aber auch ihre NS-Produktionen „Triumph des Willens", „Fest der Schönheit" und „Fest der Völker" gelten heute als politisch und moralisch zweifelhafte, filmgeschichtlich und ästhetisch aber dennoch als bedeutsame Filme. Die ikonischen Bilder Leni Riefenstahls gingen um die Welt.

Ein halbes Jahr vor Beginn der XI. Olympischen Sommerspiele in Berlin 1936 hatten in Garmisch-Partenkirchen die IV. Olympischen Winterspiele stattgefunden. Durch die Vergabe der Spiele an Berlin durch das Komitee (IOC) war auch das Recht auf Ausrichtung der Winterspiele an Deutschland übergegangen, obwohl es eigentlich noch keinen geeigneten Wintersportort vorzuweisen hatte. Im Juni 1933 übermittelte das deutsche Nationale Olympische Komitee (NOK) dem IOC die Bewerbung der damals noch getrennten Gemeinden Garmisch und Partenkirchen, die für dieses Ereignis im Januar 1935 zusammengeschlossen wurden. Die Mehrzahl der Sportstätten musste im Vorfeld eigens gebaut werden. So wurde ab Oktober 1933 mit dem Bau der großen Skisprungschanze und eines Kunsteisstadions sowie einer Bobbahn am Rießersee begonnen. Im Verlauf der Winterspiele war es zu rassistischen Diskriminierungen und zu Protesten diverser Sportler gekommen. Aber genau wie bei den Sommerspielen in Berlin hielt sich das NS-Regime zurück, um die Bedenken in der Welt zu zerstreuen und Deutschland als friedliebendes Land darzustellen.

Im November 1938 bricht Riefenstahl auf, um in den USA für ihre Olympiafilme zu werben. Drei Tage nach ihrer Ankunft in New York wird sie mit der Nachricht von den Judenprognomen am 9. November konfrontiert. Die Reise wird zum Misserfolg. Kein Studio lädt sie ein, kein Vertrag wird unterzeichnet. Die Realität hat die Kunst eingeholt.

DIE LEGION CONDOR

Als die olympische Flamme in Berlin erloschen war, ging dann, frei von allen Boykottbefürchtungen, die Hetze gegen Juden und alle anderen Feindbilder der Nazis von Neuem los, noch menschenverachtender, noch hassvoller, noch grausamer. Bereits wenige Tage nach den Eröffnungsfeierlichkeiten hatte Hitler, fast unbemerkt von der Weltöffentlichkeit, deutsche Fliegertruppen, Kriegsgeräte und Panzerverbände aus Freiwilligen nach Spanien verfrachten lassen, um aufseiten des faschistischen Generals Francos in den spanischen Bürgerkrieg einzugreifen. Der Krieg hatte mit einem Aufstand spanischer Generäle gegen die linksrepublikanische Regierung in Spanien begonnen. Der Regierung gelang es zunächst, den Putschversuch der Faschisten niederzuschlagen. Daraufhin baten die spanischen Generäle Hitler um Hilfe, und dieser unterstützte sie mit Truppen. Die sich „Legion Condor" nennende Einheit war ein ohne Uniformen oder Hoheitszeichen operierendes verdecktes Geschwader der deutschen Wehrmacht unter Führung des Stabschefs Baron Wolfram von Richthofen (nicht direkt mit dem „Roten Baron" Manfred von Richthofen verwandt). Die Stärke der „Legion" betrug nach deutschen Angaben etwa 20.000 Mann und war unter strengster Geheimhaltung ins Leben gerufen worden. Sie griff in alle bedeutenden Schlachten auf iberischem Boden ein und hatte entscheidenden Anteil am Sieg der Putschisten unter General Franco über Spaniens demokratisch gewählte Regierung. Ihre Existenz wurde bis 1939 geleugnet. Die ersten deutschen Soldaten wurden somit nicht im Zweiten Weltkrieg eingesetzt, sondern im spanischen Bürgerkrieg. Zum ersten Mal kämpften nach dem Ende des Ersten Weltkriegs wieder deutsche Soldaten. Die Legion errichtete die erste Luftbrücke, führte den ersten massiven Luftkrieg der Geschichte gegen die Zivilbevölkerung eines europäischen Landes und verübte die ersten Verbrechen der Wehrmacht. Die deutsche Wehrmacht nutzte somit Spanien während der Intervention zugunsten Francos als Übungsplatz für den geplanten „großen" Krieg mit realistischen Bedingungen und ohne jede Rücksicht auf die Bevölkerung. Bekannt wurde die Legion Condor insbesondere durch die völkerrechtswidrige Bombardierung und Zerstörung Guernicas 1937, das so zu einem weltweiten Symbol für die Gräuel des Krieges wurde.

Am Nachmittag des 26. April 1937 legten deutsche Kampfflugzeuge bei einem Bombenangriff die kleine baskische Stadt mit damals etwa 5.000 bis 6.000 Einwohnern in Schutt und Asche. Etwa 200 bis 300 Menschen verloren dabei ihr Leben. Dieser Einsatz war praktisch eine Vorübung für den Bombenkrieg des Zweiten Weltkriegs. Stabschef Richthofen fand danach keine Reue über die Untaten. Er notierte in seinem Tagebuch: *„Die Brandbomben hatten nun Zeit, sich zu entfalten und zu wirken [...] sie führten zur völligen Vernichtung [...] einfach toll."*

Kurz nach Bekanntwerden der Bombardierung Guernicas malte Pablo Picasso sein Monumentalgemälde „Guernica", welches eindringlich das Leiden des Menschen und das Wüten des Krieges in schwarzen, grauen und weißen Farbtönen zeigt. Ein Aufschrei des Menschen gegen die maschinelle Gewalt des Krieges. Ein Aufschrei gegen den Faschismus. Dieses Bild gilt bis heute als denkwürdige Anklage gegen das Blutvergießen, es ist das Sinnbild des modernen Krieges, dessen gewissenlose anonyme Gewalt keine Rücksicht auf das Leben der Zivilisten nimmt. Picassos Gemälde wurde erstmals im Juli 1937 auf der Weltausstellung in Paris gezeigt – ausgestellt im spanischen Pavillon. Eine Goldmedaille erhielt Picassos eindrucksvolles Gemälde allerdings nicht, sondern vielmehr der NS-Architekt Albert Speer für seinen Pavillon, der das nationalsozialistische Reich mit einem gigantischen Adler verherrlichte.

Das schreckliche Ereignis soll Picasso zu seinem Werk angeregt haben – so weit die seit Jahrzehnten verfestigte Ansicht. Eine neuerliche Studie verweist allerdings diese Annahme in den Bereich der Legende. Weder soll Picasso sich diesbezüglich geäußert haben noch lassen die Darstellung selbst und die Entstehungsumstände darauf schließen, dass der Luftangriff auf Guernica auf den Künstler und sein Werk einen Einfluss hatten. Bombardierung und Bild korrelieren zwar zeitlich, sollen aber nicht kausal zusammenhängen. Den Titel „Guernica" soll das Bild erst erhalten haben, als es im Wesentlichen fertiggestellt war. Was letztendlich bleibt, ist ein großes Fragezeichen.

GRÖSSENWAHN IN BETON

Hitlers Größenwahn spiegelte sich auch in seinen architektonischen Plänen. Nach seinen Vorstellungen sollten fünf Städte nach seinen Vorstellungen umgestaltet werden. Der Architekt und Hitler-Günstling Albert Speer wurde von Hitler beauftragt, einen Gesamtbauplan zur radikalen Neugestaltung der Reichshauptstadt vorzulegen, Entwürfe gigantischer Bauten, die alle Dimensionen sprengen sollten, denn nach dem „Endsieg" sollte Berlin als „Welthauptstadt" mit gigantomanischen Bauwerken zum Mittelpunkt eines großgermanischen Weltreichs umgestaltet werden, um die Macht der „Herrenmenschen" zu demonstrieren und bei Feinden und Untertanen Furcht zu erzeugen. Dafür hätten entlang eines sieben Kilometer langen Prachtboulevards etwa 50.000 Wohnungen abgerissen werden sollen. Die Umsetzung der Pläne hätte die bestehende Struktur der Stadt nachhaltig zerstört. Geplant waren eine kilometerlange Prunkachse mit einem 117 Meter hohen und 170 Meter breiten Triumphbogen, gewaltiger als der Arc de Triomphe in Paris, sowie eine 300 Meter hohe Ruhmeshalle als Versammlungsstätte für etwa 180.000 Menschen, in welcher der vatikanische Petersdom siebzehn Mal Platz gefunden hätte. Sie war mit 315 Meter × 315 Meter Grundfläche und 320 Meter Höhe als das größte Kuppelgebäude der Welt geplant. Letztendlich wurde von den maßlosen Protzbauten und den kilometerlangen Aufmarschstraßen so gut wie nichts verwirklicht.

Nicht Berlin, nicht die zukünftige Welthauptstadt „Germania" zog Hitler in seinen Bann. Es war überraschenderweise das eher beschauliche österreichische Linz. Die Stadt seiner Jugend und Träume sollte zu einem „völkischen Gesamtkunstwerk" und zum kulturellen Mittelpunkt Europas werden, ein „deutsches Budapest" an der Donau. Hitler gedachte seinen Lebensabend dort zu verbringen und auch begraben zu werden.

Nach der Machtübernahme wurde der Architekt Albert Speer vom Propagandaminister Joseph Goebbels mit dem Umbau des Propagandaministeriums beauftragt. Hitler war von Speers Organisationstalent dermaßen beeindruckt, dass er ihn nun zu seinen engsten Vertrauten zählte und ihn mit dem Umbau der Reichskanzlei betraute. Von nun an entwarf Speer zahlreiche monumentale Repräsentativbauten klassizistischer Prägung im gesamten Deutschland. Außerdem übertrug Hitler ihm die Planung und Gestaltung von Großkundgebungen der NSDAP, wo er u. a. mit Einsatz geschickter Lichteffekte die Nürnberger Reichsparteitage inszenierte. Bestaunt von Zehntausenden SA-Leuten, strahlten 130 gewaltige Scheinwerfer fast 7.500 Meter in den dunklen Himmel, Musikkapellen schmetterten Marschlieder und die Menschen schwenkten Hakenkreuzfahnen. Es war ein Wahnsinnsspektakel, das die Menschen beeindrucken sollte.

Zusätzlich wurde Speer Reichsminister für Bewaffnung und Munition, Generalinspekteur für das Straßenwesen sowie für Wasser und Energie. In dieser Funktion wurde er zum verantwortlichen Leiter der gesamten Kriegswirtschaft. Als hervorragendem Organisator gelang ihm die Umstellung der Rüstungsindustrie auf die gesamte Kriegswirtschaft. Trotz der Beschädigung der deutschen Infrastruktur und die Beeinträchtigung der Rohstoffversorgung durch die alliierten Bombenangriffe konnte er die Rüstungsproduktion auf einen Höchststand steigern. Speers Organisation der Kriegswirtschaft beruhte wesentlich auf dem Einsatz von Zwangsarbeitern und Häftlingen aus Konzentrationslagern.

Nach dem Krieg gehörte Albert Speer zu den 24 Angeklagten im Nürnberger Prozess gegen die Hauptkriegsverbrecher vor dem Internationalen Militärgerichtshof. Im Jahr 1946 wurde er mit 6 weiteren Angeklagten wegen Kriegsverbrechen und Verbrechen gegen die Menschlichkeit schuldig gesprochen und zu 20 Jahren Haft verurteilt. Diese saß Speer vollständig im unter der Kontrolle der vier Besatzungsmächte stehenden, ehemaligen Militärgefängnis Berlin-Spandau ab. Zahlreiche Gnadengesuche der Familie und verschiedener Politiker scheiterten am Einspruch der Sowjetunion.

Speer veröffentlichte im Jahr 1969 seine „Erinnerungen", die er zum Teil bereits während der Haft verfasst hatte. Er beschreibt darin seinen Aufstieg als Architekt und Politiker und berichtet über Rivalitäten innerhalb der nationalsozialistischen Hierarchie. Sich selbst schildert er als unpolitischen Technokraten, welcher der Anziehungskraft Hitlers erlegen sei. In seinen „Erinnerungen" beteuert Speer, nichts von der massenhaften Ermordung der Juden und anderer Minderheiten während der deutschen Besatzung gewusst zu haben. Im Jahr 2005 neu aufgefundene Dokumente legen allerdings nahe, dass Speer den Ausbau des Konzentrationslagers Auschwitz-Birkenau nicht nur kannte, sondern auch aktiv vorantrieb und an der Selektion der Häftlinge in Arbeitsfähige für die Rüstungsindustrie und in für die Vernichtung bestimmte Alte, Behinderte und Kinder großen Anteil hatte.

Dazu ein aufschlussreicher Artikel im SPIEGEL vom 31. Mai 2017:

„Die große Koalition der Albert-Speer-Versteher reichte von Willy Brandt bis Helmut Kohl. Als der frühere Nationalsozialist Speer 1966 aus dem alliierten Gefängnis in Berlin-Spandau entlassen wurde, schickte der damalige SPD-Vorsitzende Brandt einen Strauß Blumen. Einige Jahre danach – Speer wurde 70 – gratulierte der damalige CDU-Vorsitzende Kohl mit einem persönlichen Schreiben. Ausgerechnet Speer, Liebling Adolf Hitlers, Stararchitekt im ‚Dritten Reich', ab 1942 mächtiger Rüstungsminister, zeitweise designierter Nachfolger Hitlers, verurteilter Kriegsverbrecher. Von allen hochrangigen NS-Funktionären, die den Untergang ihres mörderischen Imperiums überlebten, gelang nur ihm eine spektakuläre zweite Karriere. Der groß gewachsene, gut aussehende Mann vermarktete seine Vergangenheit, erwarb als Zeitzeuge weltweites Ansehen und verdiente damit ein Vermögen. [...] Seine ‚Erinnerungen' von 1969 und die ‚Spandauer Tagebücher' von 1975 erzielten Millio-

nenauflagen und zählen zu den meistverkauften Werken in deut-
scher Sprache. [...] Der sich reuevoll gebende Speer war der liebste
Ex-Nazi der Deutschen."

Zu Speers Selbstinszenierung als unpolitischer Technokrat,
der mit den politischen Zielen der anderen Naziführer angeblich nichts zu tun gehabt habe, gehörte auch die Behauptung,
er habe ein Attentat auf Hitler verüben wollen, das er allerdings nicht ausgeführt habe. Für das Scheitern gab er zwei unterschiedliche Gründe an – zuerst einen politischen, dann einen technischen. Mit dieser nicht nachgewiesenen Behauptung
wollte der „Rüstungsdiktator", der erhebliche Schuld am millionenfachen Einsatz von Zwangsarbeitern sowie an der Ermordung der europäischen Juden hatte, offensichtlich seine Haut
vor dem Galgen retten.

Über 70 Jahre nach Kriegsende stehen immer noch einige Bauten aus der Zeit des Nationalsozialismus. Trotz Kriegsbomben
und späterer Versuche, die baulichen Hinterlassenschaften des
Naziregimes auszulöschen, haben bedauerlicherweise einige
dieser Monumente bis heute überlebt. Die sperrigen, verstö-
renden Baudenkmale sind ein Teil unserer Geschichte, die offenbar nicht zu verdrängen ist und die an einigen Stellen auch
nicht so einfach abgeräumt werden kann.

Eines der Prestigebauten des „Dritten Reichs" ist zweifellos das
unvollendete „Seebad der 20.000", das „Monster am Meer", „der
Klotz des Führers", „der Koloss von Rügen" – PRORA, zu NS-
Zeiten KdF-Seebad Rügen genannt – ein gigantisches, größen-
wahnsinniges architektonisches Gebilde, eines der größten Ge-
bäudekomplexe der Welt – mit 4,5 Kilometern ganz sicher das
längste, obwohl es aus acht in einer Reihe stehenden Gebäude
von je 550 Meter Länge besteht. Nirgendwo auf der Welt findet
sich Vergleichbares. Ein Mythos, genährt von Nazi-Monumen-
talität, das durch das Programm „Kraft durch Freude" (KdF)
an der Ostseeküste der Insel Rügen die Massen für den Erobe-

rungskrieg stärken sollte. Mit Kriegsbeginn 1939 wurden die Arbeiten am unvollendeten Großbau eingestellt. Danach verschwand Prora von der Landkarte. Die Nationale Volksarmee zog später in das militärische Sperrgebiet ein – und mit ihr eine der berüchtigtsten Kasernen der DDR. Nach der Wende dann der Verfall. Seit 2004 werden die Blöcke einzeln veräußert und zu Wohn- und Hotelanlagen umgestaltet.

Das Berchtesgadener Land ist ein beliebtes Urlaubsgebiet. Doch die idyllische Alpenlandschaft liegt im Schatten der NS-Vergangenheit. Der Obersalzberg war die zweite Schaltstelle der Macht neben Berlin; Hitlers zweiter Regierungssitz. Insgesamt soll Hitler etwa ein Drittel seiner Regierungszeit auf seinem dortigen Anwesen, dem Berghof, verbracht haben. Seine Mitstreiter, Politiker und Diplomaten aus dem Ausland wurden zu wichtigen Verhandlungen dort hinbeordert. Nachdem das Gebäude kurz vor Kriegsende durch alliierte Luftangriffe schwer beschädigt worden war, ließ die bayerische Landesregierung den gesamten Komplex Anfang der Fünfzigerjahre sprengen.

Heute kaum vorstellbar, dass in dieser malerischen Bergkulisse einst ein Diktator und Massenmörder samt seinen NS-Größen Entscheidungen über Krieg und Verderben traf. Alle Versuche, buchstäblich Gras über die NS-Vergangenheit des Obersalzberges wachsen zu lassen, konnten nicht verhindern, dass das Gebiet bis heute von Touristen überrannt und bisweilen von zahlreichen Ewiggestrigen aufgesucht wird, obwohl die baulichen Relikte aus den 1930er- und 1940er-Jahren bis heute für Diskussionen sorgen. Der Umgang mit ihnen ist eine anhaltende Herausforderung.

Es war eines der gigantischsten Bauvorhaben der Menschheitsgeschichte. Überall im Reich und in den von Deutschland besetzten Gebieten wurden 1944 ganze Fabrikanlagen in unterirdische Stollensysteme verlegt, um sie dem Bombenhagel der Alliierten zu entziehen. Zwangsarbeiter, vor allem aus den von der Wehrmacht besetzten Ländern Europas, die meisten aus Polen und der damaligen Sowjetunion, verstärkt aber auch KZ-Häftlinge, mussten bis Kriegsende unter unmenschlichen Bedingungen kilometerlange Tunnel in Berge graben, um die Rüstungsproduktion der Nazis zu sichern. Dabei verhungerten unzählige sowjetische Kriegsgefangene. Erst nach Hitlers Selbstmord wurden im gesamten untergehenden Reich die gigantomanischen Bauvorhaben eingestellt. Die Alliierten befreiten Zehntausende Zwangsarbeiter und durchforsteten die geheimen Anlagen der Nazis.

DER EINSATZ VON ZWANGSARBEITERN

Deutsche Unternehmen und ihre dunkle Nazivergangenheit

BMW, Oetker, Krupp, Deutsche Bank. Eine große Anzahl deutscher Unternehmen hat von der Herrschaft der Nationalsozialisten profitiert. Mit den Kriegsgefangenen allein konnte der durch Einberufungen zur Wehrmacht verursachte Mangel an deutschen Arbeitern nicht aufgefangen und der rasant steigende Arbeitskräftebedarf der deutschen Kriegswirtschaft nicht gedeckt werden. Da der Versuch, Arbeitskräfte aus den besetzten Ostgebieten als Freiwillige anzuwerben, fast gänzlich gescheitert war, schritt man auch hier zur Zwangsrekrutierung. Man brachte ausländische Arbeitskräfte gewaltsam nach Deutschland. Zwischen 1939 und 1945 wurden mehr als zwölf Millionen Männer und Frauen aus allen Teilen Europas von deutschen Großkonzernen, Industriebetrieben, insbesondere der Rüstungsindustrie, der Landwirtschaft und von Versorgungsbetrieben missbraucht. Viele von ihnen gingen an den Arbeitsbedingungen zugrunde. Um die Kontingente zu erfüllen, wurden selbst Passanten auf offener Straße, Teilnehmer von Festen und Gottesdienstbesucher ergriffen und zu den Sammelstellen gebracht. Betroffen waren Männer bis zum Alter von 65 Jahren und Frauen zwischen 15 und 45 Jahren.

Die meisten Zwangsarbeiter waren untergebracht in erbärmlichen Baracken oder dürftigen Lagern bei in der Regel ungenügender Ernährung. Je tiefer Fremdarbeiter in der NS-Rassenlehre angesiedelt waren, desto schlechter waren ihre Lebensbedingungen. Die „Verrichtung durch Arbeit" war eine Form der Hinrichtung, die nicht selten auch an KZ-Häftlingen praktiziert wurde.

Starben sie nicht am Arbeitsplatz an Unterernährung, Entkräftung, Krankheit oder Misshandlung, wurden sie, wenn sie für die Firmen „wertlos" waren, in die Gaskammern geschickt. Ohne den Arbeitseinsatz von Millionen Zwangsarbeitern, Häftlingen und Kriegsgefangenen aus den Konzentrationslagern wäre die Weiterführung des Krieges für das Deutsche Reich spätestens ab 1942 nicht möglich gewesen. Nur so konnte die NS-Führung der deutschen Bevölkerung bis Kriegsende einen verhältnismäßig hohen Lebensstandard sichern und den massenhaften Einsatz von deutschen Frauen in der Wirtschaft lange vermeiden. Von der Zwangsarbeit profitierten Behörden sowie öffentliche und private Unternehmen gleichermaßen.

Zahlreiche Firmenpatriarchen galten zwar nicht als bekennende Nationalsozialisten, dennoch nutzten sie die Verbindungen zu den Nazis aus, um Geschäfte zu machen. Profitable Geschäfte. Das Quandt-Imperium etwa steuerte mit satten Gewinnen durch das Dritte Reich. Der Konzern beschäftigte während der NS-Herrschaft mehr als 50.000 Zwangsarbeiter. Das Milliardenvermögen der Dynastie war auf dem Rücken vieler unschuldiger Naziopfer aufgebaut. Inzwischen haben die Nachfahren Quandts ihr Schweigen gebrochen und sich zu der Nazi-Historie ihrer Familie bekannt.

Auch der Ingolstädter Autobauer Audi hat nach über 70 Jahren seine Vergangenheit öffentlich aufgearbeitet. Forscher hatten den damaligen Machern von Auto Union – DKW, Horch und Wanderer – vorgeworfen, sich von den Nazis einspannen haben zu lassen – aus wirtschaftlichen Interessen und frei von moralischen Bedenken. Während andere Konzerne die Ausbeutung von Zwangsarbeitern und KZ-Häftlingen in ihren Fabriken während der NS-Zeit bereits aufarbeiteten und Wiedergutmachung leisteten, tat man in der Ingolstädter Audi-Zentrale bis in die jüngste Vergangenheit so, als ginge sie dieses Thema nichts an. Nun gerät einiges in Bewegung – *noch* gibt es nämlich Zeitzeugen.

Auf ein länger anhaltendes Kartell des Schweigens blickt die Familie Oetker zurück. Die Unternehmensgeschichte während des Dritten Reichs war für den Konzern viele Jahrzehnte lang ein Tabuthema. Vertreten hatte das braune Gedankengut seinerzeit Richard Kaselowsky, der Vater von Rudolf-August Oetker. Er wurde als glühender Verehrer der Nazis beschrieben, der seine Kinder und seine Mitarbeiter zu „Nationalsozialisten des Herzens" erziehen wollte. Kaselowsky wurde bereits 1933 Mitglied der NSDAP, später auch SS-Gruppenführer sowie Mitglied im Freundeskreis Reichsführer SS. In neuester Zeit fördert die von der Familie Oetker eingerichtete „Ida und Richard Kaselowsky"-Stiftung soziale und wohltätige Zwecke.

Aus Anlass ihres 100-jährigen Jubiläums im Jahre 1970 gab die Deutsche Bank eine unkritische Festschrift heraus, über die sich der Schriftsteller Martin Walser im SPIEGEL ereiferte. Und so hielt es auch der Ostberliner Historiker Eberhard Czichon, dessen Buch „Der Bankier und die Macht" pünktlich zum Jubiläum erschien. Darin bezichtigt er den Aufsichtsratsvorsitzenden Hermann Josef Abs, der bereits seit 1938 die Geschicke der Deutschen Bank leitete, diverser NS-Verbrechen (Abs war im Vorstand der Deutschen Bank mit der „Arisierung" von jüdischen Unternehmen und Banken betraut) und präsentierte ihn als heimlichen Herrscher der Bonner Republik. Abs wurde Finanzberater von Bundeskanzler Konrad Adenauer und verhandelte mit den USA über Wirtschaftskredite. Mit bis zu 30 Aufsichtsratsmandaten, davon 20 als Vorsitzender, war er in den 1960er-Jahren eine Schlüsselfigur der deutschen Wirtschaft und der einflussreichste Bankier in Deutschland.

Es würde den Rahmen dieses Buches sprengen, würde man alle Konzerne in Augenschein nehmen, welche die Schreckensherrschaft begünstigt hatten und eine möglicherweise Mitschuld an dem Martyrium der Zwangsarbeiter, KZ-Häftlinge und Kriegsgefangenen während der barbarischen Schreckensherrschaft hatten. Zwar haben auch Unternehmen, die heute noch einen Namen haben, wie beispielsweise Bertelsmann, Volkswagen und Mercedes, IG Farben, Flick oder Hugo Boss, die Verbindung zu den Nazis für ihre Geschäfte genutzt und Verbrechen gegen die Menschheit begangen, doch haben viele der genannten Konzerne zwischenzeitlich ihr jahrzehntelanges Schweigen gebrochen und mit der Aufarbeitung ihrer Unternehmenshistorie begonnen. Lediglich zwei Konzerne sollten allerdings noch etwas ausführlicher in Betracht gezogen werden. Zum einen das Unternehmen Krupp, weil es als eines der entscheidenden Wegbereiter der bestialischen Schreckensherrschaft der Nazis galt. Firmenpatron Gustav Krupp von Bohlen und Halbach hatte den Posten des Wehrwirtschaftsführers inne. Unter Hitler war Krupp Vorsitzender des Reichsverbandes der deutschen Industrie und damit Frontmann der schwergewichtigen Großindustriellen, die sich hinter der Politik der Nazis vereinten. In Eigenregie dirigierten die führenden Industriekonzerne die gewaltigen Rüstungsprogramme von Reichsminister Albert Speer. Und bei alldem war Krupp federführend. Die militärische Aufrüstung Hitlerdeutschlands sicherte dem Unternehmen seinerzeit gigantische Profite. Bei Krupp sollen Unmenschlichkeiten offenbar Standard gewesen sein. Beispielsweise sollen am Unternehmensstandort in Essen missliebige Arbeitssklaven zur Bestrafung oft tagelang in einen eisernen Schrank eingesperrt worden sein, fast ohne Luft. Auch schwangere Frauen sollen dieser Tortur ausgesetzt gewesen sein. Der Krupp-Biograf William Manchester hält dem Industriellen in seinem Buch „Krupp – Chronik einer Familie" außerdem vor, die Deportation eines Geschäftspartners jüdischer Abstammung ins KZ nach Auschwitz veranlasst zu haben, um ihm ein Werk abluchsen zu können, das wichtig für die Panzerproduktion im Reich war. Für all diese Taten hat Gustav Krupp von Bohlen und Halbach nur halbherzig büßen müssen. Im Rahmen der Nürnberger Prozesse 1948 sprach ihn das Gericht vom Vorwurf des Angriffskriegs und der Verschwörung mit dem NS-Regime frei. Verurteilt wurde er lediglich wegen Sklavenarbeit und Plünderung. Sein Sohn, Alfried Krupp von Bohlen und Halbach, der ab 1943 die Leitung des Konzerns von seinem Vater Gustav übernommen hatte, wurde wegen des Einsatzes von Zwangsarbeitern und Plünderung von Wirtschaftsgütern im besetzten Ausland zu zwölf Jahren Haft und Einziehung seines gesamten Vermögens verurteilt. Auf der Grundlage eines Gutachtens unabhängiger amerikanischer Sachverständiger wurde er bereits nach drei Jahren begnadigt und vorzeitig aus dem Kriegsverbrechergefängnis Landsberg entlassen. Ab 1953 übernahm er wieder die Leitung des Unternehmens. Erst der spätere Generalbevollmächtigte von Krupp, Berthold Beitz, bemühte sich, die moralische Schuld des Krupp-Konzerns während der Nazizeit zu lindern. Beitz, der im Zweiten Weltkrieg Hunderte jüdische Zwangsarbeiter vor dem Tod bewahrt hatte, brachte Entschädigungszahlungen für frühere KZ-Häftlinge auf den Weg, die während des Krieges als Sklavenarbeiter für die Firma hatten schuften müssen. Als späterer Chef der Krupp-Stiftung galt Beitz als eine der einflussreichsten Wirtschaftsgrößen im Ruhrgebiet. Firmengeschichte schrieb Beitz jedoch vor allem durch seine Rolle bei der Lösung eines äußerst komplizierten Familienproblems: Mit dem einzigen Alfried-Nachkommen, Arndt von Bohlen und Halbach, stand nur ein Nachfolger für das auf damals mindestens 2,5 Milliarden DM geschätzte Wirtschaftsimperium zur Verfügung, dem jedoch seine Umwelt den schwierigen Job schlicht nicht zutraute. Mit einem von Beitz eingefädelten Erbverzicht wurde der damals 29-jährige Arndt schließlich im Gegenzug zu einem der „reichsten Frührentner" Deutschlands.

Das Chemieunternehmen Degussa AG (seit Ende 2006 Evonik Degussa GmbH) soll ebenfalls stark in die Verbrechen des nationalsozialistischen Regimes verwickelt gewesen sein. Der Vorwurf lautet, sich an den Juden bereichert, Zwangs- und Sklavenarbeit geduldet sowie die fabrikmäßige Massenvernichtung der „Reichsfeinde" unterstützt zu haben. Die Tochterfirma Degesch (Deutsche Gesellschaft für Schädlingsbekämpfung) lieferte zu Zeiten des Hitlerfaschismus das Gift Zyklon B, mit dem Millionen Juden in Konzentrationslagern vergast wurden. Anschließend wurde in den Schmelzöfen das Zahngold ermordeter Juden sowie das Gold, das die Nazis ihnen noch zu Lebzeiten geraubt hatten, verarbeitet. Seit dem Ende der Neunzigerjahre hat sich der Konzern um Vergangenheitsbewältigung und Offenlegung der eigenen Geschichte bemüht, einschließlich einer Beteiligung am Bau des Holocaustmahnmals in Berlin.

Während der verabscheuungswürdigen Gewaltakte des Krieges deportierte das NS-Regime Millionen Menschen aus Ostdeutschland zur Zwangsarbeit ins Reich. Als Vergeltungsmaßnahme wurden nach Kriegsende 1945 Millionen deutsche männliche Kriegsgefangene sowie unschuldige Frauen und Mädchen zur Zwangsarbeit in Lager der Sowjetunion verschleppt; als „Geltungskriegsgefangene" im Behördendeutsch. Oftmals wurden diese armen Geschöpfe einfach von der Straße weg mit Gewalt auf Lastwagen gezerrt und abtransportiert. Etwa ein Drittel überlebte Hunger, Kälte, Seuchen und Strapazen nicht.

DIE VERFOLGUNG DER JUDEN

Es war der Auftakt des Holocaust: Die Judenverfolgung, dieses dunkelste Kapitel in der gesamten Geschichte Deutschlands, war nicht das Werk des ganzen deutschen Volkes, aber nachgewiesenermaßen eines Großteils dessen. Denn die Führer der Nazipartei, allen voran Hitler, hatten von Anfang an nie einen Zweifel daran gelassen, dass der Kampfruf *„Deutschland erwache!"* unauflöslich gekoppelt sei mit dem anderen Kampfruf *„Juda verrecke!"*. *„Die Sünde wider Blut und Rasse ist die Erbsünde dieser Welt und das Ende einer sich ihr ergebenen Menschheit. [...] Es ist im übrigen die Aufgabe eines völkischen Staates, dafür zu sorgen, dass endlich eine Weltgeschichte geschrieben wird, in der die Rassenfrage zur dominierenden Stellung erhoben wird."* (Adolf Hitler: „Mein Kampf")

Es gibt viele Theorien, warum es dann im 20. Jahrhundert gerade in Deutschland zum Judenhass und zum Holocaust, dem millionenfachen Mord an Juden, kam. Ob dies zu jenem Zeitpunkt wirklich eine besonders deutsche Ausprägung war, ob die Deutschen aufgrund ihrer jüngsten Geschichte obrigkeitshöriger waren als andere Länder, ob es Adolf Hitler war mit seinem ganz besonderen Hass auf Juden – all diese Fragen werden wir endgültig nicht beantworten können. Wir sollten uns aber der Tatsache bewusst sein, dass diese Morde von Deutschen ausgingen. Auch wenn es in England, in Frankreich, in Russland und in vielen anderen Ländern den Antisemitismus genauso gab und auch hier Verbrechen stattgefunden haben, bleibt der Holocaust für immer ein Verbrechen, das in seiner Einzigartigkeit Teil der deutschen Geschichte ist und bleibt. Diese Verantwortung, daran zu erinnern und damit der Opfer zu gedenken, tragen wir auch heute noch.

Bereits in seiner ersten längeren schriftlichen Äußerung vom September 1919 hatte der aufstrebende Münchner Bierkellerdemagoge „die Entfernung der Juden überhaupt" als das „letzte Ziel" bezeichnet. Und dieses Ziel sollte er nach seiner Ernennung zum Reichskanzler tatsächlich zu keinem Zeitpunkt aus dem Auge verlieren. (Volker Ullrich – SZ 30.01.2019)

Um zu vermeiden, dass die Deutschen glaubten, Jesus sei Jude gewesen, behauptete ein gewisser Professor Franz von Wendrin in seinem bereits 1924 erschienenen Buch „Die Entdeckung des Paradieses", *dass Jesus in Wirklichkeit „Arier" war und in der Nähe von Mecklenburg geboren wurde.*

Während der Naziherrschaft fällt die erste Phase der Judenverfolgung etwa in die Zeit von der Machtübernahme am 30. Januar 1933 bis zum Sommer desselben Jahres. Hier gab es zunächst lauten Terror, den allerdings die wenigsten so richtig ernst nahmen. Viele meinten, der Spuk, der vor allem von SA-Männern in den Braunhemden angerichtet wurde, wäre bald zu Ende. Die meisten glaubten, Hitler wäre nur eine kurzzeitige „Erscheinung" und würde so schnell verschwinden, wie er gekommen war. Viele Reichskanzler vor ihm hatten sich ja auch ganz schnell wieder von der politischen Bühne verabschiedet. Die zweite Phase reichte vom Sommer 1933 bis Frühjahr 1935. Randale gingen von einzelnen Gruppen der NSDAP aus. Doch mit dem Erlass der Nürnberger Gesetze im September 1935 wandte sich die Politik noch einmal zum Schlimmeren. Spätestens jetzt hätte es vielen klar werden müssen, dass die nationalsozialistische Politik das Leben der Juden bedrohte. Die dritte Phase bis 1937 verlief etwas ruhiger, daher glaubten viele, irgendwann würde sich das Leben wieder einigermaßen normal gestalten. Doch die unheilvollen Pogrome in der Nacht vom 9. auf den 10. November 1938 nahmen den meisten diese Illusion. Als Vorwand diente das Attentat zwei Tage zuvor in Paris auf den deutschen Legationssekretär Ernst vom Rath, verübt durch den 17-jährigen polnischen Staatsbürger jüdischen Glaubens Herschel Grynszpan. Damit nahm das größte Pogrom in Deutschland seit dem Mittelalter seinen Lauf. Die Ereignisse dieser Nacht gingen unter der Bezeichnung „Reichskristallnacht" in die Geschichte ein. Die seit Jahren andauernde antisemitische Diskriminierung eskalierte zu kollektiver Gewalt. In einem sorgfältig inszenierten Pogrom ließ das NS-Regime Synagogen, Geschäfte und Privatwohnungen verwüsten und Juden schonungslos misshandeln. Das Deutsche Reich ging in dieser Nacht von der Verfolgung der Juden über zu ihrer existenziellen Vernichtung. Was von ihr als „spontaner Volkszorn" ausgegeben wurde, war in Wirklichkeit eine gelenkte Aktion. In dieser Nacht wurden etwa 1.400 Synagogen und Betstuben, Tausende Geschäfte und Wohnungen sowie unzählige jüdische Friedhöfe zerstört. Weit über 30.000 jüdische Männer wurden verhaftet und in Konzentrationslager eingewiesen. Hunderte wurden ermordet oder in den Suizid getrieben. Jüdinnen wurden öffentlich zur Schau gestellt. Man schnitt ihnen die Haare ab und band ihnen Schilder um: *„Ich bin aus der Volksgemeinschaft ausgestoßen."* Alle Schäden, die in der „Kristallnacht" angerichtet worden waren, mussten von den Juden auf ihre eigenen Kosten beseitigt werden. Für die „Wiederherstellung des Straßenbildes" mussten die deutschen Juden 225 Millionen Reichsmark zahlen. Darüber hinaus hatten sie als „harte Sünde" für das Attentat eine Sondersteuer von einer Milliarde Reichsmark zu entrichten. *„Ich möchte kein Jude in Deutschland sein"*, höhnte daraufhin der Oberbefehlshaber der deutschen Luftwaffe, Hermann Göring.

Und der Terror dieser Nacht war nur der Anfang. Schon ein Jahr zuvor hatte die NSDAP vom „Volkszorn" geschürte Ausschreitungen als effektivstes Mittel empfohlen, um der jüdischen Bevölkerung ihre Existenzgrundlage zu nehmen und die „Entjudung" Deutschlands weiter voranzutreiben. Mit immer schärferen Maßnahmen versuchte das Regime, die jüdische Bevölkerung aus dem Land zu drängen. Es brachte sie um ihren Besitz, verdrängte sie aus dem Wirtschaftsleben, um sie zur Emigration zu zwingen. Jedoch wurden die jüdischen Emigranten vom Naziregime verpflichtet, ihre Flucht mit großen Teilen ihres Vermögens zu bezahlen. Viele Verfolgte zögerten deshalb mit ihren Auswanderungsplänen.

Viele Deutsche haben sich in diesen Zeiten bereichert, sie gelangten an günstigen Wohnraum, an Möbel, an Kleidung und Schmuck, aber auch an Fabriken, Geschäfte und wirtschaftlich sehr erfolgreiche Unternehmen. Das war Diebstahl, aber Diebstahl, den man duldete und sogar noch von staatlicher Seite förderte. Den Juden wurde damit ihre wirtschaftliche Grundlage entzogen. Genau das bezweckten die Nationalsozialisten. Und ein großer Teil der deutschen Bevölkerung spielte das Spiel mit und zog Nutzen aus den Gesetzen des Staates und war ungeheuer denunziationsbereit. Denn wo waren plötzlich die zahlreichen jüdischen Familien aus der Nachbarschaft geblieben?

Hingegen riskierten auch Tausende Nichtjuden ihr Leben, um gefährdete Juden zu retten, obwohl bei Entdecken die Beteiligten mit der Todesstrafe rechnen mussten. Trotz der Gefahr und einer feindseligen Umgebung versteckten sie oftmals ganze Familien, kümmerten sich um deren Unterhalt und errichteten Netzwerke, die Kinder in neutrale Staaten schmuggelten. Andererseits gab es auch viele Bürger, die, um ihr Gewissen zu entlasten, nach dem Krieg fälschlicherweise behaupteten, Juden Asyl gewährt zu haben.

Er war Schürzenjäger, Trinker, Spieler und NSDAP-Mitglied – und dennoch gilt der deutschmährische Oskar Schindler als Held. In den USA und in Israel wird die Erinnerung an Schindler seit Jahrzehnten wachgehalten. In Deutschland blieb der Mann ein Unbekannter. Erst der Regisseur Steven Spielberg setzte ihm mit „Schindlers Liste" ein filmisches Denkmal. Der Fabrikbesitzer Schindler bestach mit Zigaretten, Alkohol und Seidenstrümpfen, die er auf dem Schwarzmarkt kaufte, die SS, um gemeinsam mit seiner Frau etwa 1.200 bei ihm angestellte jüdische Zwangsarbeiter vor dem sicheren Tod in den Nazi-Gaskammern zu retten. Sein größter Coup war, 300 bereits nach Auschwitz abtransportierte Frauen wieder zurückholen zu können.

Vertreibung, Flucht und Deportation haben nicht nur Familien zerstört, sondern auch das soziale Gefüge der Stadtgesellschaft verändert. Künstler wurden vertrieben, wichtige Unternehmer verließen die Stadt, Arztpraxen und Anwaltskanzleien wurden geschlossen. Der weitaus größte Teil von ihnen, etwas 90 Prozent, war jüdischer Abstammung. Mit dem Schritt in das Exil versuchten die Menschen Konzentrationslagern und somit dem Tod zu entgehen. Bis die NS-Schergen 1941 ein generelles Ausreiseverbot erließen, wählten berühmte Schriftsteller, Filmschaffende, Wissenschaftler und Architekten das europäische Ausland als Ort des Exils. Doch mit Beginn des Zweiten Weltkrieges und der damit verbundenen Besetzung benachbarter Länder durch deutsche Truppen blieb vielen nur die Flucht in das nicht europäische Ausland. Allerdings wurde dies oftmals erschwert durch den Unwillen vieler Länder, jüdische Flüchtlinge aus Deutschland aufzunehmen. Bertold Brecht, Alfred Döblin, Bruno Frank, Lion Feuchtwanger, Carl Zuckmayer, Thomas und Heinrich Mann, um nur einige Künstler zu nennen, gehörten zu den Auserwählten, denen es trotz großer Schwierigkeiten gelang, rechtzeitig Europa zu verlassen.

DAS SYSTEM
DER KONZENTRATIONSLAGER

Wer nicht in der Lage war zu emigrieren, konnte ab einem gewissen Zeitpunkt dem Konzentrationslager (KZ) nicht entgehen, der nächsten Station auf dem Leidensweg der Juden, nicht nur in Deutschland, sondern im gesamten Machtbereich Hitlers. Die ersten Konzentrationslager wurden schon 1933 als sogenannte „Schutzhaftlager" für alle politischen Gegner des Nationalsozialismus angelegt. Dachau und Oranienburg zählten zu den ersten Lagern dieser Art. Die Existenz solcher Lager widersprach von Anfang an den Prinzipien eines Rechtsstaates. Als dann der Reichsführer der SS, Himmler, auch Chef der gesamten Polizei wurde, als insbesondere die Aufgaben der Kriminalpolizei der Geheimen Staatspolizei, der „Gestapo", übertragen wurden, fielen auch die Konzentrationslager endgültig in die Zuständigkeit der SS, und diese machte aus ihnen ein bürokratisch-perfektes System des Schreckens.

Am Haupttor empfing den Häftling meist ein Sinnspruch, etwa im Konzentrationslager Buchenwald in der Nähe von Weimar steht von innen lesbar über dem Eingang: *„Jedem das Seine"*. Dieser Spruch richtete sich somit direkt an die Lagerinsassen. Gerade dort, wo gefoltert und gemordet wurde. Besonders pervers, wenn man bedenkt, was dieser Spruch einst bedeutete. Er ist nämlich aus dem lateinischen *suum cuique* übersetzt, stammt aus dem römischen Gesetz und besagt, dass jedem Bürger eines Gemeinwesens das zugeteilt wird, was ihm gebührt. Die lateinische Form ist bis heute Bestandteil der an den Decken von Gerichtsgebäuden angebrachten Gerechtigkeitsformel. Johann Sebastian Bachs Kantate BWV 163 aus dem Jahr 1715 trägt den Titel *„Nur jedem das Seine"*. Uraufgeführt in der Schlosskirche zu Weimar, in Sichtweite des ehemaligen Konzentrationslagers. Der Text thematisiert den Zwiespalt in den

Loyalitäten des Menschen und gegenüber Gott. Wie konnten diese zutiefst menschlichen Traditionen von heute auf morgen zerbrechen? Der Spruch *„Jedem das Seine"* stellt eine Besonderheit gegenüber den anderen Konzentrationslagern dar, deren Torsprüche mit ihren nach außen gerichteten Schauseiten sich vornehmlich an ankommende Häftlinge der Lager wandten, wie beispielsweise *„Arbeit macht frei"* in Auschwitz, Sachsenhausen, Dachau oder Theresienstadt.

Während des „Dritten Reichs" zogen Millionen von Häftlingen durch diese Tore, und Millionen kehrten nicht mehr zurück. In den Konzentrationslagern wurden bald alle zusammengesperrt, die dem Regime missliebig oder gefährlich erschienen. Weil sie vom willkürlich festgelegten Menschenbild abwichen, bezeichnete man sie als „Untermenschen", „Schädlinge" oder „lebensunwertes Leben" – Juden, Sinti und Roma, politische und kriminelle Häftlinge, Geistliche, Schwerstbehinderte, Kriegsgefangene und Asoziale. Frauen, zunächst in die allgemeinen Lager eingeliefert, wurden später in eigene Frauen-KZ transportiert. Etwa 50.000 Homosexuelle wurden, wenn sie nicht zu Haftstrafen nach Paragraf 175 verurteilt worden waren, in Vernichtungslager wie Buchenwald und Sachsenhausen verschleppt. Dort hatten sie, stigmatisiert durch den rosa Winkel auf ihrer Kleidung, kaum Überlebenschancen.

Der Häftling trug Sträflingskleidung, die je nach der „Kategorie", der er angehörte, gekennzeichnet war. Sie wurden in Baracken untergebracht, mit drei bis vier Holzpritschen übereinander, in denen je zwei oder mehr Personen nebeneinanderlagen. Die als „arbeitsfähig" Beurteilten wurden „auf Arbeitskommandos" innerhalb oder außerhalb des Lagers getrieben, da die KZ zunächst als „Arbeitslager" deklariert waren. Unweit des KZ Auschwitz hatte die IG-Farben einen Zweigbetrieb zur Herstellung von künstlichem Kautschuk errichtet. Die Häftlinge wurden für 30 bis 60 Pfennig pro Stunde verliehen. Den Betrag kassierte allerdings nicht der geschundene Häftling, sondern die SS-Lagerleitung.

Systematisch wurden in den Konzentrationslagern der Nazis Menschen für medizinische Experimente missbraucht. KZ-

Ärzte mutierten zu Monstern und führten grausame und qualvolle Versuche an Häftlingen aus. Sie infizierten beispielsweise ihre Opfer mit Malaria, Typhus und Tuberkulose, erprobten im Auftrag der IG-Farben und anderer Firmen Sulfonamide, wozu den Opfern vorsätzlich Wunden beigebracht und mit Gasbrandbazillen verseucht wurden. Sie brachen Gliedmaßen der Häftlinge, verstümmelten und präparierten sie, man ließ im Auftrag der Luftwaffe die Körper der Geschundenen „unterkühlen" und erneut aufwärmen. NS-Ärzte führten monatelang unmenschliche Sterilisationsversuche an weiblichen Gefangenen durch, von denen viele starben, andere zeitlebens leidend blieben. „Mediziner" wie die Unmenschen Josef Mengele, Aribert Heim oder August Hirt entfernten den Leidtragenden Organe ohne Betäubung, töteten sie direkt mit Benzinspritzen ins Herz oder stellten andere grausame Versuche an. Die Leiden der Opfer müssen unvorstellbar gewesen sein. Die Täter waren keine Killer, sondern gewöhnliche Menschen!

Bei dem berüchtigten Lagerarzt von Auschwitz, Josef Mengele, waren häufig Zwillinge die Versuchspersonen. Er injizierte einem Zwilling Gift, Bakterien oder andere Krankheitserreger, wonach der Versuchspatient oftmals nur wenige Tage zu leben hatte. Sobald er gestorben war, töteten Mengele und seine Helfer auch den anderen Zwilling mit einer Injektion ins Herz, um beide Leichen vergleichend zu obduzieren. Etwa 1.400 Zwillingspaare sollen bei diesen barbarisch-bestialischen Versuchen ermordet worden sein. Mengele konnte nach dem Krieg noch drei Jahre in Deutschland untertauchen, weil ihn die Amerikaner in der Gefangenschaft nicht erkannten, er falsche Namen verwendete und ihm immer wieder andere Deutsche halfen. Danach gelang ihm die Flucht nach Argentinien, wo er ordnungsgemäß bei der deutschen Botschaft einen neuen Reisepass beantragte und auch erhielt. Er starb 1979 im brasilianischen Badeort Bertioga. Mengele ertrank, als er beim Schwimmen im Meer einen Schlaganfall erlitt. 1985 wurden im Zuge einer intensivierten Fahndung seine unter falschem Namen beerdigten Gebeine entdeckt und identifiziert. Und so ist die Geschichte davon, dass Josef Mengele sein gesamtes Leben in Freiheit verbrachte, hauptsächlich eine Geschichte der Schuld Deutschlands und der Alliierten, auch nach 1945.

Diejenigen, die derartige Scheußlichkeiten begingen, waren ursprünglich keine Schlächter, sondern studierte Ärzte. Sie hatten den Eid des Hippokrates geschworen, der sie verpflichtete, das Leid von Patienten zu lindern. Wie kann jemand, der einen solchen Beruf ergriffen hat, zum Peiniger werden? Diese Frage ließ den französischen Medizinjournalisten Michel Cymes, selbst Arzt in einem Pariser Krankenhaus, nicht mehr los – und er beschloss, sie in seinem Buch „Hippokrates in der Hölle" zu beantworten. In seinem Schlusswort betont der Autor: *„Vor allem aber handelten sie nicht allein. Ihre Komplizen saßen in den renommierten medizinischen Fakultäten und in den Labors der Pharmaindustrie. Sie scherten sich wenig darum, woher ihre Versuchskaninchen stammten und dass diejenigen, die ihre Medikamente testen sollten, dazu mitnichten ihre Zustimmung erteilt hatten."* Angesichts all dieser Qualen Unschuldiger, von denen hier nur ein kleiner Ausschnitt geschildert wurde, zogen es zahlreiche Häftlinge vor, freiwillig den Tod in den elektrisch geladenen Drähten der Lagerumzäunung zu suchen.

Neben den Juden und anderen Minderheiten gehörten auch physisch Kranke sowie geistig und körperlich Behinderte dazu. Bis 1945 wurden im Deutschen Reich und in den von Deutschland besetzten Gebieten mehr als 200.000 Patientinnen und Patienten aus psychiatrischen Anstalten planmäßig ermordet. Die Ermordungen geschahen durch Gas, verhungern lassen oder durch Vergiftung. Die perversen Nazis nannten diese Mordaktion „Euthanasie", das kommt aus dem Griechischen und bedeutet „der gute Tod". Hitler allerdings nannte die Morde an Behinderten den „Gnadentod". Bereits im Juli 1933 hatte die nationalsozialistische Regierung ein Gesetz erlassen, nach dem alle Menschen, die an vererbbaren Behinderungen erkrankt waren, gegen ihren Willen unfruchtbar gemacht werden sollten. Die Nazis sahen diese bemitleidenswerten Menschen als „lebensunwert" an und nahmen eine Zwangssterilisation an etwa 400.000 Personen vor.

Ab 1939 wurden psychisch kranke und körperlich behinderte Kinder und Jugendliche systematisch ermordet. Landesweit sorgte ein ausgeklügeltes System mit zahlreichen Mitwirkenden dafür, dass eigentlich Undenkbares furchtbare Realität wurde. Gesteuert wurde das Kindereuthanasieprogramm durch den sogenannten „Reichsausschuss zur wissenschaftlichen Erfassung von erb- und anlagenbedingten schweren Leiden", eine Tarnorganisation in Berlin, sowie durch Landesbehörden, städtische Ämter, Kliniken, Heil- und Pflegeanstalten, Ärzte, Hebammen und Fürsorgerinnen, die alle in ein Netz eingebunden waren, das erfasste, meldete, begutachtete und einwies. Sie organisierten den Prozess bis hin zur Tötung der Kinder in einer Klinik, wenn ihr Leben als *lebensunwert* beurteilt wurde.

Die meisten Familien schickten ihre Kinder im besten Glauben in die Kinderfachabteilung. Die Verantwortlichen täuschten ihnen vor, dort stünden den kleinen Patienten moderne Therapien zur Verfügung. Therapien jedoch gab es nicht. Die Eltern wurden nach der Tötung schriftlich über den Tod ihres Kindes informiert – angeführt wurde eine natürliche Todesursache.

Nicht nur Männer wurden während der Schreckensjahre zu Tätern – Frauen spielten eine ebenso wichtige Rolle für die Durchführung des Holocaust. Die amerikanische Historikerin Wendy Lower erzählt in „Hitlers Helferinnen" erstmals ausführlich und schonungslos die Geschichte deutscher Frauen während des Zweiten Weltkriegs im besetzten Osteuropa. Danach folgten Tausende von ihnen der im Jahre 1939 einmarschierten Wehrmacht, als Ehefrauen, Freiwillige des Reichsarbeitsdienstes oder Krankenschwestern. Sie vertrieben polnische Bauern von ihren Höfen und Juden aus ihren Wohnungen und arbeiteten als Aufseherinnen in Konzentrationslagern. Vielen von ihnen reichte es nicht, die Besatzer nur im Hintergrund zu unterstützen, sie griffen selbst zu Gewalt, folterten und töteten. Die Autorin beschreibt, wie Frauen am Holocaust und anderen Kriegsverbrechen beteiligt waren und wie in einem Klima enthemmter Gewalt alle zivilisatorischen Tabus fielen. Das Buch zerbricht den deutschen Mythos von weiblicher Unschuld und von der Passion der Frauen, der 1945 entstand. Mindestens eine unvorstellbare halbe Million deutscher und österreichischer Frauen sollen Zeuginnen der Operationen des Vernichtungskrieges in den besetzten Ostgebieten gewesen sein oder sollen selbst einen Beitrag zum Holocaust geleistet haben. Der Völkermord war auch Frauensache. Das wissen wir jetzt. Und wir haben ein mulmiges Gefühl. Denn Lowers Buch fußt vornehmlich auf Akten aus der Ukraine. Wir haben keine Vorstellung davon, welche ungesichteten Dokumente noch in anderen Ländern Osteuropas zu finden sind.

Ein ebenso dunkler Fleck in der dunklen Geschichte der Konzentrationslager ist das Martyrium jüdischer Kinder. Sie wurden mit ihren Familien nach Auschwitz oder zu anderen Massenvernichtungslager verschleppt oder kamen dort unter unvorstellbaren Bedingungen zur Welt. Nur wenige haben überlebt. Die Überlebenden tragen (oder trugen) zeit ihres Lebens die Spuren des Erlittenen auf ihrem Körper und in ihren Seelen. Am Unterarm oder Schenkel eintätowiert, wuchs sie mit, die Häftlingsnummer. Auschwitz war immer da. Am Tag, am Abend, in der Nacht: die Trennung von den Eltern und Geschwistern, die sogenannten „Kinderblocks" im Lager, die an ihnen vollzogenen Experimente, der ständige Hunger, die Sehnsucht nach der Familie, einem warmen Federbett, nach Geborgenheit. Nach ihrer Befreiung kannten manche weder ihren Namen noch ihr Alter noch ihre Herkunft. Fast alle waren Waisen. Sie trauten lange Zeit keinem Menschen mehr, waren voller Angst.

All das Geschehene lässt sich mit gesundem Menschenverstand nicht erfassen.

Wenige Tage nach der Reichspogromnacht 1938 sprach eine kleine Gruppe Juden, darunter Chaim Weizmann, seinerzeit Präsident der zionistischen Weltorganisation und später, von 1949 bis 1952, erster israelischer Staatspräsident, beim damaligen englischen Premierminister Neville Chamberlain vor und forderte, dass zumindest jungen Juden aus Deutschland vorübergehend die Einreise nach Palästina genehmigt werden sollte. Da die britische Mandatsmacht zu dieser Zeit bereits strenge Einwanderungsquoten aufgesetzt hatte, wurde der Vorschlag vom Kabinett abgelehnt, dafür wollte man aber in England selbst eine unbegrenzte Zahl von Flüchtlingskindern aufnehmen. Da man aber ein Heer von Flüchtlingen zusätzlich zu den vielen Arbeitslosen fürchtete, wurde den Eltern die Einreise nicht genehmigt. *„Großbritannien ist kein Einwanderungsland. Asyl kann nur in engen Grenzen gewährt werden."* (Edward Turnour Earl of Winterton, britischer Chefdelegierter im Verlauf der Flüchtlingskonferenz 1938 in Évian-les-Bains) Chaim Weizmann: *„Damals war die Welt zweigeteilt: Die eine bildeten jene Länder, die Juden vertrieben, und die andere weigerte sich, sie einreisen zu lassen."*

Während der Kindertransporte spielten sich beim Abschiednehmen auf den Bahnhöfen oft dramatische Szenen ab, sodass die Nazis eine Zeit lang verboten, dass Eltern ihre Kinder zum Zug begleiteten. Viele der Kinder konnten die Situation nicht begreifen, aber erstaunlich viele hatten eine ungute Ahnung, dass sie ihre Eltern nie mehr wiedersehen würden. Für die Kinder, die bei englischen Pflegefamilien unterkamen, bedeutete die Reise nach England Sicherheit, Leben und Ende der Verfolgung, gleichzeitig aber auch Abschied, Trennung und Verlust der Heimat. Die Kinder waren plötzlich auf sich gestellt, hatten keine persönlichen Sachen, keine Bücher oder Spielsachen mitnehmen dürfen und hatten meist nur eine Fotografie von den Eltern dabei. Insgesamt gelang etwa 10.000 Kindern die „Flucht" auf die englische Insel. Mit Ausbruch des Zweiten Weltkrieges fanden die Transporte ein abruptes Ende, denn Deutschland war nun Feindesland.

Auf der bereits erwähnten Flüchtlingskonferenz 1938 in Évian-les-Bains am Genfer See (zu Frankreich gehörend) trafen sich auf Einladung des US-Präsidenten Franklin D. Roosevelt, der sich über das Schicksal der deutschen Juden empört hatte, Vertreter aus 32 Ländern, um die Bereitschaft zur Aufnahme jüdischer Flüchtlinge auszuloten. Sie verhandelten zehn Tage lang über das Schicksal von 540.000 deutschen und österreichischen Juden, die von Nazideutschland ihrer Lebensgrundlage beraubt und in die Flucht getrieben worden waren. Die internationale Staatengemeinschaft hat in jenem Juli 1938 katastrophal versagt, und Adolf Hitler wurde klar: Es kümmert keinen, was mit den Flüchtlingen passiert. Somit endete die Konferenz weitgehend ergebnislos, da sich außer Costa Rica und der Dominikanischen Republik alle Teilnehmerstaaten weigerten, mehr jüdische Flüchtlinge aufzunehmen. Kanada äußerte: *„Einer ist einer zu viel."* Die Schweiz sagte: *„Keiner ist schon einer zu viel."* Die Australier sagten: *„Wir verabscheuen den Antisemitismus, deswegen lassen wir keine Juden ins Land. Wir wollen schließlich den Antisemitismus nicht in unser Land lassen"* (Amos Oz, israelischer Schriftsteller).

Dazu Golda Meir, Beobachterin aus Palästina und später von 1969 bis 1974 Ministerpräsidentin Israels: *„Es war ein schreckliches Erlebnis, dort in dem prächtigen Saal zu sitzen und zuzusehen, wie die Delegierten von zweiunddreißig Ländern sich nacheinander erhoben und erklärten, sie hätten gern eine beträchtliche Zahl von Flüchtlingen aufgenommen, seien jedoch dazu bedauerlicherweise nicht imstande. Nur wer Ähnliches durchgemacht hat, kann verstehen, welche Gefühle mich in Évian erfüllten – eine Mischung aus Kummer, Wut, Frustration und Grauen. Am liebsten wäre ich aufgesprungen und hätte geschrien: Wisst ihr nicht, dass diese Nummern und Zahlen menschliche Wesen sind, die vielleicht den Rest des Lebens in Konzentrationslagern verbringen oder in der Welt herumziehen müssen wie Leprakranke, wenn ihr sie nicht aufnehmt?"*

Évian bedeutete eine verpasste Chance. Noch konnte niemand ahnen, dass die Attacken auf Juden im Zivilisationsbruch der „Endlösung" münden würden.

Voller Sarkasmus zog Hitler dann in seiner Rede zum Jahrestag der „Machtergreifung" am 30. Januar 1939 über die mangelnde Hilfsbereitschaft her: *„Es ist ein beschämendes Schauspiel, heute zu sehen, wie die ganze Welt der Demokratie vor Mitleid trieft, dem armen gequälten jüdischen Volk gegenüber allein hartherzig verstockt bleibt angesichts der dann offenkundigen ‚Pflicht, zu helfen'."*

Ganz im Sinne Hitlers hatte der Staatssekretär im Auswärtigen Amt, Ernst von Weizsäcker, Vater des späteren Bundespräsidenten Richard von Weizsäcker, im November 1938 gegenüber dem Schweizer Botschafter in Paris erklärt, die noch in Deutschland verbliebenen Juden *„sollten unbedingt abgeschoben werden, denn sie könnten in Deutschland nicht bleiben"*. Wenn jedoch kein Land bereit sei, sie aufzunehmen, so gingen sie eben über kurz und lang ihrer vollständigen Vernichtung entgegen.

DIE „ENDLÖSUNG"

Am 20. Januar 1942 kamen 15 hochrangige Vertreter des NS-Staates auf Einladung des Hauptorganisators des Holocaust, Reinhard Heydrich, in einer luxuriösen Villa am Berliner Wannsee zusammen, um über die „Endlösung der Judenfrage" zu beraten. Bei dieser Zusammenkunft führte ein gewisser Adolf Eichmann das Protokoll. Man entschied auf dieser „Wannseekonferenz" elf Millionen Menschen zu deportieren, sie mörderischer Zwangsarbeit auszusetzen und die Überlebenden und Nichtarbeitsfähigen auf andere Weise ums Leben zu bringen. Der mit kalter bürokratischer Effektivität organisierte Massenmord hatte allerdings längst begonnen. Heydrich wurde am 4. Juni 1942 Opfer eines Attentats tschechischer Widerstandskämpfer. Aus Rache dafür zerstörten die Nazis das tschechische Dorf Lidice, töteten sämtliche männlichen Bewohner und steckten Frauen und Kinder ins KZ, wo sie ermordet wurden.

Im Holocaust – der vom Ausmaß und Charakter größten Katastrophe des jüdischen Volkes – wurden Tausende jüdische Gemeinden mit ihrem materiellen und geistigen Reichtum vernichtet. Mit Beginn der „Endlösung" wurde den Juden in ganz Europa gemeinhin befohlen, sich in der Nähe von Bahnhöfen zu versammeln, von denen aus sie in die Vernichtungslager deportiert wurden, verurteilt zu lang andauernden Reisen, eingepfercht in verplombten, stinkenden Viehwaggons, Männer, Frauen und Kinder bunt durcheinander; auf dem Boden ein paar schmutzige Strohsäcke, ein Abortkübel (für 60 Personen), ein Eimer Wasser. Die Gefangenen litten oft tagelang unter Bedingungen, die bereits vor Ankunft in einem Konzentrationslager zahlreiche Opfer forderten. Der Vorgang der Selektion und des Mordes war gut geplant und organisiert. Direkt ins Lager führten die Gleise der Reichsbahn. Wenn ein Zug an der Rampe hielt, mussten die Unglücksmenschen aussteigen und ihre wenigen Habseligkeiten wurden in mehreren Baracken gesammelt. Die Angekommenen wurden in zwei Reihen aufgestellt. Männer und Jungen in der einen, Frauen und Kinder in der anderen Reihe. Anschließend wurde von SS-Ärzten eine Selektion durchgeführt. Die Auswahl wurde nach dem Aussehen der Häftlinge getroffen und über ihr Schicksal, Zwangsarbeit oder Tod wurde völlig willkürlich entschieden. Häftlinge mussten von nun an gestreifte Anzüge aus grobem Stoff, dazu klobige Holzschuhe tragen. Die zum Tode Verurteilten mussten sich vor Eintritt in die Gaskammern ihrer Kleider und Schuhe entledigen. Dabei wurden sie in dem Glauben gelassen, sich einer Desinfektion unterziehen zu müssen. In der Gaskammer angekommen, versperrte man die Türen und begann das Gas Zyklon einzuleiten. Zyklon tötet zuverlässig innerhalb von fünf Minuten. Nach etwa 20 Minuten wurden die elektrischen Entlüftungsapparate eingeschaltet, um die giftigen Gase zu vertreiben. Die Leichen lagen nicht im Raum verstreut, sondern türmten sich hoch übereinander. Da das Zyklon seine tödlichen Gase zunächst in Bodenhöhe entwickelt, erfasst es erst nach und nach die oberen Luftschichten. Deshalb trampelten die Unglücklichen sich gegenseitig nieder, einer kletterte über den anderen. Je höher sie kamen, desto später erreichte sie das Gas; ein aussichtsloser Kampf um zwei Minuten Lebensverlängerung. Nach der Ermordung der Opfer wurden deren Goldzähne herausgebrochen und den Frauen wurden die Haare geschoren. Im Anschluss daran wurden die Leichen zur Verbrennung in die Öfen der Krematorien transportiert, die Knochen zermahlen und die Asche der Opfer auf den nahe gelegenen Feldern verstreut.

Bis heute hat kaum jemand den Namen Maly Trostenez gehört, ein Ort vor den Toren der weißrussischen Hauptstadt Minsk, wo sich das größte NS-Todeslager auf dem Gebiet der ehemaligen Sowjetunion befand. Die SS hatte alles getan, um das Morden dort zu verschleiern. Die Todgeweihten, in der Mehrzahl deutsche Juden, erreichten nur selten das Lager, vielmehr wurden die meisten direkt vom Bahnhof durch den Wald von Blagowschtschina getrieben, wo sie von Erschießungskommandos erwartet und sofort erschossen wurden. Anschließend warf man die Leichen in eine der zahlreichen Gruben und verscharrte sie dort. Nach Schätzungen von Historikern sollen während der deutschen Besatzungszeit, also von 1941 bis 1944, an die 200.000 Menschen umgekommen sein. Gemordet wurde nur werktags. Deportierte, die am Wochenende ankamen, blieben in Viehwaggons eingesperrt – bis die meist 80-köpfigen SS Kommandos montags wieder antraten.

Annähernd 80 Jahre mussten vergehen, bis ein deutscher Bundespräsident – Frank-Walter Steinmeier – gemeinsam mit dem weißrussischen und dem österreichischen Präsidenten sich an diesen Ort erinnerte und am 29. Juni 2018 eine Gedenkstätte einweihte.

Erst nach Jahrzehnten hat sich in Deutschland die Einsicht durchgesetzt, dass der Holocaust die Zentraltatsache der deutschen Geschichte des 20. Jahrhundert war. Allerdings – abgeschlossen ist die deutsche Auseinandersetzung mit der eigenen Vergangenheit nicht, und sie wird es auch niemals sein. Auch erwartet niemand von den Nachgeborenen, dass sie sich schuldig fühlen müssen, angesichts von Taten, die lange vor ihrer Geburt von Deutschen im Namen Deutschlands begangen wurden. Zur Verantwortung für das eigene Land gehört aber immer auch der Wille, sich der Geschichte des Landes im Ganzen zu stellen.

DER ANSCHLUSS ÖSTERREICHS
AN DAS DRITTE REICH

Einmarsch in die Tschechoslowakei

Am Morgen des 12. März 1938 marschierte die deutsche Wehr-macht in Österreich ein, nachdem sichergestellt war, dass Frank-reich, Großbritannien und Italien nicht eingreifen würden. Der „Anschluss" Österreichs erzeugte überschwänglichen Jubel in der deutschen und einem großen Teil der österreichischen Be-völkerung. Es war eine ziemlich einseitige, fast hysterische Lie-be seitens der Österreicher, denn die Nazis hatten ihrerseits oft verachtend auf die Österreicher als das „Mischvolk" herabgese-hen. Hitler feierte einen Triumph beim Einzug in sein Geburts-land. Auf dem Heldenplatz in Wien verkündete er vor über hun-derttausend jubelnden Menschen den „Anschluss" Österreichs an das Deutsche Reich. *„Ein Volk, ein Reich, ein Führer."* Nun war dieser Dreiklang auch auf österreichischen Plätzen und Märk-ten zu vernehmen. Das Straßenbild in der Hauptstadt und den großen österreichischen Städten änderte sich innerhalb von Minuten dramatisch. Die Machtübernahme vollzog sich tu-multartig. Viele Österreicher sahen Hitler als einen der Ihren an. Scheinheilig befeuerte er mit der Heldenplatz-Rede und der ausgerufenen Rückkehr seiner Heimat ins Reich das Volk, ob-wohl er sich spätestens in den 1920er-Jahren völlig von Öster-reich losgelöst hatte. Für ihn war Braunau, Ort seiner Geburt, Abschaum und Provinz. Linz war mehr der Ort seiner Verwirk-lichung. Wien hatte er abgrundtief gehasst.

Hitler brauchte für seinen geplanten Krieg die Ressourcen Österreichs und der Tschechoslowakei, in die er ein Jahr spä-ter einmarschieren ließ. Die Alpenrepublik bot, was die Nazis wollten: reichlich Gold und Devisen in den Tresoren der Nationalbank, viel Erz in den Bergen, Erdöl im Marchfeld, ein Heer arbeitsloser Facharbeiter im Flugzeug- und Automobilbau sowie Soldaten für mehrere Divisionen.

Unmittelbar nach dem deutschen Einmarsch begann der Terror gegen Juden und Andersdenkende. Bereits ab dem 1. April brachte der „Österreichertransport" hochrangige Beamte, Politiker und Funktionäre in das Konzentrationslager Dachau. Schätzungen gehen davon aus, dass in den ersten sechs Wochen bis zu 80.000 Personen verhaftet wurden. Bald setzte auch die systematische Verfolgung gegen die jüdische Bevölkerung ein. Schon wenige Wochen nach dem „Anschluss" begann man auch mit der Errichtung des Konzentrationslagers Mauthausen in Oberösterreich, wo bis zum Kriegsende etwa 100.000 Menschen ermordet wurden. Hitler fühlte sich stark und konnte sich nun seinem nächsten Opfer widmen: der Tschechoslowakei.

Am 15. März 1939 setzte er seine aggressive Politik fort, indem er deutsche Truppen in die Hauptstadt Prag einmarschieren und das Staatsgebiet der restlichen Republik besetzen ließ. Schon in der Nacht zuvor hatte der Präsident des Landes einen Vertrag unterschrieben, der nur unter Drohungen zustande kam. Mit diesem stellte er sein Land unter den Schutz des Deutschen Reiches und gab damit jegliche staatliche Selbstständigkeit auf. Damit hatte Hitler auch das Münchner Abkommen gebrochen, in dem er versprochen hatte, außer dem Sudetenland keine weiteren Gebietsansprüche auf die Tschechoslowakei zu erheben. Bereits im Oktober 1938 waren deutsche Soldaten in das von der Tschechoslowakei geräumte Sudetenland, in dem überwiegend Deutsche nach Sprache, Kultur und Eigenidentifikation lebten, eingerückt. Außerdem wurde das Protektorat Böhmen und Mähren ausgerufen, wo die Braunhemden willkürlich verhafteten und mordeten. Damit hatte Adolf Hitler seine ersten wichtigsten außenpolitischen Ziele – den „Anschluss" Österreichs und des Sudetenlandes an das neue „Großdeutschland – viel früher als geplant und ohne Krieg erreicht.

Doch die Bevölkerung in Prag war gar nicht begeistert, anders als in Österreich jubelte ihm kaum jemand zu. Umso mehr triumphierten die Sudetendeutschen und hießen die Besatzer willkommen. Wie zu erwarten, änderte sich mit diesem Schritt die Politik der Westmächte. Der britische Premier Neville Chamberlain sah ein, dass auf Hitler definitiv kein Verlass war und dass dessen Politik den Frieden in Europa mehr und mehr gefährdete. Somit endete die lange Zeit betriebene Appeasement-Politik, bei der man Hitler immer wieder nachgab, um einen Krieg zu vermeiden. Tatsächlich hatte man ihm das Sudetenland viel zu leichtfertig zum Fraß vorgeworfen. Denn der ausgebliebene Widerstand bestärkte den Diktator, seine Machtansprüche in Europa mit wachsender Gewalt voranzutreiben. Für die fatale Entwicklung in den späten Dreißigerjahren bezahlt haben am Ende die drei Millionen Sudetendeutsche, die wie die Schlesier oder Banatschwaben nach der Kapitulation Deutschlands beinah vollständig aus ihrer jahrhundertealten Heimat vertrieben wurden und versuchen mussten, im Nachkriegsdeutschland Fuß zu fassen. Bis heute fordert die Sudetendeutsche Landsmannschaft bei der Tschechei das Heimat- und Rückkehrrecht ein.

Der Schreiner Georg Elser aus dem schwäbischen Königsbronn stand der nationalsozialistischen Politik ablehnend gegenüber. Im Herbst 1938, als ein Krieg in Europa nur durch das Münchner Abkommen verhindert werden konnte, entschloss er sich zu einem Sprengstoffattentat, um die NS-Führung auf diese Weise zu beseitigen. Der Bombenanschlag sollte im Bürgerbräukeller in München stattfinden, wo Adolf Hitler jährlich am 8. November, zum Jahrestag des Hitlerputsches von 1923, zu den „alten Kämpfern" der NSDAP sprach. Elser versteckte sich jeden Abend auf der Galerie des Saales im Bürgerbräukeller und ließ sich nach Lokalschluss unbemerkt dort einschließen. So konnte er in mehreren Nächten die Säule über Hitlers Rednerpult für seinen Anschlag vorbereiten. In der Nacht des 2. November fixierte Elser die Sprengkörper in der Säule. Am Morgen des 6. November stellte er die beiden Uhrwerke des Zündapparats auf den Abend des 8. November ein und verließ München Richtung Schweiz. Allerdings fiel die Rede Hitlers wesentlich kürzer aus, als Elser gedacht hatte. Da Hitler nach Berlin zurückkehren musste, verließ er mit anderen NS-Funktionären bereits um 21.07 Uhr den Saal. Um 21.20 Uhr explodierte der Sprengkörper. Durch die Explosion stürzte die gesamte Saaldecke herab, wobei 7 Menschen starben und 60 verletzt wurden. An eine Einzeltäterschaft Georg Elsers, der noch vor der Explosion in Konstanz wegen des Versuchs, illegal in die Schweiz zu gelangen, festgenommen wurde, glaubte hingegen kaum jemand.

DER WEG ZUM ZWEITEN WELTKRIEG

„In der deutschen Armee gab es
Nazis – und Deutsche."

– Willy Brandt –

Am 1. September 1939, 25 Jahre nach Ausbruch des Ersten Weltkrieges, verkündete Hitler in offensichtlich gespielter Erregung dem deutschen Volk: *„Seit 5.45 Uhr wird jetzt zurückgeschossen! Und von jetzt ab wird Bombe mit Bombe vergolten."* Er verriet sich dabei um eine Stunde, denn der Angriff auf Polen war bereits um 4.45 Uhr erfolgt. Um diese Zeit begannen deutsche Soldaten polnische Schlagbäume niederzureißen. Die meisten Deutschen gingen der Propaganda auf den Leim. Doch bei den Westmächten hatte die deutsche Führung mit der Rede Hitlers endgültig verspielt. Der Vertrauensvorschuss der Briten und Franzosen war nun endgültig perdu. Mit dem Angriff auf Polen war der Zweite Weltkrieg ausgebrochen, durch Hitlers Kriegswillen bewusst ausgelöst, durch Stalins Komplizenschaft unmittelbar ermöglicht, durch den zu späten militärischen Widerstand der Westmächte gegen die deutsche Kriegspolitik nicht mehr verhindert. Bei allen Gräueln, Menschenrechtsverletzungen und Kriegsverbrechen, die in der Folgezeit von sämtlichen Beteiligten begangen werden sollten, muss aber stets im Auge behalten werden, dass die Schuld am Kriegsausbruch in erster Linie bei der deutschen, in zweiter Linie bei der sowjetischen Führung lag, während die Westmächte einen gerechten Verteidigungskampf führten.

Um den Angriff auf den östlichen Nachbarn zu legitimieren, hatten Nazi-Schergen in polnischen Uniformen einen Scheinüberfall auf den deutschen Rundfunksender im oberschlesischen Gleiwitz fingiert. Der Öffentlichkeit im In- und Ausland sollte glaubhaft gemacht werden, der deutsche Angriff sei reine Selbstverteidigung. Dabei hatte Hitler bereits im Februar 1933 vor Reichswehroffizieren über die Eroberung von *„Lebensraum im Osten"* gesprochen. Möglich gemacht wurde der *„Polenfeldzug"* durch den Hitler-Stalin-Pakt. Der Vertrag garantierte dem Deutschen Reich die Neutralität der Sowjetunion im Falle eines Krieges mit Polen. In einem geheimen Zusatzprotokoll vereinbarten beide Seiten zusätzlich die Teilung Polens.

Der Überfall auf das Nachbarland wurde als *„Blitzkrieg"* bezeichnet, ein Begriff, der zweifellos weltweit in die Annalen der Geschichtsbücher eingegangen ist. Die seit Langem an der polnischen Grenze in Wartestellung aufmarschierten deutschen Truppen, etwa 1,5 Millionen Soldaten, standen bereits zwei Wochen später vor Warschau. Alle Aufmerksamkeit richtete sich auf den Verlauf des Krieges, der am Ende annähernd 60 Millionen Menschen das Leben kostete.

„60 Millionen Tote … Eine unfassbare Zahl. Wenn diese Toten eine Menschenkette bilden könnten, Hand in Hand, und jeder dabei einen Meter Platz einnehmen würde, wären das 60 Millionen Meter, sprich 60.000 km. Wenn man eine Menschenkette dieser Länge mit 10 km/h abfahren würde, um jedem einen kurzen, würdigen Blick geben zu können, würde man 6.000 Stunden, sprich 250 Tage brauchen. Non-Stop – ohne Schlafen." (Ralf Zerback in DIE ZEIT)

Die Wehrmacht besiegte Polen innerhalb von fünf Wochen. Daraufhin erklärten Frankreich und Großbritannien, die mit Polen verbündet waren, Deutschland den Krieg, ohne jedoch in Polen einzugreifen. Am 17. September 1939 marschierte die Sowjetunion aufgrund des Hitler-Stalin-Paktes von Osten in Polen ein. Im Oktober 1939 wurden die eroberten Gebiete Polens unter der Sowjetunion und Deutschland aufgeteilt und eingegliedert. Zwischen April und Juni 1940 gelang der deutschen Armee die Besetzung Dänemarks und Norwegens; zur gleichen Zeit begann die Westoffensive, bei der die Beneluxstaaten und Frankreich besetzt wurden. Die Franzosen traten Paris kampflos ab, da sie nicht wollten, dass die Stadt zerstört wird. Am 25. Juni kam es zur Kapitulation Frankreichs. Nach der erfolgreichen deutschen Westoffensive kam es im Wald von Compiègne zu einem Waffenstillstand zwischen dem Deutschen Reich und Frankreich. In der Folge unterstand der Norden des Landes der NS-Besatzungsmacht. Im Südosten wurde eine französische Regierung errichtet, die aber sehr eng mit den Deutschen zusammenarbeitete. An der Spitze dieser Regierung, deren Regierungssitz im französischen Badeort Vichy lag, stand Marschall Pétain. Doch marschierten Ende November 1942 die deutschen Truppen auch in die unbesetzte Zone Frankreichs ein. Dies war wohl als Antwort auf die Landung der Alliierten in Nordafrika zu verstehen. Die Deportationen der Juden gingen weiter, erfolgten jetzt allerdings unter deutscher Führung. Viele Juden, die kurz zuvor noch vor allem nach Südfrankreich geflohen waren, sahen sich jetzt schon wieder der Angst und dem Terror ausgesetzt. Letztendlich brach die Vichy-Regierung mit der Landung und dem Vordringen der Alliierten im August 1944 zusammen. Am 25. August 1944 wurde dann auch Paris befreit und eine vorläufige französische Regierung gebildet.

Mitte August 1940 hatte die Luftschlacht um England begonnen. Es kam zu schweren Bombardierungen britischer Städte mit hohen Verlusten unter der Zivilbevölkerung. Die Deutschen waren jedoch überrascht vom starken Widerstand der Briten und zogen sich im Frühjahr 1941 aufgrund hoher Verluste zurück. Ebenfalls im Frühjahr 1941 unterstützte Deutschland seinen Bündnispartner Italien in Nordafrika und auf dem Balkan gegen Großbritannien, um die strategische Lage vor dem Angriff auf Russland nicht zu gefährden.

Sie waren neugierig, gutgläubig und in ihrer Entwicklung noch formbar, die Kinder im „Dritten Reich". Die Nationalsozialisten nutzten ihre Naivität schamlos aus. Die Kinder kannten nichts anderes als die Verherrlichung von Krieg und antisemitischer Propaganda. So entstand in den Kinderherzen der Hass auf die

Juden und die „bolschewistischen Untermenschen". Die Hitlerjugend hatte die Jugendlichen schon früh auf ihre späteren Aufgaben als Soldaten vorbereitet. Sport, Marschieren, Exerzieren, Schießen, all dies wurde schon rechtzeitig eingeübt. Bereits 1931 marschierten Jungen in NS-Uniform, nach 1933 erhielt die Hitlerjugend bereits eine paramilitärische Ausbildung. Gedrillt wurden bestimmte Jugendliche ab dem 12. Lebensjahr in Adolf-Hitler-Schulen, nationalpolitische Internat-Erziehungsanstalten, die zu den nationalsozialistischen Ausleseschulen zählten. Die Propaganda verklärte den Heldentod und das Opfer für die „Volksgemeinschaft". Darauf wurden alle schon sehr früh eingeschworen. Im Krieg kamen dann viele Jugendliche als sogenannte Flakhelfer zum Einsatz. Was die Kinder in jener Zeit erlebten, ließ sie nie mehr los: Hunger und Kälte, Luftangriffe und Verlust gehörten zum Alltag. Ab 1943 wurden alle Jugendlichen ab dem Alter von 16 und 17 Jahren zu diesen Diensten herangezogen. Ein Jahr darauf mussten schon die 15-Jährigen ran. Die Kindheit im Krieg endete jäh.

Nach dem deutschen Überfall auf Polen im September 1939 gab es Pläne für ein Getto in Warschau, der Hauptstadt Polens. Hier lebten die meisten polnischen Juden, insgesamt war etwa ein Drittel der Warschauer Bevölkerung jüdischen Glaubens. Um diese besser kontrollieren zu können, wurde ein Gebiet in Warschau zu einem Getto für die polnischen Juden gemacht, das man endgültig Mitte November 1940 abriegelte. So lebten auf etwa drei Quadratkilometern mehr als 350.000 bis 400.000 Menschen, das waren so viele wie in einer mittelgroßen Stadt. Damit keiner rein-, aber vor allem keiner rauskonnte, umgab man das Getto mit einer hohen Mauer und bewachte die Ein- und Ausgänge. An der Außenseite taten polnische und deutsche Polizeibeamte Dienst, innerhalb des Gettos mussten die Juden selbst eine Art Wachdienst einrichten und dafür sorgen, dass niemand fliehen konnte. Die Verwaltung des Gettos übernahm ein sogenannter Judenrat, der zwischen den deutschen Verantwortlichen und den Juden innerhalb des Gettos vermitteln sollte. Die Lage war katastrophal und wurde im Lau-

fe der Zeit immer schlimmer. Eine Reihe wirtschaftlicher Maßnahmen beraubte die Juden ihres Einkommens und damit der
Fähigkeit, ihre Familien zu ernähren. Da die meisten enteignet wurden, reichte das Geld nicht lange, um sich selbst zu versorgen. Vor allem die jüdischen Kinder litten sehr unter dieser
Situation, viele verhungerten oder starben an Krankheiten. Es
gab keine medizinische Versorgung und keine Medikamente.
Kot und Abfälle lagen haufenweise herum, denn die Kanalisation wurde nicht instand gehalten und eine Müllabfuhr gab es
nicht mehr. Tausende gingen durch Hunger, Seuchen und Kälte zugrunde. Es war die Hölle auf Erden.

Doch die Mauern des Gettos und die Isolation konnten die
kulturellen Aktivitäten seiner Bewohner nicht unterbinden, und
trotz der äußert schwierigen Lebensbedingungen gaben einige Künstler und Intellektuelle ihre Tätigkeit nicht auf. Sie un-
terhielten Untergrundbibliotheken und ein Untergrundarchiv
und es wurde sogar ein Sinfonieorchester zusammengestellt.

Im Juli 1942 begannen die Massendeportationen aus dem
Getto in die Vernichtungslager. Im Schnitt wurden jeden Tag an
die 7.000 Juden mit Gewalt zu einem sogenannten Umschlag-
platz gebracht, um von dort aus nach Treblinka transportiert zu
werden. Die Gewalt, der die Menschen ausgesetzt waren, übertraf
die Gewalt, die schon vorher alle in Angst und Schrecken versetzte. Von Juli bis September 1942 wurden etwa 300.000 Personen verschleppt. Himmler schätzte, dass Anfang Januar 1943
noch etwa 40.000 Juden im Getto lebten. Die tatsächliche Zahl
lag bei 55.000. So befahl er bei einem Besuch in Warschau im
Januar 1943, weitere 8.000 Juden zu deportieren, was deren
sicheren Tod bedeutete. Dieser Befehl löste den Aufstand im
Warschauer Getto aus. Es kam zu einem bewaffneten Widerstand der Gettobewohner, als man Himmlers Befehl in die Tat
umsetzen wollte. Unzählige kamen bei diesem Aufstand ums
Leben. Überlebende wurden in das Vernichtungslager Treblinka deportiert und dort vergast.

Hitlers Befehl hatte gelautet, das Getto dem Erdboden gleich-
zumachen. Und die SS ließ es an Gründlichkeit und Brutalität

wahrhaftig nicht fehlen. Doch der Aufstand war für viele Juden ein Zeichen, dass sie fähig waren, sich zu wehren, obwohl der Sieg nur ein moralischer Sieg blieb.

Im Oktober 1940 griff Thomas Mann in den Zweiten Weltkrieg ein. Aus seinem kalifornischen Exil begann der Literaturnobelpreisträger seine berühmten Radioansprachen über die britische BBC. Als Mittel wählte er, stilistisch gekonnt, die Konfrontation mit seinen Hörern, um diese zu einem ideologischen Bewusstseinswandel und letztlich zur Auflehnung gegen das Regime zu bewegen. Es rauschte und piepte im Äther. Aber die Botschaft war klar und deutlich. *„Die Hölle, Deutsche, kam über Euch, als diese Führer über Euch kamen. Zur Hölle mit Ihnen und all Ihren Spießgesellen."* Es war die Stimme Thomas Manns aus der Freiheit. Emotional und pathetisch – so stritt er mit den Nazis. Es waren etwa 60 kurze Reden, die immer mit derselben Anrede begannen: *„Deutsche Hörer!"* Dem bellenden, keifenden Diktator antwortete im Radio die Stimme der Vernunft. Für Thomas Mann waren die Nazis „Verderber des Volks" und „die Diktatur des Gesindels". Hitler nannte er einen „blutigen Komödianten".

Doch anfangs läuft es für Hitler gut. Der Blitzkrieg beschert den Deutschen Erfolge im Osten und im Westen. Thomas Mann hat es da schwer. *„Werdet ihr mir glauben, wenn ich euch versichere, dass diese Siege – sofern man sie so nennen kann – genauso so hohl, sinn- und hoffnungslos sind wie die früheren? Es gibt keinen Nazi-Sieg. Alles, was so aussieht, ist blutiger Unsinn, ist im Voraus annulliert."*

Schon im ersten Kriegsjahr wurde klar, man musste in allem mit weniger auskommen. Seit Kriegsbeginn gab es bestimmte Lebensmittel nur noch auf Lebensmittelkarten. Die Behörden versuchten vor allem solche Esswaren zu fördern, die im Deutschen Reich selbst hergestellt wurden. Das Problem war, es gab zu wenig Fett. Schon vor Kriegsbeginn hatte man die Bevölkerung dazu aufgerufen, möglichst wenig Fett zu verbrauchen. Auch die Qualität der Lebensmittel sank, so gab es keine Vollmilch mehr, nur noch Magermilch, keinen echten Honig, son-

dern nur noch Kunsthonig. Statt Butter gab es Margarine. Koch-
bücher zeigten, wie man Nahrungsmittel „strecken" konnte, das
hieß, aus wenigen Inhaltsstoffen versuchte man möglichst viel
herzustellen. Kaffee aus Bohnen gab es fast keinen mehr. Dafür
gab es eine Art Ersatzkaffee, der aus Malz oder Zichorien hergestellt wurde, also ein Kaffee aus Getreide, der kein Koffein enthielt. Im Volksmund als „Muckefuck" bezeichnet. Auf Obst und
Gemüse mussten die meisten Deutschen verzichten. Man versuchte zwar, in kleinen Privatgärten oder auch auf dem Balkon
Gemüse und Obst zu züchten, doch nicht immer gelang dies. Vor
allem konnten hier keine größeren Mengen produziert werden.
Man griff auch auf wild wachsende Kräuter zurück wie Brenn-
nessel, Löwenzahn oder Kresse, was die NS-Propaganda veran-
lasste zu behaupten, dass die Deutschen sich jetzt viel gesünder
als vor dem Krieg ernähren würden. Menschen aus den Städten fuhren dann aufs Land, denn da lebten die Bauern, für die
es einfacher war, sich mit Nahrung zu versorgen. Viele tausch-
ten hier Schmuck und Wertgegenstände ein gegen Essbares wie
Fleisch, Eier oder Gemüse. Allerdings waren solche „Hamster-
fahrten" mit großem Risiko verbunden, denn der Erwerb jeglicher Nahrungsmittel außerhalb der Lebensmittelkarten war
unter Strafe gestellt. Es drohte Gefängnis und im schlimmsten
Fall sogar die Todesstrafe.

Es gab immer weniger Lehrer. Die Qualität des Unterrichts
in den Schulen wurde immer schlechter, ausgenommen davon
waren die Adolf-Hitler-Schulen, an denen die NSDAP ihren eigenen Nachwuchs ausbildete. Die normalen Schulen litten unter
dem Krieg. Der Krieg drang in den Unterricht ein und Kriegs-
ereignisse wurden zu einem wichtigen Thema. So gab es zum
Beispiel einen Befehl, die Schüler täglich über das Geschehen
an der Front zu informieren. Oft wurden Klassen zusammenge-
legt, weil nicht mehr ausreichend Lehrer unterrichteten. Schon
ab dem zweiten Kriegsjahr, also 1940, war ein normaler Unterricht gar nicht mehr möglich. Ab 1943 kamen mit den zunehmenden Luftangriffen viele Kinder zur Kinderlandverschickung. Man versuchte, sie aus besonders gefährdeten Gebieten

zu retten. Ab 1944 brach dann der Betrieb an den Schulen völlig zusammen, Lehrer und Schüler mussten sich kriegswichtigen Arbeiten widmen.

Obwohl das Deutsche Reich und die Sowjetunion einen Nichtangriffspakt geschlossen hatten, griff Hitler am 22. Juni 1941 die Sowjetunion an, ohne vorher den Krieg erklärt zu haben. Das Unternehmen lief unter dem Tarnnamen „Unternehmen Barbarossa" und begann mit einem Vernichtungskrieg in einem bis dahin unbekannten Ausmaß. Mit 153 Divisionen, 600.000 motorisierten Fahrzeugen, 3.800 Panzern, über 7.000 Geschützen und 2.740 Flugzeugen waren die deutschen Angriffstruppen die gewaltigste Streitmacht, die je auf einem Kriegsschauplatz vereint war. Zu Beginn konnten die Truppen beim Vormarsch einige Erfolge verbuchen, doch so schnell wie sich Hitler das Vordringen seiner Truppen vorgestellt hatte, ging es dann doch nicht. Der Angriff kam im Winter vor Moskau zum Stillstand. Daraufhin verschob Hitler die Eroberung Moskaus zugunsten der Eroberung Leningrads, heute erneut St. Petersburg. Die Belagerung der Stadt durch die deutsche Wehrmacht dauerte 872 Tage, vom 8. September 1941 bis zum 27. Januar 1944. Die größeren Lebensmittellager der Stadt wurden von der deutschen Luftwaffe bombardiert und zerstört. Ein Blockadering schnitt sämtliche Versorgungslinien für die Millionenstadt ab. Bereits Ende September 1941 waren die Lebensmittelvorräte so gut wie aufgebraucht. Verzweiflung, Hunger und Kannibalismus waren die Folge. Die Menschen richteten ihre gesamte Energie auf die Nahrungssuche. Gegessen wurde alles, was organischen Ursprungs war, wie Klebstoff, Schmierfett und Tapetenkleister. Lederwaren wurden ausgekocht und bereits zwei Monate nach Beginn der Belagerung gab es in Leningrad weder Katzen noch Hunde noch Ratten und Krähen. Erst als Hilfslieferungen über den Ladogasee die Stadt erreichten, entspannte sich die Lage ein wenig, doch entgegen den Beteuerungen der sowjetischen Propaganda gelang es auch weiterhin nicht, alle Menschen satt zu machen. Unzureichend ausgerüstet und oft schlecht geführt, gelang es der Roten Armee bis zum Ende der Belagerung 1944 nicht, den deutschen Ring zu sprengen, hinderte aber unter enormen Verlusten die Wehrmacht daran, den für das Jahr 1942 geplanten finalen Vernichtungsangriff auf die Stadt durchzuführen. In dieser verhängnisvollen Zeit verloren weit über eine Million Leningrader ihr Leben. Es ist eine unglaubliche Geschichte von Heldenmut einerseits und eines der unglaublichsten Kriegsverbrechen andererseits. Der unbeugsame Wille und die Leidensfähigkeit der Bevölkerung der Stadt Peters des Großen sind bis heute ein Mythos.

Mit dem „Unternehmen Barbarossa" wollten die Nazis die Sowjetunion vernichten und die Bevölkerung töten oder versklaven, der Ostfeldzug sollte dem deutschen Volk neuen „Lebensraum" eröffnen. Den Decknamen gaben sie in Anspielung auf den deutschen Kaiser Friedrich I., genannt Barbarossa (italienisch für „Rotbart"), von 1155 bis 1190 Kaiser des römisch-deutschen Reiches, der zahlreiche Kreuzzüge gegen muslimische Staaten im Nahen Osten und gegen Jerusalem führte. Die deutsche Propaganda bezeichnete den Überfall auf die Sowjetunion als *Kreuzzug Europas gegen den Bolschewismus*": „Herrenmenschen" gegen „Untermenschen." „Nationalismus gegen Kommunismus." Dieser unmenschliche „Kreuzzug" war von Anfang an als Vernichtungs- und Ausbeutungskrieg gegen die sowjetische Bevölkerung konzipiert. Der Hungertod von Millionen Bürger war von Anfang an eingeplant. SS-Führer Heinrich Himmler machte klar, der Zweck des Russlandfeldzuges sei *die Dezimierung der slawischen Bevölkerung um 30 Millionen*".

Der junge Gefreite, der in vielen Briefen an seine Eltern um den Muntermacher Pervitin bat, hieß Heinrich Böll. Viele Jahre später wurde er ein berühmter Schriftsteller und erhielt den Literaturnobelpreis. Doch jetzt schob er noch als unbekannter kleiner Soldat seinen Dienst und war süchtig nach dem Aufputschmittel. Damit war er nicht allein. Millionen deutscher Soldaten und Zivilisten schluckten damals regelmäßig Pervitin, das im Volksmund „Weckamin" genannt wurde und rezeptfrei in jeder Apotheke erhältlich war. Die Nazis, die sich gern als Saubermänner aufspielten, setzten mit dieser Droge ein ganzes Volk in Trance, denn sie versprachen sich dadurch eine deutliche Leistungssteigerung, da die Männer im Kriegseinsatz länger wach blieben und sich besser konzentrieren konnten. Zivilisten schluckten es hemmungslos, um ihren Alltag zu bewältigen, und selbst als Praline war es erhältlich. Der Nazi-Slogan „Deutschland erwache" bekam eine ganz neue Bedeutung. Der „Blitzkrieg" war geradezu methamphetamingesteuert, bis zu dem Zeitpunkt, als die ersten gesundheitsschädlichen Nebenwirkungen wie Depressionen und Burn-out-Symptome bekannt wurden. Das Mittel zur Unterdrückung von Müdigkeit wurde erst im Jahre 1988 vom Markt genommen.

Die deutsche Bevölkerung fing immer mehr an, am Sinn und Erfolg des Krieges zu zweifeln. Nicht so Ex-Kaiser Wilhelm II. Der einstige, inzwischen greise Monarch träumte in seinem holländischen Exil von einem germanischen Superstaat auf dem Kontinent, einem Deutschland, das Europa gewaltsam vereint. Immer wieder behauptete er bis kurz vor seinem Tod, dass in Hitlers Eroberungsfeldzügen Gottes Wille geschehe. Der Hohenzoller lobte sich dabei selbst als das Werkzeug des Allmächtigen: Wilhelm pries die Erfolge der Wehrmacht. Stolz verwies er darauf, dass die Offiziere der Nazi-Armee schließlich aus seiner Schule kämen. Wilhelm sah in Hitler seinen Vollstrecker. Der britische Historiker John C. G. Röhl, der wohl beste Kenner von Wilhelm II. und seiner Epoche, dokumentierte in einer opulenten dreibändigen Biografie die antisemitischen Tiraden des alternden Monarchen nach 1939: *„Er geiferte von einem von Freimaurern und Juden ‚durchseuchten' Gegner."* Zweimal hätte das Judentum einen Weltkrieg vom Zaun gebrochen, um das *„Weltreich Juda"* zu errichten. Seine absurde Fantasie glich auf fatale Weise der NS-Propaganda.

Wir lieben und bewundern sie, auch heute noch – die Helden und Stars der Dreißiger- und Vierzigerjahre. Helden der Propaganda, die Lieblinge und Idole der Nazizeit und des diabolischen Präsidenten der Reichskulturkammer Joseph Goebbels. Mit ihrer Hilfe versuchten die Nationalsozialisten, Macht und Ideologie im Herzen der Menschen zu verankern. Das Kino sollte die Massen vom Krieg ablenken, verführen, manipulieren. Spitzensportler wie der Boxer Max Schmeling oder die Bergsteiger Heinrich Harrer und Luis Trenker, aber auch Schauspieler wie Marika Rökk, Willy Fritsch, Brigitte Horney, Heinrich George und viele andere spielten bis zur Kapitulation. Heinz Rühmann, welcher der Filmindustrie der Nazizeit enorme Erfolge verdankt („Quax, der Bruchpilot" „Die Feuerzangenbowle"), war sich des Widerspruchs bewusst. Freunde im Ausland bat er fast flehend um Verständnis, dass er öffentlich als Hofnarr agierte, während deutsche Truppen in ihre Heimatländer einmarschierten. Nur wenige Nazi-Lieblinge verließen den NS-Staat, viele blieben. Erste Mimen des Reichs zierten zuverlässig Empfänge der Führungsschicht. Goebbels pflegte Jungschauspielerinnen unangemeldet zu besuchen, zu bezirzen, zu bedrohen, zu beschlafen. Jüdische oder politisch andersdenkende Schauspieler oder Regisseure waren nicht erwünscht. Sie gingen ins Exil oder wurden ermordet. Das deutsche Kino verlor damals talentierte Regisseure wie Fritz Lang und Billy Wilder oder beliebte Schauspielerinnen wie Marlene Dietrich an Hollywood.

Für manche Filmproduktionen wurde ein riesiger Aufwand betrieben. Noch in den letzten Kriegsmonaten ließen die Nazis einen enorm teuren Farbfilm drehen, in dem Tausende von der Front abgezogene Soldaten als Statisten mitwirkten: „Kolberg". Der Historienfilm des Regisseurs Veit Harlan und der schwedischen Schauspielerin Kristina Söderbaum, der sich auf die Belagerung Kolbergs im Jahre 1807 bezog und die Auflehnung gegen einen übermächtigen Feind symbolisieren sollte, war ein reiner NS-Propagandafilm und sollte den Durchhaltewillen der Deutschen stärken. Veit Harlans bis heute umstrittenes antisemitisches Hetzwerk „Jud Süß" wurde im Nazireich ein Kassenrenner. Kristina Söderbaum übernahm in zahlreichen Filmen ihres Ehemanns Harlan die Hauptrolle und erhielt vom Publikum den Beinamen „Reichswasserleiche", da sie oft die Rolle der verhängnisvollen Selbstmörderin spielte.

Wer blieb, spielte mit. In wessen Auftrag, daran blieb wenig Zweifel: Die Filmgesellschaften waren alle gleichgeschaltet, Bühnen- und Studio-Kontrollbesuche von Goebbels Schergen alltäglich. Noch Ende 1944 wurden auf dem Babelsberger UFA-Gelände eine große Anzahl aufwendiger Filmproduktionen realisiert, während gleichzeitig in der realen Welt der Kampf um einen längst verlorenen Krieg weiterging. Gegen Sätze wie *„Sire, geben Sie Gedankenfreiheit"* konnten sie freilich wenig tun. Szenenapplaus für diesen Protest aus der Feder Friedrich Schillers gab es regelmäßig – auch in Berlin, wo Gustaf Gründgens als Generalintendant des Preußischen Staatstheaters herrschte. *„Er hat noch das Schlimmste verhindert"*, sagten seine Verehrer. *„Er hat sich an Barbaren verkauft"*, richteten die Gegner. Immerhin: Fast alle Film- und Bühnenlieblinge wurden nach dem Krieg rasch entnazifiziert.

Rudolf Heß, Führer-Stellvertreter und fanatischer Anhänger des Nazikults flog am 10. Mai 1941 mit einer Messerschmidt nach Schottland und sprang dort mit dem Fallschirm ab, um angeblich mit den Engländern über einen Frieden zu verhandeln. Ob er dies aus eigenem Antrieb getan hat – was wahrscheinlich ist – oder mit Wissen von Adolf Hitler, war bei den Historikern lange Zeit umstritten. Heute geht man davon aus, dass Heß die Engländer zu Verbündeten machen wollte, so wie es Hitler ursprünglich geplant hatte, um mit England gemeinsam gegen die Sowjetunion vorzugehen. Heß wurde von den Engländern in Haft gesetzt und nach dem Ende des Zweiten Weltkriegs war er einer der Angeklagten der Nürnberger Prozesse, in denen sich die wichtigsten Kriegsverbrecher ihrer Verantwortung stellen mussten. Heß wurde als Hauptkriegsverbrecher in zwei von vier Anklagepunkten schuldig gesprochen und zu lebenslanger Haft verurteilt. Ab Oktober 1966 war er der letzte und einzige Gefangene im 1000-Mann-Kriegsverbrechergefängnis Berlin-Spandau. Gesuche auf vorzeitige Entlassung aus der Gefangenschaft scheiterten am Veto der Sowjetunion. Im Jahre 1987 starb Heß durch Suizid.

Während 1941 in Europa an sämtlichen Fronten erbarmungslos gekämpft wurde, baute der Berliner Erfinder und Unternehmer Diplom-Ingenieur Konrad Zuse den ersten, vollautomatischen, frei programmierbaren Digitalrechner der Welt. Heute bezeichnen wir solche Rechner als Computer. Die Maschine Z3, von der Größe eines Kinderzimmers, gilt heute als erster funktionstüchtiger Computer der Welt. Das Ungetüm entwickelte Zuse nicht in einem Forschungsinstitut, sondern allein im Wohnzimmer seiner Eltern. Der Pioniercomputer befindet sich heute im Deutschen Museum in München. Dort kann man täglich erleben, wie Jugendliche, die mit PC und Handy aufgewachsen sind, gerade von dieser Maschine fasziniert sind.

Am 7. Dezember 1941 ereignete sich der Angriff der Kaiserlich Japanischen Marineluftstreitkräfte auf Pearl Habor. Es war ein Überraschungsangriff auf die auf Hawaii vor Anker liegende Pazifikflotte der USA. Tags darauf erklärten die USA den Krieg gegen Japan. Am 11. Dezember erklärten daraufhin auch das mit Japan verbündete nationalsozialistische Deutsche Reich sowie Italien den USA den Krieg. Damit befand sich Deutschland gegen die USA und England im Westen und gegen Russland im Osten im Krieg. Hitler war in den Zweifrontenkrieg geraten, den er immer hatte vermeiden wollen. Dadurch fing die deutsche Herrschaft in Europa an zu bröckeln. Während der Rückzüge kamen von den vorgesetzten Stäben immer häufiger Befehle zum Durchhalten in Verteidigungslinien, die für den normalen Verstand als unhaltbar zu erkennen waren. Im Frühjahr 1943 erlitt die Wehrmacht in Stalingrad hohe Verluste, wodurch die Moral des deutschen Volks enorm schwand. Ein zweites Verdun habe er verhindern wollen, sagte Hitler. In Wirklichkeit war Stalingrad etwas weitaus Schlimmeres als Verdun, es war eine jähe Katastrophe, von der das Reich sich nicht mehr erholen sollte. Die deutschen Soldaten gruben sich bei Temperaturen von minus 40 Grad in Kellern und Trümmern ein, ihre Kleidung schützte sie nur unzureichend vor der Qual bereitenden Kälte. Es mangelte an allem: an Lebensmitteln, Treibstoff, Munition, Medikamenten und Verbandszeug für die Verletzten. Leichen konnten angesichts des tief zugefrorenen Bodens nicht mehr begraben werden. Seuchen wie Cholera und Ruhr breiteten sich aus. Insgesamt starben mehr als eine Million Menschen bei diesem sinnlosen Gemetzel – Soldaten, Zivilisten, Männer, Frauen, Kinder, alte und junge Menschen. Es waren Russen, Deutsche und Österreicher, aber auch Ukrainer, Rumänen, Ungarn und Italiener. Sie starben oftmals einen grausamen Tod. Wenn sie nicht erschossen oder von einer Bombe getroffen wurden, so verhungerten oder erfroren sie. Sie starben keinen Heldentod, wie es sich Hitler gewünscht hatte, sondern sie kamen jämmerlich und qualvoll um. Stalingrad steht mit in der Reihe der Namen, die uns die Sinnlosigkeit und Grausamkeit des Krieges vor Augen führenVon den 300.000 deutschen Soldaten, die von der Roten Armee eingekesselt waren, traten nach der Kapitulation des Feldmarschalls Paulus nur 100.000 den Weg aus der Hölle der Schlacht in das Inferno der sibirischen Gefangenenlager an. Dort starben die meisten unter den menschenunwürdigen Bedingungen. Nur etwa 10.000 sollten ihre Heimat wiedersehen. Zehn Jahre nach Kriegsende kamen sie frei, nachdem Bundeskanzler Adenauer im September 1955 auf Einladung der sowjetischen Regierung in Moskau die Aufnahme diplomatischer Beziehungen gegen Freilassung der restlichen Kriegsgefangenen vereinbart hatte.

Ein großes Verbrechen der Nationalsozialisten war ihr Umgang mit den Kriegsgefangenen aus dem Osten. Nach den Gesetzen des Völkerrechts haben alle Kriegsgefangenen ein Anrecht auf faire Behandlung. Auch die Deutschen nahmen, genauso wie die Sowjets, bewusst den Tod Gefangener in Kauf. Es gab schlichtweg kaum etwas zu essen, sodass die meisten verhungerten. Die hygienischen Verhältnisse müssen erschütternd gewesen sein, Tausende starben an Krankheiten. Verwundete wurden medizinisch nur selten versorgt, man ließ sie einfach sterben. Die Unterkünfte waren erbärmlich und boten den Gefangenen vor allem im Winter überhaupt keinen Schutz und keine Wärme. Viele Insassen erfroren auf jämmerliche Weise.

Im Gegenzug wurden später die in Kriegsgefangenschaft geratenen deutschen Soldaten nicht geschont. So rächten die Russen erbarmungslos die grausamen Taten der Deutschen.

Ebenfalls wurde im „Dritten Reich" eine Unzahl von belgischen und französischen Kriegsgefangenen interniert und als Zwangsarbeiter auf den Feldern und bei der Ernte eingesetzt, denn die meisten deutschen Männer befanden sich im Kriegseinsatz. Dadurch wurden diese geknechteten Fronarbeiter unentbehrlich und nicht selten verliebte sich eine deutsche Frau in einen dieser Gefangenen. Allerdings gingen die Frauen ein hohes Risiko ein, denn ihnen drohte nicht nur die soziale Ausgrenzung und Demütigung in ihren Dörfern oder Städten, sondern zudem die Strafverfolgung durch die Nazis. Es war illegal und lebensgefährlich, den Feind zu lieben, schlimmer noch, Kinder mit ihm zu zeugen. Deutsche Frauen, die sich mit Kriegsgefangenen einließen, wurden nicht selten kahl rasiert und durch die Dörfer getrieben. Und in Frankreich nannte man die Nachkommen, die Wehrmachtssoldaten während der Besatzungszeit mit Französinnen hatten, „Kinder der Schande".

„Wollt ihr den totalen Krieg?" Diese pathetische Frage brüllte der Demagoge Joseph Goebbels am 18. Februar 1943 nach der Niederlage von Stalingrad in den Berliner Sportpalast, und 15.000 ältere SA-Männer, die an der Front nicht mehr taugten, kriegsverletzte Soldaten, Hitlerjungen, Flakhelfer und BDM-Mädchen mit dem Namen „Glaube und Schönheit" sprangen begeistert auf und antworteten ihm wie aus einer einzigen Kehle schreiend mit „Ja!". „Ja und noch mal – ja!" Es sollten die letzten personellen und materiellen Ressourcen mobilisiert werden, um die sich abzeichnende Niederlage doch noch zu verhindern. Ohne Goebbels und seine Inszenierungen, seine Aufmärsche, Kampagnen, Hetzen und Reden hätte Hitler niemals den Erfolg gehabt, die deutsche Bevölkerung derartig zu begeistern. Nach der

Kundgebung indes soll Goebbels zu seinen Begleitern gesagt haben: *„Diese Stunden der Idiotie. Wenn ich den Leuten gesagt hätte, springt aus dem dritten Stock des Columbushauses, sie hätten es auch getan.“* Er verachtete demnach sein Publikum für die Hexenkesselstimmung, die er selbst erzeugt hatte – so überlieferte es im Jahre 1948 der Goebbels-Biograf Curt Riess, der bei seinen Recherchen mit Zeitzeugen gesprochen hatte.

Ab Ende 1942 legten Bomberflotten der britischen Royal Air Force und der United States Army Air Force Dutzende deutsche Städte in Schutt und Asche. Sie beantworteten mit ihren Angriffen, wenn auch über alle Proportionen hinaus, die deutschen Luftanschläge deutscher Bomber während des Westfeldzugs und der „Luftschlacht um England“. Mit den todbringenden Bombardierungen sollte die Moral der deutschen Bevölkerung untergraben werden, was allerdings nur begrenzt gelang. Eigentlich hätten die Briten dies wissen müssen, denn die massiven deutschen Luftangriffe auf London im Herbst und Winter 1940 hatten die englische Kriegsgesellschaft ja auch nicht zum Zusammenbruch gebracht.

Mit der Dauer des Krieges verschärften die Alliierten ihre Bombeneinsätze. Tagsüber griffen US-Maschinen an, nachts die Briten; die sowjetische Luftwaffe war im östlichen Frontbereich aktiv. Nahezu zwei Millionen Tonnen Bomben wurden bis Kriegsende abgeworfen. Die meisten Menschen überdauerten die Angriffe in Kellern und Katakomben, die als Schutzräume ausgewiesen waren. Trotzdem starben Hunderttausende Zivilisten, Millionen wurden obdachlos. Die Operation „Gomorrha“ machte Ende Juli 1943 Hamburg tagelang zu einem Inferno. Menschen rannten gegen Backofen-Winde des Feuersturms an, krümmten sich im heißen Atem der Flammensäulen, sanken zu Boden, starben. Der Feuersturm fraß ganze Stadtviertel. Das Grauen riss über 30.000 Menschen in den Tod, etwa 900.000 wurden obdachlos, das Lebensglück unzähliger Familien zerstört. Hamburg, die stolze alte Hansestadt, sollte untergehen. Die Engländer bombardierten nun unterschiedslos Städte, zivile und militärische Ziele gleichermaßen. Der englische Luftmarschall Harris hatte erklärt, die Nazis hätten Wind gesät und würden nun Sturm ernten. Die flächendeckende Bombardierung der Alliierten schloss insgesamt 161 Städte und 850 kleine Orte ein und forderte mehr als 600.000 Tote, darunter fast 80.000 Kinder.

Der Höhepunkt des Grauens war zweifelsfrei am 13./14. Februar 1945 erreicht, also kurz vor Kriegsende, als britische und amerikanische Bomberflotten das von Flüchtlingen überquellende Dresden angriffen. Angeblich soll Stalin um die Bombardierung gebeten haben, weil sich in der Stadt und Umgebung mutmaßlich deutsche Truppen auf dem Weg zur Ostfront befanden. Dieses massive Bombardement forderte nach neuesten Untersuchungen etwa 25.000 Todesopfer. Unter den Toten befanden sich gerade mal 20 Soldaten. Zudem wurde fast die gesamte historische Innenstadt Dresdens zerstört.

Auch weit über 70 Jahre nach Ende des Zweiten Weltkrieges ist der Boden in Deutschland noch mit Tausenden Tonnen Bomben, Minen, Granaten und anderer Munition verseucht. Gewiss werden in Zukunft noch zahlreiche Generationen mit dieser Bürde konfrontiert werden.

DER WIDERSTAND

Im Gegensatz zu den anderen Ländern unter Hitlers Herrschaft kann man von einem auf breiter Basis organisierten Widerstand des Volkes gegen das NS-Regime in Deutschland selbst nicht sprechen. Andererseits aber wurde die aktive innerdeutsche Opposition gegen Hitler vom Ausland in verhängnisvoller Weise unterschätzt; sie wurde nicht unterstützt und nicht einmal ermutigt. Aber es gab sie, und zwar nicht erst 1944, als die „Volksgerichtshof"-Prozesse gegen die Verschwörer des 20. Juli es vor aller Welt offenbar machten.

Die Liste der Widerstandskämpfer gegen den Nationalsozialismus im „Dritten Reich" ist lang. Erinnert sei an die Widerstandsbewegung der „Weißen Rose", einer Gruppe von Studenten und Studentinnen, bei der die Geschwister Hans und Sophie Scholl eine große Rolle spielten. Sie zeugt vom beispiellosen Mut in einem dunklen Kapitel unserer Geschichte. Die Geschwister Scholl und ihre Mitverschwörer gehörten nicht zur schweigenden, duldenden Mehrheit im vom Nazismus verseuchten Deutschland, sondern leisteten friedlichen Widerstand, indem sie gemeinsam mit Freunden und Verbündeten in Flugblättern gegen die NS-Diktatur und zur Beendigung des Krieges aufriefen.

Während seines Studiums in München lernte Hans Scholl Gleichgesinnte kennen, die wie er das herrschende Regime ablehnten: Alexander Schmorell, Christoph Probst und Willi Graf. Auch Karl Huber, ein Professor der Münchener Universität, schloss sich der Gruppe an. Im Mai 1942 kam auch Sophie nach München, um zu studieren. Sie lernte Hans' Freunde kennen und war von nun ab dabei, wenn sie sich trafen. Sie führten unzählige Gespräche über die menschenfeindliche Politik des „Dritten Reichs". Diese geistige Verbundenheit und auch die Eindrücke der Kriegseinsätze während der Semesterferien brachten den Freundeskreis dazu, die „Weiße Rose" zu gründen. Sie entwarfen gemeinsam Flugblätter, in denen zum Widerstand gegen das Naziregime aufgerufen wurde, vervielfältigten und verbreiteten sie. Hierbei waren sie stets in Gefahr, denn sie mussten alles heimlich vorbereiten und konnten nur Menschen einweihen, denen sie absolut vertrauten. Die Flugblätter wurden an der Universität München verteilt und mit der Post an Ärzte, Rechtsanwälte, Professoren und Buchhandlungen verschickt, um so möglichst viele Multiplikatoren zu finden. Die Pamphlete gelangten auch in andere Großstädte Deutschlands. Von hier aus sollte sich *„der Geist des Widerstands nach allen Seiten verbreiten"*. Unseligerweise wurden Hans und Sophie beim Verteilen von Flugblättern an der Münchener Universität vom Hausmeister entdeckt und an die Gestapo ausgeliefert. Bereits vier Tage später, am 22. Februar 1943, wurden sie gemeinsam mit Christoph Probst vom „Volksgerichtshof" wegen *„landesverräterischer Feindbegünstigung, Vorbereitung zum Hochverrat und Wehrkraftzersetzung"* zum Tode verurteilt. Roland Freisler, der bekannteste und grausamste „Volksgerichtshof"-Präsident, war eigens dafür von Berlin nach München gekommen und verhängte die Höchststrafe. Freisler war dafür bekannt, seine Verhandlungen mit besonderem Fanatismus zu führen und die Angeklagten in besonderem Maße zu demütigen. Das Urteil des „Blutrichters" wurde noch am selben Tag im Gefängnis München-Stadelheim mit dem Fallbeil vollstreckt. Hans Scholls letzte Worte waren: *„Es lebe die Freiheit!"*

Was die Geschwister Scholl in München mit Flugblättern taten, machte das Ehepaar Elise und Otto Hampel aus Berlin mit Postkarten. Handschriftlich, aber in Druckbuchstaben, rechneten sie mit Hitler ab. Die Postkarten adressierten sie zwischen 1940 und 1942 an wesensfremde Empfänger und steckten sie in Briefkästen unterschiedlicher Stadtteile Berlins. Sie forderten in ihrem Mahnruf auf, nicht bei Nationalsozialisten mitzumachen, die Teilnahme am Krieg zu verweigern und Hitler zu stürzen. Am Ende waren es über 200 Postkarten-Appelle. Letztlich

wurden die Hampels denunziert und vom „Volksgerichtshof"
wegen „Vorbereitung zum Hochverrat" zum Tode verurteilt.

„Rote Kapelle" nannte Hitlers Gestapo eine der größten Widerstandsorganisationen, die gegen den Nationalsozialismus kämpften. Zu der Gruppe, die als sowjetisches Spionagenetz diffamiert wurde, gehörten Arbeiter genauso wie Aristokraten; sie versammelte neben Sozialisten und Kommunisten auch Christen und Liberale. Die mächtigste Waffe der Hitler-Gegner war das Wort, mit dem die Mitglieder der Widerstandsgruppe versuchten, das Meinungsmonopol des NS-Staates zu brechen. Sie vervielfältigten und verbreiteten beispielsweise auch die regimekritischen Predigten des Münsteraner Bischofs Graf von Galen, der während des „Dritten Reichs" unter anderem durch sein öffentliches Auftreten gegen die „Vernichtung lebensunwerten Lebens" bekannt wurde. Nach der Enttarnung der „Roten Kapelle" wurden viele verurteilt und ermordet. In der DDR verehrt, wurden sie in der Bundesrepublik verunglimpft.

„Es ist Zeit, daß jetzt etwas getan wird. Derjenige allerdings, der etwas zu tun wagt, muß sich bewußt sein, daß er wohl als Verräter in die deutsche Geschichte eingehen wird. Unterläßt er jedoch die Tat, dann wäre er ein Verräter vor seinem eigenen Gewissen. [...] Ich könnte den Frauen und Kindern der Gefallenen nicht in die Augen sehen, wenn ich nicht alles täte, dieses sinnlose Menschenopfer zu verhindern." (Claus Schenk Graf von Stauffenberg)

Spätestens seit der Invasion der Alliierten in der Normandie Anfang Juni 1944 war deutlich geworden, dass eine militärische Niederlage und damit der Niedergang des Deutschen Reiches wohl nicht mehr abwendbar war. Graf von Stauffenberg und eine Handvoll Offiziere sahen sich verpflichtet, die Vorbereitungen zum Staatsstreich durch eine gewaltsame Beseitigung der nationalsozialistischen Führung voranzutreiben. Ziel des Anschlags war es, Deutschland vom Joch des Nationalsozialismus zu befreien und Hitler am 20. Juli bei einer Lagebesprechung in der „Wolfsschanze", dem streng abgeriegelten Führerhauptquartier in Ostpreußen, zu töten, um so den mörderischen Krieg zu beenden. Stauffenberg, Chef des Generalstabs beim Oberbefehlshaber des Ersatzheeres, gehörte zu den wenigen Offizieren, die an den Lagebesprechungen im Führerhauptquartier teilnehmen durften.

In einer Aktentasche hatte Stauffenberg eine präparierte Bombe in die Baracke geschmuggelt und dort unter dem Tisch, nahe bei Hitler, abgestellt. Daraufhin verließ er die Lagerbaracke unter dem Vorwand, kurz telefonieren zu müssen. Mit seinem Aufbruch wollte er der drohenden Explosion entgehen. Hitler, der sich eben noch über die Tischplatte gelehnt hatte, wurde durch die Wucht der Explosion nur leicht nach oben geschleudert. Der schwere Tisch rettete ihm das Leben. Seine Trommelfelle waren bei der Detonation der Bombe geplatzt, er trug Prellungen und einige wenige Verbrennungen davon. Vier Männer starben, andere wurden schwer verletzt. Im allgemeinen Durcheinander gelang es Stauffenberg, die „Wolfsschanze" mit dem Flugzeug Richtung Berlin zu verlassen. Er war überzeugt, den Diktator getötet zu haben. Was Stauffenberg nicht wusste: Adolf Hitler hatte den Anschlag überlebt. In Berlin war inzwischen die „Operation Walküre" angelaufen. Dort sollte unter seiner Leitung der zweite Teil des gewagten Unternehmens stattfinden, mit dem Ziel, das Deutsche Reich von der Herrschaft der Nazis zu befreien. Doch dann kamen die ersten Meldungen, Hitler habe das Attentat überlebt. Der so genial geplante Staatsstreich wurde schließlich niedergeschlagen und die NS-Führung begann sofort einen brutalen Rachefeldzug gegen die gesamte Opposition. Insgesamt etwa 7.000 Verdächtige gerieten in die Fänge der Gestapo. In einem beispiellosen Schauprozess wurden die Hauptangeklagten des militärischen Widerstands dem Volksgerichtshof vorgeführt und des Hochverrats bezichtigt. Als Oberster Richter fungierte erneut Roland Freisler, der den Beschuldigten die vorher festgelegten Todesurteile förmlich ins Gesicht schrie und sie nur wenige Stunden nach der Verkündung vollstrecken ließ. Hitler wollte die Männer *„wie Schlachtvieh aufgehängt"* sehen. In der Hinrichtungsstätte Berlin-Plötzensee wurden etwa 200 Verschwörer und Mitglieder des Widerstands in Drahtschlingen langsam erhängt. Der Raum ist heute eine Gedenkstätte.

Im Hof des Bendlerblocks, Sitz des Allgemeinen Heeresamtes, wurden wenige Minuten nach Mitternacht Stauffenberg und drei seiner Mitverschwörer einzeln von Soldaten im Scheinwerferlicht eines Lastwagens erschossen. Der Offizier Claus Schenk Graf von Stauffenberg, der Mann, der gegen Hitler aufgestanden war, wurde später zur Symbolfigur des deutschen Widerstands. Wäre das Attentat geglückt, hätten Millionen Menschen unermessliches Leid und ein grausamer Tod erspart bleiben können. In den knapp zehn Monaten, die der Krieg noch dauerte, verloren mehr Menschen ihr Leben als in den fünf Jahren davor, und auch der Holocaust erreichte erst zu dieser Zeit den Höhepunkt des Mordens.

Der Gegenschlag des Regimes war furchtbar. Nicht nur die Verschwörer, auch ihre Angehörigen zahlten einen hohen Preis. Himmler plante, die Familien der Verschwörer zu ermorden, doch wurde die zunächst ins Auge gefasste Blutrache wieder verworfen und stattdessen eine umfangreiche Sippenhaft befohlen.

Bedauerlicherweise melden sich heutigentags immer noch einige Rückwärtsgewandte und immer mehr Anhänger von „Zurück-in-die-Vergangenheit"-Bewegungen zu Wort. Am 1. August 2018 berichtet die Tageszeitung DIE WELT von einer Facebook-Eintragung des AfD-Politikers Lars Steinke, Chef von Niedersachsens Partei „Junge Alternative". Dort heißt es: *„Stauffenberg war ein Verräter, der bereit war, Millionen von Leben zu riskieren und zu opfern – ohne erkennbaren Nutzen für das deutsche Volk. Stauffenberg war kein Held und der 20. Juli 1944 kein Glanzstück. Es war der beschämende Versuch eines Feiglings, die eigene Haut vor dem kommenden Sieg zu retten."*

Dietrich Bonhoeffer fasziniert bis heute als Theologe und Pfarrer, der sich den Attentätern vom 20. Juli 1944 angeschlossen hatte. Er kämpfte von Beginn an gegen das NS-Regime, erhielt Lehrverbot und arbeitete zuletzt in der Abwehr unter Admiral Canaris, dessen Widerstandskreis er angehörte. 1943 wurde er verhaftet und ohne ein Gerichtsurteil gefangen gehalten. Dietrich Bonhoeffer starb im Konzentrationslager Flossenbürg in der Oberpfalz am Galgen – nur einen Monat vor Ende des Zweiten Weltkriegs. Als er die Stufen zum Galgen hinaufstieg, wirkte er *„gefasst"* und *„innig mit seinem Herrgott verbunden"*, wie ein KZ-Arzt notierte. Der wegen Hochverrats Verurteilte wurde eines der letzten Opfer des nationalsozialistischen Terrorregimes. Dietrich Bonhoeffer ist heute vor allem durch seine berührenden Gedichte bekannt.

Nach wochenlanger Haft unter unmenschlichen Bedingungen wurde dem einstigen Oberbürgermeister von Leipzig Carl Goerdeler der Prozess wegen seines Widerstands gegen Hitler gemacht. Wäre das Stauffenberg-Attentat erfolgreich gewesen, hätte Goerdeler der neue Reichskanzler Deutschlands werden sollen. Deshalb verurteilte ihn Roland Freisler zum Tod. Goerdeler wurde erst fünf Monate nach dem Urteil hingerichtet. Einen Tag später wurde bei einem Bombenangriff das Gebäude des „Volksgerichtshofs" getroffen, dabei starb der gnadenlostyrannische Richter Roland Freisler.

Auch nach dem Krieg endete das Unrecht nicht sofort. Es waren nicht etwa die Verbrecher aus hohen und niederen Dienstgraden, die sich rechtfertigen mussten, sondern die kleine Gruppe derer, die sich zum Handeln gegen Gewalt und Unrecht entschlossen hatten. Sie wurden noch lange nach 1945 diffamiert, und ihre Familien hatten das Stigma des „Verrats" zu tragen. Und mehr als die Hälfte der einstigen „Blutrichter" setzte ihre Karriere in der Bundesrepublik zunächst fort. Richter und Staatsanwälte des „Volksgerichtshofs" blieben gänzlich unbehelligt. Kein Einziger wurde wegen im „Dritten Reich" begangener Justizverbrechen rechtskräftig verurteilt. Was „Volksgerichtshof" genannt wurde, so der Deutsche Bundestag am 25. Januar 1985, war nichts anderes als ein *„Terrorinstrument zur Durchsetzung der nationalsozialistischen Willkürherrschaft"*. Reichlich spät hob ein Gesetz sämtliche dieser Entscheidungen auf. Im August 1998!

DAS ENDE – STUNDE NULL

Mittlerweile hatten die Westalliierten mit ihrer Landung am 6. Juni 1944 in der Normandie die dritte Front – nach ihrer Invasion in Italien und Sizilien – eröffnet. Der Mehrfrontenkrieg, der die Ressourcen des Reichs überforderte, war damit endgültig Wirklichkeit, die deutsche Kriegsniederlage besiegelt. Doch bis zur bedingungslosen Kapitulation am 8. Mai 1945 sollte noch fast ein Jahr vergehen. Anders als Erich Ludendorff, der Ende Oktober 1918 die Erkenntnis der Niederlage akzeptiert und so die staatliche und territoriale Substanz des Reichs bewahrt hatte, war Hitler entschlossen, auch um den Preis der völligen Vernichtung Deutschlands weiterzukämpfen. Seinem Lieblingsbaumeister und Rüstungsminister Albert Speer erklärte er: *„Es ist nicht notwendig, auf die Grundlagen, die das Volk zu seinem primitivsten Weiterleben braucht, Rücksicht zu nehmen."*

Während im Westen der Einsatz der „Raketen-Wunderwaffen" V1 und V2 nochmals nebelhafte Siegesillusionen hervorrief und im Osten die russische Kriegsmaschinerie das ausgeblutete deutsche Ostheer überrollte und, gewaltig anschwellende Flüchtlingslawinen vor sich herschiebend, die deutschen Ostgrenzen erreichte, führten Hitler und sein Halunkengesindel mit Standgerichten, Aushalte- und Vernichtungsbefehlen den Krieg auch gegen das eigene Volk: *„Wir überlassen den Amerikanern, Engländern und Russen nur eine Wüste."* Es gab glücklicherweise genügend Bürgermeister und Wehrmachtskommandeure, die den Vollzug unter Lebensgefahr verweigerten, bis die Alliierten einmarschiert waren. So war die Besetzung Deutschlands durch alliierte Truppen nicht nur für die Insassen der Konzentrationslager, sondern für das deutsche Volk insgesamt ein *„Akt der Befreiung"*. Mit seiner legendären Rede vom 8. Mai 1985 setzte der damals im Amt befindliche Bundespräsident

Richard von Weizsäcker – ein Mann, der wirklich gegen jeden 68er-Verdacht erhaben war – ein Zeichen: Trotz der von vielen Bürgern schmerzlich empfundenen Niederlage Deutschlands sei das Ende des Zweiten Weltkrieges ein *„Tag der Befreiung"* gewesen. Weizsäcker bekannte sich zu einer Schuld der Deutschen, und den *„Völkermord an den Juden"* bezeichnete er als *„beispiellos in der Geschichte"*. Die Ansprache vor dem Bundestag fand weltweit große Beachtung und Zustimmung. Innenpolitisch löste die Rede aber auch heftige Debatten aus. Ewiggestrige und Vertriebenenverbände sahen darin eine Anerkennung bestehender Grenzen. Außerdem war der 8. Mai 1945 nur für die Westdeutschen und die Westberliner ein wirklicher Tag der Befreiung. Für sie öffnete sich die Tür zu einem demokratischen Staatswesen. Für die Bürger in der sowjetischen Besatzungszone hingegen begann mit diesem Tag der Weg in eine neue, diesmal rote Diktatur, die 1949 auch staatliche Gestalt annahm: mit der Gründung der DDR. Und für die Frauen Berlins begann mit dem Tag der Befreiung ein Martyrium der besonderen Art. Zigtausende wurden von russischen Soldaten vergewaltigt.

Auf ihrem Vormarsch stießen die alliierten Truppen in West und Ost allenthalben auf Lager von ausländischen Fremdarbeitern, Zwangsverschleppten und Kriegsgefangenen, die ihre Befreier begeistert begrüßten. Die schlimmste Entdeckung für die Alliierten war, was sich in den geöffneten Konzentrationslagern ihren Augen bot. Obwohl die dortigen Unmenschlichkeiten im Ausland größtenteils bekannt und mit ein Grund für den „Kreuzzug" gegen Hitler gewesen waren, überstieg die Realität, welche die vorrückenden Truppen in Auschwitz, Buchenwald, Bergen-Belsen und anderen Lagern vorfanden, jede Vorstellungskraft. Dort wüteten Tod und Grauen weiter. Leichenberge, zu Skeletten abgemagerte Gestalten, die in den eigenen Exkrementen krepierten. Die Soldaten fanden Menschen, die sich von Baumrinde ernährten – und in unmittelbarer Nachbarschaft einen landwirtschaftlichen Betrieb mit fetten Schweinen als Fressalie für fette SS-Offiziersschweine. In den letzten

Monaten und Wochen war die Ernährung in den Lagern weit unter das Existenzminimum herabgesetzt worden, woraufhin unzählige Häftlinge an Hunger und Seuchen starben. Die ohnehin unzureichenden sanitären Maßnahmen hatten völlig versagt. In einigen Vernichtungsstätten waren beim Herannahen der alliierten Truppen noch etliche verbliebene Häftlinge mit Maschinengewehrgarben niedergemäht worden. Die Bilder, die sich den Alliierten boten, bekräftigten noch einmal den Entschluss der Siegermächte, mit dem besiegten Deutschland schonungslos zu verfahren. Es war der Augenblick gekommen, das einstige „Herrenvolk" zu demütigen.

Hätten Luftangriffe der Alliierten den Völkermord in den Vernichtungslagern unterbinden können? Warum versuchten sie nicht, die Maschinerie des Todes durch eine gezielte Bombardierung der Lager oder Bahnlinien aufzuhalten? Fragen, auf die es keine einfache Antwort gibt. Denn die Diskussion innerhalb des alliierten Lagers war komplex und kontrovers. Amerikanische und britische Militärs wiesen darauf hin, dass eine Bombardierung vor allem die Insassen treffen würde – ohne sicher sein zu können, auch die Infrastruktur zu zerstören. Außerdem lehnte das U.S. State Department den Vorschlag ab, die Bahnlinien nach Auschwitz oder die Krematorien bombardieren zu lassen, mit der Begründung, dass dadurch militärische Ressourcen auf nicht militärische Ziele umgelenkt würden. Der bessere Weg, die Juden zu retten, so argumentierten sie, sei, Deutschland so schnell wie möglich zu besiegen. Manche Überlebende des Holocaust hadern noch heute mit dieser Entscheidung. In ihren Augen hätte man die Todeslager bombardieren sollen, auch wenn dies Opfer unter den Insassen gekostet hätte.

Noch unterschrieben die Jungen ihre Briefe an die Väter im Fronteinsatz: *„Dein deutscher Junge".* Noch stand der Pfarrer auf der Kanzel und pries in lauten und schönen Worten die Taten der Väter und Söhne. Er nannte sie unsterblich und Gott wohlgefällig. Noch predigten die Pfaffen vom Sterben und nannten den Kriegstod das schönste Opfer: Die Helden stürben für ihre

Ideen und das Vaterland. Für sie gab es nur Helden, das andere war „Fußvolk". Doch plötzlich sprach keiner mehr vom Heldentum. Die Soldaten erfüllten nur noch ihre Pflicht und Millionen Deutschen wurde letztendlich bewusst, dass sie von Hitler und den Nationalsozialisten verführt und geblendet worden waren.

Im Sommer 1944 stand die rote Armee bereits dort, wo die Wehrmacht ihren Feldzug gegen die Sowjetunion gestartet hatte. Deutschland war fast vollständig von alliierten Truppen besetzt. Im April 1945 verlief die Ostfront entlang der Außenbezirke Berlins. Als sowjetische Truppen schon im Zentrum Berlins kämpften, nahm sich Hitler im Bunker der Reichskanzlei auf makabre Weise das Leben. Hitler hatte sich der Verantwortung für seine Taten entzogen, wie er es schon am ersten Tag des Krieges für den Fall der Niederlage ganz klar in Aussicht gestellt hatte. Sein Volk, seine Soldaten aber sollten weiterkämpfen und sterben.

Mit Sicherheit hat keine Person der Weltgeschichte mehr Verschwörungstheoretiker beschäftigt als Hitler: So soll er 1945 per U-Boot nach Südamerika – per V2 in eine Alpenfestung oder in die Antarktis geflohen sein. Er soll im Innern der Erde ein „Viertes Reich" gegründet haben und kein Mensch gewesen sein, sondern ein Alien. Zum Beispiel ein „Reptiloid". Das sollen reptilienartige Außerirdische sein, die sich als Mensch tarnen.

Dem totalen Krieg folgte die totale Niederlage, die keinen Raum zur Legendenbildung ließ. Erst nachdem die russischen Truppen bis ins Herz von Berlin vorgedrungen waren und über den Schrottresten der Quadriga in Siegerpose die rote Flagge mit Hammer, Sichel und Sowjetstern gehisst hatten, stellte am 2. Mai 1945 der letzte Stadtkommandant von Berlin, General Weidling, den Kampf in den kokelnden Trümmerfeldern der deutschen Hauptstadt ein. Am selben Tag bildete das neue Staatsoberhaupt des „Dritten Reichs", Großadmiral Dönitz, in Plön in Schleswig-Holstein eine „provisorische Regierung", um die Kapitulation einzuleiten. So kam es in der Nacht vom 8. auf den 9. Mai in Karlshorst zur Unterzeichnung der Kapitulationsurkunde und damit zum Kriegsende in Europa. Der Krieg war nach fast sechs Jahren beendet. Die Bevölkerung der Siegermächte feierte diesen 9. Mai in einem wahren Freudentaumel, in Paris nicht anders als in New York, London und Moskau, wo Zehntausende verelendeter deutscher Kriegsgefangener wie in einem römischen Triumphzug durch die Straßen geführt wurden.

Ein paar Monate zuvor hatte der US-Amerikaner Henry Morgenthau, Finanzminister unter Präsident Franklin D. Roosevelt, einen „Plan" zur Umwandlung Deutschlands in einen Agrarstaat nach dem absehbaren Sieg der Alliierten vorgelegt. Das sollte verhindern, dass das Land je wieder einen Angriffskrieg führen könnte. Deutschland sollte für immer entindustrialisiert und in einen Kartoffelacker, oder noch besser, in eine Agrarwüste verwandelt werden. Damit wären Millionen Deutsche dem Hungertod ausgeliefert gewesen. Anfangs unterstützte Präsident Roosevelt diesen Plan, verwarf ihn aber bald wieder, da er erkannte, dass ein wirtschaftlich völlig geschwächtes Deutschland dem Gleichgewicht der Mächte in Europa nicht guttun würde. Daher gelangte der „Morgenthau-Plan" nie in ein konkretes Planungsstadium.

An die Stelle der deutschen Staatsgewalt trat der Alliierte Kontrollrat, bestehend aus den Oberkommandierenden der vier Besatzungszonen. Die Gebiete westlich der Oder-Neiße-Linie wurden unter US-amerikanische, englische und französische Verwaltung gestellt. Die Gebiete östlich dieser Linie unter polnische bzw. sowjetische Administration. Millionen Deutsche dieser Gebiete wurden ausgewiesen, soweit sie nicht vorher vor den russischen Truppen geflohen waren. Tausend Jahre deutsche Siedlungsgeschichte im Osten fanden damit ihr Ende. Ein Konflikt begann, der bis heute noch nicht überwunden ist.

Bald begannen auch Flüchtlinge aus Ostpreußen, Schlesien und Pommern Richtung Westen aufzubrechen. Zu Millionen floh die deutsche Zivilbevölkerung bei Schnee und eisiger Kälte. Alle

Zugverbindungen waren durch die Front unterbrochen. Die Menschen flohen zu Fuß, mit Handwagen oder Pferdefuhrwerken in das westliche Reichsgebiet. Kraftfahrzeuge und Motorräder besaß nur die Wehrmacht. Alte Männer und Frauen saßen wenig geschützt vor dem eisigen Winter auf den Wagen, Mütter schoben kilometerweit Kinderwagen mit Kleinkindern. Es gab keine Lebensmittel und kaum Trinkwasser, keine medizinische Versorgung. Säuglinge und Kleinkinder waren die ersten Opfer. Sie fielen der Kälte zum Opfer oder sie verhungerten. Auch für alte, kranke und schwache Menschen bestanden nur wenige Chancen des Überlebens. Kleidung und „Fluchtausrüstung" waren denkbar ungeeignet. Viele Flüchtlinge trugen unhandliche, schwere Koffer; die wenigsten verfügten über einen Rucksack. Die Menschen flohen oft unkontrolliert, in wilder Panik und im letzten Moment. Es blieb ihnen kaum Zeit, an das Nötigste zu denken. Viele Fluchtwillige wurden zudem von NS-hörigen Kreis- und Gauleitern mit Durchhalteparolen zu lange am Verlassen ihrer Heimat gehindert. Die Menschen konnten, von den Strapazen der Flucht geschwächt, täglich nur wenige Kilometer zurücklegen. Die rasant vorrückende Rote Armee überrollte buchstäblich die Flüchtlingstrecks, die nicht in der Lage waren, schnell genug auszuweichen. Panzer schossen in die Wagen; Tiefflieger in die Flüchtlingskolonnen. Längst wurde zwischen feindlichen Soldaten und der Zivilbevölkerung kein Unterschied mehr gemacht. Wer von den russischen Soldaten eingeholt wurde, dem drohten Misshandlung, Vergewaltigung und Ermordung. Schätzungen gehen davon aus, dass etwa 1,4 Millionen Frauen auf der Flucht vergewaltigt wurden. Weil die weitaus meisten Opfer jedoch schwiegen, aus Scham oder um ihre Erlebnisse so schnell wie möglich zu verdrängen, ist bis heute völlig unklar, wie viele Frauen und Mädchen tatsächlich sexuelle Gewalt erlebten. Aufgegriffene Männer, Jugendliche und Kriegsgefangene wurden zu Hunderttausenden als „lebende Reparationszahlung" nach Russland deportiert. Viele der Fluchtwilligen schafften es nicht auf eines der wenigen Transportschiffe. Aber auch wer es geschafft hatte und auf einem der überfüllten Flüchtlingsschiffe

Platz gefunden hatte, war keineswegs in Sicherheit. So wurde am 30. Januar 1945 das ehemalige Kreuzfahrtschiff, die „Wilhelm Gustloff", mit mehr als 10.000 Flüchtlingen und verwundeten Soldaten an Bord von drei sowjetischen Torpedos getroffen. Die Geschosse zerfetzten die Außenhaut des gigantischen Schiffs und bevor es sank, traten sich in den Gängen die verzweifelten Flüchtenden zu Tode oder wurden von Stahlwänden zerquetscht. Zwischen den Wrackteilen schwammen sie nur wenige Minuten, bis die Kälte des Wassers sie einschläferte. Mehr als 9.300 Menschen ertranken oder erfroren im Eiswasser der Ostsee – sechsmal so viele wie beim Untergang der „Titanic" – nur etwa 1.200 überlebten die Katastrophe. Es war die bisher größte in der Geschichte der Seefahrt. Zuvor hatte Großadmiral Karl Dönitz den Befehl gegeben, alle verfügbaren deutschen Schiffe einzusetzen, um vor den Sowjets zu retten, was zu retten war. Damit wurde die „Operation Hannibal" genannte Evakuierung die größte aller Zeiten. Die Order bestand darin, vor allem U-Boot-Kadetten zu retten und dann erst in jeden freien Winkel der Schiffe Flüchtlinge zu stopfen, allerdings nur Frauen und Kinder. Männer mussten zurückbleiben und bis zur letzten Patrone kämpfen. Die Zahl der verlustreichen Schiffsuntergänge bei der Evakuierung von Flüchtlingen und Soldaten über die Ostsee war enorm. Dennoch gelangten Hunderttausende auf diesem Wege in den Westen.

Jetzt entluden sich die Ressentiments der jahrelang unterdrückten Völker gegenüber der deutschen Zivilbevölkerung. Hass und Zerstörung waren die Antwort auf die Verbrechen der Nazis. Willkürliche Übergriffe, Morde, Hinrichtungen, Vergewaltigungen, Enteignungen, Demütigungen und Repressalien trafen die verhassten Deutschen mit ganzer Härte. Die deutsche Bevölkerung wurde erst vereinzelt, später systematisch aus den osteuropäischen Ländern vertrieben. Die gewaltigen Ströme der Flüchtlinge verliefen quer durch das zerstörte Deutschland und trafen auf Menschen, die durch Bombenangriffe und Kriegshandlungen selbst kaum über das Nötigste zum Leben verfügten. Oftmals wurden im Westen die Neuankömmlinge misstrauisch beäugt und nicht selten feindselig behandelt. Vielerorts stießen sie auf Vorbehalte und Ignoranz und wurden als „Polacken" und „Rucksackdeutsche" diffamiert. Die Ressourcen waren knapp, infolgedessen betrachtete man die Vertriebenen als Konkurrenz. *„Die Flüchtlinge müssen hinausgeworfen werden, und die Bauern dabei tatkräftig mithelfen."* Das sagte Jakob Fischbacher, Mitbegründer der Bayernpartei, und meinte darüber hinaus, dass Vermählungen zwischen katholischen Bayern und evangelischen Flüchtlingsfrauen – *„diesen Weibsen mit lackierten Fingernägeln"* – zu untersagen seien.

„Wolfskinder" nannte man die aus Ostpreußen ins benachbarte Litauen geflüchteten Kinder. Das Land galt für die verhungernden, von ihren Eltern getrennten Jungen und Mädchen als letzte Hoffnung, das Inferno der Jahre nach 1945 zu überleben. Dort sollte es Essen geben. Sie flohen auch vor der Roten Armee, denn der angestaute Hass der Besatzer entlud sich in Gewaltorgien. Augenzeugen berichteten von Massenvergewaltigungen und geschändeten Kindern. Es wurde vertrieben, willkürlich erschossen und der Hunger wütete.

Hatten die Kinder die verbotene Einreise nach Litauen geschafft, zogen sie bettelnd durch das Land und lebten draußen im Wald. Durch dieses wilde Leben in der Natur bekamen sie den Namen „Wolfskinder". Dort ernährten sie sich von Pflanzen, Fröschen und Tierkadavern. „Faschistenkinder" aufzunehmen oder zu versorgen, hatten die Sowjets streng verboten – doch das Mitleid mit den Unglücklichen war oftmals stärker. In einigen Häusern bekamen sie einen Teller Suppe oder ein Stück Brot, doch ließen auch auf einigen Höfen Bauern ihre Hunde von der Kette, wenn die Kinder sich ihnen näherten.

Viele Heimatvertriebene mussten, im Westen angekommen, jahrelang in armseligen Auffanglagern oder Baracken leben, Wohn- und Lebensraum mussten erst neu geschaffen werden. Die Vertriebenen traf neben den Strapazen der Flucht und dem Verlust der Heimat das Los des sozialen Abstiegs. Sie mussten mit leeren Händen den Neuanfang versuchen. Haus, Hof, Hab und Gut hatten sie zurücklassen müssen. Mitgenommene Wertgegenstände waren meist von den Besatzern konfisziert worden.

Angesichts der deutschen Niederlage nahm sich eine große Anzahl von Deutschen das Leben. Den vermutlich größten Massenselbstmord hat es beim Einmarsch der Roten Armee in der kleinen Hansestadt Demmin in Mecklenburg-Vorpommern gegeben. Furcht und Schrecken trieben Frauen mit ihren Kindern zu Selbsttötungen. Wer die Möglichkeit dazu hatte, erschoss sich oder nahm Gift. Die meisten jedoch ertränkten oder erhängten sich, erst ihre Kinder, dann sich selbst. Mütter banden sich mit Steinen gefüllte Rucksäcke und ihre Kinder an den Leib und ertränkten sich in den umliegenden Flüssen. Die Überlebenden erfuhren die brutale Härte des Krieges; die Rote Armee brannte ihre Häuser nieder und vergewaltigte Frauen und Mädchen. Tagelang waren die Leidtragenden dem Gewaltrausch der Besieger wehrlos ausgeliefert.

Heute sprechen wir von „ethnischer Säuberung". Und noch heute erleben wir Vertreibungen als Folge von Kriegen, im Balkan, in Afrika, im Nahen Osten. Auf der Konferenz von Jalta, einem auf der Krim gelegenen Badeort, wo die alliierten Staatschefs und Stalin im Februar 1945 über die Aufteilung Deutschlands referierten, sagte Churchill zu Stalin, dass die Zwangsumsiedlung von Millionen Menschen für ihn nichts Erschreckendes habe. Damit war er nicht allein. Die verbreitete Ansicht war, dass die Deutschen verdient hatten, was sie jetzt erlebten, ob sie aus Schlesien und Ostpreußen vertrieben wurden oder in ihren ausgebombten Städten hungerten. Schließlich hatten sie Hitler bejubelt. Sie hatten den Krieg begonnen. Sie hatten Warschau, Rotterdam, London und Coventry bombardiert und unzählige unschuldige Zivilisten getötet. Sie hatten Millionen Juden umgebracht. Sie hatten sich das jetzige Leid selbst zuzuschreiben.

In der Abschlusserklärung von Jalta heißt es: *„Es ist unser unbeugsamer Wille, den deutschen Militarismus und Nationalsozialismus zu zerstören und dafür Sorge zu tragen, dass Deutschland nie wieder imstande ist, den Weltfrieden zu stören."*

Ein Zusammenbruch dieses Ausmaßes hatte es in der deutschen Geschichte noch nicht gegeben. In den kriegszerstörten Ruinenlandschaften war der einzelne Mensch auf sich gestellt wie nie zuvor. Ob Kriegsheimkehrer oder Zivilist, ob Soldat oder Angehöriger der SS, Einheimischer, Evakuierter, ob Flüchtling oder Ausgebombter, das in der „Kinderlandverschickung" erzogene Schulkind, der Dienstverpflichtete wie der Volkssturmmann, die aus Internierungslagern und Konzentrationslagern Befreiten und die neuerdings Internierten – Entwurzelte waren sie alle, die Menschenmassen, die sich auf Straßen und Schienen ohne funktionierende Transportsysteme durchschlugen, und diejenigen, die in dem, was der Krieg übrig gelassen hatte, noch ihr Zuhause nennen konnten. Und allen galt die gleiche Sorge: das Überleben, der Broterwerb, das Dach über dem Kopf, die Koch- bzw. Schlafstelle, wärmende Kleidung, das Schicksal von Familienangehörigen, die vielen Vertrauten, von deren Überleben man ohne Postdienste und Telefon keine Nachricht hatte.

„Es ist eine furchtbare Prüfung, durch die Ihr durchgehen müßt, deutsche Menschen, eine Prüfung ohne Muster und Beispiel in der Weltgeschichte. Nicht, daß Eure stolzen Armeen zerschlagen und gefangen sind, nicht, daß Eure blühenden Städte in Trümmern liegen, nicht, daß Millionen von Euch aus ihren verkohlten Wohnstätten vertrieben, obdachlos und hungrig über die Landstraßen wandern, nicht in all diesem materiellen Elend, wie grauenhaft es auch ist, liegt die furchtbare Prüfung, der Ihr unterworfen seid. Dasselbe Elend, das Euch jetzt hohläugig durch Ruinen jagt, habt Ihr den anderen Völkern Europas kalten Herzens selbst bereitet und habt Euch nicht einmal umgesehen nach dem Jammer, der Euer Werk war. [...] Wißt Ihr, daß es deutsche Menschen waren, die Millionen und Millionen friedfertiger, harmloser, unschuldiger Europäer mit Methoden umgebracht haben, die selbst den Teufel schamrot machen würden? [...] Wißt Ihr von den Dünger- und Seifenfabriken, die in der Nähe mancher Lager errichtet wurden, damit Menschenfett und Menschenknochen der Volkswirtschaft nicht verloren gehen? Habt Ihr gehört von der Frau des Lagerkommandanten, die transparente Lampenschirme aus

Menschenhaut als „Heimschmuck" bevorzugte? [...] Niemals hat ein unheroischeres Geschlecht mit heroischer Weltanschauung geprotzt. Das ekelerregende Benehmen Eurer Führer, Bonzen und Generale offenbart vor Euren Augen nun die ganze Lüge." (Franz Werfel – österreichischer Schriftsteller, der 1940 auf abenteuerlichen Wegen in die USA emigrierte)

Die einstmals von den Nazis geraubten und nach dem Krieg verschwundenen Schätze sind seit Jahrzehnten Stoff für Mythen und Spekulationen. Die NS-Größen ließen bis kurz vor dem Zusammenbruch waggonweise Kunstschätze zusammentragen und in zahlreiche unterirdische Lager oder Seen deponieren. Bereits von 1933 an mussten etliche jüdische Kunstbesitzer ihre Gemälde unter dem Druck der Nazis verkaufen oder wurden beraubt. Ein Großteil der verschollenen Raubkunst soll sich heute noch in privaten Händen befinden. Hermann Göring soll der gierigste Kunstsammler der NS-Führungsriege gewesen sein. Er hortete wertvolles Raubgut und hatte angeblich zahlreiche französische Gemälde beschlagnahmen lassen. Gelegentlich soll er auch bezahlt haben – allerdings mit Geldern der Luftwaffe.

Die Nazischätze sind Stoff für unzählige Legenden und Verschwörungstheorien, insbesondere wenn es um das Bernsteinzimmer geht. Der erste preußische König aus dem Hause Hohenzollern Friedrich I. schenkte das Bernsteinzimmer 1716 dem russischen Zaren Peter dem Großen, 1941 raubten es die Deutschen aus dem Katharinenpalast bei St. Petersburg und brachten es nach Königsberg. Nach dem Krieg verschwand es spurlos aus dem dortigen Schloss. 1999 finanzierte die deutsche Ruhrgas AG eine Nachbildung, die heute im Sommerpalast Katharinas der Großen zu sehen ist. Die Suche nach dem Original geht weiter.

DEUTSCHLAND NACH 1945

Stunde null. Am Ende des NS-Regimes war von der „Volksgemeinschaft" lediglich eine „Trümmergesellschaft" übrig geblieben. Die Städte verwüstet, die Menschen verstört. Die Trümmer der Menschen wurden bald weggeräumt, die Trümmer in der Gesellschaft, in den Seelen blieben noch lange vorhanden. Nie zuvor in der deutschen Geschichte hatte es einen so tiefen Bruch im gesellschaftlichen und politischen Leben des Landes gegeben. Die Deutschen mussten sich in einer neuen, teilweise noch fremden Welt zurechtfinden. Mit dem Begriff „Stunde null" versuchte man einen Schlussstrich zu ziehen. Allerdings blieb in den Köpfen vieler Deutschen das Nazireich noch lange lebendig. Vermutlich führten erst die Studentenbewegungen 1968 zu einem einschneidenden Wandel.

Insgesamt kostete der Zweite Weltkrieg etwa 60 Millionen Menschen das Leben, die meisten von ihnen Zivilisten. Am stärksten war die Sowjetunion mit geschätzten 24 Millionen Toten betroffen. Annähernd 6 Millionen Juden waren ermordet worden, ebenso Hunderttausende Roma und Sinti, Homosexuelle, behinderte und kranke Menschen der rassistischen Politik der NS-Mörder zum Opfer gefallen. Nach dem Zusammenbruch gab es einen unverrückbaren Ort, der Halt und Geborgenheit versprach: die Familie. Sie erwies sich als der einzige Wert, der den Nationalsozialismus weitgehend unversehrt überdauert hatte. Eines aber konnte die Familie nicht – sie konnte nicht jene Widersprüche und Konflikte aussperren, die im ersten Nachkriegsjahrzehnt die Gesellschaft begleiteten. Zu ihrer vielleicht größten Hypothek wurden das Verdrängen und das Verschweigen, an deren Gift bisweilen noch die Enkelgeneration laborierte.

„*Es werde 50 Jahre dauern*", so US-General Dwight D. Eisenhower, Oberbefehlshaber über die amerikanischen Besatzungstruppen, „*um Deutschland zu entnazifizieren und umzuerziehen.*" Die Alliierten wollten die Deutschen dazu bringen, sich für die Nazivergangenheit persönlich verantwortlich zu fühlen. Wie etwa für das, was in den Konzentrationslagern geschehen war. Am 12. April 1945 besuchte Eisenhower Ohrdruf, ein Außenlager des KZ Buchenwald. In seinen Memoiren schrieb er: „*Ich bin niemals im Stande gewesen, die Gefühle zu schildern, die mich überkamen, als ich zum ersten Mal ein so unbestreitbares Zeugnis für die Unmenschlichkeit der Nazis und dafür vor Augen hatte, dass sie sich über die primitivsten Gebote der Menschlichkeit in skrupelloser Weise hinwegsetzten. [...] Nichts hat mich je so erschüttert wie dieser Anblick.*"

Zutiefst schockiert über das, was sie vorgefunden hatten, entschieden die Amerikaner: Weimars Bevölkerung muss umgehend mit dem Ausmaß der Gräueltaten konfrontiert werden. Die Weimarer wurden gezwungen, sich das gesamte Lager anzuschauen. Wie in Trance zogen sie vorbei an ausgemergelten Leichen, dem Krematorium, den Baracken voller Sterbender, Gepeinigter. Fassungslosigkeit soll das Gefühl gewesen sein, das damals alle einte. Ein Augenzeuge berichtet: „*Als die Zivilisten immer wieder riefen: ,Wir haben nichts gewusst! Wir haben nichts gewusst!', gerieten die Ex-Häftlinge außer sich vor Wut. ,Ihr habt es gewusst', schrien sie. ,Wir haben neben Euch in den Fabriken gearbeitet. Wir haben es euch gesagt und dabei unser Leben riskiert. Aber ihr habt nichts getan.'*" Ähnliche Szenen wiederholten sich in fast sämtlichen befreiten Konzentrationslagern.

Sie hätten es wissen können, aber sie wollten es nicht wissen. So behaupteten jedenfalls die meisten. Das, was in Deutschland und in anderen Ländern im Namen des deutschen Volkes zwischen 1933 und 1945 passiert war, war einfach unvorstellbar. Viele Menschen wollten von ihrer persönlichen Schuld nach dem Krieg nichts wissen. Sie schoben es einigen Einzeltätern, besonders der SS in die Schuhe, welche die Morde geplant und ausgeführt hatten. Doch wer stellte sich nicht die Frage, wohin der jüdische Nachbar oder die jüdische Nachbarin plötzlich verschwunden war? Die Entrechtung und Ausgrenzung der Juden konnten alle Deutschen miterleben, sie tolerierten es, wenn sie vielleicht auch nicht alle mitmachten. Doch zwischen Ausgrenzung und Diskriminierung und der planmäßigen Ermordung von Menschen bleibt ein Unterschied.

In vielen Reden Hitlers und hoher Parteigenossen wurde das „Judenthema" zum Inhalt gemacht. Und wer an der Front war, hatte auch so einiges gesehen und erlebt und wusste davon zu berichten. Trotzdem breitete man den Mantel des Schweigens aus, offen wurde nicht von der Judenvernichtung gesprochen. Viele Deutsche wussten von Gaskammern und wussten von Vernichtungslagern. Doch aus Selbstschutz schwiegen die meisten. Wie viel die Deutschen wirklich vom Holocaust gewusst haben, müssen sie sich auch heute noch als Frage gefallen lassen. Doch bald wird keiner mehr leben, der diese Frage ehrlich beantworten kann, falls er denn überhaupt will.

„Niemand hieß sie willkommen. Niemand wartete auf diese Menschen, die in den Lagern überlebt hatten und von denen theoretisch ja niemand zurückkommen sollte." (Robert Kuwalek, polnischer Historiker) Das Ende des Krieges markierte gleichzeitig auch das Ende des Holocaust. Aber für die Überlebenden ging der Terror weiter. Sie wurden Zeugen unbeschreiblicher Gräueltaten, die sie bis an ihr Lebensende verfolgen sollten. Sie hatten nicht nur all ihr Hab und Gut, sondern auch ihre Heimat verloren. In den Häusern und Wohnungen, wo sie einst gelebt hatten, lebten inzwischen andere. Viele Juden wurden getötet, als sie ihre Häuser zurückforderten. Ihnen blieb nur die Flucht in die Städte – doch auch hier waren sie nicht willkommen. Im Mai 1946 starben über 40 Juden, allesamt Holocaustüberlebende, bei einem Pogrom im polnischen Kielce.

Viele von ihnen wanderten nach Kriegsende nach Palästina aus, vorausgesetzt die englische Militäradministration ließ sie einreisen, denn die Einwanderung in das britische Mandatsgebiet wurde nur begrenzt erlaubt, weil man befürchtete, dass der Konflikt zwischen Juden und Arabern noch mehr angeheizt und die Situation destabilisiert hätte. Die es schafften, befanden sich plötzlich in einem fremden Land, mittellos und der Sprache nicht mächtig. Doch was für viele noch folgenschwerer war: Sie wurden beschuldigt, nur auf Kosten anderer überlebt zu haben. Sie hatten das Gefühl, dass man ihnen vorwarf, nicht tot zu sein.

Seit Ende des letzten Jahrtausends erfasst das Land der einstigen Täter ein neuer Antisemitismus, ohne weite Teile der Bevölkerung zu beunruhigen, und in einem Ausmaß, wie niemand es für möglich gehalten hätte. Das Hauptproblem ist dabei weniger, was alles passiert, sondern dass das, was passiert, keine Konsequenzen hat. Inzwischen ist es besonders in Großstädten gefährlich geworden, sein Judentum offen zu zeigen. Jüdische Kinder werden in der Schule gemobbt und nicht selten körperlich attackiert. Jüdische Sportler auf dem Fußballplatz beschimpft, angerempelt und bespuckt. Unattraktiv tätowierte Rapper, deren Songs Auschwitz-Opfer verhöhnen, bekommen einen Fernsehpreis, und Leugner der Holocaustverbrechen missbrauchen Blog-Plattformen und Videoseiten, um ihre bizarren Theorien gegen das Judentum in die Welt zu setzen. Offenbar findet bei uns der Kampf gegen den Antisemitismus nur auf dem Papier statt, denn die Zahl gemeldeter antisemitischer Straftaten nimmt jährlich zu. Die Bundesregierung gesteht inzwischen offen ein, bestimmte Orte im Osten an gewaltbereite Antisemiten verloren zu haben. In zahlreichen Städten verzichten mittlerweile jüdische Mitbewohner in „No-go-Areas für Juden" darauf, die Kippa oder die Davidstern-Kette öffentlich zu zeigen. Und nach dem versuchten Anschlag am 9. Oktober 2019 (dem höchsten jüdischen Feiertag Jom Kippur) auf die Synagoge in Halle auf die dort versammelten Gläubigen meiden viele inzwischen den Besuch der Synagogen.

NACHWIRKUNGEN

Um zu verhindern, dass Deutschland künftig die Welt erneut mit Krieg überziehen würde, zerschlugen die Alliierten dessen Militär, entflochten große Industriekonglomerate und überwachten die Neugründung von Parteien. Außerdem hatten sie sich auf die Fahne geschrieben, die deutsche Rüstungsindustrie zu zerschlagen. Mit Reparationen und Demontagen holten sie sich zurück, was ihnen der Krieg genommen hatte. Im Osten enteigneten die Sowjets die Großgrundbesitzer und entmachteten die bürgerlichen Eliten. Auf der Potsdamer Konferenz im Sommer 1945 gelangten die „Großen Drei" der „Anti-Hitler-Koalition", US-Präsident Harry S. Truman, der britische Premierminister Winston Churchill und nach dessen Wahlniederlage sein Nachfolger Clement Attlee sowie die sowjetische Hitler-Doublette, Diktator Joseph Stalin, zu zielsetzenden Entscheidungen über die deutsche Zukunft. Es sollte eine Regelung der *„ethnisch-territorialen Neuordnung"* Ostmitteleuropas gefunden werden, die einen *„ordnungsgemäßen und humanen Transfer"* der Bevölkerung garantierte. Das Abkommen forderte unter anderem eine *„ordnungsgemäße Überführung deutscher Bevölkerungsteile"* aus ihren Siedlungsgebieten im Osten. Doch diese vertraglich geregelte Übereinkunft einer geordneten Vertreibung war das Papier nicht wert, auf dem es stand. Trotz Potsdamer Abkommen herrschten weiterhin chaotische Zustände. Deutsche wurden oft von einem Moment auf den anderen ausgewiesen, wurden enteignet, ihr Eigentum, Grund und Boden entschädigungslos konfisziert.

Die Vertreibungen aus den ehemaligen Ostgebieten des Reichs hielten bis lange nach Kriegsende an. Viele der Daheimgebliebenen waren der Rache vor allem von Tschechen und Polen ausgesetzt; Tausende wurden ermordet, Hunderttausende in Lagern inhaftiert oder über Jahre hinweg zu Zwangsarbeit gezwungen.

Millionen Flüchtlinge und Vertriebene suchten nach 1945 eine neue Heimat. Erste Anlaufstellen waren zunächst Verwandte in den alliierten Zonen, wenn es sie denn gab. Zumeist verlief die Odyssee der Flüchtenden aber ziel- und orientierungslos. Es herrschte zum Teil erhebliche Desinformation. Im Chaos der unmittelbaren Nachkriegszeit strebten die treckenden Flüchtlinge und Vertriebenen in erster Linie Schutz und Sicherheit vor gewaltsamen Übergriffen und Kriegshandlungen seitens der Sieger an. Ein eigentliches Ziel der Reise gab es für die meisten nicht. Die gewaltigen Flüchtlingsströme verliefen quer durch das zerstörte Deutschland und trafen auf Menschen, die durch Bombenangriffe und Kriegshandlungen selbst kaum über das Nötigste zum Leben verfügten.

Am Kriegsende und in den ersten Nachkriegsjahren wurden aus den abgetrennten Ostgebieten bis zu 14 Millionen Deutsche vertrieben, doch nur rund 12 Millionen erreichten die Besatzungszonen der Siegermächte. Es war die größte humanitäre Katastrophe in der Geschichte des Landes.

Noch lange nach Kriegsende gab es mehrere Flüchtlingswellen aus der DDR. Laut einer Statistik des Berliner Informationsamts flüchteten allein im Jahr 1959 über 140.000 Menschen aus der Ostzone in den Westen. Auch in der Woche vor dem Mauerbau stieg die Zahl der Flüchtlinge sprunghaft an. Übrigens, wer damals DDR ohne Anführungszeichen schrieb, galt in der BRD als Kommunistenfreund.

Zwischen November 1946 und März 1947 brach über Deutschland einer der strengsten Winter des 20. Jahrhunderts herein, bei dem mehrere Hunderttausend durch Hunger und Kälte zu Tode kamen. Wer in einer zerstörten Großstadt nicht erfror, musste seine Kohlen oder das Brennholz gestohlen haben, und wer nicht verhungerte, musste auf irgendeine gesetzwidrige Weise sich Nahrung verschafft haben. So beschrieb der aus Köln stammende Schriftsteller Heinrich Böll den Alltag: die Deutschen als *„Gesellschaft von Besitzlosen und potenziellen Dieben"* im täglichen Überlebenskampf, bei dem viele ihre moralischen Ansprüche kurzerhand über Bord warfen, indem sie stahlen oder betteln gingen. Der rheinische Volksmund prägte für diese besondere Form von tätiger Selbsthilfe ein eigenes Wort: *„Fringsen"*, benannt nach dem Kölner Erzbischof Joseph Kardinal Frings, der in der Silvesterpredigt jenes Extremwinters den Diebstahl von der Kanzel als moralisch gerechtfertigt hatte. Vielleicht war in jenem berüchtigten Hungerwinter das streng untersagte „Hamstern" von Lebensmitteln und der „Kohlenklau" von Güterwaggons und Lastwagen, die aus diversen Zechen des Ruhrgebiets kamen, von höchster geistlicher Stelle nicht direkt gutgeheißen, jedoch erlaubt worden. Mit *„Fringsen"* war ein neues Wort geboren, welches den Namen des in seiner Diözese hochpopulären Kardinals unsterblich machte.

Mithilfe von Lebensmittelkarten und Bezugsscheinen wurde die Armut verwaltet, es reichte nicht zum Leben. Wer in zerbombten Städten nicht gerettete Wertgegenstände – Teppiche, Tafelsilber oder Schmuck – für Tauschgeschäfte auf die Bauernhöfe tragen konnte, musste zur Erntezeit Kartoffeln oder Rüben von den abgeernteten Feldern nachlesen oder kiloweise Bucheckern sammeln, für die sich 100-Gramm-Marken zum Bezug von Margarine eintauschen ließen. Viele füllten ihre leeren Mägen mit wässrigen Suppen aus Löwenzahn und Brennnesseln, die wild an Straßenrändern wuchsen.

Im Gegensatz zu damals wird heute fast ein Drittel der Lebensmittel in Deutschland weggeworfen. Täglich entsorgen Supermärkte tonnenweise Essbares, das eigentlich noch genießbar wäre. Seit Jahren bilden sich in einigen Orten Communitys, welche die Mülltonnen der Märkte nach Verzehrbarem durchsuchen. Dies ist allerdings laut einem paranoiden Gesetz strafbar und „Täter" werden nicht selten wegen „schweren Diebstahls" angeklagt. Offensichtlich hat der Wohlstand bei einigen Gesetzgebern in der Gehirnmasse einen Webfehler entstehen lassen.

Nach dem Krieg waren auch Schuhe Mangelware. Im Sommer liefen Kinder oft barfuß. Im Winter bedeutete der Mangel an geeigneter Fußbekleidung, dass sich mehrere Kinder einer Familie ein Paar Schuhe teilen mussten und so nicht alle gleichzeitig aus dem Haus gehen konnten. Mithin blieb der Bevölkerung keine andere Möglichkeit, als auf traditionelle Anfertigungen zurückzugreifen, wie sie jahrhundertelang in den autark lebenden Dörfern ausgeübt wurden: Schuhe aus geflochtenem Roggen- oder Maisstroh herzustellen. Der Mangel an Seidenstrümpfe machte so manche Frau erfinderisch, indem sie ihre Beine mit hellbrauner Farbe einrieb und über die Waden einen Strich zog. So hatte man zumindest aus einer gewissen Entfernung den Eindruck von Seidenstrümpfen.

Auf die Zwangsbewirtschaftungen der Militärregierungen regierte die Bevölkerung mit illegalem Handel, gegen den die Behörden ziemlich machtlos waren. In den Städten blühte ein üppiger Schwarzmarkt, an dem der Großteil der Bevölkerung sich beteiligte. Gegen viel Geld oder im Tauschhandel war hier einiges zu bekommen. Eine besondere Rolle spielte die „Zigarettenwährung": Erwachsenen standen Marken zum Bezug von rationierten Zigaretten zu. Da aber nicht jeder Raucher war, konnten solche Anrechtsscheine gegen Milch oder Butter getauscht werden.

Die Militärregierungen hielten die aus den letzten Kriegsjahren stammende Bewirtschaftung der Konsumgüter („Rationierung") aufrecht. Eine Lebensmittelkarte für einen Erwachsenen über 20 Jahre erbrachte eine Tagesration von 350 g Brot, 5 g Butter, 14 g Fleisch, 43 g Gemüse, $^1/_8$ l Magermilch, 2 Kartoffeln und 52 g Käse (amerikanische Zone, Oktober/November 1947).

Das Leid der Bevölkerung im Nachkriegsdeutschland war unvorstellbar. Es mangelte an allem. Als ein Zeichen der Völkerverständigung und des Friedens über ehemalige Feindeslinien hinweg starteten zahlreiche US-amerikanische und kanadische Wohlfahrtsverbände eine beispiellose Hilfsaktion: Sie schickten in das leidtragende Europa Carepakete mit Lebensmittel und Kleidung. Die Abkürzung CARE stand für „**C**ooperative for **A**merican **R**emittances to **E**urope" und war eine der wichtigsten private Hilfe leistenden Organisationen, welche die Deutschen nach dem Krieg unterstützten. Ostdeutschland blieb unseligerweise dabei ausgespart. Glücklich konnten sich jene Familien schätzen, die ein Carepaket bekamen. Diese enthielten Fleisch, Kekse, Haferflocken, Zucker, Erdnussbutter, Schokolade etc. Unzähligen Menschen sicherten diese Spenden das Überleben, schließlich steckten 40.000 Kalorien in so einem Geschenk. Am 30. Juni 1960 endeten die Lieferungen. An die zehn Millionen Carepakete wurden bis dahin in Westdeutschland und Westberlin verteilt. Durch CARE reichten sich ehemalige Kriegsgegner angesichts der Not in Europa die Hände und fragten nicht nach Schuld oder nationaler Herkunft. Dieser unerwartete Beistand ließ viele auf einen Neuanfang hoffen und trug nach dem Krieg wesentlich zur Versöhnung und Völkerverständigung bei.

Die amerikanische Regierung sah die wirtschaftliche Not, wie sie in mehr oder weniger krasser Form in ganz Europa herrschte, mit einiger Besorgnis. Man fürchtete, dass dem Kommunismus auf diese Weise der Boden bereitet werde. So entwarf der 1947 amtierende US-Außenminister George C. Marshall einen Plan zum wirtschaftlichen Wiederaufbau Europas. Schon bald wurde ein Programm – eine Art „Hilfe zur Selbsthilfe" – aus Krediten sowie Lebensmittel- und Rohstofflieferungen verwirklicht. Die Sowjetunion wies dieses Angebot allerdings sogleich für die Länder ihres Machtbereichs scharf zurück. Für den wirtschaftlichen Wiederaufbau Westeuropas hingegen erwies sich dieser Marshallplan als äußerst hilfreich.

Viele Männer waren im Krieg gefallen oder noch in Gefangenschaft. Man geht davon aus, dass in den unmittelbaren Nachkriegsjahren etwa elf Millionen deutsche Soldaten zwischen 18 und 50 Jahren noch in Kriegsgefangenschaft saßen. Weitere 5,3 Millionen waren gefallen oder blieben dauerhaft vermisst. Männer, die vom Alter her zu schwerer körperlicher Arbeit in der Lage gewesen wären, standen nicht zur Verfügung. Und von denen, die zu Hause lebten, waren viele verwundet, alt oder krank. Also waren Frauen umso mehr gefordert. Sie und ihre Kinder mussten in den verwüsteten Städten ums Überleben kämpfen. Ohne die „Trümmerfrauen" wäre Deutschland gar nicht auf die Füße gekommen. Sie waren die eigentlichen Helden, denn sie waren maßgeblich am Aufbruch beteiligt. Sie leisteten Überwältigendes bei der Beseitigung von unermesslichem Schutt, beim Beladen und Schieben von Schmalspurwaggons, sie klopften den alten Mörtel von den Ziegelsteinen, der von zerbombten Gebäuden stammte, um verwendbares Baumaterial zu schaffen. Die mit Kittelschürzen bekleideten, Eimerketten bildenden „Trümmerfrauen" mussten mit einfachsten Mitteln arbeiten, oftmals nur mit Schaufeln oder auch den bloßen Händen, denn Maschinen oder andere Hilfsmittel gab es nicht. Diese tapferen Frauen gelten bis heute als Symbol des Wiederaufbaus.

Nun kommt im Jahre 2014 die Historikerin Leonie Treber zu dem Schluss, dass die Geschichte der „Trümmerfrauen" eine erfundene Legende ist. Sie behauptet in ihrem Buch „Mythos Trümmerfrauen", dass sich seinerzeit relativ wenige Frauen an den Aufräumarbeiten in den Städten beteiligt hätten – und diejenigen, die es taten, nicht aus eigenem Antrieb schufteten. Den Großteil des Schutts hätten deutsche Kriegsgefangene und ehemalige NSDAP-Mitglieder beiseiteschaffen müssen.

Nach dem Zweiten Weltkrieg wuchs beinahe jedes vierte Kind ohne männliches Elternteil auf. Die Erziehung dieser Söhne und Töchter lag dann fast immer in der Hand der Mutter. Das Leben der vaterlosen Generation unterschied sich in vielen Dingen vom Leben derer, die mit beiden Elternteilen aufwuchsen. Bis ins hohe Alter hat dieser Umstand die Biografien der Betroffenen geprägt und viele leiden noch heute darunter. In einer Gesellschaft, die das heile Vater-Mutter-Modell propagierte, war das besonders schwierig. Selbst wenn Väter aus dem Krieg wieder nach Hause zurückkehrten, bedeutete dies nicht zwangsläufig, dass die Rollenmuster problemlos erfüllt wurden. Für viele der Kinder waren ihre heimgekehrten Väter Fremde, die das Erlebte im Krieg erst einmal verarbeiten mussten, bevor sie zu ihren Kindern eine Beziehung aufbauen konnten. Die Heimkeh-

rer waren häufig von den grauenvollen Kriegsgeschehen trau-
matisiert. Sie kehrten zurück mit Erlebnissen im Gepäck, die
sie verändert hatten. So trafen sie auf Familien, in denen nichts
mehr war wie vor dem Krieg. Denn auch die Frauen hatten sich
verändert, sie hatten es durch ihre Vaterersatz-Rolle zu mehr
Selbstständigkeit gebracht und die Kinder waren plötzlich groß
geworden. Manchmal war es das erste Kennenlernen für Väter und Kinder. Der Nachwuchs war oftmals nur von der Mutter umsorgt worden, und auf einmal wollten ihnen unbekannte Männer Liebe und Aufmerksamkeit schenken. Viele Frauen
waren außerdem zwischenzeitlich berufstätig geworden und
konnten sich häufig nicht mehr damit abfinden, wieder in die
Rolle des Hausmütterchens abgedrängt zu werden. Somit zerbrachen überaus viele Ehen nach dem Krieg, allein 1948 ließen
sich 125.000 Paare scheiden – etwa dreimal so viele wie 1939.

Mit dem Fraternisierungsverbot (Frater, lat. = Bruder) erließen die Amerikaner eine Vorschrift an ihre Soldaten, in keinem Fall mit den Besiegten in freundschaftlichen Kontakt zu
treten. Für die Besatzungsmächte waren die Deutschen Verbrecher, mit denen man sich keinesfalls „verbrüdern" sollte.
Vom Händeschütteln bis zur Heirat reichte das Verbot. Freund-
schaftliche Kontakte wie Tanzen, der Besuch deutscher Restaurants, gemeinsames Essen, all dies war den Amerikanern
nicht erlaubt. Doch es wurde gleichzeitig klar, dass die deutsche Bevölkerung nicht vorhatte weiterzukämpfen und somit
für die alliierten Truppen ungefährlich war. Die Deutschen
hatten genug von Krieg und Blutvergießen und die Gerüchte
von Sabotage im Untergrund waren fast immer haltlos. Das
Verbot ließ sich auf die Dauer nicht aufrechterhalten. Die Soldaten wollten sich auch in ihrer persönlichen Freiheit nicht
einschränken lassen. Ende 1945 wurde das Verbot dann auch
wieder aufgehoben.
„Kriegsschadensfälle" wurden Kinder genannt, deren Väter
russische, amerikanische, englische oder französische Soldaten waren. Die Besatzer verübten anfangs nicht selten brutale

Vergewaltigungen. Doch die Feinde von einst fanden nicht nur Naziverbrecher vor, sondern hungrige, auch lebenshungrige Frauen, deren Wohlwollen vor allem die Amerikaner nicht nur mit Schokolade, Nylonstrümpfen, Lippenstiften und Zigaretten gewannen. Bereits Ende 1945/Anfang 1946 kamen die ersten Kinder der Besatzer zur Welt. In der Folgezeit geht man von mindestens 400.000 Besatzungskindern aus. Die meisten Väter verschwanden bald wieder in ihre Heimatländer, oft ohne etwas von ihrer Vaterschaft zu wissen. Zurück blieben die Mütter mit ihren Kindern. Viele der Frauen wurden von der Gesellschaft stigmatisiert und ausgegrenzt als „Ami-Liebchen", „Russenhure", oder „Britenschlampe". Die Kinder wurden auf der Straße und auf dem Schulhof beschimpft und diskriminiert.

Nach 1945 gab es das viel beschworene große Schweigen. Dominierend war der allgemeine Wunsch nach Vergessen. Und wenn über NS-Zeit gesprochen wurde, dann ging es meist ausschließlich um „Vergangenheitsbewältigung". Die verabscheuungswürdigen Verbrechen der Nazis wurden im Elternhaus und an den Schulen totgeschwiegen; der Geschichtsunterricht an Schulen endete gewöhnlich mit der Weimarer Republik. Beibehalten wurden die uralten, strengen Lehrmethoden, mit ihren Halbwahrheiten und himmelschreienden Lügen, deren einziges Ziel es war, den Schülern jede Kritikfähigkeit und den Mut zum Hinterfragen zu unterbinden. Der Leidensweg vieler Millionen, Massenmord und Holocaust wurden noch jahrelang ausgeblendet. Die Mehrheit der Deutschen wollte vom Krieg und den Verbrechen nichts mehr wissen. „Nach vorn schauen und sich eine Zukunft aufbauen" hieß die Devise und trieb die Menschen an. „Wir haben es geschafft, wir leben noch. Aber wir verdrängen auch, wollen es nicht aussprechen." Es war einfach nur Selbstschutz. Doch wo waren plötzlich die vielen unbekannten Nazis, die das unmenschliche System gestützt und bejubelt, ihre Mitmenschen denunziert, bei der Judenverfolgung weggesehen und sich bei den Mächtigen angebiedert hatten? Die meisten Deutschen waren nach dem Krieg unfähig, sich der Wahrheit zu stellen. Es war auch Verdrängung der jüngsten Vergangenheit und des Regimes, in dessen entsetzliche Verbrechen so viele Deutsche mehr oder minder stark verwickelt waren.

Die DDR-Führung versuchte von Anfang an, allein der Bundesrepublik die historische Verantwortung für das Unfassbare zuzuschieben, und thematisierte die westdeutschen Versäumnisse bei der Ahndung der Verbrechen bevorzugt in ihrer Propaganda. Die Strafverfolgung im eigenen Land wurde jedoch der Dimension der Grausamkeiten und den Erwartungen der Überlebenden auch nicht gerecht.

Tausende berüchtigte NS-Kriegsverbrecher tauchten nach dem Zusammenbruch unter, ein Großteil setzte sich nach Südtirol ab, wo sie sich mithilfe alter SS-Kameraden eine neue Identität zulegen konnten, bevor die Flucht anschließend weitergehen sollte. Viele der ehemaligen Täter fanden einstweilig Unterschlupf im Franziskanerkloster von Bozen, beim Deutschen Orden in Lana, nahe des idyllischen Kurortes Meran oder im Kapuzinerkloster in Brixen. Auf diese Art gelang es einer großen Zahl von NS-Tätern, Faschisten und Kollaborateuren aus verschiedenen europäischen Ländern, einer gerichtlichen Anklage und Bestrafung zu entgehen. Aufgrund aktiver Beteiligung hochrangiger Vertreter der katholischen Kirche an den Fluchtrouten trugen diese den Namen „Klosterrouten". Die später von der CIA als „Rattenlinie" benannte Wegstrecke führte über die österreichischen Alpen nach Südtirol, dann in die italienische Hafenstadt Genua – und von dort meist nach Südamerika oder in arabische Länder. Kriegsverbrecher konnten in Südtirol nicht nur auf ein hilfreiches Netzwerk alter SS-Kameraden und Nazi-Sympathisanten bauen, sondern auch auf aktive Unterstützung des Roten Kreuzes. Insbesondere aber halfen beim Exodus der Mörder hohe Würdenträger der katholischen Kirche. Zu den aktivsten Fluchthelfern gehörte der österreichische Bischof und Hitler-Verehrer Alois Hudal, der schon 1936 in einer wohlwollenden Studie über den Nationalsozialismus *„das Positive, Große und Bleibende"* der NS-Bewegung betont hatte und jetzt als Rektor des deutschen Priesterkollegs in Rom den Hauptschuldigen gerne Unterschlupf gewährte. Hudal pflegte enge Beziehungen zum von Papst Pius XII. gegründeten päpstlichen Flüchtlingshilfswerk und betrieb im Vatikan eine „Einrichtung für Auswanderungshilfe". Mit Unterstützung der Caritas und unter Ausnutzung des Umstandes, dass das Internationale Rote Kreuz auf recht leichtfertige Weise unüberprüfbare provisorische Dokumente ausstellte, die vor allem von Ländern in Südamerika als Einreisedokumente anerkannt wurden, fabrizierten Hudal und seine Komplizen Empfehlungsschreiben und falsche Identitätsbestätigungen, mit deren Hilfe viele Tausend NS-Kriegsverbrecher sich der Verfolgung durch die Justiz entziehen konnten. Darunter Unmenschen wie Eichmann, Mengele, Barbie und Stangl. Hudal war ein *„Komplize nach der Tat"*. Für seine Beihilfe zur Flucht der Kriegsverbrecher wurde er nie zur Verantwortung gezogen und auch der Vatikan hat sich bis heute zu seiner damaligen Tat nicht selbstkritisch geäußert.

Die Hauptverantwortlichen wie Hitler, Himmler und Goebbels hatten sich schon gegen Kriegsende durch Selbstmord aus der Verantwortung gestohlen. Auf diese Nazigrößen versuchten nun die Straftäter in der „zweiten Reihe" die Schuld zu schieben. Und der Rest der Bevölkerung? Der sah sich zu einem guten Teil verführt, verschaukelt und fühlte sich weitgehend unschuldig. Viele sahen sich selbst als verraten an.

Eine völlig abweichende These stellt der Harvardprofessor und Sohn eines Holocaustüberlebenden, Daniel Goldhagen, in seinem im Jahre 1996 erschienenen und in Deutschland eine öffentliche Debatte auslösenden Bestseller „Hitlers willige Vollstrecker" auf. Er behauptet, dass es nicht nur die nationalsozialistische Elite war, die den Holocaust zu verantworten hatte, sondern auch Zehntausende von Deutschen, die getötet haben, um ein Volk auszurotten. Goldhagen geht davon aus, dass die Deutschen schon weit vor der NS-Zeit von einem „eliminatorischen" Antisemitismus geprägt gewesen seien. Es waren nicht nur einige SS-Leute, sondern ganz gewöhnliche Deutsche, die millionenfach Juden erniedrigten und ermordeten und bereitwillig zum Genozid beigetragen haben. Sie wurden nicht dazu gezwungen.

Dies war auch eines der Hauptprobleme bei der Aufarbeitung der Vergangenheit des Naziregimes. Kaum jemand stand für seine Schuld ein. Der Prozess der Verdrängung hatte schon sehr früh eingesetzt und sollte sich fortsetzen. Die meisten Deutschen wurden als Mitläufer eingestuft, ihre Verfahren jedoch eingestellt. Die Vergangenheit sollte endlich ruhen. Das fand auch vier Jahre später der Bundeskanzler der neu gegründeten Bundesrepublik. Konrad Adenauer erwähnte in seiner ersten Regierungserklärung am 20. September 1949 nicht den Holocaust. Stattdessen sagte er: *„Im Übrigen dürfen wir nicht mehr zwei Klassen von Menschen in Deutschland unterscheiden. Die politisch Einwandfreien und die Nicht-Einwandfreien. Es wird daher die Frage einer Amnestie von der Bundesregierung geprüft werden."* Man wollte da offensichtlich schnell zu einer Regelung kommen und einen Schlussstrich ziehen. Diejenigen, die als Juden in Deutschland überlebt hatten oder aus dem Ausland zurückgekommen waren, für die war das eine unerträgliche Situation. Adenauer prägte anschließend den hanebüchenen Satz: *„Solange man kein sauberes Wasser hat, darf man das schmutzige nicht wegschütten."* Der CDU-Politiker, selbst unbescholten und einst von den Nazis verfolgt, war von Anfang an gegen eine Entnazifizierung und die Kriegsverbrechertribunale gewesen. Als er Kanzler wurde, verknüpfte er seine Politik der Integration ins westliche Bündnis mit der Schonung der NS-Täter – nicht aus Sympathie mit dem Nationalsozialismus, sondern aus, wie er es sah, nüchternem Pragmatismus. Der beste Weg, die alte konservative Elite für die Unterstützung der liberalen Demokratie zu gewinnen, bestehe darin, deren finstere Vergangenheit ruhen zu lassen. Schließlich sollte Deutschland fortbestehen und brauchte hierfür geeignete Führungskräfte. *„Die Männer, die hierfür geeignet waren, hatten fast alle das gleiche Profil. Sie waren um die vierzig, Juristen und verfügten bereits über Erfahrung. Und sie alle waren Mitglieder in der Verwaltung des ‚Dritten Reichs' gewesen.* (Édouard Husson, französischer Historiker)

Einer der prominentesten und mächtigsten, aber auch umstrittensten war im direkten Umfeld Adenauers und somit im neuen deutschen Staatsapparat viele Jahre lang Hans Globke, Staatssekretär im Bundeskanzleramt, dessen Aufbau er maßgeblich prägte. Er wurde zur Symbolfigur für die nicht aufgearbeitete braune Vergangenheit des Landes. Während der Zeit des Nationalsozialismus arbeitete er in Hitlers Reichsministerium und galt dort als zentrale Auskunftsperson für Fragen zu den 1935 erlassenen „Nürnberger Rassengesetzen", und da insbesondere zum sogenannten „Blutschutzgesetz", das sexuelle Beziehungen zwischen Juden und Nichtjuden verbot. Vor allem gegen Ende der Regentschaft „des Alten", wie Adenauer respektvoll genannt wurde, war Globke so etwas wie der inoffizielle Vizekanzler der jungen Republik. Adenauer hielt bis zum Ende seiner Kanzlerschaft an Globke fest, der seine persönliche Verstrickung in das nationalsozialistische System bis zum Schluss leugnete, obwohl es viele Beweise dafür gab. Für viele noch heute ein Skandal, der nun spät aufgearbeitet werden soll. Über das Wie wird aber immer noch diskutiert.

Als die Alliierten am Ende des Zweiten Weltkrieges die Dimensionen der Naziverbrechen erkannten, war klar, dass sie sich mit einer einfachen Kapitulation nicht begnügen würden. Die Verantwortlichen der widermenschlichen Katastrophe sollten nicht ungeschoren davonkommen. Ergebnis der Überlegungen war ein Internationales Militärtribunal. Keine siegreiche Nation hatte bis dahin etwas so Kühnes und Kompliziertes gewagt, was die Alliierten dann vor der gesamten Weltöffentlichkeit mit den überlebenden Hauptschuldigen taten. Im November 1945 begann in Nürnberg der Prozess gegen 23 NS-Hauptkriegsverbrecher. Der Gerichtsort Nürnberg war unter den Alliierten nicht unumstritten. Vor allem die UdSSR hätte es vorgezogen, das Verfahren gegen die Spitzen des „Dritten Reichs" in der früheren Reichshauptstadt Berlin durchzuführen. Schließlich setzten sich die USA aber in diesem Punkt durch. Ausschlaggebend dafür war vor allem die Existenz einer halbwegs intakten Justiz- und Haftinfrastruktur im alten Nürnberger Justizpalast. Die symbolische Bedeutung Nürnbergs als Austragungsort der Reichsparteitage der NSDAP und als Stadt der „Rassengesetze" sprach ebenfalls für diese Wahl. Um die mediale Wirkungen der geplanten Prozessserie zu erhöhen, wurde der für die Verhandlung vorgesehene Schwurgerichtssaal erheblich erweitert und mit für damalige Zeiten modernster Übertragungstechnik ausgestattet. Das sich über fast ein Jahr hinziehende Gerichtsverfahren ging als „Nürnberger Prozess" in die Geschichte ein. Insgesamt wurden in dem Haupt- und den späteren Nebenprozessen 209 Personen – teilweise auf Grundlage neuer völkerstrafrechtlicher Normen – aus Politik, Verwaltung, Militär und Wirtschaft angeklagt und verurteilt. Der Prozess vor dem Vier-Mächte-Tribunal bildete eine der wichtigsten Wegmarken für die Entwicklung des modernen Völkerstrafrechts seit dem späten 19. Jahrhundert. Er gilt heute als Vorläufer des Internationalen Strafgerichtshofs im niederländischen Den Haag.

Im Hauptprozess verhängten die Richter in zwölf Fällen Todesstrafen, sieben Angeklagte verurteilten sie zu lebenslanger Haft oder befristeten Freiheitsstrafen und in drei Fällen erfolgten Freisprüche. Die Todesurteile wurden in der alten Turnhalle auf dem Gelände des Nürnberger Gefängnisses vollstreckt. Hermann Göring, einer der Hauptangeklagten, hatte sich der Exekution entziehen können: Am Vorabend der Hinrichtung hatte er eine Zyankalikapsel geschluckt, über deren Herkunft sich in der Folgezeit immer wieder Spekulationen rankten. Die zu Haftstrafen Verurteilten verlegte man im Sommer 1947 in das alliierte Gefängnis in Berlin-Spandau. Die bundesdeutsche Aufarbeitung der NS-Verbrechen durch die Justiz begann erst 1950. Die Strafprozesse gegen SS-Angehörige, die im Konzentrationslager Auschwitz für die Ermordung unzähliger Menschen verantwortlich waren, begannen erst 1963. Aber die meisten Deutschen interessierten sich gar nicht mehr für die Folgeprozesse – sie hatten andere Sorgen.

In den Kriegsverbrecherprozessen wurden auch solche schuldig gesprochen, die während der NS-Zeit ihre unbezähmbaren

Methoden zur Menschenvernichtung aus ihren Büros dirigierten. So entstand das Wort „Schreibtischtäter", welches aber in den Prozessen nicht angewendet wurde. Die deutsch-amerikanische politische Theoretikerin Hannah Arendt spricht in ihrem berühmten Eichmann-Essay gar von „Schreibtischmördern".

Allgemeingut der deutschen Aufarbeitungsgeschichte ist ebenfalls, dass schon bald nach 1945 in Ämtern und staatlichen Institutionen wieder diejenigen saßen, die bereits während der NS-Zeit in Amt und Würde standen. Die traditionellen deutschen Eliten dieser Epoche waren beinahe vollständig in ihre einstigen Positionen in Politik, Wirtschaft, Verwaltung und Wissenschaft – weniger allerdings später in der Armee – zurückgekehrt; und auch viele der einstigen NS-Größen lebten in einigem Wohlstand und guten Positionen; vorrangig allerdings in freien Berufen und in der Industrie; aber auch in der Politik. Wie sollte sich in diesem Land eine stabile Demokratie herausbilden, wenn sein Führungspersonal mit demjenigen der NS-Diktatur so weitgehend identisch war und große Teile der politischen und polizeilichen Führung des Nationalsozialismus, vor der bis 1945 fast ganz Europa gezittert hatte, in diesem Lande unbehelligt herumliefen?

Der Mythos, das Auswärtige Amt sei von 1933 bis 1945 ein Hort des Widerstands gewesen, gehört zu den langlebigsten Legenden über das „Dritte Reich". Überall in Europa fungierten deutsche Diplomaten als „Wegbereiter" der Endlösung, sie wirkten mit an der Erfassung der Juden und an ihrer Deportation. Opposition aus dem Auswärtigen Dienst blieb individuell und die Ausnahme. Nach Kriegsende wurden nur wenige Beamte für ihr Verhalten zur Rechenschaft gezogen, viele konnten auf ihre Wiederverwendung hoffen und setzten ihre Karriere fort. Anfang der 1950er-Jahre wurde durch einen Untersuchungsausschuss unter der Federführung des Parlamentariers der SPD Carlo Schmid bekannt, dass 55 der 96 neuen Diplomaten des Bonner Auswärtigen Amtes (das damals „Dienststelle für Auswärtige Angelegenheiten im Bundeskanzleramt" hieß)

Mitglied der NSDAP waren! Noch über Jahrzehnte lagen über den außenpolitischen Entscheidungen der Bundesrepublik die Schatten der Vergangenheit.

Jeder erwachsene Deutsche hatte sich indes mit seiner eigenen Haltung in der Zeit der nationalsozialistischen Diktatur auseinanderzusetzen. Es bedurfte eines politischen Reinigungsprozesses, der „Entnazifizierung", bevor man der Bevölkerung den Wiederaufbau ihres Staates zutrauen mochte. Jeder Deutsche über 18 Jahre musste zu diesem Zweck Angaben zur eigenen Verstrickung in die jüngste Vergangenheit machen. Allein in der amerikanischen Zone wurden 13 Millionen Fragebögen mit insgesamt 131 Fragen ausgegeben, wovon allerdings nur ein Bruchteil bearbeitet werden konnte. Eine Spruchkammer entschied nach diesen Unterlagen, ob jemand hauptschuldig, belastet, minderbelastet, Mitläufer oder entlastet war. Trotz vieler Verurteilungen konnten viele wieder in der gleichen Funktion wie vor dem Kriegsende arbeiten. Da die allermeisten Entnazifizierungsverfahren mit dem Urteil „Mitläufer" endeten, hatte sich schon bald der Begriff „Mitläuferfabrik" eingebürgert.

Die „Umerziehung" der Deutschen war ein Anliegen der Alliierten, jedoch stieß dies auf eine breite Ablehnung innerhalb der deutschen Gesellschaft. Man fand den wirtschaftlichen Aufbau und die Sicherstellung der Versorgung wichtiger als den kulturellen und bildungspolitischen Aufbau. Außerdem saß „die Niederlage" tief im moralischen Bewusstsein und die Bevölkerung wollte sich nicht durch die Alliierten erziehen lassen.

Die sowjetische Besatzungszone (ab 1949 DDR), in Freundschaft mit der sozialistischen Sowjetunion verbunden, praktizierte nach Ende des Krieges ihre „Umerziehung" auf ihre Weise. Nie wieder wurde Ideologie so massiv in deutsche Kinderköpfe gehämmert wie bei den Jungen Pionieren. Fleißig, diszipliniert und hilfsbereit, sauber und gesund sollten sie sein. In den Propagandafilmen erschien diese Vision bereits als gelebte Wirklichkeit. In ihnen wurden Kinder als strahlende Idole einer neuen Generation gefeiert, die mit leuchtenden Augen und wehenden

Fahnen den Sozialismus in die Welt hinaustragen, begeistert in Reih und Glied marschieren und unermüdlich ihren Pioniergruß wiederholen: *„Immer bereit!"*

Der Zweite Weltkrieg hatte Hunderttausende Familien auseinandergerissen. Das unendliche Chaos nach Vertreibung und den Bombenangriffen war unüberschaubar. Jeder vierte Deutsche war auf der Suche nach Angehörigen oder wurde selbst gesucht. Etwa eine halbe Million davon waren Kinder, die ihre Eltern verloren hatten – vor allem auf den Flüchtlingstrecks aus dem Osten. Viele Geschwister wurden getrennt, Kriegsheimkehrer wussten oftmals nicht, wo ihre Familien lebten. Niemand, der es miterlebt und mitempfunden hat, kann ihren Schmerz, ihre Entsagung, ihre stille, aufopfernde Kraft vergessen.

In den drei westlichen Besatzungszonen klebten über viele Jahre an Hauswänden, Litfaßsäulen und Laternenmasten tausendfach die Bilder und Namen von verzweifelt Gesuchten. Um den Betroffenen zu helfen, hatte das Deutsche Rote Kreuz bereits kurz nach Kriegsende einen Suchdienst eingerichtet und mit dem Deutschen Caritasverband und dem Hilfswerk der evangelischen Kirche eine zentrale Suchkartei zur Familienzusammenführung aufgebaut. So verwandelten sich Hunderttausende Einzelschicksale in Karteikarten. Bis 1950 wurden etwa 16 Millionen Suchanträge gestellt; fast 9 Millionen Geschicke konnten bis heute geklärt werden. Und über 75 Jahre nach Ende des Zweiten Weltkriegs gehen beim Suchdienst noch immer Anfragen ein. Und noch immer finden sich Angehörige wieder.

Etwa ein Jahr nach dem Ende der desaströsen Apokalypse konnten Kinder wieder zur Schule gehen. Allerdings gab es viel zu wenig Lehranstalten, da unzählige Gebäude im Krieg zerstört worden waren. Außerdem wurden viele noch erhaltene Schulen als Unterkünfte für Flüchtlinge genutzt. In den wenigen Klassenräumen, die es noch gab oder die man behelfsweise dazu gemacht hatte, saßen oftmals bis zu 150 Schülerinnen und Schüler. Schulbücher gab es fast keine, da die meisten bei den jahrelangen Bombardierungen zerstört worden und die Bücher aus der NS-Zeit verständlicherweise nicht mehr gegenwartsnah waren. Außerdem war der Gebrauch von den Alliierten strikt untersagt worden. Aus Not griff man deshalb nicht selten auf Druckerzeugnisse aus der Kaiserzeit zurück.

Ein unverhältnismäßiger Lehrermangel komplizierte noch die unheilvolle Gesamtlage. Eine Vielzahl von Lehrern war im Krieg gefallen oder verwundet worden, und viele der Lehrer, die noch übrig geblieben waren, waren meist Mitglieder der NSDAP gewesen und nach dem Krieg aus dem Schuldienst entlassen worden. Neue Lehrer gab es auch noch nicht, da auch die Hochschulen, welche die Lehrer ausbildeten, gerade erst wieder mit der Ausbildung begonnen hatten. So griff man auf schon pensionierte Lehrer zurück oder stellte Personen ein, die politisch unbedenklich waren, aber nicht unbedingt eine pädagogische Ausbildung aufzuweisen hatten. Angesichts mangelnder Bildungsmöglichkeiten gehörte die betroffene Generation deshalb eindeutig zu den Bildungsverlierern.

Bevor die deutsche Wirtschaft sich deutlich erkennbar erholen konnte, bedurfte es einer grundlegenden Veränderung des bis dahin geltenden Währungssystems, um das Verhältnis von Warenangebot und Geldmenge zu normalisieren. Mit der Währungsreform vom 20. Juni 1948 trat die lang erwartete Umwandlung in Kraft, mit der die neue Deutsche Mark die alte inflationäre Reichsmark-Währung und die „Zigarettenwährung" des Schwarzmarktes ablöste. Zunächst konnten Bürger lediglich 60 Reichsmark eins zu eins in die neue Währung D-Mark umtauschen – 40 Mark sofort, 20 Mark nach zwei Monaten. Gerade einmal 25 Jahre nach der Hyperinflation von 1923 verloren deutsche Sparer fast ihr gesamtes Vermögen. Wer 1.000 Reichsmark auf der hohen Kante hatte, sah sein Erspartes durch den Währungsschnitt auf überschaubare 26 D-Mark geschrumpft. Trotzdem bildete die anfänglich umstrittene Währungsreform eine wichtige Grundlage für die darauffolgende wirtschaftliche Entwicklung Westdeutschlands. Waren, die seit Langem offiziell nicht mehr erhältlich waren, tauchten über Nacht in den Geschäften auf. Sie waren plötzlich mit dem neuen Geld wieder zu normalen Preisen zu kaufen. Die Menschen mussten sich nicht mehr auf dem Schwarzmarkt versorgen oder ihr letztes Hab und Gut bei Bauern auf dem Land gegen etwas Essbares tauschen.

Drei Tage später kam es in der sowjetisch besetzten Zone zu einer improvisiert wirkenden Währungsreform. Es gab noch keine neuen Geldscheine, deshalb wurden die alten Reichsmarkscheine mit Coupons versehen, sie wurden zum volkstümlich „Tapetenmark" genannten neuen Zahlungsmittel. Durch zweierlei Währungen trat die Spaltung des deutschen Wirtschaftsgebietes für jedermann nun offen zutage. Die Verwaltung der Sowjetzone versuchte nämlich, der Ostmark in ganz Berlin Gültigkeit zu verschaffen, während die Westmächte in ihren Sektoren die D-Mark-Währung einführten. Die Sowjets nahmen dies zum Anlass einer totalen Blockade Westberlins durch völlige Abriegelung aller Land-, Schienen- und Wasserwege zwischen Westberlin und den drei westlichen Zonen. Die Blockade war ein Versuch Stalins, ganz Berlin unter sowjetische Kontrolle zu bekommen. Lediglich die Luftkorridore, auf die sich die vier Siegermächte nach Kriegsende geeinigt hatten, waren nicht betroffen. Aber man hatte die Rechnung ohne den Berliner Lebenswillen und die Hilfe der Westalliierten gemacht. Als Antwort auf diese Provokation starteten die drei Westmächte eine Luftbrücke nach Westberlin, welche die Stadt und ihre rund zwei Millionen Bewohner versorgen sollte. Ein ehrgeiziger Plan, der in dieser Größenordnung noch nie unternommen worden war und von dem unklar war, ob er überhaupt funktionieren würde.

Ende Juni 1948 landeten die ersten Flugzeuge der Amerikaner und Briten mit Gütern für die Berliner Bevölkerung auf den drei Berliner Flughäfen. Unzählige weitere Flüge folgten, doch niemand konnte vorhersehen, wie lange die Blockade andauern würde. Doch erst einmal wurde der Westen Berlins durch diese beispiellose Luftversorgungsaktion („Berliner Luftbrücke") wirtschaftlich lebensfähig gehalten. Denn anders als noch bis Anfang 1945 verhießen Flugzeuge am Himmel nicht Bombardierung, Tod und Verwüstung, sondern Versorgung der Berliner Bevölkerung aus der Luft. Etwa alle 60 Sekunden setzte eine Maschine auf, schwer beladen mit Lebensmitteln, Medikamenten und Benzin. Ein Großteil dieser Tonnage war Kohle, welche die Energieversorgung sicherstellen sollte.

Der damalige Westberliner Oberbürgermeister Ernst Reuter richtete drei Monate nach Beginn der Blockade vor der Ruine des Reichstags im Angesicht einer unüberschaubaren Masse von Menschen einen verzweifelten Appell an die Gemeinschaft der Welt: *„Ihr Völker der Welt, ihr Völker in Amerika, in England, in Frankreich, in Italien! Schaut auf diese Stadt und erkennt, dass ihr diese Stadt und dieses Volk nicht preisgeben dürft und nicht preisgeben könnt! Es gibt nur eine Möglichkeit für uns alle: gemeinsam so lange zusammenzustehen, bis dieser Kampf gewonnen, bis dieser Kampf endlich durch den Sieg über die Feinde, durch den Sieg über die Macht der Finsternis besiegelt ist.“*

Die USA und Großbritannien, später auch Frankreich und Kanada, ließen Westberlin nicht im Stich und antworteten mit der größten Rettungsaktion, die es bis dahin in der Geschichte der Menschheit gegeben hatte. In 322 Tagen bewältigten die Amerikaner mehr als 280.000 Flüge von Frankfurt und Wiesbaden und die Briten von Hamburg und Schleswig-Holstein nach Tempelhof, Gatow und Tegel. Während der Blockade gelangten so weit über zwei Millionen Tonnen Güter in die eingeschlossene Stadt. Und weil die ersten Bomber Trockenfrüchte lieferten, hießen die Militärmaschinen im Volksmund schnell „Rosinenbomber“.

Doch die Luftbrücke war nicht nur eine logistische Meisterleistung. Der damalige US-Pilot Gail Halvorsen hatte eine geniale Idee. Winkenden Kindern am Flughafen Tempelhof schenkte er Kaugummi und Schokolade. Ihre große Dankbarkeit beeindruckte ihn. Und so fragte Halvorsen auch andere US-Piloten, ob sie bereit wären, ihm ihre Schokoladen- und Süßigkeitenrationen abzutreten. Mit selbst gebastelten Taschentuch-Fallschirmen ließ Halvorsen Süßigkeiten und Kaugummi-Pakete für die Westberliner Kinder vom Himmel fliegen. Seine Vorgesetzten waren anfangs skeptisch, bis sie erkannten, wie sehr Gail Halverson mit dieser Aktion die Herzen der Westberliner eroberte. Bald wurden die Süßigkeiten von zahlreichen US-Firmen gesponsert und viele Amerikaner bastelten Fallschirme aus Taschentüchern.

Als die Blockade im Mai 1949 aufgehoben wurde, war klar: Die sowjetische Erpressungspolitik war nicht nur gescheitert, sondern hatte auch dazu geführt, dass sich die Westdeutschen und Westalliierten erstmals im Kampf gegen die Sowjetunion verbündet hatten. Die Besatzungsmächte von einst waren zu Beschützern geworden. Die erste Schlacht des Kalten Krieges war geschlagen, die Luftbrücke war ein Triumph der internationalen Kooperation – und Berlin zu einer gespaltenen Stadt geworden.

Am 16. Juni 2019 beabsichtigten 13 der noch flugtauglichen Rosinenbomber zum 70-jährigen Jubiläum nach Berlin zum einstigen Flughafen-Tempelhof zurückzukehren. Jedoch erlaubte der Berliner Senat den historischen Flugzeugen nicht, über die Sperrzonen der Innenstadt zu fliegen, geschweige denn zu landen. Ein Sprecher des Berliner Bürgermeisters ließ verlauten, dass benötigte Unterlagen nicht vollständig und korrekt vorlagen. Kleingeistiger und buchstabengetreuer, wie es für die Deutschen typisch ist, ging's wohl nicht. Es hätte ein historischer Moment werden können – aber es wurde eine Blamage für ganz Deutschland. Zumal damals der mit 98 Jahren noch lebende und anwesende US-Heldenpilot Gail Halvorsen mit Freude erneut Süßigkeiten abgeworfen hätte, damit die Kinder von heute einen Eindruck bekommen hätten, wie es früher war. Halvorsen: *„Damals hatte die Regierung nichts dagegen, dass wir hier landeten."* Krasser äußerte sich der US-Pilot Captain Sherman Smoot gegenüber der Bild-Zeitung: *„Ich bin sehr verärgert über die Entscheidung. Richtig angepisst. Hätten die Politiker es gewollt, wir hätten die Genehmigung innerhalb von Minuten gehabt. Wir werden nie wiederkommen. Auch nicht zum 75. Jahrestag. Es hat Hunderttausende Dollar gekostet, alles hierher zu bringen, und dann so was. Berlin sollte damals von den Sozialisten ausgehungert werden. Jetzt regieren sie und treffen diese Entscheidung. Das ist* *ein Haufen Pferdesch...*" (Halvorsen starb am 16. Februrar 2022. Er wurde 101 Jahre alt.)

Ebenso peinlich: Schirmherr der Luftbrücken-Veranstaltung war Bundespräsident Frank-Walter Steinmeier. Auch er hatte nicht für eine Ausnahmegenehmigung gesorgt. Eine kleinkarierte, bananenrepublikanische Schmach!

ZWEI STAATSGRÜNDUNGEN
AUF DEUTSCHEM BODEN

Ein Grundgesetz war die Voraussetzung für die Gründung der Bundesrepublik Deutschland. Die zumindest vorläufige Teilung in zwei Staaten, nämlich einen westlichen, der aus den drei Besatzungszonen der Vereinigten Staaten, Großbritanniens und Frankreichs, sowie eines östlichen, der aus der sowjetischen Besatzungszone bestand, war Tatsache.

Im August 1948 versammelten sich im ehemaligen Augustinerkloster, nur einen Steinwurf vom unvollendeten Prunkschloss Herrenchiemsee des ehemaligen Königs Ludwig II., eine Sachverständigenkommission der Ministerpräsidenten und erarbeitete einen Entwurf für ein Grundgesetz. Während des Konvents war die persönliche Vergangenheit kein Thema. Im Gegenteil: Was aus heutiger Sicht unfassbar erscheint, ist, dass in fast sämtlichen wichtigen Zeitungen der Westsektoren die ersten Leitartikel erschienen und bekundeten, die Deutschen hätten nun lange genug gebüßt und sollten aus dem Schatten der Geschichte heraustreten.

Während der Versammlung hatte jeder Teilnehmer pro Tag Anrecht auf drei Zigarren oder zwölf Zigaretten, dazu eine halbe Flasche Wein oder einen Liter Bier – drei Jahre nach dem Krieg war das sehr üppig. Der Konvent entwarf eine Verfassung, die schließlich für die Ausarbeitung eines Grundgesetzes für die Bundesrepublik Deutschland maßgeblich werden sollte. Man knüpfte 1948 da an, wo ihre Vorgänger 1848 zuvor gescheitert waren. Dazwischen lagen 100 Jahre Verirrung, Wahn und Verbrechen.

Zur Ausarbeitung kamen anschließend die 65 Ländervertreter aus den elf deutschen Landtagen im Zoologischen Forschungsmuseum Alexander Koenig in Bonn zusammen, um ein

Grundgesetz für die Bundesrepublik Deutschland zu schaffen. Da sonst keine repräsentativen Gebäude in Bonn verfügbar waren, fand im Lichthof des Museums, welches im Zweiten Weltkrieg weitgehend unbeschädigt geblieben war, am 1. September 1948 unter der Leitung Konrad Adenauers und des SPD-Politikers Carlo Schmid eine intensive Beratung zum Zusammentritt des Parlamentarischen Rates statt. Da die dort ausgestellten, präparierten Giraffen nicht entfernt werden konnten, verhüllte man sie der Einfachheit halber. Danach war das Museum kurzzeitig Sitz des Bundeskanzleramts: Konrad Adenauer (CDU) nutzte es nach seiner Wahl im September 1949 zwei Monate als Dienstsitz – sein Arbeitszimmer war die ornithologische Bibliothek; Kabinettssitzungen wurden im Hörsaal abgehalten. „Dat Jetier", soll Adenauer genörgelt haben, wenn er täglich an dem ausgestopften Großwild vorbeiziehen musste, bis er das noble Palais Schaumburg als Dienstsitz beziehen konnte.

Adenauers markanter, beinah maskenhafter Kopf erinnerte viele an einen Indianerhäuptling. John Foster Dulles (US-Außenminister von 1953 bis 1959) soll ihn einmal gefragt haben, ob unter seinen Vorfahren ein Indianer sei.

Am 23. Mai 1949 wurde das gültige Grundgesetz verabschiedet. Es sollte in Zukunft die Regeln für den deutschen Staat festlegen. Es war ein Versuch, die Schatten von Weimar und die Gespenster der Diktatur zu bannen, und es war zugleich Schutzwall gegen die Drohung Stalins. Es errichtete einen Zaun rechtlicher Sicherungen um jede einmal amtierende Regierung und fügte erstmals die politischen Parteien ins Verfassungsleben ein. Mit der Fünfprozentklausel im Wahlrecht sollte einer Parteienzersplitterung wie zuvor in Weimar vorgebeugt werden. Gesetze über Meinungsfreiheit, Pressefreiheit und Demonstrationsrecht galten als besondere Errungenschaften. Der Vorstoß aus den Reihen der FDP, das Amt des Bundeskanzlers mit dem des Präsidenten zu koppeln und ein Präsidialsystem nach US-Vorbild einzuführen, ging dem Staatsrechtler und SPD-Fraktionschef Carlo Schmid allerdings zu weit. Er vertrat die Ansicht, dass wenn die Deutschen schon so autoritätsgläubig seien, dann solle man das doch bitte schön nicht noch ausdrücklich in der Verfassung verankern. Und so scheiterte der Gedanke. Ins Grundgesetz schrieb man sich einen bewusst geschwächten Bundespräsidenten, gewählt von einer Bundesversammlung aus Bundestag und Vertretern der Länder. Der Bundespräsident mag wenig konkrete Macht haben. Dafür aber hat er das Wort. Aus dem Wort leitet sich seine Autorität ab.

Theodor Heuss wurde der erste Bundespräsident der Republik. Der liberale Politiker und Journalist war Gründungsmitglied der FDP nach dem Zweiten Weltkrieg. Als Bundespräsident (1949–1959) war er stets bestrebt, das Demokratieverständnis der Deutschen zu fördern, dem Vergessen des Holocaust entgegenzuwirken und das Ansehen Deutschlands in der Weltöffentlichkeit zu verbessern.

Der Begriff Hauptstadt wurde bei der Verabschiedung des Grundgesetzes bewusst vermieden und der vorläufige Charakter durch den Begriff Regierungssitz unterstrichen. Dies sollte zeigen, dass die Teilung Deutschlands zunächst nur vorläufig war. Erst der desaströse Mauerbau in Berlin 1961 änderte die Sichtweise. Allerdings erkannte erst 1973 Bundeskanzler Willy Brandt in seiner Regierungserklärung Bonn als Bundeshauptstadt an. 17 Jahre später mit Inkrafttreten des Einigungsvertrages wurde Berlin erneut Hauptstadt der Bundesrepublik Deutschland. Am 20. Juni 1991 beschloss der Bundestag seinen Umzug an die Spree.

„Das Grundgesetz ist zum Symbol, Zentrum und Alltagsbegleiter der deutschen Demokratie geworden. Alle reden vom Grundgesetz, alle berufen sich darauf; sein erster Satz von der Unantastbarkeit der Menschenwürde ist der wichtigste Satz der Republik. Man kann sich das Grundgesetz nicht hinwegdenken, ohne dass der Erfolg dieses Landes entfiele." (Heribert Prantel am 10.08.2018 in der SZ)

Schon im Sommer 1945 wurden die ersten Parteien in den Besatzungszonen wieder zugelassen. Es bildeten sich Parteien, die es bereits in der Weimarer Republik gegeben hatte, und es entstanden gleichzeitig neue Parteien. Die CDU/CSU wurde neu gegründet und von Konrad Adenauer angeführt. Die SPD gab es bereits seit Mitte des 19. Jahrhunderts. Ihr diesmaliger Spitzenkandidat hieß Kurt Schumacher.

Die ersten Wahlen fanden nur im Westen statt, und zwar am 14. August 1949. Es waren nach den Landtagswahlen von 1946 die ersten freien Wahlen nach 1932 auf deutschem Boden. Wichtiges Thema war die Wirtschaftspolitik. Die CDU bekannte sich zur „sozialen Marktwirtschaft", während die SPD stärker auf den Eingriff des Staates bei wirtschaftlichen Maßnahmen setzte. 402 Abgeordnete standen zur Wahl. (Bei der Bundestagswahl 2021 wurden 736 Mandate vergeben.) Die Wahlbeteiligung lag bei über 78 Prozent. Von einer derartig hohen Teilnahme an Wahlen träumen heutige Politiker. Ebenfalls im August 1949 wurde der erste Deutsche Bundestag gewählt – die CDU/CSU lag nur geringfügig vor der SPD. Der Ausgang der Wahl zum Bundeskanzler musste also knapp ausfallen. Enger ging es tatsächlich nicht: Mit seiner eigenen Stimme verhalf sich Konrad Adenauer, Vorsitzender der CDU der britischen Zone und Präsident des Parlamentarischen Rates, am 15. September 1949 selbst zum Posten des ersten Kanzlers der Bundesrepublik Deutschland. Sechs Tage später wurden er und das Kabinett von den Alliierten zur Übernahme des Besatzungsstatus auf den Petersberg bei Bonn gebeten. Die Hohen Kommissare verlangten, dass die Delegation vor einem dort ausgelegten Teppich stehen bleibe. Die Mitglieder des Kabinetts folgten, doch Adenauer trat beim Verlesen seiner Ansprache mit beiden Füßen demonstrativ auf den Teppich, um den Anspruch auf Gleichberechtigung protokollarisch wahrzunehmen.

Von 1949 bis 1963 sollte Adenauer Kanzler bleiben und die Richtlinien der deutschen Politik prägen. Deshalb spricht man auch von einer „Ära Adenauer". In der Geschichte der Bundesrepublik Deutschland markiert diese Ära die Periode der Gründung, den Wiederaufbau, Erlangung demokratischer Stabilität und Kontinuität außenpolitischen Handelns im Rahmen der westlichen Demokratien. Konrad Adenauer prägte aufgrund seiner politischen Überzeugungen mit seinen Grundsatzentscheidungen die Bundesrepublik Deutschland. Er nahm auf die politische Entwicklung der frühen Bundesrepublik Deutschland entscheidenden Einfluss. Die Gründungsphase war gekennzeichnet durch heftige politische Auseinandersetzungen um die Standortbestimmung des geteilten Deutschland sowie den erfolgreichen politischen und wirtschaftlichen Wiederaufbau des Landes. Ihr folgte eine relativ kurze Zeitspanne der innen- und außenpolitischen Konsolidierung.

Adenauers Politik zeichnete sich vor allem aus durch das Bestreben, die BRD in den Westen einzubinden und eine Aussöhnung mit Frankreich voranzutreiben. Die soziale Marktwirtschaft war das Fundament für die politische und soziale Stabilität in der Ära Adenauers. Nach anfänglichen Schwierigkeiten stieg die BRD in kurzer Zeit von einem zerstörten Land zum drittgrößten Industriestaat auf und es tauchte erstmals der Begriff des Wirtschaftswunders auf. Innerhalb der sozialen Marktwirtschaft beschränkte sich der Staat darauf, die Rahmenbedingungen für das Funktionieren des Marktes zu schaffen. Der deutsche Politiker und Wirtschaftswissenschaftler Ludwig Erhard hatte bereits in den 1940er-Jahren – zusammen mit Alfred Müller-Armack – das Konzept der sozialen Marktwirtschaft entworfen, welches er dann auch als erster Bundeswirtschaftsminister (1949–1963) unter Adenauer erfolgreich durchsetzte. Der von ihm eingeleitete wirtschaftliche Aufschwung begründete seinen Ruf als „Vater des deutschen Wirtschaftswunders". Von 1957 bis 1963 war der CDU-Politiker zugleich Vizekanzler. 1963 wählte ihn der Bundestag zum Nachfolger Bundeskanzler Adenauers, jedoch trat Erhard bereits nach drei Jahren wegen innerparteilicher Kritik vom Amt des Bundeskanzlers zurück.

Im Jahre 2019 bestreitet nun die Autorin Ulrike Hammer in ihrem Buch „Deutschland, ein Wintermärchen", dass Ludwig Erhard der „Vater" des Wirtschaftswunders gewesen sein soll: *„In Wahrheit war er ein unfähiger Ökonom, ein Profiteur im Dritten Reich und ein Lügner."*

Um sein wichtigstes Ziel zu erreichen – die Bundesrepublik Deutschland in den Westen einzubinden –, stellte Adenauer die Außenpolitik in den Vordergrund seiner Politik. Er versuchte mit Nachdruck die Eigenständigkeit der Bundesrepublik zu erlangen und so Teil eines starken Westens zu werden. Bereits nach Gründung der Bundesrepublik im Jahre 1949 tauchte die Frage nach einer deutschen Armee auf und führte zu heftigen Diskussionen im Bundestag. Adenauer plante eine Einbindung Deutschlands im Rahmen der NATO, dem westlichen Verteidigungsbündnis. Oppositionspolitiker waren allerdings gegen diese Pläne. Mit Blick auf die jüngste deutsche Vergangenheit sollte kein eigenes Militär aufgebaut werden. Auch innerhalb der Bevölkerung war diese Wiederbewaffnung umstritten und wurde auf sämtlichen Ebenen heftigst diskutiert. Erst durch den Ausbruch des Koreakriegs im Juni 1950 trat ein Umschwung ein. Die Angst vor dem Kommunismus wuchs und so wuchs auch das Bedürfnis der deutschen Bevölkerung, sich verteidigen zu wollen. Im Mai 1955 trat Deutschland der NATO bei und war somit fest im westlichen Verteidigungsbündnis eingebunden. Die Erlaubnis, eigene Streitkräfte aufzustellen – zunächst auf 500.000 begrenzt –, wurde gleichzeitig erteilt. Der „Staatsbürger in Uniform" kam schon bald als Schlagwort auf. Die einstige Losung „Nie wieder deutsche Soldaten!" war bereits zehn Jahre nach Ende der verheerenden Apokalypse vergessen.

Schon bald wollte Adenauer seine Bundeswehr mit Atomwaffen ausrüsten, aber die Deutschen protestierten ebenso wie die Physiker, die an solchen Waffen arbeiten sollten. Adenauer war schon immer fasziniert von allen technischen Erfindungen, war zeitlebens ein Tüftler und sicherte sich allerlei Patente. Beispielsweise für ein Verfahren zur Herstellung eines dem rheinischen Roggenschwarzbrot ähnelnden Schrotbrotes. Das sogenannte „Notbrot" war für schlechte Zeiten gedacht, weil es sich besonders lange hielt. 1916 erfand er eine Sojawurst, weil in Kriegszeiten Fleisch knapp war. Der Höhepunkt seiner Erfindungen war allerdings eine Elektrobürste zur Schädlingsbekämpfung. Adenauer war ja ein begeisterter Gärtner und solche Menschen sind oftmals von Natur aus Insektenkenner. Zur Anwendung tauchte man die Borsten in eine Lauge, setzte sie unter Strom und strich damit über eine Baumrinde. Daraufhin verendeten die Schädlinge unter der Rinde an einem Stromschlag. Allerdings ging diese Erfindung niemals in Serie, denn durch die Stromstöße geriet vor allem der Anwender selbst in Lebensgefahr.

Die Aufgaben des ersten Bundestages waren nicht einfach zu lösen, denn es ging zunächst darum, mit den Folgen von Krieg und Vertreibung klarzukommen, gleichzeitig den Wiederaufbau eines Staates in Gang zu setzen, die Wirtschaft anzukurbeln und eine vernünftige Infrastruktur zu schaffen. Adenauers Amtszeit war neben dem deutschen Wiederaufbau vor allem durch viele außenpolitische Errungenschaften geprägt. So trug er maßgeblich zur deutsch-französischen Aussöhnung bei und sorgte für die Westanbindung der BRD durch den Beitritt zur NATO und zu der Europäischen Gemeinschaft für Kohle und Stahl. Innenpolitisch wird ihm bis heute der wirtschaftliche Wiederaufstieg Deutschlands hoch angerechnet. Die Heimholung der letzten Kriegsgefangenen aus der Sowjetunion machte ihn für lange Zeit zum populärsten Kanzler. Doch wetterte er über Freunde und Gegner, fühlte sich insgeheim immer wieder hintergangen. Auch dem Volk, das er regierte, traute er nicht, hielt es für politisch wankelmütig. Adenauer regierte autoritär, duldete wenig oder gar keinen Widerspruch. Alle, die mit ihm eng zusammengearbeitet haben, stimmen überein in dem Urteil, dass seine Wertschätzung auf die Dauer nur der behalten konnte, der sich als nützlich erwies und bereit war, sich unterzuordnen. Wenn es seinen politischen Zielen diente, konnte er auch einmal seine Meinung ändern. *„Was interessiert mich mein Geschwätz von gestern"* ist ein Ausspruch, der ihm zugeschrieben wird. So kann man Konrad Adenauer schätzen oder kritisieren, ihn mit einer Mischung aus Bewunderung und Abwehr betrachten, doch ignorieren kann man ihn keinesfalls, denn er drückte zweifellos der Bundesrepublik Deutschland nach dem Zweiten Weltkrieg seinen persönlichen Stempel auf.

Neuer Sitz der Regierung wurde Bonn, und nicht, wie viele gehofft hatten, Frankfurt am Main. Für die Frankfurter war Bonn pure Provinz: kein Telefonkabel, über das man direkt hätte

Ferngespräche führen können; ein mickriger Hauptbahnhof; kein großer Flughafen weit und breit. Überall fehle es an Infrastruktur. Dies alles aufzubauen, würde immense Summen kosten. Deshalb solle der Regierungssitz am besten dorthin verlegt werden, wo bereits alles vorhanden sei, inklusive Verwaltung und kurzer Wege zu den Alliierten: nach Frankfurt.

Die Nähe zu Adenauers Domizil im rechtsrheinischen Örtchen Rhöndorf dürfte letztendlich für Bonn als provisorischen Regierungssitz ausschlaggebend gewesen sein. Der Kanzler benötigte von seinem Domizil im Schatten der Weinberge am Drachenfels für den kurzen Anfahrtsweg und die Überfahrt mit der Rheinfähre weniger als eine halbe Stunde. Beiläufig: Der Autor dieser Niederschrift hatte während seiner Schulzeit öfter Gelegenheit, auf der besagten Rheinfähre den meist akten- oder zeitungslesenden Bundeskanzler in seiner imponierenden Staatskarosse anzutreffen. Auf seinem morgendlichen Schulweg setzte er gemeinsam mit dem Kanzler über auf die andere Rheinseite und während der Dauer des Übersetzens kurbelte Adenauer ab und an das Fenster seines Mercedes 300 herunter und unterhielt sich nach einem „Jode Morje, Kinder, wie is et?" mit den vor seinem Auto versammelten Schülern im plauderhaft-rheinisch gefärbten Ton. Allerdings blieb an Regentagen oder im Winter das Fenster geschlossen. Ein lediglich zaghaftes Winken sollte zur Begrüßung ausreichen. Sicherheitsvorkehrungen, wie sie heute bei Staatsoberhäuptern unumgänglich sind, waren damals noch unüblich. Nur gelegentlich begleitete den Kanzler eine sogenannte „weiße Maus" – ein in weiß gekleideter Polizeibegleitschutz auf einem Motorrad.

Als Oberbürgermeister der Stadt Köln hatte Konrad Adenauer seine Geburtsstadt in Zeiten der deutschen Revolution 1918, der englischen Besatzung bis 1926 und in der Phase der Weimarer Republik modernisiert und ausgebaut. In der Zeit der nationalsozialistischen Diktatur hatte er um sein Überleben zu kämpfen. Verleumdungen und Vorwürfen ausgesetzt, zog er sich zeitweise in die Abtei Maria Laach in der Eifel zurück bzw. lebte gezwungenermaßen als Pensionär mit seiner Familie in Rhöndorf. Er wurde mehrmals von der Gestapo verhaftet und unter Aufsicht gestellt. Umso unverständlicher ist der Umstand, dass unter Adenauer Richter, Staatsanwälte und Ökonomen, die bereits unter den Nationalsozialisten in ihren Berufen tätig waren, den Sprung in Ämter und Ministerien des neuen deutschen Staatsapparats fanden.

Am Ende seiner Amtszeit verlor Adenauer viel seiner einstigen Autorität. Er war 1963 bei seinem Weggang 87 Jahre alt und die CDU brauchte ein neues Zugpferd für die nächste Bundestagswahl. Außerdem hatte Adenauer bei der letzten Bundestagswahl 1961 die absolute Mehrheit verloren und regierte seitdem mit der FDP, welche die Abdankung Adenauers im Wahlkampf propagierte. Adenauer verlor auch immer mehr den Rückhalt in der Bevölkerung und in der CDU. Beim Mauerbau im August 1961 war er auf Wahlkampfreise durch Deutschland und kümmerte sich eigentlich nicht um die dramatischen Entwicklungen. Er besuchte erst spät Berlin und verzichtete darauf, aufbauende Worte an die Bevölkerung zu richten. Die einzigen Handlungen, die er durchführte, waren die Absprache mit den Westmächten, dass sich deren Politik nicht ändere, und eine Stellungnahme an die Deutschen, dass es keinen Anlass zur Panik gebe. In der Bevölkerung wurden diese Entwicklungen aber als Scheitern Adenauers gewertet, der mit seiner Politik der Stärke die Teilung Deutschlands nur verstärkt hätte. Auch international passte Adenauer nicht mehr ins Bild. Die Großmächte entspannten sich, während Adenauer ein Verhandeln mit der Sowjetunion ausschloss. Wenngleich Adenauer im Januar 1963 mit dem Abschluss des Élysée-Vertrages noch ein großer politischer Erfolg beschieden war, überschatteten auch Rückschläge, wie beispielsweise der Mauerbau und damit die Zementierung der Teilung Deutschlands sowie die Spiegel-Affäre, die letzte Phase seiner Kanzlerschaft. Und als die Bundesregierung und der Bundesnachrichtendienst (BND) 2017 ihre verschlossenen Akten aus den Nachkriegsjahrzehnten freigaben, rückten Erkenntnisse von damals den ehemaligen Bundeskanzler in ein neues Licht. Geheimakten zeigten einen autoritären Politiker, der seinen Konkurrenten Willy Brandt (SPD) bespitzeln ließ, die Pressefreiheit drastisch beschneiden wollte und den gemeinen Bürger als unwissenden Dummkopf verachtete.

1963 trat Adenauer dann endgültig als Bundeskanzler und später auch als Parteivorsitzender der CDU zurück. Er starb im April 1967 mit 91 Jahren in seinem Haus in Rhöndorf. Seine letzten Worte sollen gewesen sein: *„Da jitt et nix zo kriesche."* *(„Da gibt es nichts zu weinen.")*

Nur drei Wochen nach der Gründung der BRD trat am 7. Oktober 1949 in Ostberlin der Deutsche Volksrat zusammen und konstituierte sich als „Provisorische Volkskammer" der Deutschen Demokratischen Republik. Diese verabschiedete alle notwendigen Gesetze, um die Verfassung in Kraft zu setzen und eine Regierung sowie eine Länderkammer zu bilden, mit Wilhelm Pieck als Präsidenten und Grotewohl als Ministerpräsidenten. Damit wurde an diesem Tag die DDR als ostdeutsches Pendent der BRD gegründet und Berlin zur Hauptstadt der DDR proklamiert, was als ein Bruch des Viermächte-Sonderstatus galt. Noch am gleichen Tage erklärte man in Bonn den Akt der Staatsgründung für rechtswidrig; und auch die Alliierte Hohe Kommission protestierte mit der Begründung, die Bevölkerung der sowjetisch besetzten Zone habe keine Gelegenheit zu freien Wahlen gehabt. Das aber änderte nichts an der Tatsache, dass auf dem Boden des ehemals *„Deutschen Reiches"* nun zwei Staaten existierten. Adenauer sollte bald mit der Formulierung „Alleinvertretungsanspruch" der Bundesregierung den allgemeinen Beifall im Westen finden; und in der Folgezeit sollte dann die Bundesrepublik auf Jahre hinaus alle Staaten, welche die DDR anerkannten und mit ihr in diplomatische Beziehungen traten, mit Sanktionen bedrohen. Die Hallstein-Doktrin, nach dem Staatssekretär im Auswärtigen Amt Walter Hallstein benannt, obwohl von Außenminister Heinrich von Brentano erfunden, war in der Zeit von 1955 bis 1969 gültig und wurde zu einem wichtigen Grundsatz der Außenpolitik der Bundesrepublik Deutschland. Adenauer sah in der Bundesrepublik die alleinige Vertretung Deutschlands. Die DDR war nicht demokratisch legitimiert, das hieß, die Vertretung der DDR war nicht aus freien und demokratischen Wahlen hervorgegangen. So gab es aus Sicht der Bundesrepublik auch nur eine deutsche Staatsbürgerschaft. Adenauer wollte verhindern, dass die DDR durch andere Staaten anerkannt wurde. Für diesen Fall drohte man damit, die diplomatischen Beziehungen zu den jeweiligen Ländern abzubrechen. Zweimal kam die Hallstein-Doktrin zur Anwendung. Im Jahr 1957 wurde die Beziehung zu Jugoslawien und 1963 zu Kuba abgebrochen.

Berlin war vom Kriegsende 1945 bis zum Mauerbau 1961 noch eine offene Stadt. Trotz aller politischen Gegensätze zwischen den drei Alliierten in den Westsektoren und dem sowjetischen Sektor wurde der Personenverkehr nicht behindert. Mit der S-Bahn oder dem Bus konnte man leicht von Ost- nach Westberlin. Grenzgänger kamen trotz des ungünstigen Wechselkurses und des Agitierens der Ost-Medien gegen Bürger, die ihr Geld in die kapitalistische Frontstadt trugen, an Waren, von denen man im Osten nur träumte.

Im Westen Deutschlands war die deutsche Hymne durch die Jahre des Nationalsozialismus belastet; noch 1945 verbot der Alliierte Kontrollrat, militärische Lieder oder gar Nazilieder zu singen. Dazu zählte man auch die deutsche Hymne. 1949 wurde nach Gründung der Bundesrepublik das Verbot allerdings erst einmal aufgehoben. Dies hieß aber noch nicht, dass man gleich auf eine Nationalhymne zurückgreifen wollte oder konnte. So gab es halt erst einmal gar keine. Peinlich für den Kanzler Adenauer. Dieser reiste nämlich zu einem Fußballspiel der Bundesrepublik Deutschland gegen Belgien. Eine deutsche Hymne gab es nicht und um überhaupt etwas zu spielen, musste das bekannte Karnevalslied *„Wir sind die Eingeborenen von Trizonesien"* als Hymne herhalten. Und es kam noch schlimmer: Auf einem Amerikabesuch begrüßte man Kanzler Adenauer auch schon mal mit *„Heidewitzka, Herr Kapitän"*, ebenfalls ein bekannter und beliebter Schlager zu jener Zeit in Deutschland. Adenauer selbst sorgte dann dafür, dass die dritte Strophe der alten Nationalhymne zur neuen Hymne gemacht werden sollte. Und er setzte das gegen den Widerstand von vielen durch, denn damit waren am Anfang so einige gar nicht einverstanden, vor allem die Politiker der SPD. Denn das Lied weckte Erinnerungen an die Zeit des Nationalsozialismus, auch wenn es eigentlich schon sehr viel älter und nicht von den Nazis erfunden worden war.

Zu den größten Problemen der Nachkriegszeit zählte der Mangel an Wohnraum. Zahlreiche Menschen waren obdachlos. Das heißt, dass sie ohne ein „Dach über dem Kopf" dastanden. Es gab zwar zahlreiche Notquartiere, aber diese waren oft hoffnungslos überfüllt. Menschen schliefen in Kinos, in Kasernen, in Turnhallen, in Kellern und sogar in ehemaligen Bunkern. Auf dem Land übernachtete man in Ställen und Scheunen. Oft mussten sich auch mehrere Familien einen Raum teilen. Nicht selten passierte es, dass Menschen, die vor den Bomben aus ihren Wohnungen geflüchtet waren, nicht mehr zurückkonnten, weil dort mittlerweile andere Wohnungssuchende untergebracht worden waren. Wer war hier im Recht? Die alten oder die neuen Mieter? So musste man sich am Ende mit den Eindringlingen – so empfanden es viele Wohnungsbesitzer – den geringen Raum teilen. Das klappte mal mehr und mal weniger gut. Oft entstanden auch Wut und Hass auf die Neuankömmlinge. Diese hatten oft gar keine andere Chance, als sich in den Wohnungen der anderen Mieter einzuquartieren.

Ab 1947 machte das gemeinnützige Bau- und Wohnungsunternehmen „Neue Heimat" der breiten Bevölkerungsschicht Hoffnung auf ein besseres Leben und begann mit dem Errichten Tausender Wohnungen. Der Konzern prägte das Gesicht der jungen Bundesrepublik nachhaltig – städtebaulich und architektonisch –, lieferte Komplettangebote und versprach niedrige Preise. Die „Neue Heimat" war Flaggschiff der gewerkschaftlichen Gemeinwirtschaft, die als Alternative zu einer strikt auf Profit bezogenen kapitalistischen Ökonomie gedacht war. Sie wurde der größte Wohnungsbaukonzern Europas und baute neben

Wohnungen auch Universitäten, Kongresszentren, Großkliniken und Schulen, bis das Wochenmagazin DER SPIEGEL 1982 aufdeckte, dass sich mehrere Vorstandsmitglieder persönlich und zum Teil auch direkt an Mietern bereichert hatten. Das bedeutete das Ende der „Neuen Heimat". 1990 wurde die Gemeinnützigkeit im Wohnungsbau gesetzlich abgeschafft.

DIE FÜNFZIGERJAHRE UND DAS DEUTSCHE WIRTSCHAFTSWUNDER

Ein neues Jahrzehnt begann: die Fünfziger – in die Geschichte der Bundesrepublik geht es ein als das Jahrzehnt des Wirtschaftswunders, welches wesentlich durch die wirtschaftliche Leistungsfähigkeit und den damit zusammenhängenden Wohlstand geprägt war und welches aus einem im Zweiten Weltkrieg zerstörten Land eine der führenden Industrienationen machte. Die Weichen hatte Bundeswirtschaftsminister Ludwig Erhard, Vordenker der Währungsreform, gestellt. Er hatte sich stets gegen den Begriff „Wirtschaftswunder" gewehrt, sah er doch den wirtschaftlichen Aufstieg der Bundesrepublik als eine Folge von harter Arbeit, Wiederaufbauleistung und – in den ersten Jahren – dem Verzicht auf die Erfüllung persönlicher Konsumbedürfnisse. Außerdem wurde das „Wirtschaftswunder" weitgehend ermöglicht durch die den Deutschen von Preußen eingeprägten Tugenden des Fleißes und der pflichtgetreuen Ausführung jeder Arbeit. Mittlerweile weiß man, dass auch ohne die gewaltige US-amerikanische Unterstützung das Wirtschaftswunder gar nicht angelaufen wäre. Und als es dann einmal lief, wurde es zum Selbstläufer. Das Label „Made in Germany" stand und steht bis heute für Spitzenqualität.

Die Marktwirtschaft, die nun im Sinne des Wirtschaftsministers folgte, war am Ende, vereinfacht gesagt, ein Kompromiss zwischen Kapitalismus und Sozialismus. Heraus kam eine neue Wirtschaftsordnung: die „Soziale Marktwirtschaft". *„Wohlstand für alle"* – so der Wahlslogan der CDU vor der Bundestagswahl 1957. Jeder, der etwas leistete, sollte sich auch etwas leisten können. Die Deutschen produzierten und kauften, und so langsam gab es tatsächlich den ersehnten Wohlstand für (fast) alle. Das Ergebnis war so zukunftsträchtig, dass die Sympathien für den Sozialismus erst einmal verflogen waren.

Die Bundesrepublik erlebte das Wirtschaftswunder, Westeuropa insgesamt zwei goldene Jahrzehnte.

Die Förderung der Industrie stand am Anfang des wirtschaftlichen Aufschwungs. Bereits Anfang der Fünfzigerjahre lief der fünfzigtausendste VW-Käfer im niedersächsischen Wolfsburg vom Band. Er wurde ein Symbol für das Wirtschaftswunder. Das millionste Exemplar folgte bereits 1955 als vergoldetes Sondermodell.

Die Erfolgsgeschichte hatte in unruhigen Zeiten begonnen: Im Jahr 1934 wurde Ferdinand Porsche vom damaligen „Reichsverband der Deutschen Automobilindustrie" mit der Konstruktion eines sogenannten „Volkswagens" beauftragt. Ursprünglich trug dieses neue Auto den Namen „KdF-Wagen" – abgeleitet von der nationalsozialistischen Organisation „Kraft durch Freude". Mit einem Preis von 990 Reichsmark – heute etwa knapp 4.000 Euro – sollte das neue Automobil für jeden Bürger erschwinglich sein – ein echter „*Volks*wagen" eben. Als der Zweite Weltkrieg begann, wurde die zivile Autoproduktion zugunsten der Fabrikation von automobilen Rüstungsgütern zurückgestellt. In der Folge startete die Serienproduktion des ersten Nachkriegs-VW bereits Ende 1945. Mit weit über 15 Millionen Käfern gelang es 1972 den bis dahin geltenden Produktionsrekord des US-amerikanischen Ford-T-Modells einzustellen. 1974 lief dann im Wolfsburger Stammwerk der letzte Käfer vom Band.

Zum Auto und zu Motoren haben die Deutschen übrigens ein besonderes Verhältnis. Man kann es sogar erotisch nennen. Das Auto als Garant der Freiheit. Hier finden die Deutschen ihre Libertinage, erkennbar oftmals auch an der gehäkelten Klorolle oder eines Wackeldackels auf der hinteren Hutablage eines Autos.

Bergbau und Stahlindustrie waren ebenfalls wesentlich am wirtschaftlichen Aufschwung beteiligt. Später gewannen Maschinenbau, Chemie und Elektroindustrie gleichermaßen an Bedeutung. Die Produktion von Konsumgütern für den privaten Bedarf spielte allerdings noch keine große Rolle. Auch die Löhne wuchsen am Anfang nur langsam, die Gewinne der Unternehmen flossen in die Infrastruktur. Dass sich die Bundesrepublik dermaßen schnell von den Kriegsfolgen erholen konnte, verdankte sie auch der Unterstützung der westlichen Alliierten. Im Kalten Krieg benötigten diese einen starken Bündnispartner an der Nahtstelle der Blöcke. Allerdings wurde mit steigendem Wohlstand in der Bevölkerung auch der Ruf nach mehr Freizeit laut, denn der Grundstein für den Aufschwung wurde mit harter körperlicher Arbeit gelegt. Dadurch wurde der Wunsch nach einer Fünftagewoche von Mal zu Mal lauter und schließlich schrittweise in die Tat umgesetzt.

Bereits in den 1950er-Jahren führte der Arbeitskräftemangel zur Anwerbung ausländischer Arbeitnehmer und Arbeitnehmerinnen. Die Bundesrepublik warb „Gastarbeiter" an – aus Italien, Griechenland, Spanien und in großer Zahl aus der Türkei. Was damals niemand ahnte oder ahnen wollte: Deutschland wurde ein Einwanderungsland – was die Politik bis heute negiert – und hatte sich damit grundlegend verändert. Denn für viele Zuwanderer wurde aus dem vorübergehenden ein dauerhafter Aufenthalt. Familien kamen nach und blieben, obwohl die meisten „Gastarbeiter" nur drei, vier Jahre bleiben wollten. Die Koffer für die Rückreise lagen immer griffbereit. Die Frauen und Männer der ersten Generation wollten schuften, bis das Geld reichte, um in ihrer Heimat ein Auto, einen Traktor, ein Feld oder ein Häuschen für die Familie kaufen zu können. Doch schon bald verstaubten die Abreisekoffer im Keller eines Eigenheims. Aus ein paar Jahren wurden Jahrzehnte und aus den „Gastarbeitern" wurden Mitbürger. Zum Missbehagen zahlreicher Deutschstämmiger, obwohl Millionen von ihnen und deren Nachkommen ebenfalls einmal Zuwanderer oder Flüchtlinge gewesen waren. *„Nicht Erinnern, sondern Vergessen ist der Grundmodus menschlichen und gesellschaftlichen Lebens."* (Aleida Assmann) Waren zunächst die deutschen Flüchtlinge „Menschen zweiter Klasse", so waren es dann wenig später die „Gastarbeiter". Soziale Vorurteile gegenüber dem Fremden blieben lange Zeit bestehen. Was man nicht kannte, lehnte man vorerst ab, denn es machte ja auch gleichzeitig Angst. So schrieb der Schriftsteller Max Frisch: *„Wir riefen Arbeitskräfte, und es kamen Menschen."*

Die Diskussion um Gastarbeiter in Deutschland begann bereits Ende des 19. Jahrhunderts, als ostdeutsche Gutsbesitzer damit begannen, Arbeitskräfte aus Polen anzuwerben und auf ihren Gütern zu beschäftigen. Zeitgleich wanderten viele Polen ins Ruhrgebiet, um dort im Bergbau Anstellung zu finden. Weitaus höhere Löhne, preisgünstige Zechenwohnungen und soziale Aufstiegsmöglichkeiten lockten Tausende Kleinbauern und Landarbeiter in den Westen. Damit vervielfachte sich die Gesamtbevölkerung im Ruhrgebiet in wenigen Jahren, zumal die Männer rasch ihre Familien nachkommen ließen. Die große Mehrheit von ihnen wollte nicht in die ländliche Heimat im Osten zurückkehren, sondern sah ihre Zukunft in der dynamischen Industrieregion an Rhein und Ruhr. Noch heute weisen viele Namen, die nicht selten auf „-ski" enden, auf die polnische Herkunft vieler Menschen im Ruhrgebiet hin.

Und während Anfang des 20. Jahrhunderts erste Arbeitsmigranten aus Osteuropa in der Kohleindustrie Fuß fassten, wurde diese zur Waffenschmiede einer aufgeheizten Gesellschaft. Das schwarze Gold schuf Wohlstand und befeuerte zwei Weltkriege. Die Kohle von der Ruhr war das Fundament für die Industrialisierung Deutschlands; es war Treibstoff für das Wirtschaftswunder der jungen Bundesrepublik. Ohne sie wäre der Aufschwung viel langsamer verlaufen. Allerdings ist der deutsche Bergbau schon lange nicht mehr wettbewerbsfähig. Inzwischen wurde die Steinkohleförderung in Deutschland komplett eingestellt, nachdem diese über viele Jahrzehnte die Landschaft und die Menschen, ihre Mentalität und Alltagskultur geprägt hatte. Die Branche wurde nur noch mit gewaltigen Subventionen am Leben gehalten.

Die Geschichte der „Gastarbeiter" begann also nicht erst in den späten Fünfzigerjahren des 20. Jahrhunderts, sondern bereits viele Jahrzehnte früher. *„Die Wirtschaft suchte billige und willige Arbeitskräfte, bei denen man es mit den Sozialgesetzen und*

den Unfallverhütungsvorschriften nicht so genau nehmen musste.
Aus den polnischen Wanderarbeitern, die in den Ruhrpott kamen,
wurden Einwanderer. Und deshalb tobte schon im Kaiserreich ein
Streit, wie ihn dann sehr viel später die Bundesrepublik Deutsch-
land in ihren Wahlkämpfen immer wieder erlebte. Die ‚Altdeutschen'
warnten vor einer Polonisierung Deutschlands und die Tonlage da-
bei unterschied sich kaum von den heutigen Warnungen vor der Is-
lamisierung Deutschlands." (Heribert Prantl, Mitglied der Chefredaktion Süddeutsche Zeitung)

1988 versuchte der damalige Bundesinnenminister Friedrich
Zimmermann von der CSU ein Anti-Ausländergesetz zu schreiben. Die Zuwanderung von Ausländern, hieß es darin, bedeute
„den Verzicht auf die Homogenität der Gesellschaft, die im Wesent-
lichen durch die Zugehörigkeit zur deutschen Nation bestimmt wird
[...] Die gemeinsame deutsche Geschichte, Tradition, Sprache und
Kultur verlören ihre einigende und prägende Kraft. Die BRD würde
sich nach und nach zu einem multinationalen und multikulturellen
Gemeinwesen entwickeln."

Der Ausländer wurde vom damaligen Innenminister als Stö-
rer begriffen, gegen den die nationale Kultur verteidigt werden müsse. Rechtssicherheit für Ausländer sollte es nach diesem Gesetzesvorhaben nicht geben. Damit war klargestellt: Die
Ausländer in Deutschland sollten Manövriermasse von Augen-
blicksinteressen sein.

Nach der deutschen Teilung in BRD und DDR kam es zum Aufbau zweier verschiedener Systeme. In der DDR war Antifaschismus Staatsdoktrin. In Wirklichkeit hatten viele Spitzenpoliti-
ker, Mediengrößen und Angestellte im öffentlichen Dienst eine
Nazivergangenheit. Die wirschaftliche Lage war zu Beginn des
Jahres 1953 äußerst angespannt. Missernten im Vorjahr, immense Reparationen an die UdSSR sowie auch politische Fehlpla-
nungen hatten zu einer ernsthaften Ernährungskrise geführt.

Dann lösten am 17. Juni 1953 in Ostberlin und anderen
Städten der DDR, vornehmlich in den Industriezentren, Demonstrationen und Proteste einen großen Aufstand aus. Bürger

widersetzten sich der Regierung, da diese zuvor die Arbeitsnormen einschneidend erhöht hatte; Arbeiter riefen zu einem Generalstreik aus. Außerdem forderten die Menschen freie Wahlen, die Wiedervereinigung, die Ablösung des Vorsitzenden des Staatsrates Walter Ulbricht und Freiheit für alle politischen Gefangenen. Nachdem die Unruhen die Ordnungskräfte vor Ort hoffnungslos überforderten, verhängten die sowjetischen Behörden den Ausnahmezustand über einen Großteil des Landes, verkündeten das Kriegsrecht und übernahmen offiziell die Regierungsgewalt in weiten Teilen der DDR. Sowjetische Panzer rollten schon bald durch die Straßen und unter Beteiligung der „Kasernierten Volkspolizei" wurde der Volksaufstand kurzerhand niedergeschlagen. Dabei starben mindestens 50 Menschen, darunter auch Angehörige der DDR-Sicherheitsorgane. Außerdem wurden Tausende im Zusammenhang mit dem Aufstand festgenommen, davon viele zu langjährigen Haftstrafen verurteilt. Die Führungselite der DDR lenkte unverzüglich von den internen Problemen ab und propagierte den Aufstand als „faschistischen Putschversuch". Nur zwei Wochen später erklärte der Deutsche Bundestag den 17. Juni zum „Tag der deutschen Einheit". Bis 1990 blieb er in der Bundesrepublik gesetzlicher Feiertag. Nach der Wiedervereinigung wurde im Einigungsvertrag der 3. *Oktober* als Tag der Deutschen Einheit zum gesetzlichen Feiertag bestimmt.

In der frühen Nachkriegszeit waren die in der Sowjetunion gebliebenen Kriegsgefangenen und Vermissten ein zentrales Thema. Deren ungewisses Schicksal wurde in der Bundesrepublik öffentlich beklagt, die Praxis der Gefangenenlager angeprangert. Bis weit in die Fünfzigerjahre hinein hofften Tausende von Familien auf die Heimkehr ihrer Angehörigen. Im September 1955 reiste Kanzler Adenauer mit einer hundertköpfigen Delegation nach Moskau, um die Beziehungen der beiden Völker, die in einem brutalen Krieg gegeneinander gekämpft hatten, zu normalisieren. Gegen das Versprechen der Kremlführung, die letzten deutschen Gefangenen zu entlassen, stimmte Adenauer der Aufnahme diplomatischer Beziehungen zu. Die Sowjetunion war damit der erste Staat, der die Souveränität beider deutscher Staaten anerkannt hatte. Bereits wenige Wochen später trafen die letzten Russlandheimkehrer in der Bundesrepublik ein. Von den 98.229 namentlich bekannten Kriegsgefangenen kehrten nur 9.626 zurück, alle Übrigen waren in der Sowjetunion verschollen.

Das Grenzdurchgangslager Friedland bei Göttingen war eines der ältesten Flüchtlingslager Deutschlands. Es spiegelte die Dynamiken der Migration wider sowie die Versuche, sie zu steuern und zu kanalisieren. Im Laufe der Jahre wurden über vier Millionen Menschen an diesem Transitort registriert und kontrolliert, verpflegt, betreut und untergebracht: Flüchtlinge, Vertriebene und Ausgewiesene, entlassene Kriegsgefangene und sogenannte Displaced Persons, Aussiedler und Spätaussiedler sowie Schutzsuchende aus vielen Teilen der Welt. Nachdem Adenauer in Moskau die Freilassung der restlichen Kriegsgefangenen erreicht hatte, fiel die anschließende Begrüßung der geschundenen Spätheimkehrer in Friedland enthusiastisch aus und bewegte Verwandte, Freunde, aber auch viele Bundesbürger tief. Noch heute erschüttern die hochemotionalen Bilder aus dem Lager Friedland: Kinder, die ungläubig auf die ausgemergelte Gestalt starrten, die ihr Vater sein sollte. Frauen, die weinend ihren Ehemännern um den Hals fielen. Aber auch Mütter, die erkennen mussten, dass ihre jahrelang gehegte Hoffnung auf die Rückkehr ihrer Söhne brutal und endgültig zerstört war. Viele ehemalige Gefangene wurden wegen Verwundung oder Entkräftung gestützt oder mussten getragen werden. Die Zwangsarbeit hatte bei fast allen unübersehbare Spuren hinterlassen. Die Heimkehrer mussten mühevoll wieder in der Nachkriegsgesellschaft Tritt fassen.

In der jungen Bundesrepublik wurden schon bald Bestechungsvorwürfe bei der Beschaffung von Kriegsgerät, insbesondere bei der Luftwaffe der Bundeswehr, zu einem Politikum. Gegen den Rat zahlreicher Experten hatte sich Bundesverteidigungs-

minister Franz Josef Strauß bei der Anschaffung des Abfang-
jägers Lockheed F-104 „Starfighter" durchgesetzt und den Kauf
des unausgereiften Flugzeugs in großer Stückzahl befürwortet.
Weiterhin wollte er über die im NATO-Auftrag geplante Bewaffnung der Flugzeuge mit US-Atombomben die nukleare Teilhabe
der Bundesrepublik sicherstellen, doch kam dieser Plan glücklicherweise niemals zur Ausführung.

Der eigentliche Skandal des „Starfighter-Desasters" waren
jedoch die immensen Verluste beim Absturz der Maschinen.
Von insgesamt 916 Flugzeugen stürzte jedes dritte ab – 116 Pi-
loten verloren dabei ihr Leben, woraufhin die Unglücksma-
schine im Volksmund den Beinamen „Witwenmacher" bekam.
Erst Ende der Achtzigerjahre wurde der letzte Starfighter außer Dienst gestellt.

Als die Vertreter der Bundesrepublik Deutschland, Belgiens,
Italiens, Frankreichs, Luxemburgs und der Niederlande am 25.
März 1957 die Römischen Verträge unterzeichneten, begründeten sie sowohl die Europäische Wirtschaftsgemeinschaft (EWG)
als auch die Europäische Atomgemeinschaft (Euratom). In der
Präambel des EWG-Vertrags präzisierten sie ihre Zukunfts-
pläne: Ihr Werk sollte dazu dienen, die Grundlangen für einen
immer engeren Zusammenschluss der europäischen Völker zu
schaffen. In der Tat waren die Gründerväter überzeugt, mit dem
EWG-Vertrag die Keimzelle für einen späteren Bundesstaat und
ein föderales Europa ins Leben gerufen zu haben. Mittlerweile
nennt sie sich Europäische Union (EU) und ist durch den Austritt Großbritanniens im Jahre 2020 von 28 Mitgliedstaaten
auf 27 abgerutscht.

PANTOFFELKINO

Ebenfalls Mitte der Fünfzigerjahre begann der Siegeszug des Fernsehens in Deutschland. Diese neue technische Errungenschaft hat seitdem nachhaltiger als so manche der großen politischen Entscheidungen in das Alltagsleben der Bürger eingegriffen. Obwohl bereits ab Dezember 1952 ein regelmäßiges Programm aus dem Bunker am Heiligengeistfeld in Hamburg ausgestrahlt wurde, gab sich die Anzahl der Besitzer eines Fernsehgeräts noch äußerst bescheiden. Bei Beginn waren ganze 300 Teilnehmer gemeldet. Diese Zahl erhöhte sich bis zum Jahre 1955 auf 100.000, und die erste Fernsehteilnehmermillion wurde schließlich im Jahre 1957 erreicht. Zu Beginn wurde das noch spärlich bestückte Fernsehprogramm nur stundenweise gesendet und die Umschaltung von einem Sender zum anderen dauerte nicht selten fünf Minuten und länger und wurde mit dem viel aussagend optischen Knüller *„Wir schalten um nach Berlin"* bebildert oder mit einer einschläfernden Wildfütterung im Hochharz überbrückt. Es gab nur ein Fernsehprogramm, die „Arbeitsgemeinschaft der Rundfunkanstalten Deutschlands", kurz ARD. Und das sollte auch bis 1963 so bleiben. Die Einschaltquoten lagen oftmals bei heutzutage unvorstellbaren 80 Prozent und Sendungen wurden ausschließlich live oder als Film ausgestrahlt, denn erst 1958 erfand man die auch teilweise heute noch gängige Magnetaufzeichnung. Besondere Anziehungskraft hatte die seit 1956 täglich ausgestrahlte „Tagesschau" sowie die mit beachtlichen Einschaltquoten bedachte erste Familienserie *„Familie Schölermann"*. Hier nahm der Zuschauer Anteil am Alltag einer deutschen Durchschnittsfamilie mit ihren kleinen und großen Sorgen, aber auch Freuden während der Wirtschaftswunderjahre. In der Serie spiegelten sich die ethischen und moralischen Werte der 1950er-Jahre, ebenso wie einige Jahre später bei den hessischen *„Hesselbachs"*.

Das Fernsehen hielt zunächst Einzug bei den wohlhabenden und gut situierten Familien, denn zu Beginn war der Anschaffungspreis für einen Normalverdiener des Mittelstands noch unerschwinglich und mithin war der Besitz eines Fernsehgeräts unverkennbar Ausdruck des Wohlstands. Zahlreiche Gaststätten und Kneipen installierten in ihren Lokalen eine „Flimmerkiste" und wurden somit, besonders an Wochenenden, Anziehungspunkt für jede Menge Gäste. Da verbrachte dann so mancher unbemittelte Schlucker den ganzen Abend vor einem einzigen Bier oder einer gerade mal erschwinglichen Brause. Ansonsten herrschte samstags Eintracht in westdeutschen Landen. Die großen Unterhaltungsshows der Sechziger und Siebziger waren Kult und für viele Deutsche die samstägliche Ablenkung von Wirtschaftswunder, Kriegstraumata und Verdrängungsversuchen. Pioniere der Fernsehunterhaltung und Quasimonopolisten der Quizshows waren der legendäre Showmaster Peter Frankenfeld mit seinem urwüchsigen Humor, der gewandte Hans-Joachim Kulenkampff, der wegen seines Charmes und seiner Schlagfertigkeit zu einem Liebling des Fernsehpublikums wurde, Lou van Burg mit seiner Unterhaltungssendung „Der goldene Schuss", der Entertainer Hans Rosenthal sowie Robert Lembke mit seiner Rateshow „Was bin ich?" und seiner immer gleichen Frage an die Kandidaten: „Welches Schweinderl hätten's denn gern?". Sonntags schaute man Werner Höfers „Internationalen Frühschoppen", wo mehrere Journalisten kettenrauchend und Wein trinkend miteinander diskutierten, das heißt, zum Schluss ging das Schwadronieren allmählich in ein Lallen über und die Anwesenden waren durch den Zigarettenqualm nur noch in ihren Umrissen erkennbar. Krimis des Engländers Francis Durbridge wurden Straßenfeger. Einschaltquoten bis zu 90 Prozent.

All diese Namen und Sendungen bedeuten zweifellos für spätere Generationen nur böhmische Dörfer. Wie sollen sie sich auch an die Backfischjahre des Fernsehens erinnern, für sie ist das alles verständlicherweise Schnee von gestern. Inzwischen gibt es eine unüberschaubare Fülle an Sendern und im Zeitalter von Internet und mobilen Geräten ist man nicht mehr an einen bestimmten Ort oder an eine bestimmte Zeit gebunden, um sich eine Fernsehsendung anzusehen. Das gemeinsame „In-die-Röhre-Glotzen" im heimischen Wohnzimmer wurde immer mehr verdrängt durch den Trend zum „Public Viewing". Insbesondere bei sportlichen Veranstaltungen wie etwa der Fußball-WM finden Menschen zusammen, um gemeinsam fernzusehen.

Bedauerlicherweise werden in Deutschland nicht selten Anglizismen falsch benutzt. In den USA ist beispielsweise mit dem Begriff „Public Viewing" die Aufbewahrung von Toten im offenen Sarg gemeint!

Der sicherlich vielen in guter Erinnerung gebliebene deutsche Humorist und Karikaturist Vicco von Bülow (Loriot) bemerkte in seiner Dankesrede anlässlich der Verleihung des Deutschen Videopreises 2000 zum Thema „Fernsehen": *„Diese nach der Arbeit einsetzende häusliche Haftstrafe erlaubte wahlweise zwei Blickrichtungen. Auf das eingeschaltete Fernsehgerät oder auf den Lebensgefährten. Da beim Anblick des Letzteren auf die Dauer eine gewisse Eintönigkeit nicht zu leugnen war, blieb nur das Fernsehprogramm, dessen zunehmender Qualitätsabfall die ratlosen Menschen scharenweise aus ihrer häuslichen Geborgenheit in die Kinos trieb."*

Ende der Fünfzigerjahre versuchte Kanzler Konrad Adenauer ein privates Regierungsfernsehen zu gründen. Er fand die wenigen politischen Informationssendungen des bestehenden ARD-Senders zu linkslastig. Zur Finanzierung fand er willige Mitstreiter unter Industriellen, Verlegern und Werbetreibenden. Unter Führung der Deutschen Bank, deren Vorstandssprecher Hermann Josef Abs ein enger Freund und Finanzberater Adenauers war, erklärten sich 15 Kreditinstitute aufgrund einer Bürgschaft bereit, dem „Freien Fernsehen" die notwendigen Mittel zu beschaffen. Viele Fernsehschaffende der ARD wechselten die Seiten, da der neue Sender (auch „Schwarzer Kanal" genannt) doppelt so hohe Gehälter zu zahlen bereit war. Allerdings machte ein Urteil des Bundesverfassungsgerichts die Idee von einem Staatsfunk zunichte. 450 bereits engagierten Mitarbeitern musste wieder gekündigt werden.

Mit der Zulassung privater Anbieter begann 1984 der Aufstieg des Privatfernsehens, gleichzeitig sank das Niveau auf einen noch nie da gewesenen Tiefstand. Kritiker der Privaten sprechen bis heute von Unterschichtenfernsehen und Volksverblödung.

Das Fernsehen der DDR begann im Dezember 1952 mit der ersten regulären Ausstrahlung aus dem Fernsehzentrum Berlin-Adlershof. Es befand sich fest in der Hand der Regierungspartei SED. Als Massenmedium dieser Partei unterlag es einer ständigen Kontrolle und Anleitung durch Parteifunktionäre. Der Sender hatte damals den Anspruch, ein Programm für ganz Deutschland zu senden, was jedoch allein schon von der technischen Reichweite her unmöglich war. Dafür konnten in der DDR 85 Prozent der Bevölkerung Westfernsehen empfangen. Selbst der damalige Staatschef Erich Honecker räumte in einem Interview mit der Saarbrücker Zeitung im Februar 1977 unumwunden ein, dass er auch westliche Fernsehsendungen gucke. Dergleichen war zwar zu keinem Zeitpunkt verboten, die Nutzung westlicher „Hetzsender" galt allerdings immer als verpönt und äußerst verdächtig. Der Kontrollwahn des Parteiapparates fand sogar Kulenkampff-Shows und das „Wort zum Sonntag" als potenziell gefährlich. Heerscharen von Agenten des Ministeriums für Staatssicherheit (MfS) waren ständig damit beschäftigt, Bürger entsprechend auszuforschen. Wöchentlich fand im Zentralkomitee eine fast militärische Anleitung für die Medien-Chefredakteure statt, wo bis zum Komma festgeschrieben wurde, was über den Sender gehen durfte und wie es gesagt werden sollte. So durften einmal keine Bockwürste mehr erwähnt werden, weil es keine mehr zu kaufen gab. Ein anderes Mal waren keine Eier mehr da, prompt mussten sie aus dem TV-Vokabular verschwinden oder nur noch als gesundheitsschädigend gezeigt werden. Oder ein bekannter Schauspieler hatte sich in den Westen abgesetzt, sofort wurden die Filme mit ihm in den Keller verbannt.

In der jungen Bundesrepublik ging es langsam bergauf. Nach den Entbehrungen während der letzten Kriegs- und der ersten Nachkriegsjahre entdeckten die Deutschen ihre Vorliebe für Süßes und Fettes. Es gab ja plötzlich wieder alles zu kaufen. Das Lebensgefühl der Fünfzigerjahre war vor allem durch die Produkte geprägt, die der Wirtschaftswunder-Boom hervorbrachte. Der Schritt vom Waschbrett zur ersten vollautomatischen Waschmaschine, einer „Constructa", war eine Sensation, obwohl sie zunächst nur für wenige erschwinglich war – genau wie der Fernseher. Staubsauger, Küchenmaschinen und elektrischer Rasierapparat gehörten ebenso zum Technik-Boom und vereinfachten das Alltagsleben, vorausgesetzt man konnte es sich leisten. Der VW-Käfer wurde ein Symbol des Wirtschaftswunders und BMW entwickelte die zweisitzige „Knutschkugel" Isetta, mit lediglich einer aufklappbaren großen Fronttür und einer um die Ecken herumgezogenen Panoramaheckscheibe aus Plexiglas. Ein Gefährt irgendwo zwischen Motorrad und Auto. Bei den Verkaufszahlen wurde die Isetta nur noch vom Goggomobil übertroffen. Beide Fahrzeuge waren allerdings nur für Insassen mit einer maximalen Körperhöhe von 1,49 Metern und einem Körpergewicht bis 60 Kilogramm bestimmt. Bei den sogenannten Mittelklassewagen hatte die Firma Opel die Nase vorn. Das waren dann Autos, die auch schon etwas „hermachten", aber nicht ganz so teuer waren wie die Luxuslimousinen. Die Modelle nannten sich „Rekord" oder „Kapitän" und lehnten sich an amerikanische Vorbilder an. Mittlerweile war das Auto zu einem Statussymbol mutiert. Daimler Benz und BMW bauten Autos, die sich nur Wohlhabende leisten konnten.

Angeblich soll Neid unter Autobesitzern weitverbreitet sein. Viele Autobesitzer schauen schon mal missgünstig auf den Wagen eines anderen. Es soll sie wohl geben, die Nachbarn, die ständig mit einem neuen Auto vor der Tür auftrumpfen.

Erst Ende der Fünfzigerjahre war die ärgste Wohnungsnot in der BRD beseitigt. Allerdings blieb beispielsweise ein für heute selbstverständliches Badezimmer vorerst noch ein Luxus, über den nur jede dritte Familie verfügte. Auch zählte ein Gasboiler für fließendes warmes Wasser zu den Luxusgütern. Ansonsten wurde, wie zu Beginn des Jahrhunderts, am Samstag die Zinn-Badewanne aufgestellt und anschließend „stoßgelüftet", um in der Wohnung Schimmelbildung zu vermeiden.

Modewellen gaben den Ton an – etwa bei der Einrichtung einer Wohnung. Gemütlichkeit der westdeutschen Nachkriegs-zeit: Plüscheleganz mit Häkeldeckchen-Ästhetik, pomphafter Sitzgarnitur, ansehnlich dekoriert mittels einer Batterie von *Kissen* mit per Handkantenschlag eingefügtem *Knick*. Saß vor-her die Familie am Ess- oder am Küchentisch und lauschte dem Radio, so hockten jetzt viele auf der Couch und schauten fern. Über der Couchgarnitur ein mit dem Munde gemalter röhren-der Hirsch im Abendrot und Dürers betende Hände. Vis-à-vis eine gewaltige Schrankwand, Modell „Gelsenkirchener Barock", mit Eindruck schindenden Buchrücken aus dem Bücherklub so-wie kunstvoll geschliffenen Weingläsern. Im unteren Teil wurde dann das gute Geschirr verstaut, das man hervorholte, wenn am Sonntag Besuch kam oder Familienfeste gefeiert wurden. Cock-tailsessel und Tütenlampe, Teewagen und auf dem modernen Nierentisch ein Weinflaschenständer mit kunstvoll geschmie-detem Blattwerk. Die auf Hochglanz polierte Musiktruhe mit Radio und Plattenwechsler vervollständigte die unverzichtbaren Statussymbole im Zeichen des rasant fortschreitenden Wohl-stands. In der DDR sah es am Ende der Fünfziger nicht viel an-ders aus als im Westen. Gemütlichkeit unter dem fünfarmigen Lüster mit Blick auf Deko-Schnickschnack im Vitrinenschrank.

Insgesamt fiel der Aufschwung im Osten eher bescheiden aus. In der DDR herrschte Planwirtschaft. Um den Plan zu erfüllen, war jeder gefordert. Für viele DDRler war der Einzug in einen Plat-tenbau einst ein Freudentag, sie galten als Geheimwaffe gegen den grassierenden Wohnungsmangel. Mittlerweile gelten die-se Großsiedlungen als Wohnalbtraum, seelenlos, hässlich und sozialer Brennpunkt. Die Regierenden versprachen volle Lä-den, obwohl der real existierende Sozialismus kaum eines dieser Versprechen einhalten konnte. Das Schlangestehen gehörte auch zehn Jahre nach Kriegsende zum Alltag der DDR. Was das für Verbraucher bedeutete und wie schwer sich der Lebensmitteleinkauf in der DDR gestaltete, ist für die meisten Massenkonsumenten der heutigen Zeit nur schwer vorstellbar. In der DDR gehörte das stundenlange Schlangestehen nicht nur bei Bananen und Orangen zum ganz normalen Einkaufsalltag. Schwer herstellbare oder importierte Produkte wurden schließlich nur selten angeboten und selbst die Dinge des täglichen Bedarfs waren nicht immer und überall erhältlich. Die gesamte DDR-Wirtschaft war nach dem Vorbild der sowjetischen Planwirtschaft aufgebaut. Das Ergebnis war eine staatlich gelenkte und kontrollierte Wirtschaft. Diese Planwirtschaft konnte jedoch nicht flexibel auf die Bedürfnisse der Bevölkerung reagieren: Es kam ständig zu Versorgungsengpässen, und so fehlte es an den notwendigsten Dingen des täglichen Lebens. Erfinderisch und kreativ trotzten viele DDR-Bürger der Mangelwirtschaft, mit Tauschhandel, Tüfteleien und Erfindungsgeist. Da wurde irgendein Zubehör nachgebaut aus abenteuerlichen Materialien oder dem, was aus dem Westen kam. Immerhin wurden von 1961 bis 1989 etwa 25 Millionen Pakete vom Westen in den Osten geschickt.

Anfang 1960 trat der Broiler (in der DDR ein Brathähnchen – kommt von „to broil" – grillen) seinen Siegeszug an. Das gegrillte Huhn hatte bereits ab 1955 die Münder der Westdeutschen erobert, als die „Wienerwald"-Gaststätten (*„Heute bleibt die Küche kalt"*) eröffneten. Möglich war das geworden, nachdem in den USA ein Huhn gezüchtet worden war, das nach nur 56 Tagen Mast fertig zum Grillen war.

Die Erfolgsgeschichte des „Wienerwalds" blieb auch in der DDR nicht unbemerkt. Zudem sah man im Geflügel nun die Chance, die Versorgung der Bevölkerung mit Fleisch endlich zu verbessern. Die war nämlich nach wie vor sehr dürftig und vor Fleischereien bildeten sich immer unendlich lange Schlangen. Nur wer Glück hatte, erhielt nach zwei Stunden Anstehen noch ein Schnitzel.

Neu aufgemischt wurde der Imbissmarkt in den 1980er-Jahren. In der Bundesrepublik war inzwischen amerikanisches Fast Food zum Renner geworden. Dem wollte man in der DDR nicht nachstehen, aber englische Namen waren verpönt (obwohl auch der Broiler aus dem Englischen eingedeutscht worden war). Jedenfalls wurde der Hotdog kurzerhand zu Ketwurst (aus Ketchup und Wurst) und der Hamburger zur Grilletta oder Grillette. Auch die ostdeutsche Pizza-Variante erhielt einen neuen Namen, nämlich Krusta.

Natürlich gab es nicht nur Imbisse, sondern auch Restaurants in der DDR. Eine Besonderheit war, dass man sich nicht einfach hinsetzen durfte, wo man wollte, sondern immer am Eingang warten musste, bis man „platziert" wurde. Auf der Speisekarte sah man häufig das Wort „Sättigungsbeilage". War nämlich beim Druck der Karte noch nicht klar, ob Reis, Nudeln oder Kartoffeln zur Verfügung stehen würden, schrieb man dort eben einfach „Sättigungsbeilage" hin.

Der Autokauf gestaltete sich in der DDR besonders schwierig. Dafür mussten sich die Bürger vorher anmelden und mit Wartezeiten von bis zu 15 Jahren rechnen. Die Preise waren dennoch astronomisch. Ein Markenzeichen der DDR war das Automobil „Trabant". Dieses Fahrzeug wurde aufgrund seiner Technik und vor allem wegen des ungewöhnlichen Materials, aus dem die Karosse hergestellt wurde, „Pappschachtel" genannt. Die extrem langen Lieferzeiten gaben Stoff für unzählige Witze. Hier ist einer von ihnen:

Familie Mayer hat im Jahre 1985 einen Pkw Trabant bestellt. Von der Anmeldestelle wird am gleichen Tag noch einmal angerufen: *„Richten Sie sich bitte darauf ein, dass wir Ihr Auto am 17. Dezember 2007 ausliefern."* Vergewissert sich der Vater: *„Vormittags oder nachmittags? Am Nachmittag sollen wir nämlich schon unsere Tiefkühltruhe bekommen."*

Der Sport wurde in der DDR besonders hoch geschätzt. So wurde der Breitensport besonders von Staatsseite gefördert, während in der Bundesrepublik der Vereinssport vorherrschte. Talente für den Leistungssport wurden intensiv gesucht und dann ebenso konsequent gefördert. So erreichte die DDR bei internationalen Wettkämpfen Spitzenleistungen. Bei Weltmeisterschaften oder Olympischen Spielen heimste sie regelmäßig eine Vielzahl an Medaillen ein. Damit wuchs gleichzeitig auch ihr internationales Ansehen.

Religion war nach dem Verständnis der SED ein entbehrliches Relikt aus einer anderen Epoche. Für den Staat gab es nur eine Weltanschauung, und darin war für die Kirchen kein Platz. Traditionelle kirchliche Rituale wie Taufe, Konfirmation und Hochzeit versuchte man zurückzudrängen, indem man eigene staatliche Zeremonien und Identifikationsmöglichkeiten anbot.

Erst im Jahre 2013 wurde bekannt, dass Pharmafirmen aus der Bundesrepublik jahrelang an medizinischen Studien in der DDR beteiligt waren. In Westdeutschland wurden Medikamententests bedeutend stärker überwacht, reglementiert und kontrolliert. Das umgingen die westdeutschen Pharmafirmen, indem sie die Tests in der DDR durchführen ließen. Patienten wussten in der Regel nicht, dass sie als menschliche Versuchskaninchen dienten. Von mehr als 600 Medikamententests an etwa 50.000 Menschen in etwa 50 Kliniken weiß man bisher. Über Risiken, die mit der Einnahme der Pillen verbunden waren, wurden die Patienten kaum oder gar nicht aufgeklärt. Erst als es bei einer Versuchsreihe mit Herzmedikamenten zu zahlreichen Todesfällen kam, wurden die Studien abgebrochen. Millionen von D-Mark sollen seinerzeit von West nach Ost geflossen sein – Devisen, welche die DDR wegen ihrer maroden Wirtschaft gerne nahm.

Humanitäre Erleichterungen für die Menschen der DDR wurden durch finanzielle Zuwendungen erreicht. Da die DDR hoch verschuldet war und ihre Wirtschaft immer mehr schwächelte, war sie auf solche Zahlungen angewiesen. 1983 vermittelte der bayerische Ministerpräsident Franz Josef Strauß (CSU) einen Kredit über die Summe von einer Milliarde D-Mark. Für weitere Kredite über 950 Millionen D-Mark übernahm die Bundesregierung im Juli 1984 die Bürgschaft. Als Gegenleistung senkte die DDR den Mindestumtausch für Rentner aus dem Westen und schaffte den Mindestumtausch für Jugendliche unter 14 Jahren ab. Gleichzeitig verpflichtete sich Ostberlin auch zum Abbau der Selbstschussanlagen an der innerdeutschen Grenze und erleichterte die Grenzabfertigung für Reisende aus dem Westen. 1986 wurde ein Kulturabkommen unterzeichnet, in dem eine Zusammenarbeit in Bildung, Kultur, Kunst und Wissenschaft vereinbart wurde.

Nachdem der Staat den Künstlern ab 1963 mehr Freiheiten zugestanden hatte, erfolgte bereits 1965 erneut eine Wende in der Kulturpolitik. Die Zensur griff wieder hart durch. Kritische Künstler wie der Liedermacher Wolf Biermann oder der Schriftsteller Stefan Heym wurden kräftig kritisiert. Als sich Biermann im November 1976 zu einer Tournee in der Bundesrepublik aufhielt, untersagte das Politbüro seine Wiedereinreise in die DDR. Mit der Zwangsausbürgerung gegen seinen Willen wurde Biermann einer der bekanntesten Dissidenten der Sowjetzone. Von nun an durfte auch Stefan Heym nicht mehr veröffentlichen, woraufhin zwölf namhafte DDR-Schriftsteller an die DDR-Führung für mehr Künstlerfreiheit appellierten, was zu einer nochmaligen Verschärfung der Schikanen führte. Wer sich im Osten gegen das System wandte, bekam es mit der Stasi zu tun und zahlte häufig einen hohen Preis.

Im September 1987 besuchte erstmals ein DDR-Staatschef die Bundesrepublik. Die Treffen zuvor mit den Kanzlern Willy Brandt und Helmut Schmidt hatten immer auf dem Boden der DDR stattgefunden. Nun wurde Honecker in Bonn mit allen protokollarischen Ehren empfangen: Die Fahne der DDR wehte neben der der Bundesrepublik und auch beide Nationalhymnen wurden gespielt. Die DDR war damit offiziell als eigener Staat anerkannt. Was die „Deutsche Frage" betraf, also den prinzipiellen Wunsch nach einer Wiedervereinigung, betonte Bundeskanzler Helmut Kohl jedoch, dass die Bundesrepublik daran festhalte.

Wie niemand sonst verkörperte Margot Honecker die Geschichte des zweiten deutschen Staates von der Gründung bis zu seinem Ende. Vor allem die Ehe mit Erich Honecker machte die kommunistisch erzogene Jugendfunktionärin aus Halle zur „blauen Eminenz" der DDR – so genannt wegen ihrer auffällig blau schimmernden Haare. Sie galt als einflussreichste Frau der DDR, machte als Ministerin Karriere und verteidigte bis zu ihrem Tod im chilenischen Exil Mauer, Stacheldraht und Menschenrechtsverletzungen. Die meistgehasste Frau im anderen Teil Deutschlands bestimmte seit 1963 mit harter ideologischer Hand über die DDR-Volksbildung. Tatsächlich war ihre Macht wohl noch weitaus größer – nicht zuletzt in den 1980er-Jahren, als sich die SED gegen die Reformpolitik von Kremlchef Gorbatschow abschottete. Ebenso wenig wie ihr Mann konnte Margot Honecker nicht begreifen, warum „ihre" Jugend zuletzt nicht mehr in „ihrem" Staat leben wollte. Für sie waren die Umwälzungen seit 1989 eine vom Westen gesteuerte „Konterrevolution".

In der DDR sollten Wochenheime Eltern ermöglichen, zu arbeiten. Deshalb waren jahrzehntelang mehr als 100.000 Kinder in diesen Heimen untergebracht. Denn in der Verfassung stand, jeder Bürger habe das Recht, aber auch die Pflicht zur Arbeit.

Der Tagesablauf folgte einem strikten Erziehungsplan. Alle Kinder mussten zur selben Zeit dieselben Dinge tun. Eine individuelle Entwicklung war in der kollektiven Erziehung der DDR nicht vorgesehen. Auch für Liebe, Wärme und Nähe war bei dem strengen Tagesablauf oft kein Platz mehr. Heime und Jugendwerkhöfe waren ein geschlossenes System innerhalb des geschlossenen Systems DDR. Über sexuellen Missbrauch wurde weder öffentlich noch privat gesprochen. Das hätte das Bild der heilen sozialistischen Gesellschaft ins Wanken gebracht. *„Das Schweigen wirkte lange nach und hält bis heute an. Noch immer sagen Betroffene, dass sie kaum über ihren Heimaufenthalt in der DDR oder über die erlittene sexualisierte Gewalt sprechen können."* (Christine Bergmann – Unabhängige Kommission zur Aufarbeitung des sexuellen Kindermissbrauchs)

Nicht viel besser erging es etwa 800.000 Kindern und Jugendlichen, die zwischen 1945 und 1975 in westdeutschen Heimen leben mussten.

„Du kommst ins Heim!", drohten Eltern ihren widerspensti-
gen oder unerzogenen Kindern. Und manche meinten es auch
wirklich ernst und ließen das Kind oder den Jugendlichen in eines der damals etwa 3.000 Heime einweisen. Von Rechten und
Schutz war dann nicht mehr die Rede. Anstelle von Pädagogen
betreuten in den überwiegend kirchlichen Einrichtungen meist
Geistliche die Kinder. Oftmals ersetzte Zwangsarbeit den Schul-
unterricht. Das Erziehungskonzept beruhte auf Drill, Disziplin
und Unterwerfung. Unter der Obhut kirchlicher Trägervereine
wie der Caritas und des Diakonischen Werks sowie staatlicher
Heime wurden Hunderttausende Kinder Opfer körperlicher und
seelischer Gewalt. Jungen und Mädchen wurden in den Heimen
zum Teil gequält und grausam misshandelt. Sie mussten folter-
ähnliche Bestrafungen hinnehmen und bekamen ungefragt Psy-
chopharmaka. Viele wurden über Jahre sexuell missbraucht,
und nicht wenige der Betroffenen leiden noch heute unter den
Folgen der Geschehnisse. Die ehemaligen Täter leugneten; die
Kirchen und der Gesetzgeber vertuschten.

Die katholische Kirche wird das Jahr 2010 in ihrer Kirchen-
geschichte wahrscheinlich als *„annus horribilis"* bezeichnen. Denn
in den ersten Monaten jenes Jahres verging kaum ein Tag, ohne
dass quer durch die Republik neue Meldungen von Kindesmissbrauch und Gewalt gegen Schutzbefohlene an privaten, staatlichen und kirchlichen Einrichtungen in den Medien erschienen.
Man vergaß allerdings dabei, dass bereits in den Jahrzehnten
zuvor sexueller Missbrauch in der Bundesrepublik an der Tagesordnung war. Hingegen gelang es den Verantwortlichen über
Jahre hinweg, ihr Ansehen durch eine Mauer des Vertuschens
und des Schweigens zu bewahren. Auf der Strecke blieben dabei die Kinder, denen zum Teil Entsetzliches widerfahren war.
Sie wurden Opfer einer beispiellosen Tragödie. Entscheidungs-
träger hatten gezielt die Schwächen und die Begeisterungsfä-
higkeit junger Menschen aufgegriffen sowie ihre Autorität und
Stellung als Vertrauensperson missbraucht.

Eine verschworene, verlogene Gemeinschaft, zu der auch die
Bundesregierung zählte. Als auf Bund und Länder im Nachhi-

nein Entschädigungsforderungen von ehemaligen Heimkindern in Deutschland zukamen, lehnte die damalige Bundesfamilienministerin Ursula von der Leyen (CDU – das „C" steht für christlich) eine Entschädigung ab. In einem Brief an Berlins Bildungssenator Jürgen Zöllner (SPD) schrieb sie: *„Die Einrichtung eines nationalen Entschädigungsfonds wird von Bundestag und Bundesregierung nicht angestrebt."* Erst Ende 2010 verabschiedete der Deutsche Bundestag auf Druck der Opposition ein Entschädigungsgesetz.

LEBEN, JUGEND, MORAL UND SEXUALITÄT
IN DEN 1950ER-JAHREN

Generationskonflikte sind Bestandteil jeder Menschheitsepoche. Der Generationenkonflikt der 1950er-Jahre: die Kluft zwischen den Wünschen der älteren Generation, die versuchte, die Kriegserlebnisse zu vergessen, und der Jugendgeneration, welche die Kriegszeit nicht aktiv miterlebt hatte und nach einer eigenen, unbelasteten Identität strebte.

Das Elternhaus dachte konservativ, einen funktionierenden Parlamentarismus hatten sie niemals erlebt, einen demokratischen Rechtsstaat kannten sie allenfalls in Ansätzen aus der Weimarer Zeit. Was eine liberale Gesellschaft ausmacht, konnten sie auch zu Beginn des neuen Zeitalters „Bundesrepublik" kaum erahnen. Die Regeln der Erwachsenengesellschaft, die „anständiges" Benehmen erforderten, waren für viele Jugendlichen nicht relevant. Gefühle wollten nicht mehr unterdrückt werden und auch wollten einige „Halbstarke" sich nicht länger dem Mode- und Moraldiktat der Eltern unterwerfen. Diese rebellischen Teenager opponierten gegen die restriktive Erziehung des Gehorsams. Autoritäten wurden nicht mehr bedingungslos akzeptiert, Disziplin und die vorherrschenden Werte der „Alten" infrage gestellt. Jugendliche forderten ein, was in den Jahrzehnten zuvor nicht möglich gewesen war: ihren eigenen Platz in der Gesellschaft mit einer individuellen Kultur.

Ihr provokatives Auftreten wurde schnell zum Sinnbild einer ganzen Generation. Diese Halbstarken bekannten sich zu den Einflüssen der US-Kultur, welche die konservative Mehrheit in der BRD nicht zu einer erstrebenswerten zählte. Dazu zählten Kaugummi, die Zigarette im Mundwinkel, eine mit Pomade frisierte Haartolle, Lederjacke und Nietenhose (die damalige Bezeichnung für Jeans). Und statt Faltenröcken nun Petticoats, und statt Zöpfen Pony und Pferdeschwanz. Männliche

Bürokräfte mussten sich nach wie vor in ihre Anzüge zwängen und trugen Nyltesthemden. Beim Anziehen fühlte sich der Stoff kalt und knisterig an, beim Ausziehen sah man blaue Lichtblitze elektrischer Entladung und die Haare standen zu Berge. Ein weiterer großer Nachteil dieser ungeliebten weißen Pelle bestand darin, dass man, sobald man sich ein wenig bewegte, nach Schweiß roch.

Ein echter Halbstarker verstand es, gewaltsam auf den Putz zu hauen und nutzlos herumzugammeln. Jeans und Coca-Cola dienten ihm als Waffe gegen die revisionistische Bürgerlichkeit. Wer deutsche Schlager hörte, hatte in einer Halbstarken-Clique nichts verloren, denn Halbstarke begeisterten sich für alles, was aus den USA kam. Und das war vor allem Rock 'n' Roll. Spätestens seit Bill Haleys „Rock Around the Clock" hatten sich auch die deutschen Heranwachsenden mit dem neuen musikalischen Virus infiziert. Wer Rock 'n' Roll tanzte, hielt sich nicht unbedingt an mühsam einstudierte Schrittkombinationen, man ließ lieber das Becken kreisen – ganz nach dem Vorbild von Elvis Presley, der seit 1957 zum unangefochtenen Star der Rock 'n' Roll-Szene emporgestiegen war. 1958 kam der berühmteste Wehrdienstleistende der Welt als Soldat nach Deutschland und versetzte vor allem die musikbegeisterten Teenager in Ekstase. Das war wie die Explosion eines Kessels, in dem der Druck zu groß geworden war. Nicht verwunderlich, dass bei der älteren Generation die „Negermusik" auf eine Mauer der Ablehnung stieß. Der Durchschnittsbürger dürstete eher nach deutscher Musik, die ihm eine heile Welt vorgaukelte. Große Karrieren begannen beispielsweise für Caterina Valente, Peter Alexander, Vico Torriani, Peter Kraus oder Freddy Quinn. Da schickte Nana Mouskouri weiße Rosen aus Athen und Siw Malmkvist betonte, dass sich Liebeskummer nicht lohnt. Bei Adamo ging eine Träne auf Reisen und Wencke Myhre warnte davor, nicht gleich in jeden Apfel zu beißen. Der Kinderstar Heintje rührte mit „Mama", „Heidschi Bumbeidschi" oder „Du sollst nicht weinen" ein Millionenpublikum und bei Udo Jürgens war griechischer Wein wie das Blut der Erde. Die Lieder waren oftmals rhythmisch und eigneten sich zum Mitklatschen, ein Vergnügen, das endlich wieder unbeschwert genossen werden konnte. Der gelernte Bäcker und Konditor Heinz Georg Kramm, auch unter dem Namen Heino bekannt, polarisierte noch mit unkritischer Haltung zu volkstümlichem Liedgut, zu deutschen Heimat- und Vaterlandsliedern, die sich teilweise auch zu Hitlers Zeiten im „Liederbuch der SS" befanden. In den Siebzigerjahren brachte er – wenngleich auch auf Bitten des damaligen baden-württembergischen Ministerpräsidenten Hans Filbinger (CDU) – alle drei Strophen des Deutschlandliedes auf Schallplatte. Er wollte nie politisch sein, provozierte jedoch immer wieder auch Debatten über den Umgang der Deutschen mit ihrer Vergangenheit. *„Heino steht in einer Weise für Deutschland wie der Loreley-Felsen oder der Harzer Käse"* (Sebastian Zabel, Chefredakteur „Rolling Stone").

Die Jugendlichen in der DDR liebten zu jener Zeit ebenfalls das Tanzen und die „Schallplattenunterhalter" hatten einige Tricks, um den westlichen Musikgeschmack der Masse zu befriedigen – trotz auferlegter Quote von 60 Prozent Liedern aus der sozialistischen Umgebung. Die Punkbewegung wurde geduldet, allerdings wurden die „Abweichler" konsequent überwacht.

Vor dem Mauerbau 1961 war es noch möglich, mit öffentlichen Verkehrsmitteln von Ost- nach Westberlin zu gelangen. Jugendliche, die es sich leisten konnten, gingen ins Kino oder zu Konzerten in den Westteil der Stadt. Sie fanden Gefallen an der „westlichen Dekadenz", so die abschätzige Bewertung durch die Sozialistische Einheitspartei Deutschlands. Viele Junge träumten von einem neuen Deutschland. Zugleich flüchteten bis 1949 annähernd 900.000 Deutsche vor dem sozialistischen System in den Westen.

In den Fünfzigerjahren wollten die Menschen die entbehrungsreichen Jahre der Nachkriegszeit vergessen und sich nach einem harten Arbeitstag für wenig Geld gut und unkompliziert unterhalten lassen. Da es kaum Fernseher gab, waren Kinobesuche der große Renner. Die Lichtspielhäuser lockten zu jener Zeit etwa dreimal so viele Zuschauer an wie heute. Vor allem waren Komödien und Heimatfilme angesagt. Charakteristisch für die Heimatfilme war ihre melodramatische Handlung, meistens eine Liebesgeschichte mit komischen oder tragischen Verwechslungen, die in abgelegenen, aber spektakulären und durch den Zweiten Weltkrieg unzerstörten Landschaften wie beispielsweise dem Schwarzwald, den Alpen oder der Lüneburger Heide spielte. Frauen wurden meistens als Hausfrau und Mutter dargestellt, und es wurden konservative Werte wie Ehe und Familie betont. Heiraten war nur innerhalb derselben sozialen Schicht möglich und die Obrigkeit durfte nicht infrage gestellt werden. Viele Heimatfilme dieser Zeit waren Remakes alter UFA-Produktionen, allerdings weitgehend befreit vom Blut-und-Boden-Mythos ihrer Vorlagen aus der NS-Zeit. Von den Historienfilmen im Gedächtnis geblieben ist die Trilogie der „Sissi"-Filme mit Romy Schneider als österreichische Kaiserin Elisabeth und Karlheinz Böhm als Kaiser Franz Joseph I. Mit der Wiederbewaffnung Westdeutschlands 1955 setzte eine Welle von Kriegsfilmen ein. Absolut herausragend und zeitlos gültig war der Film „Die Brücke" von Bernhard Wicki aus dem Jahr 1959. Mit diesem Antikriegsfilm, der auch heute noch erschüttert und mit seiner kargen Bildästhetik und klaren Formensprache als aufrüttelnder Appell gilt, nicht dem blinden Wahn einer rücksichtslosen Ideologie zu folgen, brach Bernhard Wicki kompromisslos in die Heimatfilmverlogenheit der Fünfzigerjahre ein.

Ende der Fünfziger- und Anfang der Sechzigerjahre erlebte Deutschland den fast vollständigen Zusammenbruch seiner Filmbranche. Reihenweise gingen Produktions- und Verleihfirmen bankrott. Der spektakulärste Fall war die Pleite der UFA AG im Jahr 1962. Diese damals größte Produktionsgesellschaft Westdeutschlands ging im Jahr 1964 an den Bertelsmann-Konzern über. Auch immer mehr Kinos mussten schließen. Es gab ein regelrechtes „Kinosterben". In den Jahren 1959 bis 1969 halbierte sich die Zahl der vorhandenen Leinwände nahezu. Generell befand sich das Ansehen der traditionellen deutschen Filmproduktion auf seinem absoluten Tiefpunkt. Dann kamen die Revoluzzer des Oberhausener Manifests und erklärten „Opas Kino" der Nazizeit und „Papas Kino" der Adenauer Ära für tot. Dem Heimatfilm wurde eine Absage erteilt und das gesellschaftliche Engagement der Regisseure, wie Alexander Kluge, Volker Schlöndorff und Rainer Werner Fassbinder, in den Vordergrund gestellt.

Als Folge des Wirtschaftswunders war es zu einer deutlichen Steigerung des Durchschnittseinkommens der Bevölkerung gekommen. Damit nahmen die Möglichkeiten der Freizeitgestaltung zu und man fokussierte sich nicht mehr ausschließlich auf den Kinobesuch. Zugleich entwickelte sich das Fernsehen zu einem Massenmedium.

In der DDR waren Filmproduktionsfirmen nicht privatwirtschaftlich organisiert, sondern standen unter staatlicher Leitung. Filme sollten überwiegend ganz im Sinne der Einheitspartei SED der Darstellung des Antifaschismus und der Würdigung des sozialen Realismus dienen.

Eigentlich gab es in Deutschland in den Jahren nach dem Zweiten Weltkrieg nicht viel zu lachen. Und doch war es die Zeit, in der – zumindest im Westen – viele deutsche Komiker und Kabarettisten ihre größten Erfolge feierten. Künstler wie Heinz Erhardt, Wolfgang Neuss oder Theo Lingen brachten das Volk wieder zum Lachen. Kabaretts wurden wieder populär, wie beispielsweise die Berliner Stachelschweine, das Düsseldorfer Kom(m)ödchen oder die Münchner Lach- und Schießgesellschaft. Ihre Popularität steigerte sich noch mit dem Einzug des Fernsehens in die deutschen Haushalte. Während des „Dritten Reichs" hatte man Satire und Kritik weitgehend ausgeschaltet. Werner Fincks Kabarett „Katakombe" war 1935 geschlossen worden; NS-Schergen hatten ihn verhaftet und ins KZ geworfen. Andere Kabarettisten waren nach Hitlers Machtübernahme ins Ausland emigriert. Nun räumten deren Nachfolger mit dem in der Gesellschaft fortlebenden nationalsozialistischen Gedankengut auf. Dem Volk und den Herrschenden wurde der Spiegel vorgehalten, die allgegenwärtigen Lebenslügen wurden kompromisslos entlarvt: Die totgeschwiegene Vergangenheit vieler Amtsträger wurde plötzlich deutlich sichtbar auf die Bühne gestellt.

Die Schweiz war 1954 Gastgeberin der zweiten Fußball-WM nach dem Krieg. Die erste Nachkriegs-WM wurde 1950 in Brasilien ausgetragen. Damals herrschte nicht so eine Euphorie wie heute, die Leute verhielten sich ruhiger. Auch waren die Spieler keine Stars. Sie waren keine Profifußballer und gingen während der Woche einem Beruf nach. Außerdem verdienten sie hundertmal weniger als die heutigen Primadonnen. Das damalige Außenseiterteam unter Bundestrainer Sepp Herberger und Mannschaftskapitän Fritz Walter gewann das Turnier mit einem 3:2-Sieg über die favorisierten Ungarn und wurde zum ersten Mal Fußballweltmeister.

Der Sieg in diesem Fußballspiel bedeutete für viele Menschen einen Aufbruch. Das „Wunder von Bern" war ja nichts anderes als ein Sportereignis, aber kein Sportereignis vorher oder auch nachher hatte eine solche Wirkung in Deutschland wie der Sieg der deutschen Fußballnationalmannschaft. Allerdings mahnte mancher auch zur Vorsicht vor einem Wiedererstarken nationalsozialistischer Ideen. Sangen doch die deutschen Fans im Berner Stadion die erste Strophe der deutschen Nationalhymne, die ja verboten war, weil sie zur Hitlerzeit die deutsche Staatshymne gewesen war. So ganz einig waren sich die Historiker nicht, wie dies nun zu bewerten sei, ob nur aus Unwissenheit und Dummheit oder ob das tatsächlich als Zeichen zu sehen wäre, dass die Naziideen immer noch in einigen Köpfen weiterlebten. Jedenfalls war Vorsicht geboten, denn einen wiederauflebenden Nationalismus hätte die gerade entstandene deutsche Demokratie wirklich nicht gebrauchen können.

Im Westdeutschland der Fünfzigerjahre drehten sich erstaunlich viele Diskurse um die Gefahren von „Schmutz und Schund", also von allem, was mit Lust und körperlicher Liebe zu tun hat-

te. Gab es unmittelbar nach 1945 eine kurze Phase der Libertinage, schlug das Klima ab Beginn des Wirtschaftswunders um
in die berüchtigte Spießigkeit und Muffigkeit der Fünfziger, in
der Eltern, Erzieher und Kirche die Keuschheit vor allem der
Jugend kontrollierten. Parallel war die gesellschaftliche Praxis eine andere; Doppelmoral der Standard.

Die Abbildung von Nacktheit in der Öffentlichkeit wurde
als höchst unanständig angesehen. Die Bundesprüfstelle für
jugendgefährdete Schriften indizierte damals beispielsweise
FKK-Magazine, deren sexuelle Stimulanz aus heutiger Sicht
weit hinter der alltäglichen öffentlichen Werbung zurückbleibt.
Mitglieder katholischer Jugendorganisationen steckten Kioske
in Brand, an denen Pornohefte verkauft worden waren, und de-
molierten Kondomautomaten. Auch in Spielfilmen wurde die
Darstellung nackter Menschen durch die Freiwillige Selbstkontrolle der Filmwirtschaft (FSK) selbst für Erwachsene nicht
freigegeben. Nach damaliger Auffassung sollte Sexualität lediglich in der Ehe stattfinden. Voreheliche oder außereheliche
geschlechtliche Beziehungen, Kuppelei, Abtreibung, Homosexualität und Masturbation durften in Filmen nicht einmal an-
deutungsweise erwähnt, geschweige denn gezeigt werden. Blo-
ße Haut im Kino und öffentliches Küssen waren verpönt. Als
die FSK 1952 den Film „Die Sünderin" – mit Hildegard Knef
in der Hauptrolle – durch die Berufungsinstanz ab 18 Jahren
freigab, war die Entrüstung vor allem in der katholischen Bevölkerung so groß, dass in einigen Städten Menschen, die diesen Film sehen wollten, zum Teil mit Gewalt daran gehindert
wurden. Der Film wurde Anlass eines Skandals und war monatelang Thema in Zeitungen und Zeitschriften. Der Erzbischof
von Köln, Kardinal Frings, verurteilte in einem Hirtenbrief
den Film wegen angeblicher Glorifizierung von Prostitution
und Sterbehilfe. Die öffentliche Verurteilung von fast sämtlichen Kanzeln im Land und die zeitweisen Aufführungsverbo-
te verhalfen dem Streifen allerdings nun erst recht zu einem
Publikumserfolg. Schließlich wollte alle Welt den Augenblick
nicht versäumen, in dem Hildegard Knef in einer Supertota-

len zwei Sekunden lang ihre entblößten Brüste dem Betrachter zuwendet. Skandalös.

In den Sechzigerjahren entwickelte sich dann eine breite Protestbewegung gegen die als sexualfeindlich und prüde empfundene Moral der Fünfzigerjahre. Die von der Studentenbewegung getragene 68er-Generation sowie die aus den Vereinigten Staaten stammende Hippiebewegung vermischten politische und ideologische Konzepte und den Kampf für sexuelle Freiheit und mehr Individualität. Beide Bewegungen wurden gemeinsam getragen von der Ablehnung der elterlichen Wertevorstellung. Der Slogan der 68er-Generation: *„Wer zweimal mit derselben pennt, gehört zum Establishment"* wurde zunächst von der Gesellschaft zwar als Provokation aufgenommen, führte aber relativ bald auch in den Institutionen des Staates zu einem Umdenkprozess.

Im Filmbereich entwickelte sich (neben dem „Neuen Deutschen Kino") ein absurder Filmtrend mit sinnfreien Geschichten und viel nackter Haut – eine ganze Serie von vermeintlichen „Aufklärungsfilmen", die erstmals offen das Lustvolle in der Sexualität thematisierten. Der unangefochtene Volksaufklärer war Oswalt Kolle. In den Jahren 1968 bis 1972 sorgten seine Schulmädchen-Aufklärungsfilme für gut gefüllte Kinosäle. Danach schwammen auf der „Sexwelle" alberne bis peinliche Sexfilmchen mit. Nach außen gaben sie sich, auch durch den Zusatz „Report" im Titel, den Anschein aufklärerischer und wissenschaftlicher Arbeit. Über Jahre hinweg wurden unzählige Softpornos in alpinem Ambiente zu den Rennern. Zu den Spitzenreitern zählten: „Liebesgrüße aus der Lederhos'n" und „Ach jodel mir noch einen". Man wollte vermehrt ein jugendliches Publikum wieder für das Kino gewinnen – in einer Zeit, in der das Fernsehen zunehmend an Popularität gewann.

Mit dem Filmdrama „Das Schweigen", ein „Sex-Schocker" des schwedischen Regisseurs Ingmar Bergman, formierte sich in der Bundesrepublik ein massenhafter Widerstand gegen eine zu freizügige Filmkultur, obwohl die Freiwillige Selbstkontrolle den Film für Kinogänger ab 18 Jahren und ohne Schnittauflagen freigegeben hatte. Nie zuvor war ein Spielfilm mit hitzig diskutierten Sex- und Masturbationsszenen von der FSK unbeanstandet geblieben. Heute, über 50 Jahre später, würde niemand Notiz davon nehmen, wenn dieser oder ähnliche Filme jener Zeit im Nachmittagsprogramm des Fernsehens gezeigt würden.

1962 eröffnete Beate Uhse den ersten Sexshop der Welt, der sich damals „Institut für Ehehygiene" nannte. Die Erfinderin des Erotikhandels – Galionsfigur der sexuellen Revolution – schockierte die zugeknöpfte Nachkriegsgesellschaft heftig. In den Regalen waren billige Dessous, Magazine, Bücher, Verhütungsmittel, pharmazeutische Präparate und Stimulationsartikel ausgestellt. Beate Uhse sorgte mit Sextoys dafür, dass in deutschen Schlafzimmern die Post abging. Verschämt stolperten meist Männer durch einen obskuren Eingang, sich vergewissernd, dass sie auch ja niemand erkennen würde. Die Nachfrage nach den Artikeln war von Anfang an so groß, dass sich durch das große Engagement der umsichtigen Geschäftsfrau schnell ein Seximperium als bieder-bodenständiges Aufklärungsinstitut entwickelte. In den ersten Jahren waren Verhütung und Aufklärung das Hauptziel der Firma. Als es Mitte der Siebzigerjahre durch gesetzliche Veränderungen zur Freigabe der bis dahin streng regulierten Pornografie kam, boomte die Sexindustrie. Shops schossen wie Pilze aus dem Boden, Peepshows, wo sich nackte Schönheiten auf Drehbühnen räkeln und Männer in anonymen Kabinen durch Sehschlitze gaffen, überrollten deutsche Innenstädte.

Wenig amused waren viele Katholiken, als die Antibabypille, die vor einer ungewollten Schwangerschaft schützt, in den pharmazeutischen Handel Einzug hielt. Der Vatikan und andere gesellschaftliche Institutionen liefen Sturm gegen die neue Empfängnisverhütung. Papst Paul VI. belegte sie mit der Enzyklika „Humanae vitae", verbot jede künstliche Schwangerschaftsverhütung und ging schon bald als „Pillen-Paul" in die Geschichte ein. Einen großen Einfluss auf den Beschluss hatte der damalige Bischof von Krakau, Kardinal Karol Wojtyła, der spätere Papst

Johannes Paul II., doch hat er nur wenige Katholiken von Pille und Kondom ferngehalten – er hat lediglich einen tiefen Graben aufgerissen zwischen Gläubigen und Lehramt.

Die „Pille" revolutionierte das Sexualleben und ermöglichte Frauen eigenständiger die Lebensplanung und sexuelle Selbstbestimmung. Sie veränderte die Gesellschaft der industrialisierten Nationen. Frauen konnten nun Sex haben ohne die ständige Furcht, schwanger zu werden, denn Sexualität und Fruchtbarkeit waren fortan getrennt. Heute sind Historiker davon überzeugt, dass die „Pille" die sexuelle Revolution der Sechzigerjahre erst möglich gemacht hat.

„Viele Liebhaber messen ihren Erfolg noch immer in Zentimetern. Je höher die Messlatte, desto größer das Selbstbewusstsein. Doch irgendwann obsiegt dann doch die Schwerkraft und das Zentralorgan des Mannes gibt seinen Geist auf." (SPIEGEL-TV-Magazin 08.10.2018)

Eine zweite sexuelle Revolution bewirkte 1998 die Entwicklung eines Medikaments gegen ungewollte Flaute im Bett: Viagra – ursprünglich als Blutdrucksenker erforscht mit dem Wirkstoff Sildenafil. Bis zu diesem Zeitpunkt waren Männer psychotherapeutisch gegen erektile Dysfunktion behandelt worden, weil man der Meinung war, dass ihre Problematik im Kopf zu suchen sei und beispielsweise am ungesunden Lebensstil, am Stress im Büro oder an der Partnerin liege. Die Markteinführung von Viagra – gelegentlich auch als Sammelbegriff für andere Medikamente dieser Wirkungsgruppe – hatte weitreichende Folgen für das Sexualleben vieler Menschen, wenn auch schon bald Partnerinnen, die an den sexarmen Zustand gewöhnt waren, klagten, dass ihr Partner plötzlich anstrengender geworden sei – und zwar mehr, als sie es sich wünschen würden.

HISTORISCHE VERBRECHEN

Besonders schwere und außergewöhnliche Verbrechen üben auf viele Menschen eine starke Faszination aus. Seit den Zwanzigerjahren hat es in Deutschland zahlreiche Serienverbrechen gegeben. Manche von ihnen gingen dabei bestialisch vor, verstümmelten ihre Opfer oder aßen sogar Teile von ihnen. Die Mörder waren oft besser unter Spitznamen bekannt: „der Kannibale von Münsterberg", „der Vampir von Düsseldorf", „der Todesengel", „der Ruhrkannibale", „der Heidemörder".

Zum vielleicht spektakulärsten Medienereignis der Weimarer Republik wurde ab Ende 1924 der Mordprozess gegen den Hannoveraner „Lustmörder" Fritz Haarmann. Die Zeitungen überschlugen sich mit reißerischen Schlagzeigen und täglich drängten sich unübersehbare Menschenmassen vor dem Gerichtssaal. Weit vor 1924 hatte Haarmann begonnen, männliche Kinder und Jugendliche zu missbrauchen. Einzelheiten dessen, was wirklich geschehen war, kamen erst nach Haarmanns Verhaftung ans Licht. Der geheimnisvolle Serienmörder hatte in den vorangegangenen Jahren mindestens zwei Dutzend Jungen im Alter zwischen 10 und 22 Jahren auf bestialische Weise getötet. Für Unterkunft und Essen verlangte er von seinen in Wartesälen des Hauptbahnhofs aufgelesenen obdachlosen Strichern Sex; danach biss er seinen Opfern im Rausch die Kehle durch. Die Leichen zerlegte er, reinigte die Knochen und warf sie in den Fluss. Darüber, was mit dem Fleisch seiner Opfer geschah, gibt es nur Vermutungen. Haarmann behauptete stets, er habe es ebenfalls entsorgt. Jahrelang versorgte er eine Gaststätte in seiner Nachbarschaft mit billigem Fleisch, von dem niemand so genau wusste, woher er es hatte. Mit der Bekleidung seiner Opfer führte Fritz Haarmann zudem einen schwunghaften Altkleiderhandel. Allerdings wurde ihm dieser schließlich zum Verhängnis, als eine Mutter die Kleidung ihres toten Sohnes an einem von Haarmanns Kunden wiedererkannte, was zur Verhaftung des Täters führte.

Haarmann selbst war nicht in der Lage, die Zahl seiner Opfer auch nur annähernd anzugeben. Doch es war gar nicht die Zahl seiner Untaten, die den Nimbus des Noch-nie-Dagewesenen um den Fall Haarmann verbreitete, sondern es waren die grausigen Umstände, die schon bei seinen ersten Geständnissen ans Licht kamen. Was Haarmann hatte, war so furchtbar, dass viele Menschen es einfach nicht glauben konnten.

Im April 1925 wurde Haarmann im Gefängnishof des Landgerichts Hannover mit dem Fallbeil enthauptet. Doch nachdem die „Schrecksekunde" überwunden war, wurden über ihn Witze gemacht. Bis heute kennen viele noch den makabren Kinderreim, der damals entstand (und der mehrfach als Lied vertont wurde). An allen Straßenecken, in Küchen und Lokalen sang man zu der populären Schlagermelodie Walter Kollos *„Warte, warte nur ein Weilchen//bald kommt auch das Glück zu dir"* einen neuen Text. Er hieß: *„Warte, warte nur ein Weilchen//bald kommt Haarmann auch zu dir//Mit dem kleinen Hackebeilchen//macht er Leberwurst aus dir."*

Hohe Wellen im spießigen Nachkriegsdeutschland schlug 1957 der Mord an der 24-jährigen Frankfurter Edelprostituierten Rosemarie Nitribitt. Sie hatte es geschafft: aus den finstersten Kellern zu dem Wohlstandssymbol der Fünfziger, dem Mercedes 190. Rosemarie Nitribitt war der unmoralische Spiegel der Wohlstandsjahre. Sie soll sparsam, wenn nicht gar geizig gewesen sein. Angesichts einer Reparaturrechnung ihrer Autowerkstatt soll sie sich lauthals beschwert haben: *„Glauben Sie vielleicht, dass ich mein Geld im Schlaf verdiene?"* Zu den vielen Spekulationen rund um den Mord trug bei, dass Prominente aus Wirtschaft und Politik zu den Kunden der Lebedame gezählt haben sollen. Allerdings konnte der Fall nie aufgeklärt werden. Ermittlungspannen der Kripo nährten den Verdacht einer planmäßigen Vertuschung, da auf mysteriöse Weise wichtige Beweisstücke, darunter Briefe und Fotos von ihr und ihren

Kunden, verschwanden. Erich Kuby schrieb ein Jahr nach der Tat den Roman: „Das Mädchen Rosemarie" mit dem Untertitel: „Des deutschen Wunders liebstes Kind". Der Roman galt als Vorlage einer anschließenden Verfilmung mit Nadja Tiller. Letztendlich wurde Rosemarie Nitribitt durch ihren Tod zu einer Legende.

In den Sechzigerjahren ermordete Jürgen Bartsch („der Kirmesmörder") vier Jungen zwischen 8 und 13 Jahren aus sexuellen und sadistischen Motiven. Der 1946 geborene Täter suchte sich seine Opfer auf Rummelplätzen, lockte sie in einen ehemaligen Luftschutzbunker, nahm sexuelle Handlungen an ihnen vor, tötete sie dann und zerstückelte die Leichen. Einem fünften Opfer gelang die Flucht, nur dadurch konnte Bartsch gefasst werden.

Vera Brühne erlangte 1961/1962 deutschlandweit Bekanntheit, als sie gemeinsam mit Johann Ferbach angeklagt wurde, den Münchner Arzt Otto Praun und dessen Geliebte Elfriede Kloo ermordet zu haben.

Bereits vor Beginn des Prozesses wurde Brühne in zahlreichen Medien als Schuldige dargestellt. Über das Gerichtsverfahren wurde in der Boulevardpresse wochenlang berichtet, die attraktive Brühne als „geldgieriges Luder" dargestellt und über – zur damaligen Zeit – skandalöse erotische Ausschweifungen spekuliert. Vera Brühne hatte sich massiv in Widersprüche verwickelt und auch versucht, Zeugen zu bestechen. Im Juni 1962 wurde sie mit dem Mitangeklagten Johann Ferbach wegen gemeinschaftlichen Doppelmordes zu einer lebenslangen Zuchthausstrafe verurteilt. Nach 18-jähriger Haft wurde sie 1979 vom damaligen bayerischen Ministerpräsidenten Strauß begnadigt und aus der Justizvollzugsanstalt Aichach entlassen. Brühne stritt die ihr zur Last gelegte Tat zeitlebens ab. Die überregionale Wochenzeitung DIE ZEIT kam 2001 zu dem Schluss: „*Vera Brühne – ob Mörderin oder nicht – hätte auf der Basis solch einseitiger und unsauberer Ermittlungen niemals verurteilt werden dürfen.*"

Am 6. März 1981 tötete Marianne Bachmeier im Schwurgerichtssaal des Lübecker Landgerichts den Schlachter Klaus Grabowski mit sechs Schüssen. Es war der dritte Tag der Hauptverhandlung gegen Grabowski. Der einschlägig vorbestrafte 35-Jährige stand wegen des Verdachts vor Gericht, Bachmeiers siebenjährige Tochter Anna vergewaltigt und erwürgt zu haben. Im März 1983 wurde Marianne Bachmeier wegen Totschlags zu sechs Jahren Haft verurteilt. Über den Prozess berichteten mehr als 100 Journalisten. Im Zuschauerraum saßen vor allem Frauen, von denen viele behaupteten: *„Ich hätte an ihrer Stelle das Gleiche getan."*

CONTERGAN-SKANDAL

Im Oktober 1957 brachte der pharmazeutische Konzern Grünenthal ein „Wundermittel" gegen Schlafstörungen in den Handel. Die Firma verkaufte Contergan, ohne es ordnungsgemäß geprüft zu haben, und behauptete, es sei vollkommen ungefährlich, ohne dabei die Einnahme während der Schwangerschaft auszuschließen. Grünenthal hatte das Schlafmittel weiterverkauft, als Tausende Meldungen bei ihr eingingen, die über Gesundheitsschäden durch dessen Einnahme berichteten. Sie verkaufte Contergan selbst dann noch weiter, als ihr gleichzeitig von einem deutschen und einem australischen Arzt berichtet wurde, dass Contergan schwerste Missbildungen bei ungeborenen Kindern verursachen würde. Einer Beantragung der Rezeptpflicht hat sie sich ebenso stets widersetzt wie der von vielen Experten geforderten Rücknahme aus dem Handel. Stattdessen versuchte sie warnende Ärzte einzuschüchtern oder durch Einflussnahme auf die Redaktionen von wissenschaftlichen Zeitschriften Veröffentlichungen zu verhindern, die über fundierte Ergebnisse von Untersuchungen über die Schädlichkeit des Medikaments berichteten. Hierdurch hat es Missbildungen bei weltweit über 10.000 und in Deutschland annähernd 7.000 Kindern an Armen und Beinen, Augen und Ohren, inneren Organen und Genitalien verursacht, die so schwer waren, dass in Deutschland etwa 4.000 von ihnen ihre körperlichen und gesundheitlichen Schäden nicht überlebten. Erst nachdem die Öffentlichkeit durch einen Zeitungsartikel in der „Welt am Sonntag" 1961 unterrichtet wurde, zog Grünenthal Contergan aus dem Handel. Der Contergan-Strafprozess gegen den Grünenthal-Eigentümer wurde wegen Geringfügigkeit (!) eingestellt. Anfangs hatte sich der Konzern einer gerechten Entschädigung widersetzt. Nach Drängen der Opfer kam es zu einem Vergleich mit den Geschädigten, bei dem Grünenthal 110 Millionen Mark in eine Conterganstiftung einzahlte; der Bund steuerte weitere 110 Millionen bei. 1997 war das Geld aufgebraucht. Der Fonds wurde danach allein vom Bund finanziert, bis der Aachener Konzern mehr als 50 Jahre nach der Markteinführung des Schlafmittels in mehreren Schritten noch einmal 50 Millionen Euro in die Stiftung eingezahlt hat und die Bundesregierung ab 2013 den contergangeschädigten Menschen nochmals 120 Millionen jährlich zur Verfügung stellt. Damit wird erneut die Conterganstiftung vom Bund, sprich vom Steuerzahler finanziert.

Mitte Oktober 2019 verschickte die Stiftung an 58 brasilianische Opfer ein Schreiben, in dem sie mitteilte, mit „sofortiger Vollziehung" die Anerkennungsbescheide zu widerrufen und die Zahlungen einzustellen.

DEUTSCHLAND IST REISEWELTMEISTER

Die Deutschen lieben es auf Reisen zu gehen. Als zu Beginn des 20. Jahrhunderts immer mehr in den Genuss von Urlaubstagen kamen, wurde das Verreisen zur festen Größe im Jahreslauf. Besserbemittelte entdeckten die Fernreisen, der Mittelständler fuhr an die See oder in den Harz. In der Nazizeit bot die Organisation „Kraft durch Freude" (KdF) Gruppenferien für alle sozialen Schichten an – von Tagesausflügen bis Kreuzfahrten. In der Wirtschaftswunder-Ära der Fünfzigerjahre, als sich viele Bundesbürger ihr erstes Auto leisten konnten, reiste man mit Vorliebe zu nahe gelegenen Zielen: Nord- oder Ostsee, in den Schwarzwald oder nach Österreich. Das erste Sehnsuchtsland nach dem Krieg war Italien, das klassische Auslandsziel deutscher Bildungsreisender. Jetzt aber waren es weniger die archäologischen Stätten, Kirchen und Kulturdenkmäler, welche die Touristen anzogen, jetzt kamen sie für Sonne, Strand und Flair. Rimini an der Adria war damals ihr Urlaubssehnsuchtsort, mit einem endlos langen Strand und 40.000 Sonnenschirmen. Damit wurde der Mythos des Teutonengrills begründet. Verbargen sich die Damen um 1900 noch unter Schirmen und Hüten, um vornehme Blässe zu wahren, wurde in der zweiten Hälfte des Jahrhunderts Bräune zum Schönheitsideal. Wer es sich leisten konnte, verbrachte den Urlaub unter südlicher Sonne – und trug die Zeichen davon auf der Haut.

Die Faszination des Neuen, des Fremdländischen ging anfangs einher mit einer gehörigen Portion Misstrauen. Was war das zum Beispiel für komischer Kaffee, den die Italiener tranken? Entweder er war viel zu stark in viel zu kleinen Tassen oder er wurde mit viel zu viel Milch serviert. Und dann diese unendliche Palette von Teigwaren. „Spagetti-Fresser" war noch lange ein geläufiges Schimpfwort für italienische Mitschüler.

Schon bald ging es dann mit dem Auto in den Süden und langsam erlaubte der Wohlstand es, immer fernere Gestade zu erkunden, wobei das Auto das wichtigste Transportmittel blieb. Zur Hauptreisezeit im Sommer musste der Reisende mit ewig langen Wartezeiten an den Grenzübergängen rechnen, weil noch Ausweispapiere kontrolliert wurden und Geld getauscht werden musste. Vom Euro war man ja noch Lichtjahre entfernt. Trotzdem nahmen von Jahr zu Jahr immer mehr deutsche Urlauber die Strapazen und Mühen auf sich und unternahmen eine Reise Richtung Sommer, Sonne und Meer. Und all das geschah ohne Klimaanlage, Navigationsgerät, tragbare Spielekonsole oder Streamingdienste. Ohne Handy, Tablet, E-Mail, Whatsapp, Facebook, Instagram und Twitter. Einfach schaudererregend. Wie müssen die Menschen damals gelitten haben!

Mit dem Aufkommen der Billigflieger und des Chartertourismus entdeckten die Teutonen Spanien und verdrängten Italien als Spitzenreiter in der Gunst der Urlauber.

So lag man dann stundenlang an überfüllten Stränden und ließ sich die Sonne auf die nicht bedeckten Körperteile scheinen, schließlich sollte jeder später zu Hause eine unter Qualen erworbene Bräune bestaunen können. Die Unterkünfte waren zu jener Zeit noch recht gewöhnungsbedürftig. Das Entsetzen war groß, wenn man entdeckte, dass auf den Toiletten nur ein Loch im Boden war. Aber schon bald setzte sich eine neue Form des Urlaubmachens durch: mittels Wohnanhänger, Wohnwagen oder Zelt. So war man auf den Campingplätzen meist unter sich, hatte keine Sprachprobleme und wer nicht auf sein heimisches Essen verzichten wollte, genoss mitgebrachtes deutsches Vollkornbrot, Leberwurst, Bier und Kaffee mittels Melitta-Filter.

Später zurück im trauten Heim gab es dann die obligatorischen Dia-Abende mit Freunden und Nachbarn, die meist im Dämmerzustand bei einer Flasche Bier, sortiertem Salzgebäck und Hawaii-Toast Interesse und Beifall heuchelten. Dennoch, wie groß war die Erleichterung, wenn die Aufnahme nicht verwackelt und die Fotos keinen Farbstich hatten. Und heute? Dieser Tage werden die mit dem Handy eingefangenen Impressionen in Echtzeit bei Facebook oder Instagram eingestellt.

Bestaunt wurde damals natürlich auch die mitgebrachte und allseits beliebte Chiantiflasche, in die man dann am Ende noch eine Kerze steckte und die dann ihren Platz in der Kellerbar fand. Und mit der farbig beleuchtbaren Minigondel aus Venedig wollte man auch gerne noch nach dem Urlaub einen Hauch von Italien beibehalten.

Bis in die Neunzigerjahre war die Methode „Daumen raus" bei Jugendlichen äußerst beliebt. An Autobahnauffahrten und Fernstraßen sah man in den Sommermonaten ständig Tramper mit einem selbstgemalten Pappschild, auf dem dann der Name ihres Ziels stand. VW-Busse, Enten (Citroën 2CV) und Autos mit einem „ATOMKRAFT? – NEIN DANKE"-Aufkleber hielten fast immer. Wer als Pärchen unterwegs war, schickte die Frau an die Straße. Da waren die Chancen besser.

Nichts prägte die DDR mehr als ihre Grenzen. Ihre Bürger durften weder ins nicht sozialistische Ausland noch in Länder der Dritten Welt reisen. Freie Wahl des Urlaubsziels – das gab es in der DDR nur innerhalb des Landes. Eine Ausnahme waren die Auslandskader, welche die Ideen des Sozialismus in die Welt tragen sollten.

Einige wenige Urlauber aus dem Westen besuchten ihre Verwandten in der DDR. Den Verkehr zwischen der Bundesrepublik und der DDR regelten vier Transitautobahnen. Für Autofahrer galt ab den Grenzübergängen vor allem ein Gebot: bloß nicht auffallen; die Volkspolizisten der DDR waren berüchtigt für ihre teils wahllosen Schikanen. Angenehmer konnten die Bundesbürger ihre harten Divisen an den Intershop-Raststellen loswerden: Gegen D-Mark lockten billige Zigaretten, Parfum und Schnaps. Auch in der DDR wurde gereist. Ein Netz von Ferienheimen der Gewerkschaft sorgte für genügend freie Plätze, bevorzugt an der Ostsee. Doch das war vielen DDR-Bürgern zu wenig; schon bald lockten Strände im sozialistischen Ausland.

Nacktbaden gehörte für viele DDR-Bürger zum gängigen Urlaubsvergnügen – mit einer Selbstverständlichkeit wie in keinem anderen Land der Welt. Ob an der mecklenburgischen Ostseeküste oder am sächsischen Baggersee, im Arbeiter- und Bauernstaat erfreute sich die Freikörperkultur, kurz FKK, großer Beliebtheit. Doch die meisten DDR-Bürger brauchten keinen offiziellen FKK-Strand, um sich streifenfrei zu bräunen. Nur wenige störten sich an nackten Sonnenanbetern auf dem Nachbarhandtuch, auch wenn sie selbst lieber einen Badeanzug trugen. Dabei war das Nacktbaden an realsozialistischen Gewässern nicht im Sinne der prüden DDR-Obrigkeit. Kultusminister Becher erklärte einst, FKK sei auch *„im Interesse der Ästhetik nicht zu vertreten"*, besonders weil *„gewisse Leute sich mit ihren deformierten Körpern provokativ zur Schau stellen"* würden. Sein Rundumschlag gipfelte in dem pathosschweren Ausbruch: *„Habt Mitleid! Zeigt Erbarmen! Schont die Augen der Nation!"* Die SPIEGEL-Autorin Solveig Grothe fragt 2008 in einem Artikel der Wochenzeitschrift: *„War Nacktbaden im Sozialismus eine Form von Gruppenzwang oder Ausdruck des unbändigen Freiheitsdranges einer eingeschlossenen Gesellschaft?"*

Wer in der DDR Abenteuer erleben wollte, musste nicht nur mutig, sondern auch findig, geduldig und manchmal etwas angepasst sein. Denn angesichts des permanenten Kontrollwahns der allmächtigen Staatspartei SED waren die Träumer und Abenteurer, die den allgegenwärtigen Kollektivzwang ablehnten und ihre Vorbilder meist im westlichen Ausland fanden, von vornherein suspekt. Taucher, Segelflieger und Reisefreaks wurden als potenzielle Republikflüchtlinge argwöhnisch beobachtet. Dennoch gelang in all den Jahren zahlreichen durch Mauer und Grenze eingeschränkten DDR-Bürgern die Überwindung oftmals riskanter Fluchtwege: in Berlin beispielsweise von Ost nach West durch die Kanalisation oder einen der mühsam gebuddelten Fluchttunnel; mit gefälschten Papieren; mithilfe einer über Nacht gebauten Seilrutsche; in einem selbst gebauten Heißluftballon; in Leichtflugzeugen; im Kofferraum eines West-Autos. Einigen Flüchtlingen gelang die Flucht in den Westen über die Ostsee oder die Elbe. Doch ertranken bei dem Versuch auch genauso viele. Letztendlich gelang es zunehmend einer immer größer werdenden Zahl politisch und ökonomisch frustrierter DDR-Bürger, sich über Drittstaaten in die Bundesrepublik abzusetzen. Doch zahlten etliche ihren missglückten Fluchtversuch mit dem Leben oder einer langjährigen Haftstrafe.

Für Millionen deutscher Urlauber hat das Paradies seit Jahrzehnten einen Namen: Mallorca. Traumhafte Strände, grandiose Landschaften, blaues Meer und Ballermann. Lange bevor der Tourismus die Insel eroberte, entdeckten viele Künstler, betuchte Bohemiens, Schriftsteller, Abenteurer und Aussteiger auf der Suche nach Inspiration und Freiheit die Insel für sich. In den ersten Jahrzehnten des 20. Jahrhunderts waren es wohlhabende Deutsche, die vom Inselparadies träumten. Nach der Machtübernahme der Nationalsozialisten 1933 kamen viele Deutsche als politische Flüchtlinge. Doch der Einfluss des Hitler-Regimes reichte auch bis dorthin. Im vermeintlichen Paradies gab es viele Landsleute, die dem Zeitgeist folgten und Anhänger der NSDAP wurden. Der Ausbruch des spanischen Bürgerkriegs zerstörte die Illusionen vieler Emigranten, die auf ein Leben in Freiheit hofften, und bedrohte ihre Existenz. Bis 1939 war Mallorca auch Stützpunkt der deutschen „Legion Condor", deren Flugzeuge Städte, Schiffe und Stellungen der Republikaner bombardierten.

Erst in den 1950er-Jahren wurde Mallorca wieder Touristenziel. Zunächst waren es nur wenige wohlhabende Urlauber aus Deutschland, später rückten, dank der Niedrigpreise, Pauschalreisende und deutsche Rentner, die unter der Sonne des Südens überwinterten, nach. Die Besucherzahlen zogen dramatisch an, die Anzahl der Reiseveranstalter wuchs. Pioniere des Pauschalurlaubs investierten in den Bau von Hotels, denn Spanien war arm. Ein Bauboom auf der zuvor landwirtschaftlich geprägten Insel war die Folge. Damals waren die Hotels noch eher schlicht. Die Gäste waren keine Urlaube gewohnt und erwarteten nicht viel. Möglichst günstig und unkompliziert. Ein einfaches Zimmer, Büfett „all-inclusive", den Strand in der Nähe. Damit waren die meisten deutschen Urlauber zufrieden. Und trotz überfüllter Strände, Hotels und Restaurants boomt bis heute die Reisedestination wie nie zuvor, lediglich 2020/2021 zeitweise beeinträchtigt durch die Coronapandemie. Anfang der Neunzigerjahre brachte ein CSU-Abgeordneter sogar die Überlegung ins Spiel, Mallorca solle den Spaniern abgekauft oder für 99 Jahre gepachtet und dann das 17. deutsche Bundesland werden. Die Hauptstadt Palma sollte dann in Palmenhausen umbenannt werden.

Der Massentourismus veränderte das Erscheinungsbild der Insel nachhaltig. Das Paradies kämpft schon seit dem Beginn seines Tourismus-Zeitalters in den 1960er-Jahren mit zunehmenden Problemen. Nichts scheint gegen Millionen von Touristen anzukommen, die sich selten in ihrem besten Licht zeigen. Viele Deutsche ahnen gar nicht, was sie mit schierer Fülle und Wucht bei ihren feinfühligen Nachbarn anrichten. Sensibilität ist nun einmal nicht unsere Stärke. Gegen das „Ballermann-Image" wehren sich viele Einheimische vehement. Insbesondere gegen deutschtümelnde, sonnenbrandgeschädigte und betrunkene Proleten, die in den Touristendeponien am Meer vor ihren Sangria-Eimern hocken und mittels überdimensionaler Strohhalme an dem grausigen Saft saugen und sich dem Suff ergeben. Von der Gemeinde Palma etablierte „Interventionszonen" im Kampf gegen öffentliche Saufgelage wurden und werden immer wieder ignoriert. In der Bierstraße und der Schinkenstraße verwöhnen unzählige deutsche Lokale den Pauschaltouristen mit Currywurst, Schnitzel sowie Eisbein mit Sauerkraut. Und wie im Heimatland gibt es oftmals *„draußen nur Kännchen Kaffee"*. Anfang 2019 verkündete nun der Stadtrat von Palma, während der touristischen Saison verstärkt gegen Trunkenbolde vorzugehen. Asoziales Verhalten, Alkoholkonsum auf der Straße und Straßenhandel sollen dann der Vergangenheit angehören.

Auf der anderen Seite hinterlässt auch der Qualitätstourismus seine Spuren. Luxuriöse Villen und Luxushotels, türkisfarbene Süßwasserpools, parkartige Gärten und weitläufige Golfanlagen verdrängen die natürliche Umwelt der Insel. Der Verbrauch an Trinkwasser ist erheblich. Die Folgen dieser Übernutzung sind ernst zu nehmende Probleme mit der Wasserversorgung.

Mit dem Fall der Mauer verlagerten sich die Touristenströme aus der ehemaligen DDR zunächst in den unbekannten Westen. Die Ostdeutschen wollten Gesamtdeutschland kennenlernen, auch mal den Kölner Dom sehen oder die Alpen. Urlaubsziele wie Mallorca und die Kanaren folgten relativ zügig. Und dann begann in den Neunzigerjahren in West und Ost die Nachfrage nach Fernreisen. Andere Kulturen, nie geglaubte Eindrücke, andere Gerüche, andere Farben, ein anderes Klima, eine neue Welt.

Zur gleichen Zeit begann das Interesse an See- und Flusskreuzfahrten. Die Schiffe wurden immer größer, immer luxuriöser, die Reisen immer erschwinglicher. Eine große Nachfrage war plötzlich bei Erlebnis- und Studienreisen, Kurz- und Städtereisen, Wanderurlaub und Radreisen zu beobachten. Weltweit sprossen Wellnesshotels und Golfplätze wie Pilze aus dem Boden und fanden unter den Besserverdienenden immer mehr Zuspruch.

In den Neunzigerjahren wurde das Flugzeug zu einem gängigen Massentransportmittel. Flüge in weit entfernte Länder wurden unkomplizierter und vor allem erschwinglicher. Der Nachteil: Man begann alles auf Effizienz zu trimmen. Es wurde stickig, laut und eng. Beinfreiheit und Sitzbreite mussten dabei einiges einbüßen. Im Flieger ist es ein ungeschriebenes Gesetz, dass man sich die Armlehnen sanktmartinesque mit seinem Sitznachbarn teilt. Das wird von einigen Passagieren aber gerne mal übersehen. Sie quellen sich in ihren Sitz (in der Mehrzahl Übergewichtige), thronen dort und okkupieren die komplette Armlehne. Man selbst klemmt dann ohne Armfreiheit in seinem Sitz und bekommt eine grobe Vorstellung davon, wie sich die Viecher bei Wiesenhof fühlen müssen. Während des Flugs schiebt der Vordermann den Sitz genüsslich in die Liegeposition und schränkt während der gesamten Reise die Beinfreiheit ein. Beim Ein- und Ausstieg wird vorgedrängelt, gedrückt und das Handgepäckfach blockiert.

Vor 50 Jahren wurden Flugpassagiere noch mit allerlei Luxus umsorgt, und das auch in der sogenannten „Holzklasse". So zogen die Flugbegleiter (Aushängeschild der Fluggesellschaften) noch mit einem schweren Servierwagen durch die Gänge des fliegenden Speisewagens und verteilten die einzelnen Gerichte nach den individuellen Wünschen der Passagiere. Heute gibt es (und nicht nur bei Billigfliegern) Essen in Plastikschälchen, ein Snack und Getränke ausschließlich gegen Bargeld.

DEUTSCHLAND WILL NACH OBEN

Kaum jemand hätte in den ersten Nachkriegsjahren erwartet, dass die besiegten Deutschen so schnell zu Wohlstand kommen würden. Im Westen stärker noch als im Osten, wo Demontagen der sowjetischen Besatzer und sozialistische Planwirtschaft den Aufbau behinderten. Nach der totalen Niederlage im Zweiten Weltkrieg begründete der ökonomische Erfolg auch ein neues Selbstbewusstsein. Man war wieder wer und schrieb das in erster Linie dem eigenen Fleiß und der eigenen Tüchtigkeit zu. Eine fragwürdige Einschätzung, die zugleich implizierte, dass diejenigen, denen es schlechter ging, im Gegensatz zu einem selbst einfach nicht fleißig genug waren.

In den ersten Jahren nach dem Krieg herrschten Not, Elend und Hunger im Land. Doch schon bald gehörten Magenknurren und Hamstern der Vergangenheit an. Es gab wieder Bohnenkaffee und Butter und die Deutschen hatten wieder Spaß am Essen. Als die sogenannte „Fresswelle" über das Land schwappte, kamen falscher Hase (ein Hackbraten) und Schweinebraten oftmals schon an Wochentagen auf den Tisch. Würstchen mit Kartoffelsalat und Mayonnaise, Russische Eier und Strammer Max hatten Hochkonjunktur und waren schon bald nicht mehr wegzudenken. Aber auch exotische Früchte in Konservendosen waren heiß begehrt. Und bei festlichen Ereignissen servierte man Erdbeerbowle, lieblichen Wein und Eierlikör.

Kaum hatte das Fernsehen zu senden begonnen, köchelte der Urvater aller Fernsehköche, Clemens Wilmenrod, vor der Kamera. Er gilt als Erfinder des Hawaii-Toasts: eine Scheibe Toastbrot, belegt mit Schinken und einem Stück Dosenananas. Das Ganze mit Schmelzkäse überbacken und als Clou eine Cocktailkirsche obenauf. Wilmenrod prägte die deutsche Küche maßgeblich und begeisterte die Nachkriegsgeneration mit seinen

Beiträgen. Mit für damalige Zeiten ausgefallenen Zutaten wie Ketchup oder Roquefort beflügelte er die Kreativität und Fantasie der Menschen zu Hause.

Bundesbürger lernten auf ihren Reisen nach Italien Pasta und Pizza kennen und mit den „Gastarbeitern" kamen italienische Koch- und Esskultur nach Deutschland. So mutierten die einst fremdartigen südländischen Teigwaren zu teutonischen Nationalgerichten mit einem Flair von Dolce Vita. Den Italienern folgten andere Nationalitäten. Endlich kamen auch Deutsche in den Genuss einer in ihren Augen typisch chinesischen Küche: beliebige Lebensmittel klein geschnippelt in einen Wok, in Sojasoße getränkt und mit pappigem Reis verfeinert. Eine andere Errungenschaft der Zeit: Ravioli aus der Dose. Der Siegeszug von Konserven und Tütensuppen begann. Kochen hieß immer häufiger nur noch: Packung aufreißen und den Inhalt unter langsamem Rühren verquirlen. Fertig. Daneben kam eine neue Entwicklung aus den Vereinigten Staaten auf den Markt: Tiefkühlkost. Der Hit – nicht nur bei den Kindern – waren und sind bis heute Fischstäbchen, die aussehen wie Bauklötze aus Pressspan – und leider oft auch so schmecken.

Eine belgische Spezialität trat ihren weltweiten Siegeszug an. Die im Original bezeichneten „pommes de terre frites" überschwemmten plötzlich Deutschland und wurden zu „Pommes". Passend dazu wurden die Currywurst und der Hamburger, der nach US-Vorbild aus einem Fleischklops zwischen Brötchenhälften besteht, immer beliebter. Der unaufhaltsame Vormarsch von Fast Food mittels Papptellern und Plastikbesteck begann und die deutsche Esskultur schwand dahin. Zwar finden mittlerweile zahlreiche Restaurants internationale Beachtung, doch blicken viele nicht über den Pizza/Currywurst-Horizont hinaus. Bei der Ernährung geht es in Deutschland nach wie vor um das Sattwerden zum kleinen Preis statt um den Genuss. Die wässrige Supermarkttomate nehmen viele immer noch mit demselben Schulterzucken hin wie das mit Industriesalami und Pappkäse belegte, mit Mayonnaise grundierte Aufbackbrötchen.

Nach der „Fresswelle" wurde wieder mehr auf eine gesund-
heitsbewusste Ernährungsweise geachtet. Irgendwann war Fett
tabu und die Verbraucher flogen auf alle Lebensmittel, die möglichst fettfrei waren. Später waren dann der Zucker und auch
die Kohlenhydrate der Feind. Dem Vegetarismus und Veganis-
mus anhängende Personen trifft man bis heute immer häufiger.

Viele Jahrzehnte lang blieb das Warenangebot im Einzelhandel
überschaubar. Abgewogen und abgerechnet wurde per Hand.
Die Händler kannten ihre Kunden persönlich, und wer gerade
knapp bei Kasse war, konnte „anschreiben" lassen. Damit war es
vorbei, als die deutschen Großstädte ab den späten Fünfzigerjahren ein neues Verkaufskonzept eroberten: die Supermärkte,
die von der Fläche her an ein Fußballfeld erinnern. Die USA, wo
die Supermarktidee entstanden war, galten in der jungen Bundesrepublik als wirtschaftliches Vorbild. Der Einzelhandel im
Wirtschaftswunderland wurde umgewälzt, zahlreiche Tante-
Emma-Läden gaben auf. Auch die DDR schwappte auf der neu-
en Welle mit und schuf sogenannte Kaufhallen. Das Angebot
blieb jedoch bescheidener.

Im Wirtschaftswunder der Fünfziger- und Sechzigerjahre ent-
stand auch eine neue Freizeitbeschäftigung. In nur wenigen
Jahren wurde Heimwerken zu einer „Massenbewegung". Die
Do-it-yourself-Begeisterung wurde zu einer der populärsten
Freizeitaktivitäten und machte aus den Deutschen ein „Volk der
Bohrer und Bastler". Nach Einführung der Fünftagewoche wurde der Samstag für viele Familienväter zum Tag zur Verschöne-
rung des Eigenheims. Für eine zusätzliche Motivation sorgte die
Tatsache, dass Handwerkerrechnungen schon bald astronomi-
sche Summen erreichten. Stunde null für die plötzlich wie Pil-
ze aus dem Boden schießenden Baumärkte, die wahrnehmbar
zum Eldorado des deutschen Mannes wurden.
Bereits gegen Ende des 19. Jahrhunderts kam als besondere
Form des Einzelhandels der Versandhandel auf. In der Weimarer Republik erweiterte sich das Sortiment und viele noch heu-

te bestehende Versandhändler wurden gegründet. Nach dem Zweiten Weltkrieg begann in der Bundesrepublik eine weitere Gründungswelle. Sie waren Unternehmensperlen des deutschen Wirtschaftswunders: Quelle, Neckermann und Otto machten den neuen Wohlstand für Millionen Bürger erst fühlbar: Kleider, Schuhe, Küchenutensilien, Kinderspielzeug – die sogenannten Universalversender lieferten bis in die letzte Ecke der Republik. Am Abend hockten – insbesondere abseits der Städte – ganze Familien über der Hausbibel, dem mehrere Kilo schweren Katalog und suchten irgendwelche Klamotten oder ein neues Geschirrservice aus. Hans Magnus Enzensberger nannte das, was der Neckermann-Katalog repräsentierte, „die Hölle des Kleinbürgertums". Georg Seeßlen schrieb in einem Essay in DIE ZEIT: *„Josef Neckermann selbst war geradezu ein Bilderbuchvertreter der Nachkriegsprosperität. Damals sahen nur wenige hinter die Maske von Herrenreiter, Gesellschaftsmensch und Wirtschaftswunder. Heute, im Zeitalter frei verfügbarer Informationen, ist es schwer, die Schatten der Vergangenheit auszublenden. [...] Innerhalb weniger Jahre war Josef Neckermann vom NSDAP-Mitglied und Günstling der Nazigrößen, der sich durch die Aneignung jüdischer Unternehmen bereichert hatte, über eine rasche Einstufung als harmloser Mitläufer zum Modellfall des Wirtschaftswunders geworden, der gleichsam messianisch für die Erfüllung des großen Traums dieser Zeit sorgte: Wohlstand für alle. [...] Jeder neue Neckermann-Katalog wurde erwartet wie das nächste Wunder, das die unendlichen Wohltaten der neuen Welt bestätigen half."*

In der DDR wurde 1956 der Versandhandel durch die staatliche Handelsorganisation Centrum eingeführt. Die allgemein schlechte Versorgungslage wirkte sich aber auch auf den Versandhandel aus: Bis zur Hälfte der in den Katalogen angepriesenen Güter war meist nicht lieferbar. Wegen des steigenden Unmuts der Bürger darüber – offiziell allerdings wegen der flächendeckend „besseren Versorgungslage" – wurde der Versandhandel 1976 eingestellt. Nur noch Kondome und Saatgut konnten weiterhin per Post bestellt werden.

Inzwischen sind im Westen einige große Versandhändler in Konkurs gegangen und der einst in zig Millionenauflage gedruckte Katalog gehört der Vergangenheit an. Kunden wählen heute andere Kommunikationsmittel wie das Internet, Fernsehen, Telefon oder Handy.

In Westdeutschland war in den Sechzigern Aufbruch angesagt. Mit dem Bauboom endete die Wohnungsnot der Nachkriegszeit. Der Traum vom Eigenheim erfüllte sich allmählich für immer mehr Familien. Private Reihenhäuser in Reihenhäusersiedlungen waren besonders gefragt, da auf einem relativ kleinen Grundstück ein eigenes Heim errichtet werden konnte. Im Osten war das Sehnsuchtsziel eine Wohnung von der Stange – behördlich organisiert und zugewiesen, vorwiegend in einem sogenannten Plattenbau, bei dem in Fabriken vorgefertigte Betonteile vor Ort zusammengefügt werden. Neue Stadtteile oder ganze Städte, wie Halle-Neustadt, wurden meist gänzlich in Plattenbauweise errichtet.

Stolz auf die Wirtschaft waren beide Staaten: Die Bundesrepublik hatte mit der D-Mark die stärkste Währung in Europa. Auch die DDR verstand sich lange als Erfolgsbeweis – dafür, dass auch eine sozialistische Volkswirtschaft konkurrenzfähig sein konnte. Doch konnten die Kontraste größer nicht sein: hier Individualismus und Pluralismus im Westen, dort die Ideale von kollektiver Arbeit und kollektivem Leben in der DDR. Die beiden Staaten drifteten immer weiter auseinander – mit entsprechenden Folgen für das Alltagsleben. Im Westen genoss man den neuen Wohlstand, in der DDR dienten die sozialistischen Betriebe dem Staat und seinen Zielen und nicht dem Streben nach Profit. Der Arbeitsplatz war Lebenszentrum und garantierte wichtige Sozialleistungen. Das Kollektiv war alles, die Wirtschaft durchgeplant. Löhne und Preise festgelegt vom Staat.

RÜCKSCHLÄGE

Seit dem Ende des Zweiten Weltkriegs war Berlin immer wieder zum Konfliktherd zwischen den alliierten Besatzungsmächten geworden. Nach der deutschen Teilung in BRD und DDR 1949 wurde Berlin zum zentralen Schauplatz des Kalten Krieges. 1958 erreichten die Spannungen zwischen Washington und Moskau in der „Berlin-Krise" ihren Höhepunkt, nachdem die Sowjetunion die westlichen Staaten mehrmals dazu aufgefordert hatte, ihre militärischen Truppen aus Berlin abzuziehen. Moskau drohte mit Krieg, Washington mit Vergeltung. Problematisch war vor allem die Tatsache, dass die DDR Berlin zu ihrer Hauptstadt ernannt hatte, obwohl dies den Viermächtestatus zwischen den Besatzungsmächten verletzte. Schließlich existierte Westberlin seit 1949 als zugehöriges Gebiet der Bundesrepublik Deutschland. Im November 1958 hielt der sowjetische Regierungschef Chruschtschow im Moskauer Sportpalast eine Rede, in der er sich vehement für die Umwandlung Westberlins in eine freie und unabhängige Stadt aussprach. Seiner Meinung nach sollten die westlichen Truppen vollständig abgezogen werden und man solle Berlin als freie Stadt fortleben lassen.

Die Außenminister der alliierten Staaten einschließlich der BRD lehnten Chruschtschows Forderung gänzlich ab. Sie begründeten dies mit dem Umstand, dass Westberlin zum NATO-Bündnis gehöre und daher unter dem Schutz der westlichen Staaten stehe. Berlins Regierender Bürgermeister Willy Brandt bekräftigte, dass Westberlin uneingeschränkter Teil der Bundesrepublik Deutschland sei, und forderte darüber hinaus, dass die Stadt weiterhin über ihr Selbstbestimmungsrecht verfügen müsse und die Verbindungswege zwischen der BRD und Westberlin nicht verletzt werden dürften.

Im Oktober 1962 wurden die junge Bundeswehr, die NATO-Verbände in Westdeutschland und die Nationale Volksarmee nebst der sowjetischen Truppen in der DDR in erhöhte Alarmbereitschaft versetzt. Die Welt starrte entsetzt auf Kuba. Amerikanische Aufklärungsflugzeuge hatten auf der Insel Abschussrampen für sowjetische Raketen entdeckt, die Nuklearsprengköpfe tragen konnten. Das US-Militär forderte umgehend eine groß angelegte Invasion Kubas. Dies hätte jedoch mit großer Wahrscheinlichkeit den Ausbruch eines katastrophalen Atomkrieges zur Folge gehabt. Vielmehr verlangte US-Präsident J. F. Kennedy ultimativ den Abbau aller Stellungen und ordnete eine Seeblockade der Insel an. Letztendlich gelang ihm und dem sowjetischen Partei- und Regierungschef Nikita Chruschtschow in geheimen Verhandlungen eine Entschärfung der Krise und am 28. Oktober erklärte die Sowjetunion sich bereit, die Atomraketen aus Kuba abzuziehen. Im Gegenzug zogen die USA Atomraketen aus der Türkei ab. Im Falle einer kriegerischen Auseinandersetzung hätten sich auch das geteilte Berlin und Gesamtdeutschland unweigerlich in einen Kriegsschauplatz verwandelt.

Es war die größte Katastrophe in Hamburg nach dem Zweiten Weltkrieg. In der Nacht vom 16. auf den 17. Februar 1962 brach über die deutsche Nordseeküste die schwerste Sturmflut seit über 100 Jahren herein. Das Wasser überflutete oder durchbrach sämtliche Deiche, welche die Stadt schützen sollten, knickte jede Menge Strommasten um, entwurzelte zahllose Bäume und zerstörte Häuser. Dabei ergoss sich eine Wassermasse, die der 60-fachen Menge von Binnen- und Außenalster entsprach. Da Hamburg seit mehr als einem Jahrhundert nicht von nennenswerten Hochwassern heimgesucht worden war, befanden sich die Hochwasserschutzeinrichtungen in einer schlechten Verfassung. Reparaturmaßnahmen waren in den vorangegangenen Jahren sehr vernachlässigt und Schäden durch die Bombardierungen im Zweiten Weltkrieg nur behelfsmäßig behoben worden.

Der damalige Polizeisenator und spätere Bundeskanzler Helmut Schmidt managte umgehend die Rettungs- und Hilfsaktion, obwohl er eigentlich nicht dazu befugt war, aber in der Not richtig handelte. Durch den Einsatz der Bundeswehr und NATO-Verbündeter konnten Tausende Menschen, die sich auf die Dächer ihrer Häuser oder in Bäume geflüchtet hatten, durch den Einsatz von Hubschraubern gerettet werden. Diese spielten auch eine wichtige Rolle bei den noch eingeschlossenen Bürgern. Die Hubschrauberstaffeln versorgten sie mit Trinkwasser, Decken, Kleidung und Lebensmitteln. Gleichwohl kamen in den eisigen Wassermassen 315 Menschen ums Leben.

Noch Anfang der Sechzigerjahre gab es außer wenigen Alten- und Pflegeheimen kaum Hilfsangebote für die ältere Generation. Jene Mitbürger wurden von der Politik viel zu wenig beachtet. Altenklubs, Tagespflegeheime, Hauspflege-, Vorlese-, Wäsche- oder Bücherdienste, Essen auf Rädern, ja selbst die wissenschaftliche Erforschung des Lebensabschnittes „Alter" und der Beruf des Altenpflegers waren noch weitgehend unbekannt.

UNBEWÄLTIGTE VERGANGENHEIT

Als wäre nichts geschehen, als hätten sie nicht kurz zuvor noch sechs Millionen Juden und eine halbe Million Sinti und Roma gemeuchelt und gemordet, als hätten sie nicht die fürchterlichsten Verbrechen der Menschheitsgeschichte begangen, machten sie nach 1945 in der jungen Bundesrepublik wieder Karriere: die Mörder des „Dritten Reichs". Gedeckt und protegiert wurden sie – unter anderem – von der deutschen Justiz, welche die Strafen, die von den alliierten Gerichten zuvor verhängt worden waren, herabsetzte, die Anklagen verschleppte und die Mörder freisprach. Lebensläufe wurden schamlos geschönt und gefälscht und die braunen Flecken in der Firmengeschichte getilgt. Die braunen Seilschaften garantierten Karrieren in Wirtschaft, Justiz und Politik. Deutsche im Widerstand gegen die Nazibarbarei galten in der jungen Bundesrepublik und auch in späteren Jahren bei vielen als Vaterlandsverräter, man verhöhnte die Opfer, indem man für die Täter offen Sympathie bekundete. Die Mörder bezogen und beziehen fette Pensionen – sie fehlen heute in den Rentenkassen –, während viele Opfer leer ausgingen oder mit lächerlichen sogenannten „Wiedergutmachungen" abgespeist wurden.

Kaum nachvollziehbar, jedoch waren im Nachkriegsdeutschland Nazirichter von damals nahezu komplett wieder in Amt und Würden. Sicherlich waren nicht alle glühende Anhänger Hitlers gewesen, doch wie sollte man diese von den anderen unterscheiden? Nur die wenigsten gaben ihre Überzeugung zum Nationalsozialismus zu; sie stellten sich lediglich als Mitläufer dar, wie viele andere Millionen. Die deutschen Strafverfolgungsbehörden waren bei Weitem nicht so bissig wie die der Siegermächte. Erfahrungen der Nazi-Justiz wurden offensichtlich mehr geschätzt als eine konsequente rechtsstaatliche Haltung. Besonders belastet waren die westdeutschen Juristen. Die unabhängige Thomas-Dehler-Kommission kam im November 2018 in ihrem Abschlussbericht „Die Akte Rosenburg" zu dem Ergebnis, dass bis 1973 jeder fünfte der 170 leitenden Juristen im Bundesjustizministerium ein ehemaliger SS-Mann war und 16 Prozent im ehemaligen Reichsministerium der Justiz saßen. Viele Mitarbeiter des Hauses hätten während der NS-Zeit als Richter bei Sondergerichten gewirkt und seien damit verantwortlich für Todesurteile. Darüber hinaus seien in der jungen Bundesrepublik Opfer der Nazis weiter diskriminiert worden – etwa Homosexuelle. Und schließlich habe das Bundesjustizministerium Völkermördern und Kriegsverbrechern geholfen, indem es deren Strafverfolgung systematisch verhinderte. Über Alternativen, etwa Emigranten zurückzuholen oder mehr junge Nachwuchskräfte einzustellen, hatte sich offensichtlich niemand Gedanken gemacht.

Der Schriftsteller Rolf Hochhuth sorgte im Jahr 1978 mit seiner verbalen Attacke auf den damaligen CDU-Ministerpräsidenten von Baden-Württemberg, Hans Filbinger, für Aufsehen. *„Furchtbare Juristen"*, empörte sich Hochhuth, als er ein Interview des Hamburger Nachrichtenmagazins DER SPIEGEL mit dem Stuttgarter Regierungschef las, in dem der frühere Marine-Richter die sogenannte Rechtsprechung in der Nazizeit und deren Gültigkeit in der Bundesrepublik mit den Worten verteidigt hatte: *„Was damals rechtens war, kann heute nicht Unrecht sein."* Dieses Beharren Filbingers auf der Rechtmäßigkeit der unmenschlichen Justiz in der Hitlerzeit war kein Einzelfall, sondern spiegelte die Haltung vieler deutscher Juristen im „Dritten Reich" und vor allem auch danach wider.

Ein gutes Beispiel für diesen Versuch der kritischen Auseinandersetzung mit der deutschen Vergangenheit war der 1959 gedrehte Film „Rosen für den Staatsanwalt" des deutschen Filmregisseurs Wolfgang Staudte. Ein einfacher Soldat namens Kleinschmidt wird wegen des Klauens von Schokolade vom Kriegsgerichtsrat Schramm zum Tode verurteilt. Ein Fliegerangriff verhindert die Vollstreckung des Urteils und Kleinschmidt gelingt die Flucht. Doch nach dem Krieg trifft Kleinschmidt wieder auf seinen ehemaligen Ankläger. Dieser hat sich ganz gut im Deutschland der Nachkriegszeit eingerichtet und arbeitet als Staatsanwalt auf seinem alten Posten. Doch der Staatsanwalt bekommt Angst, seine Vergangenheit könnte ihn einholen, und setzt alles daran, den unbequemen Zeugen seiner Verbrechen wieder loszuwerden. Die Geschichte wiederholt sich und plötzlich sieht sich der arme Kleinschmidt seinem ehemaligen Ankläger gegenüber.

Auf dem CDU-Parteitag im November 1968 ohrfeigte Beate Klarsfeld, deutsche Ehefrau eines Franzosen jüdischer Herkunft, dessen Vater und eine große Anzahl Verwandter von den Deutschen während der NS-Zeit ermordet worden war, in einer spektakulären Protestaktion und in aller Öffentlichkeit den amtierenden Bundeskanzler Kurt Georg Kiesinger ob seiner NS-Vergangenheit. Mit diesem in die deutsche Nachkriegsgeschichte eingegangenen „Schlag ins Gesicht" wollte sie darauf hinweisen, dass ihrer Meinung nach das NS-Vorleben Kiesingers nicht ausreichend bekannt war.

Am Rande: In neueren Biografien wird Kiesinger größtenteils von damaligen Vorwürfen entlastet, ein überzeugter Nationalsozialist gewesen zu sein.

Der Ex-Wehrmachtsgeneral Reinhard Gehlen war eine der umstrittensten politischen Gestalten der Bonner Republik. Einst als Chef der Abteilung „Fremde Heere Ost" mitverantwortlich für Hitlers Krieg gegen die Sowjetunion, baute er nach 1945 unter Anleitung der US-Army mit ehemaligen Generalstabsoffizieren der Wehrmacht einen westdeutschen Geheimdienst auf. Die Organisation Gehlen wurde 1956 zum Bundesnachrichtendienst (BND), der bis 1968 unter Gehlens Leitung stand.

SS-Obersturmbannführer Adolf Eichmann war im „Dritten Reich" für die Deportation der Juden zuständig. Er organisierte die Züge, welche die Deportierten in die Vernichtungslager fuhren, optimierte die Tötungsindustrie vor Ort und trieb den

Völkermord selbst mit aller Macht an. Er war somit einer der Hauptverantwortlichen für die Enteignung, Deportation und Vernichtung von Millionen Juden. Nach dem Zweiten Weltkrieg gelang es ihm zu fliehen. Zunächst tauchte er in Deutschland unter, um dann Anfang der Fünfzigerjahre mit Unterstützung des Vatikans über die berüchtigte „Rattenlinie" nach Argentinien zu gelangen. 1957 informierte der damalige deutsche Staatsanwalt Dr. Fritz Bauer den israelischen Geheimdienst Mossad über den Wohnort Eichmanns unweit von Buenos Aires. Da Bauer der deutschen Justiz und Polizei misstraute und befürchtete, man werde Eichmann warnen, außerdem zuvor sein Antrag an die deutsche Bundesregierung, man möge sich um die Auslieferung Eichmanns in die Bundesrepublik bemühen, von Bonn abgelehnt worden war, wandte er sich direkt an Israel. Schließlich entführte der israelische Geheimdienst Mossad den NS-Verbrecher unter gefahrenträchtigen Umständen aus Argentinien und brachte ihn nach Israel. Die Weltöffentlichkeit reagierte auf die Entführung zwiespältig. Zum Teil wurde die Entführung verurteilt, zum Teil an ein Internationales Tribunal appelliert. Wenige hatten davon Kenntnis, dass es sich bei Eichmann um einen Kriegsverbrecher handelte, der Millionen verfolgte Juden und politische Gegner der Nazis in die Vernichtungslager deportiert hatte. Argentinien beschwerte sich erfolglos beim Weltsicherheitsrat, weil die Souveränität des Landes verletzt worden war.

Nach 121 Prozesstagen, während derer Eichmann bis zum Schluss behauptete, nur Befehle befolgt und keine Verantwortung getragen zu haben, wurde er mit dem Urteilsspruch vom 11. bis 15. Dezember 1961 zum Tode verurteilt und – nach Ablehnung seiner Berufungsklage – im Mai 1962 gehenkt. Seine Asche wurde außerhalb der israelischen Hoheitsgewässer ins Mittelmeer verstreut. Das Gericht vertrat die Auffassung, dass Eichmann sich weder auf Befehlsnotstand noch darauf berufen konnte, lediglich Befehle ausgeführt zu haben, sondern willentlich an der „Endlösung" mitgewirkt hat.

15 Jahre gingen ins Land der Täter und Mitläufer, ins Land des fleißigen Wiederaufbaus und des unvorhergesehenen Wirtschaftswunders, bis eine bundesdeutsche Staatsanwaltschaft erstmals systematische und umfassende Ermittlungen gegen SS-Personal des Konzentrations- und Vernichtungslagers Auschwitz-Birkenau einleitete und im Rahmen eines Sammelverfahrens den Versuch unternahm, den Verbrechenskomplex Auschwitz aufzuklären. Mehr als 8.000 SS-Leute, die einst in dem größten Konzentrationslager gewirkt hatten, hätten eigentlich nach dem Krieg im Zentrum der Aufmerksamkeit von Gerichten und Staatsanwälten stehen müssen. Solange Deutschland seine Souveränität noch nicht wiedererlangt hatte, also bis zum Jahr 1949, bemühten sich juristische Institutionen der Alliierten, solche Personen gerichtlich zu belangen, die an der Planung und Ausführung der Vernichtung beteiligt gewesen waren. Nach der Gründung der beiden deutschen Staaten stand die strafrechtliche Verfolgung von Holocaustverbrechen nicht im Mittelpunkt der Aufmerksamkeit von juristischen Behörden oder der breiten Gesellschaft. Die in Ostdeutschland vorherrschende Ideologie gab vor, dass gemäß der Selbstdefinition als antifaschistischer Staat eine Verantwortung für die Taten der Nazis nicht bestünde, denn diese seien ohnehin alle im Westteil des Landes versammelt. Dort waren die Menschen jedoch mit dem Wiederaufbau des zerstörten Landes und mit den Herausforderungen des alltäglichen Lebens beschäftigt. Außerdem war die Mehrheit der Bevölkerung davon überzeugt, dass ein Schlussstrich unter die NZ-Zeit gezogen werden und an der Vergangenheit nicht gerührt werden sollte. Doch dachten nicht alle so. Unter den Andersdenkenden waren einige Frankfurter Juristen, hauptsächlich im Büro des bereits im vorigen Kapitel erwähnten hessischen Generalstaatsanwalts Dr. Fritz Bauer. Mithilfe von zusammengetragenen Dokumenten konnten nun konkrete Mordfälle namentlich genannten Personen zugeordnet werden, was wiederum die Aufnahme von gerichtlichen Ermittlungen erlaubte. Bauer trieb die Untersuchungen maßgeblich voran und übergab sie jungen Staatsanwälten, die nicht von

der NS-Ideologie infiziert waren. Ohne Fritz Bauer hätte es diesen Prozess, der ein Wendepunkt war in der deutschen Nachkriegsgeschichte, nicht gegeben. Ohne diesen Prozess wäre die Öffentlichkeit noch viel länger vor den NS-Verbrechen davongelaufen, hätte die Loyalität mit den NS-Verbrechern noch viel länger gedauert. Im Laufe der gerichtlichen Verhandlungen wurden 360 Zeugen aus verschiedenen Ländern vernommen, allerdings nur 60 Personen angeklagt: 60 von mehr als 8.000. Ungeachtet dessen waren die Frankfurter Auschwitz-Prozesse ein Meilenstein bei der öffentlichen Auseinandersetzung mit der Vergangenheit Deutschlands und der moralischen Verantwortung für die Opfer.

Nach Einführung des Homosexuellen-Paragrafen 175 im Jahre 1871 – der sexuelle Handlungen zwischen Personen männlichen Geschlechts unter Strafe stellte – und der Verschärfung unter den Nationalsozialisten 1935 durch Anhebung der Höchststrafe von sechs Monaten auf fünf Jahre Gefängnis bzw. Konzentrationslager verurteilte auch die junge Bundesrepublik Deutschland noch über zwei Jahrzehnte rigoros nach diesem Paragrafen. 1957 bestätigte das Bundesverfassungsgericht ihn als grundgesetzkonform. Somit waren die Schwulen die einzige von den Nazis verfolgte Gruppe, die nach dem Krieg weiter diskriminiert wurde. Anstatt homosexuelle KZ-Häftlinge als Opfer des NS-Regimes anzuerkennen, mussten manche ihre „Reststrafe" im Gefängnis absitzen. So war der Alltag von schwulen Männern nach dem Ende des Terrorregimes kaum anders, es kriminalisierte weiterhin gleichgeschlechtliches Begehren. Nur einen „Rosa Winkel" musste niemand mehr tragen.

Die Bundesregierung unter Konrad Adenauer stellte noch 1960 klar, warum der Paragraf 175 erhalten werden müsse: *„Ausgeprägter als in anderen Bereichen hat die Rechtsordnung gegenüber der männlichen Homosexualität die Aufgabe, durch die sittenbildende Kraft des Strafgesetzes einen Damm gegen die Ausbreitung eines lasterhaften Treibens zu errichten, das, wenn es um sich griffe, eine schwere Gefahr für eine gesunde und natürliche Lebens-*

ordnung im Volke bedeuten würde." Dieser Text klang und klingt auch heute noch nach Unrechtsstaat. Darin sind eindeutig noch die Nachwehen verbrecherischer Nazivergangenheit zu spüren.

1969 kam es zu einer ersten, 1973 zu einer zweiten Reform. Seitdem waren nur noch sexuelle Handlungen mit männlichen Jugendlichen unter 18 Jahren strafbar, wogegen das Schutzalter bei lesbischen und heterosexuellen Handlungen bei 14 Jahren lag. Ungeachtet dessen führte bis in die Achtzigerjahre die Polizei sogenannte „Rosa Listen", eine Homosexuellenkartei, die im „Handbuch der Kriminalistik" von Hans Groß und Friedrich Geerds aus dem Jahr 1978 als *„notwendige Maßnahme"* für die Sicherheit der Bevölkerung bezeichnet wird. DER SPIEGEL zitierte 1979 Staatsanwalt Wolf Wimmer: *„Es geht nichts über ein mit griffelspitzischer Sorgfalt geführtes Homosexuellenregister. Denn aus diesen Kreisen, das ist nun einmal nicht zu leugnen, kommen die gefährlichen pädophilen Triebtäter."* So argumentierten bereits seinerzeit die Nazis und die bis in die Achtzigerjahre verwendeten Karteikarten stammten vermutlich auch noch aus jener Zeit. *„Der Verfolgungseifer war ungeheuerlich, als ob die Bundesrepublik untergehen würde, wenn man das Übel nicht gnadenlos ausmerzt",* erinnert sich Ex-Bundesanwalt Manfred Bruns an die düstere Zeit.

Erst nach der Wiedervereinigung wurde 1994 der Paragraf 175 im Rahmen der Rechtsanpassung der beiden deutschen Staaten auch für das Gebiet der alten Bundesrepublik ersatzlos aufgehoben. Bis dahin waren etwa 50.000 Bundesbürger nach menschenverachtenden Razzien und nicht seltener Denunziation durch Nachbarn, Familienangehörige oder Arbeitskollegen zu oftmals langjährigen Gefängnisstrafen verurteilt worden. Jene, die diese Urteile hinzunehmen hatten, waren in den Augen der „normalen" Gesellschaft verabscheuungswürdige Aussätzige. Schwulsein, das war nicht gesellschaftsfähig. 1970 bemerkte der langjährige CSU-Ministerpräsident von Bayern Franz Josef Strauß: *„Ich will lieber ein kalter Krieger sein als ein warmer Bruder."* Und Edmund Stoiber (CSU) äußerte als Innenminister von Bayern am 8. August 1991 während eines

dpa-Gesprächs: „*Wenn ich über die steuer- und erbrechtliche Aner-*
kennung von homosexuellen Paaren diskutiere, kann ich gleich über
Teufelsanbetung diskutieren."

Schlussendlich war der Gesetzgeber fortschrittlicher als die
Gesellschaft. Zwar drohten nach dem Aufheben des Paragrafen
keine Prozesse und Gefängnisstrafen mehr, doch hatte mit der
Streichung keinesfalls die Ächtung Homosexueller ein Ende. Die
Rehabilitierung der Betroffenen ließ lange auf sich warten. In
einem ersten Schritt erklärte der Bundestag am 17. Mai 2002
die Verurteilungen aus der NS-Zeit für nichtig, übrigens gegen
die Stimmen von CDU/CSU und FDP.

Ab Juli 2017 werden nun jene Personen, die nach dem 8. Mai
1945 in Deutschland wegen einvernehmlicher homosexueller
Handlungen strafrechtlich verfolgt oder verurteilt wurden, die
Freiheitsentziehung oder anderweitige außergewöhnlich negative
Beeinträchtigungen erlitten haben, rehabilitiert und entschädigt.

Die Veränderung der politischen Kultur in der BRD durch die
Außerparlamentarische Opposition (APO) und die Große Koalition sowie die wirtschaftliche Rezession bildeten den Hintergrund für die rasche Etablierung der NPD (Nationaldemokratische Partei Deutschlands) im bundesrepublikanischen
Parteienspektrum. Die NPD bot sich als rechte Opposition an,
die durch die fundamentale Kritik an der neuen Ostpolitik neue
Wählerschichten, vor allem vom rechten Flügel der Unionspar-
teien, erschließen konnte. Dies führte dazu, dass die NPD in den
Jahren 1966 bis 1969 in sieben Länderparlamenten einzog. Am
erfolgreichsten war die Partei bei den Wählern zwischen 45 und
60 Jahren; 33 Prozent kamen aus dieser Altersgruppe. Es waren Zukurzgekommene, Rückwärtsgewandte und Ewiggestrige,
die sich da zusammengefunden hatten. Die Generation wurde
im Nationalsozialismus sozialisiert und verinnerlichte völkische Einstellungen, die nach dem Zweiten Weltkrieg nicht hin-
terfragt und beibehalten wurden. Die Partei war vor allem in
ländlich-mittelständischen Gebieten stark, wo die NSDAP früher ihre Hochburgen gehabt hatte.

Die traumatischen Erfahrungen des Zweiten Weltkriegs fanden auch Eingang in die neuere Literatur. Zahlreiche Autoren übten in ihren Werken allerdings auch zunehmend Kritik an den gesellschaftlichen Zuständen der sogenannten Wirtschaftswunderzeit. In der Nachkriegsliteratur von Heinrich Böll, Siegfried Lenz und Wolfgang Borchert sowie in den Werken der Schweizer Friedrich Dürrenmatt und Max Frisch trat dies besonders deutlich zutage. Man versuchte zunächst, die Kriegserfahrungen auch in der sogenannten „Trümmerliteratur" zu verarbeiten. In der waren Angst, Verwüstung, Zerstörung, Heimatlosigkeit, Vertreibung und Einsamkeit die wichtigsten Themen. Ein gutes Beispiel hierfür ist das Heimkehrerdrama „Draußen vor der Tür" von Wolfgang Borchert, mit dem sich in der Nachkriegszeit weite Teile der deutschen Leserschaft identifizieren konnte, weil das Schicksal des Protagonisten Beckmann und somit das Schicksal vieler Kriegsheimkehrer so eindrucksvoll geschildert ist, dass es den „Nerv der Zeit" traf. Den moralischen Aspekt von Literatur rückte vor allem die von Hans Werner Richter 1947 ins Leben gerufene „Gruppe 47" in den Mittelpunkt. Sie prägte wesentlich bis 1967 den Literaturbetrieb in der jungen Bundesrepublik. Die Gemeinsamkeit, welche die meisten dieser Autoren verband, waren der Hass und die Wut auf den Nationalsozialismus. So ging es der Gruppe 47 nicht nur darum, ihre Literatur zu veröffentlichen und zur Diskussion zu stellen, sondern man wollte auch einen wichtigen Beitrag zur Demokratisierung der Gesellschaft leisten. Am Ende kam es zu großem Streit innerhalb der Gruppe. Es ging um die Rolle der Literatur in der Politik bzw. um das Verhältnis zwischen Politik und Literatur. Die einen wünschten, die Literatur solle sich stärker in die Politik einmischen; die anderen waren der Meinung, sie möge sich besser heraushalten. Man kam auf keinen gemeinsamen Nenner und am Ende spaltete sich die Gruppe 47.

DEUTSCHLAND VERÄNDERT SICH

*„Ich verstehe Ihre Frage so: Dass es Menschen in Westdeutschland gibt, die wünschen, dass wir die Bauarbeiter der Hauptstadt der DDR mobilisieren, um eine Mauer aufzurichten, ja? Mir ist nicht bekannt, dass eine solche Absicht besteht, da sich die Bauarbeiter in der Hauptstadt hauptsächlich mit Wohnungsbau beschäftigen und ihre Arbeitskraft dort voll eingesetzt wird. **Niemand hat die Absicht, eine Mauer zu errichten**."*

Originalton des DDR-Staatsratsvorsitzenden, SED-Parteiführers und Vorsitzenden des Nationalen Verteidigungsrates Walter Ulbricht am 15. Juni 1961 auf einer Pressekonferenz in Ostberlin. Nicht einmal zwei Monate später, am 13. August 1961, begannen am frühen Morgen bewaffnete Grenzpolizisten mitten in Berlin Betonpfähle einzurammen und Stacheldrahtverhaue zu ziehen. Im Einverständnis mit der Sowjetunion wurde so das letzte Schlupfloch versperrt, durch das der SED-Diktatur noch zu entkommen war. Geschütze und Panzer fuhren auf, der Berufsverkehr musste neu organisiert werden, da auch der S-Bahn-Verkehr zwischen den Westsektoren der Stadt und der DDR unterbrochen wurde. Hätte in diesem Moment jemand die Nerven verloren, eine Kugel oder ein Geschoss abgefeuert, wäre ein nuklearer Vernichtungskrieg zwischen den beiden Weltmächten unvermeidlich gewesen. Ex-Sowjetbotschafter Valentin Falin erinnerte sich später: *„Uns trennten nur noch Sekunden und Meter vom Unglück."* US-Präsident John F. Kennedy wendete die Gefahr einer Katastrophe noch ab, indem er nicht hinter General Clays Knallhartkurs stand, der bereits Bulldozer an Panzer angebracht hatte, um die Mauer einzureißen.

In den darauffolgenden Nächten wurde der Stacheldraht durch eine Mauer aus Hohlblocksteinen ersetzt. Nun lief die Absperrung entlang der sowjetischen Sektorengrenze und somit mitten durch ganz Berlin. Erschütternde Szenen spielten sich in den Tagen des Mauerbaus ab. Menschen in Ost- und West-berlin wurden von einem Tag auf den anderen voneinander ge-trennt; Straßen, Plätze und Häuser geteilt. Unmittelbar an der „Befestigungsanlage" mauerte man sämtliche Tür- und Fenster-öffnungen zu. Die Sperranlage schnitt über 50.000 Ostberliner von ihren Arbeitsplätzen im Westen ab. Nach Verrichtung der Bauarbeiten blieb eine 107 Kilometer lange graue Betonmons-trosität zurück. Für die Bevölkerung in der DDR bedeutete die Mauer das endgültige Ende ihrer Freizügigkeit und der Mög-lichkeit, sich der diktatorischen SED-Politik durch Abwande-rung zu entziehen. Deutschland war jetzt durch die bereits be-stehenden Befestigungsanlagen der fast 1.400 Kilometer langen deutsch-deutschen Grenze und das abschreckende Symbol des Ost-West-Konflikts, der Mauer, endgültig geteilt. Über 28 Jahre lang versuchten Menschen von Ost nach West zu fliehen, Ost-berlin und die DDR zu verlassen. Viele bezahlten ihr Bedürfnis nach Freiheit mit ihrem Leben. Vom Bau bis zum Fall starben durch staatlich autorisierte Gewaltanwendung an dem Schand-mal 138 Menschen, davon über 30 Kinder und Jugendliche.

18 Jahre alt war der Ostberliner Peter Fechter, als er bei ei-nem Fluchtversuch an der Berliner Mauer von DDR-Volkspoli-zisten angeschossen wurde. Zusammen mit einem Freund über-kletterte Fechter im August 1962 die Mauer in der Nähe vom Grenzübergang Checkpoint Charlie. Während der Freund die Mauer schon überwunden hatte, wurde Fechter oben auf der Mauer ohne Vorwarnung angeschossen. Er fiel ins Niemands-land des Grenzstreifens und blieb dort stark blutend liegen. Zwi-schen Panzersperren und Stacheldraht lag er dort, konnte sich selbst nicht fortbewegen – und niemand kam zu Hilfe. Weder die DDR-Soldaten noch amerikanische Soldaten auf der ande-ren Seite taten etwas, obwohl eine immer größere Menschen-menge sie dazu aufforderte. Schließlich holten ihn DDR-Solda-ten nach mehr als einer Stunde aus dem Todesstreifen. Doch es war zu spät. Peter Fechter war verblutet.

Die Mauer wurde weltweit Merkmal für den Kalten Krieg, der die Welt politisch in eine östliche und eine westliche Hemisphäre spaltete. Von der einen Seite wurde sie als „Friedensgrenze" und „antifaschistischer Schutzwall" gepriesen; von der anderen Seite als „kommunistische Schandmauer" verdammt. Sie wurde zum Symbol für den Bankrott einer Diktatur, die ihre Existenz nur dadurch zu sichern vermochte, dass sie ihre Bevölkerung einsperrte. Die Mauer sollte für die nächsten 28 Jahre die politische Spaltung Deutschlands und Europas zementieren.

Erst neun Tage nach Mauerbeginn flog Bundeskanzler Adenauer in die alte Reichshauptstadt, die er nie gemocht hatte. Vorher hatte er sich nicht dazu entschließen können. *„Das würde nur dem Brandt nutzen"*, soll er gesagt haben. *„Im Gegensatz zu US-Vizepräsident Lyndon B. Johnson, der noch vor ihm dort gewesen war, wurde er entsprechend kühl empfangen. Die Quittung dafür, dass er kein Gespür für die Erregung der Bevölkerung gezeigt hatte, für den Mangel an Herz und politischen Instinkt also, bekam er kurz darauf in der Wahl zum Bundestag"* (Marion Gräfin Dönhoff).

In der DDR herrschte keine Reisefreiheit. Zwar durften DDR-Bürger Urlaub in einigen Ostblockländern machen (auf Antrag, ohne Pass und Visum nur in die Tschechoslowakei), hatten aber keine Möglichkeit, in den Westen (ins „nicht sozialistische Ausland") zu reisen. Erst als Rentner und manchmal auf Antrag, zum Beispiel bei einem Todesfall in der Familie, wurde ihnen ein Aufenthalt in der Bundesrepublik gestattet. Außerdem gab es „Reisekader". Zu ihnen gehörten Personen aus dem Staats- und Parteiapparat, aber auch Sportler, die zu internationalen Wettkämpfen fahren durften. Es gab Wissenschaftler, die zu Fachkongressen ausreisen durften, und ausgewählte Facharbeiter, die im Westen beispielsweise als Ingenieur arbeiteten. Nur sie erhielten einen DDR-Reisepass.

Die politische Führung der DDR betrachtete den Ausreisewunsch ihrer Bürger als Absage an ihren Staat und an den Sozialismus – und das wollte sie nicht hinnehmen. Mit allen Mitteln sollten Antragsteller eingeschüchtert werden; sie wurden spätestens jetzt von der Stasi überwacht und waren Schikanen ausgesetzt. Meist verloren sie ihren Arbeitsplatz oder durften nicht studieren. Indem man ihren Personalausweis einzog und ihnen dafür eine Klappkarte mit einem Vermerk aushändigte, wurden die Antragsteller zudem wie Kriminelle behandelt. Die einzige Hoffnung, die blieb, war, freigekauft zu werden. Denn die DDR benötigte Devisen, um ihre Wirtschaft am Laufen zu halten. Und sie war am Ende froh, wenn die missliebigen Personen das Land verließen, weil das schließlich den Widerstand im eigenen Land enorm schwächte. Zwischen Herbst 1963 und dem Fall der Mauer 1989 kaufte die Bundesrepublik politische Gefangene aus der DDR frei. Dieser Freikauf geschah inoffiziell, wurde also geheim gehalten. Die DDR erhielt anfangs im Durchschnitt 40.000 DM für einen politischen Häftling, später erhöhte sich die Summe auf bis zu 100.000 DM.

Wer in U-Haft saß, wurde immer wieder verhört. Auch in der Zelle war der Gefangene Maßnahmen der Zersetzung ausgeliefert. So erzeugte man etwa Geräusche und Lichteffekte, die zu Schlaflosigkeit, Angstzuständen oder Desorientierung führen sollten. Einzelhaft, nächtliche Verhöre oder andere Schikanen wie die willkürliche Änderung der Temperatur in der Zelle gehörten zum Alltag der politischen Gefangenen.

Am 26. Juni 1963 besuchte US-Präsident John F. Kennedy anlässlich des 15. Jahrestages der Berliner Luftbrücke Berlin. In der deutsch-amerikanischen Geschichte war der Besuch ein Meilenstein. Vor dem Rathaus Schöneberg hielt Kennedy eine Rede, in der er die historischen Worte sprach: *„Alle freien Menschen, wo immer sie leben mögen, sind Bürger Berlins, und deshalb bin ich als freier Mensch stolz darauf, sagen zu können: Ich bin ein Berliner!"*

Auf mehrmaligen Wunsch von Willy Brandt war der US-Präsident nach Berlin gekommen, obwohl der Besuch von der amerikanischen Presse zuvor mit Argwohn beäugt wurde, da die Bundesrepublik sich mehr und mehr von ihren transatlantischen Bindungen zu lösen schien. Man solle abwarten, bis es zu einem Regierungswechsel in Deutschland käme, hieß es dort.

Brandt war sichtlich bemüht, Konversation mit dem Präsidenten zu machen, allerdings wirkte der nicht immer gedanklich anwesend. Adenauer hingegen schien sich kaum für den amerikanischen Gast zu interessieren. Das angespannte Verhältnis zwischen dem jungen Kennedy und dem alten Adenauer, die dem Politikstil des jeweils anderen nicht viel abgewinnen konnten, war nicht zu übersehen. Trotzdem hatte auch Adenauer um Kennedys Anwesenheit gebeten, allerdings ausschließlich in Bonn. Der Besuch in Berlin barg neues Konfliktpotenzial da es die engere Beziehung zwischen Kennedy und Brandt unterstrich und zugleich den SPD-Kanzlerkandidaten innenpolitisch stärkte.

Dennoch bestimmte der Kalte Krieg das Berlin jener Jahre. Ab dem 5. April 1965 fanden im Raum Berlin bis westlich der Elbe Truppenübungen der ostdeutschen Nationalen Volksarmee und der Sowjetarmee statt. Annähernd 500 Flugzeuge kamen dabei zum Einsatz und donnerten zum Teil über Reichstag und Kongresshalle in Westberlin, wo eine Sitzung des Bundestages stattfand. Weitere MiGs-21 flogen einzeln und in Staffeln im Sturz- und Tiefflug über den Tiergarten, den Flughäfen Tempelhof, Tegel und Gatow sowie über den Hauptquartieren der Alliierten. Die Operation sollte klarstellen: Westberlin gehört nicht zur Bundesrepublik. Nachdem die Abgeordneten nach Bonn zurückgekehrt waren, beendeten die östlichen Streitkräfte ihre provozierenden Tiefflüge und vermieden damit Schlimmeres.

Anfang der Sechzigerjahre beschäftigte die Bundesbürger eine Affäre, welche die junge Pressefreiheit und die Demokratie von einem auf den anderen Tag auf den Prüfstand stellte. Am 10. Oktober 1962 verursachte ein Artikel des Nachrichtenmagazins DER SPIEGEL einen der größten Skandale der deutschen Nachkriegsgeschichte.

Der stellvertretende Chefredakteur Conrad Ahlers hatte unter dem Titel „Bedingt abwehrbereit" geschrieben, dass die Bundesregierung nicht gut auf einen atomaren Angriff vorbereitet sei. Die Schuld daran gab er vor allem dem damaligen Verteidigungsminister und CSU-Politiker Franz Josef Strauß. Das Verteidigungsministerium reagierte sofort und wertete den Artikel als Landesverrat, denn der Bericht, der auch genaue Informationen über die Truppenstärke der NATO und ihre Ausrüstung beinhaltete, sollte angeblich Staatsgeheimnisse öffentlich gemacht haben. SPIEGEL-Herausgeber Rudolf Augstein, Conrad Ahlers und zwei weitere Chefredakteure wurden deshalb festgenommen. Augstein und Ahlers verbrachten mehrere Wochen im Gefängnis. Das Redaktionsgebäude wurde gründlich durchsucht und anschließend wochenlang besetzt. Die Chefredaktion wusste um die Brisanz ihrer Titelgeschichte. Jahrelang hatte sich Rudolf Augstein eine Fehde mit der Regierung Konrad Adenauers und vor allem mit dem Verteidigungsminister Franz Josef Strauß geleistet. DER SPIEGEL, der ihm oft übel mitgespielt hatte, war sein Todfeind. So behauptete Strauß, um den es ja auch in dem besagten Artikel ging, mit der ganzen Affäre nichts zu tun zu haben, obwohl er nachweislich seinem Militärattaché in Madrid die Anweisung erteilt hatte, Conrad Ahlers, der sich in Spanien im Urlaub befand, durch Diktator Francos Polizei verhaften zu lassen. Als bekannt wurde, dass er persönlich für die gesetzwidrigen Verhaftungen verantwortlich gewesen war, wurde die „Affäre" schnell zu einer Regierungskrise. An zahlreichen Orten der Bundesrepublik kam es zu Demonstrationen für die Pressefreiheit. So stand auf vielen Plakaten zu lesen: *„SPIEGEL tot – Freiheit tot".* Dessen ungeachtet verteidigte der damalige Bundeskanzler Konrad Adenauer in einer Rede vor dem Bundestag das Vorgehen gegen den SPIEGEL, was ihn allerdings nicht davor bewahrte, die Regierung umbilden zu müssen – diesmal ohne Strauß. Die Tatsache, dass Adenauer seinem Verteidigungsminister beim Vorgehen gegen den SPIEGEL zuvor quasi „freie Hand" gelassen hatte, wurde erst später bekannt. Letztendlich ermittelte auch die Bundesanwaltschaft, mit dem Ergebnis, dass der Bundesgerichtshof keinen publizistischen Landesverrat erkannte. Somit gab das Bundesverfassungsgericht der Pressefreiheit Priorität.

Ein zentraler Punkt auf der Agenda des seit 1969 regierenden sozialdemokratischen Bundeskanzlers Willy Brandt war die Neuausrichtung der deutschen Ostpolitik, eine tiefe Zäsur der Nachkriegsgeschichte. Es ging um Entspannung zwischen Ost und West gegenüber Moskau und weiteren Staaten des Warschauer Pakts unter deutscher Anleitung. Besonders kompliziert waren dabei die Beziehungen zu Polen. Nach dem Ende des Zweiten Weltkrieges führten die Bundesrepublik Deutschland und Polen keine diplomatischen Beziehungen miteinander. Nicht nur hatte kein anderer Staat so sehr unter der Brutalität des NS-Regimes gelitten wie Polen; auch die erzwungenen deutschen Gebietsabtretungen nach dem Kriege waren nach wie vor ein großes Reizthema in beiden Ländern. Brandts Vorgänger, allesamt Politiker der CDU, hatten Polen in ihrer Außenpolitik deshalb außen vor gelassen.

Brandt reiste 1970 nach Warschau, um den sogenannten „Warschauer Vertrag", mit dem die Anerkennung der polnischen Westgrenze durch die Bundesrepublik dokumentiert werden sollte, zu unterschreiben. Doch trotz der angestrebten Entspannungspolitik sprachen die Delegationen beider Länder nur über das Allernötigste. Zu erdrückend waren die polnischen Erinnerungen an den Zweiten Weltkrieg, zu präsent die brutale Unterdrückung und die Gräueltaten der Deutschen. Da entschied sich Willy Brandt für eine besondere Geste: Vor dem Ehrenmal für die Helden des Gettos, umgeben von Politikern, Journalisten und Fotografen, näherte sich Brandt dem Mahnmal im Herzen Warschaus. Er zog die Schleife des mit weißen Nelken geschmückten Trauerkranzes zurecht und trat einige Schritte zurück. Während er mit versteinerter Miene den Kranz fixierte, geschah es: Willy Brandt fiel auf die Knie – und bat so um Vergebung für die Verbrechen der NS-Zeit. Dies passierte so unvermittelt, wirkte so echt und ehrlich berührt, dass die Menschen schlagartig verstummten und einzig die im Sekundentakt klickenden Auslöser der Kameras die Stille durchbrachen. Rund 30 Sekunden harrte Brandt kniend aus, eine Zeit, die aufgrund der ungeheuren Demut der Geste wie eine Ewigkeit erschien. Als der Kanzler sich erhob, hatte er Geschichte geschrieben.

In Teilen der Bundesrepublik stieß diese Geste, wie nicht anders zu erwarten, schlechthin auf Ablehnung. Besonders bei den Vertriebenen und der CDU/CSU, die weiterhin an einer Rückgewinnung des Territoriums jenseits von Oder und Neiße festhielten, herrschte Empörung über das Verhalten Brandts. Der Bundeskanzler hingegen gab staatsmännisch zu Protokoll: *„Mit diesem Vertrag geht nichts verloren, was nicht längst verspielt worden war.“* Der Kniefall ebnete den Weg für die weitere Ostpolitik Brandts. Für diese erhielt er 1971 den Friedensnobelpreis.

Polternder Franz Josef Strauß vs. Haudegen Herbert Wehner

Die Wutrede ist ein qualifiziertes Mittel in der Politik. Für Choleriker ist der parlamentarische Schlagabtausch die perfekte Bühne. In den Sechziger- und Siebzigerjahren flogen im Deutschen Bundestag noch die Fetzen. Politiker lieferten sich hitzige Wortgefechte. Großmeister der Schimpfkunst waren zweifellos Franz Josef Strauß (CSU) und Herbert Wehner (SPD). Zwei Persönlichkeiten, wie sie unterschiedlicher kaum hätten sein können, lieferten sich im Bundestag legendäre Redeschlachten. Sie bekämpften sich politisch mit allen Mitteln und stritten über fast alle Themen der Innen- und Außenpolitik. Fast drei Jahrzehnte währte ihre Rivalität und ihre Duelle prägten die Nachkriegszeit.

Strauß wurde verehrt und geliebt, gehasst und bekämpft. Er war eine der faszinierendsten, schillerndsten und zugleich umstrittensten Gestalten der deutschen Nachkriegspolitik. Eine Hassfigur der Linken, Kanzlerhoffnung der Bayern, Freund der Rüstungsindustrie, machtbewusst und skandalumwittert. Nur gleichgültig ließ der Schwergewichtige niemanden. Über 40 Jahre lang war deutsche Politik ohne ihn nicht denkbar. Er galt als ausgezeichneter und schlagfertiger Redner, seine Wortwahl war aber auch derb und oftmals aggressiv. Sein hitziger Charakter und sein scharfzüngiger Humor spalteten die Nation.

Unter Adenauer Bundesminister für Atomkernenergie und Wasserwirtschaft (ein Vorläufer des heutigen Bundesministeriums für Bildung und Forschung), danach Bundesverteidigungsminister, obwohl Adenauer noch im Sommer 1956 verkünde-

te: *„Solange ich Kanzler bin, werden Sie nie Verteidigungsminister."*
1949 hatte Strauß noch geschwafelt: *„Wer noch einmal das Gewehr in die Hand nehmen will, dem soll die Hand abfallen."* Dennoch schaffte er es, das Image der selbst im eigenen Land anfangs kritisch beäugten Bundeswehr aufzupolieren. Jahre später prägte er als bayerischer Ministerpräsident das „System Strauß", welches bis heute die bayerische Politik beeinflusst: Begünstigung, Korruption, Mobbing und Strafvereitelung.

In seiner politischen Karriere von 1945 bis 1988 überstand der hemdsärmelige Bayer mehr Affären als jeder andere deutsche Nachkriegspolitiker. Von Beschaffungs- und Sexskandalen über Schmiergeldaffären bis hin zu einer „Privatreise" in die DDR, bei der der bekennende Antikommunist Strauß 1983 Erich Honecker traf und einen Milliardenkredit westlicher Banken zugunsten der DDR einfädelte. Im Gegenzug baute das Ost-Regime Selbstschussanlagen ab – so die Legende. Strauß brachte Jahr für Jahr die Aschermittwochsveranstaltungen in Passau mit seinen legendären, oftmals bis zu fünfstündigen Reden zur Blüte und den Saal zum Toben. Denn oben am Rednerpult und unten an den Biertischen ging es nie um gepflegten Disput, sondern ausschließlich um politische Attacken auf den politischen Gegner.

Die Debatten im Bundestag der Nachkriegszeit wären ohne den polternden Franz Josef Strauß und den knurrigen Haudegen Herbert Wehner, wohl der gefürchtetste und verletzendste Zwischenrufer des Parlaments, nur halb so unterhaltsam gewesen. Beide stehen in einer langen Reihe von Rednern, die bleibende Eindrücke hinterlassen haben. Der CSU-Chef stand dem langjährigen SPD-Fraktionschef Wehner kaum in etwas nach. Er nannte Wehner einmal *„eine unerträgliche Belastung des Parlaments und der Demokratie".* Auf der anderen Seite gab es wohl kaum einen Parlamentarier, der so leidenschaftlich Öl ins Feuer gießen konnte wie Wehner. Von ihm stammt ein nachgerade einzigartiger Katalog an Angriffen und Beschimpfungen. Immerhin hält er bis heute den Rekord, was Ordnungsrufe betrifft. Widersacher nannte er im Parlament *„Übelkrähe",*

„*Schleimer*", „*Quatschkopf*", „*Ungeziefer*" oder riet ihnen, sich zu waschen. Als der CSU-Abgeordnete und Vizepräsident des Deutschen Bundestages Richard Jaeger für die Wiedereinführung der Todesstrafe eintrat und schon bald „Kopf-ab-Jaeger" genannt wurde, kommentierte Wehner in Richtung Jaeger trocken: „Glied ab!"

Das waren Angriffe auf ganz persönlicher Ebene – Zwischenrufe, die manchen aus der Bahn werfen konnten. Ein solcher Ton wäre heute undenkbar. In der Geschichte der Bundestagsreden ist zweifellos auch der damals grüne Parlamentsneuling, Joschka Fischer, zu nennen. Unvergessen ist sein Zwischenruf an den Bundestagsvizepräsidenten Richard Stücklen: „*Mit Verlaub, Herr Präsident, Sie sind ein Arschloch.*"

Das heroische Zeitalter profilierter Persönlichkeiten ist vorbei, in unseren Parlamenten sitzen sich nicht mehr ehemalige Frontkämpfer und kommunistische Dissidenten gegenüber – wenn dann mal zufällig ein Abgeordneter anwesend ist –, sondern überwiegend Anwälte, die nach 1950 geboren wurden und folglich nicht während der Zeit des Nationalsozialismus schuldig wurden. (Helmut Kohl sprach von der „*Gnade der späten Geburt*".)

Selbst als Kandidat für das Bundeskanzleramt gescheitert, attestierte Strauß Kohl totale Unfähigkeit für dieses Amt. In einer hitzigen Rede, mitgeschnitten in der Münchener Wienerwald-Zentrale, bescheinigte er ihm das Fehlen charakterlicher, geistiger und politischer Voraussetzungen für das hohe Amt. Bundeskanzler Helmut Schmidt sagte über Strauß, der 1980 gegen ihn bei der Bundestagswahl verlor: „*Dieser Mann hat keine Kontrolle über sich. Und deshalb darf er erst recht keine Kontrolle über unseren Staat bekommen.*" In seinen Memoiren „Die Amtskette" beschreibt der ehemalige SPD-Vorsitzende Hans-Jochen Vogel den Bayern Strauß folgendermaßen: „*Schon damals hatte ich den Eindruck, es gebe eigentlich zwei ganz verschiedene Personen des gleichen Namens. Die eine klug, realistisch, von enormer Auffassungsgabe und unerschöpflicher Vitalität. Die andere ungezügelt, ja mitunter fanatisch, machtbesessen und in hohem Maße egozentrisch. Im Konfliktsfalle, insbesondere bei stärkeren Belastungen, behielt allerdings zumeist der zweite Strauß die Oberhand, und das machte ihn in der Tat gefährlich und unberechenbar."*

Auch waren die rhetorischen Gefechte damals womöglich ebenso ritualisiert, wie es heute die weitgehend geräuschlosen und geschmierten Abläufe im Parlament sind. Da erschöpfen sich selbst weltanschauliche Gegensätze im gesitteten Austausch ermüdender Sachargumente. Es knallt nicht mehr, es amtsschimmelt vor sich hin. Die politische Kultur in Deutschland hat sich grundlegend verändert.

Im Mai 1965 versetzte der Staatsbesuch der britischen Monarchin Elisabeth II. die gesamte Bundesrepublik in einen regelrechten Ausnahmezustand. Erstmals seit 56 Jahren betrat ein britisches Staatsoberhaupt wieder deutschen Boden. Bis dahin waren die Beziehungen zwischen England und Deutschland noch ziemlich vertrackt. Das britische Volk war noch 20 Jahre nach Ende des Zweiten Weltkriegs deutschlandfeindlicher als jede andere Nation innerhalb der NATO. Zuvor gab es in der englischen Presse viele Diskussionen darüber, wie man mit der deutschen Verwandtschaft von Prinz Philip, dem Ehemann der Queen, umgehen solle. Denn einige Mitglieder seiner Großfamilie standen dem NS-Regime sehr nahe. Die Queen kam trotz der Diskussionen. Der damalige SPD-Politiker Carlo Schmidt sagte der britischen Zeitung „The Guardian" in einem Interview: *„Die Deutschen empfinden dies als das Ende ihres Status als geächtete Nation."* Es wurde die längste Märchenstunde der Republik. Man sagte sich unablässig Nettigkeiten und hängte sich gegenseitig Orden um. Journalisten wurden zu schmalzigen Dichtern: *„Ihr Anblick zergeht auf der Zunge: weiß und rosa wie ein Himbeereis mit Sahne, weiße Haut und rosa Robe, überfrostet von Perlengestick und Diamantengeglitzer ... [...] Diese Kleider! Diese Hüte! Diese Zerbrechlichkeit und Anmut!"* Prinz Philip, der sich für diese in London nicht unumstrittene Reise besonders eingesetzt hatte, bemerkte beim Großen Zapfenstreich, dieser habe sich in seinen Ohren so angehört, als hätte man ein seltenes Tier erlegt. Elf Tage lang servierte man dem Königspaar Hummer und Spargel, weil der Buckingham-Palast, nach besonderen Speisenvorlieben Ihrer Majestät befragt, geantwortet hatte, Hummer und Spargel esse Elisabeth II. besonders gern.

Sieben Jahre zuvor war Bundespräsident Theodor Heuss zum ersten deutsch-britischen Staatsbesuch nach dem Krieg nach London gereist. Zahlreiche britische Zeitungen hielten den damaligen Besuch noch zu verfrüht. Erstaunlicherweise jubelten viele Briten dem Bundespräsidenten im Beisein der Königin während seiner Fahrt durch London in der offenen Kutsche zu. Heuss meinte: *„Allein die Tatsache, dass die Königin – im Einverständnis natürlich mit der Regierung – mich eingeladen hat, ist ein Politikum von eigenem Gewicht."*

ZWEITES DEUTSCHES FERNSEHEN

„Haben Sie gestern Abend ... gesehen?" Das war häufig die erste Frage am Morgen an die Kollegen am Arbeitsplatz und die wurde fast immer mit „Ja" beantwortet, denn das „gesehen" bezog sich auf „ferngesehen", und wenn jemand am Vortag ferngesehen hatte, dann hatte er auch zwangsläufig ... gesehen. Es gab nämlich im ersten Jahrzehnt nur ein einziges Programm: „Das Erste". Und wenn man gestern nun nicht ... gesehen hatte? Dann wurde man als Außenseiter betrachtet und vom wichtigsten Gesprächsthema des Tages ausgeschlossen. Und da es weder Aufzeichnungsgeräte noch eine Mediathek gab, musste man zur rechten Zeit vor dem Fernsehgerät sitzen – ergo das Programm in Echtzeit sehen. Eine Fernbedienung war damals noch eine Vision. Ihr Nutzen wäre bei auch nur einem empfangbaren Sender überflüssig gewesen.

Mit dem offiziellen Fernsehbeginn des ZDF (Zweites Deutsches Fernsehen) am 1. April 1963 wurde die Fernsehlandschaft bundesweit etwas bunter, ebenfalls die Streitereien in der Familie. Vater bestand darauf die Sportschau und Mutter im anderen Kanal den Heimatfilm sehen zu wollen. Noch bunter wurde es im Fernsehen am 25. August 1967, wo anlässlich der Internationalen Funkausstellung in Berlin die BRD als erstes europäisches Land mit der regelmäßigen Ausstrahlung eines Farbfernsehprogramms begann, allerdings vorerst nur einige wenige Sendungen. Hinzu kam, dass man zum bunten Fernsehen einen speziellen Fernsehapparat benötigte: den Farbfernseher. Und dieser kostete damals fast so viel wie ein Kleinwagen, zwischen 2.500 und 4.000 DM. Ein Grund, weshalb das Farbfernsehen nur zögernd angenommen wurde. Drei Jahre nach der Einführung verfügte nur ein Fünftel aller Haushalte über ein farbfähiges Endgerät. Den nötigen Schub brachte erst die Vorfreude auf die Olympischen Spiele 1972 in München.

Bei der Premiere geschah während der Schaltphase von Schwarz-Weiß auf Farbe ein kleines Missgeschick, welches allerdings von fast niemandem bemerkt wurde. Bevor der damalige Außenminister Willy Brandt weihungsvoll auf einen roten Knopf drückte, um das neue Fernsehzeitalter zu eröffnen, hatten bereits voreilige Techniker etwa zwei Sekunden vorher das Farbsignal auf Sendung geschaltet. Der rote Knopf war also lediglich eine Attrappe. Die Panne entschuldigte man anschließend damit, dass es sich um einen äußerst empfindlichen Taster gehandelt habe!

Und nur zwei Jahre später als die Bundesrepublik begann in der DDR der Wechsel von Schwarz-Weiß auf Farbe.

Mit der Einführung der „Dritten" der Landesfunkanstalten der ARD wurde auch das Fernsehangebot entsprechend größer. Das Kinosterben ließ nicht mehr lange auf sich warten. Mitbeschleunigt wurde es Ende der 1970er-Jahre noch durch die ersten Videokassettenrekorder.

Sehr gut kamen bei den deutschen Zuschauern Serien aus dem Ausland an, allen voran aus den USA. Meist waren sie für die ganze Familie geeignet und so wuchsen viele Kinder der Sechziger- und Siebzigerjahre mit den Cartwrights, den Waltons oder Ingalls auf. Wer groß genug war, um abends fernsehen zu dürfen, freute sich jede Woche auf „Inspektor Columbo", „Kojak" oder „Dallas".

In den Achtzigern etablierten sich dann neben den beiden öffentlich-rechtlichen Anstalten einige private Sender, was zu einer gravierenden Verflachung der Programme führte. Trash-Fernsehen entfaltete sich voll als universelle, amateurhafte Unterhaltungsmaschine für die tumben Massen, mit billigen Witzen und windschiefen Dialogen, Mangel an Information und Bühne zur Selbstdarstellung, alle paar Minuten unterbrochen von einfallslosen Werbeinblendungen. Plötzlich konnte jedermann auf dem Bildschirm erscheinen und sogar zum Star werden – ob im strunzdummen Nachmittagstalk, durch Casting-

und ungenießbare „Reality-Shows", abgeschmackten Klatsch und Tratsch, mit erotischen Elementen angereicherte Telenovelas, gehaltlosen Gewinnspielen und Quizsendungen sowie unzähligen Kochshows, gleichwohl die Mehrzahl der Zuschauer sich von Fertig- und Gefrierkost ernährt. Sozial öffnete sich das Fernsehen nach unten. 1991 startete noch zusätzlich der erste Pay-TV-Sender.

Im Sport, insbesondere durch zunehmenden Einfluss des Geldes im Fußball, erlebte die Bundesliga in der Saison 1970/71 den bis dahin schwerwiegendsten Skandal ihrer Geschichte. Manipulierte Spiele, kriminelle Machenschaften, Schmiergelder (in Koffern mit Geld vor den Kabinen-Klos weitergereicht) und Bestechung bedrohten zeitweise die Existenz des deutschen Profifußballs. Insgesamt 18 Spiele waren in der Endphase der Saison gekauft worden, für über eine Million D-Mark wurden Punkte wie auf dem Jahrmarkt gehandelt. Mehr als 60 Profis aus zehn Vereinen waren daran beteiligt, von denen 52 Spieler, 2 Trainer und 6 Funktionäre bestraft wurden.

HONECKERS UNHEIMLICHER PLAN

Es war ein perfider Plan, der im Auftrag der DDR-Regierung 1967 initiiert und bis zum Fall der Mauer im November 1989 perfektioniert und ständig aktualisiert wurde. Das Ziel: einen Volksaufstand wie am 17. Juni 1953 schon im Keim zu ersticken. Der Plan sollte im Falle von inneren Krisen in der DDR-Gesellschaft potenzielle Gegner des Staates rechtzeitig durch Verhaftung und Isolierung zum Schweigen bringen. Dafür erfasste die Staatssicherheit mehr als 86.000 DDR-Bürger im sogenannten „Vorbeugekomplex". Hier sammelte man alle jene, die man als gefährlich betrachtete: Andersdenkende, Ausreiseantragssteller, Friedens- und Umweltaktivisten, Künstler, Oppositionelle aus Kirchenkreisen. Die Stasi plante mit deutscher Gründlichkeit die Festnahme sowie die Bereitstellung von Isolierungslagern für über 10.000 Menschen samt Bewachung und Versorgung. Dass dieses Vorgehen gegen die Gesetze der DDR, gegen Menschenrechte und gegen die von der DDR unterschriebene Schlussakte von Helsinki verstieß, störte in der SED-Führung niemand. Anhand von aufgefundenen Stasi-Dokumenten sowie von Zeitzeugenberichten rekonstruiert, handelte es sich um ein gewaltiges Planspiel von unfassbarem Ausmaß.

Etwa 30 Kilometer Luftlinie vom Regierungszentrum der DDR in Ostberlin und in idyllischer Landschaft gelegen, ließ Erich Honecker zwischen 1978 und 1983 einen 7.500 Quadratmeter großen unterirdischen Superbunker bauen, ein Refugium aus 84.000 Tonnen Stahlbeton und 170 Räumen, in welchem der Staatschef bei einem eventuellen Atomschlag gemeinsam mit 400 Getreuen zu überleben gedachte – zumindest für 14 Tage. Dann hätten die Mitglieder des Nationalen Verteidigungsrates sowie die Funktionäre des SED-Politbüros ihr atombombensicheres Ausweichquartier mit Schutzkleidung und Atemmasken verlassen müssen. Mit gepanzerten Spezialfahrzeugen wären sie durch eine atomare Wüste zum nächsten Flugplatz gefahren, um in Richtung Sowjetunion ausgeflogen zu werden, vorausgesetzt dass dieser Teil der Erde nicht ebenfalls kontaminiert worden wäre. Also russisches Roulette. Die riesige Anlage galt als technische Meisterleistung und war bei seiner Indienststellung das wohl aufwendigste Bauwerk seiner Art im gesamten Ostblock. Der Bunker wurde nach der „Wende" von der Bundeswehr übernommen und 1993 versiegelt und aufgegeben. Der aus Abraum bestehende „Monte Erich" ist hingegen noch für Spaziergänger erreichbar.

GENERATIONENKONFLIKT UND
68ER-„REVOLUTION"

„Wenn die Deutschen bei einer Revolution
einen Bahnhof besetzen wollen, dann
kaufen sie vorher eine Bahnsteigkarte."

(Wladimir Lenin)

In der Bundesrepublik konzentrierte man sich in den Sechzigerjahren auf den Wiederaufbau (Nachkriegsmoderne), wünschte
sich Frieden und Wohlstand und einen endgültigen Abschluss
mit der Vergangenheit. Die damalige Jugend hatte selten ein
gutes Verhältnis zu ihren Eltern, weil diese sich dem Nationalsozialismus meist stillschweigend gefügt und einige ihn sogar
unterstützt hatten. Doch keiner von ihnen wollte bei dieser „Vergangenheit" dabei gewesen sein. Oder sie fragten: *„Was hätten*
wir denn tun sollen?" Der deutsche Psychoanalytiker und Schriftsteller Wolfgang Schmidbauer beschreibt die Vergangenheitsbewältigung wie folgt: *„Das deutsche ‚Erinnern' teilte die Nation*
in Bösewichte und Opfer. Dividierte man dann die Bosheit der eige-
nen Bösewichte durch die Bosheiten der Sieger (Dresden bombar-
diert, Millionen vertrieben, Vergewaltigungen im Osten), so wogen
sich die Leiden auf. Sie ließen sich kürzen wie in der Bruchrechnung.
Was übrig blieb, war ein Volk von Opfern."
   Folglich begann die Jugend sich mit der Vergangenheit intensiv zu beschäftigen und verlangte eine Aufarbeitung der Naziverbrechen. Sie erkannte, insbesondere durch die Enthüllungen
der Auschwitz-Prozesse, die Lebenslüge der jungen Republik. Aus
unbeantworteten Fragen wurde Protest, aus Rebellion Revolte.
Eine Revolte gegen Konvention und bürgerliche Enge. Man konnte bei vielen Jugendlichen einen Überdruss an der Zivilisation,

am rhythmischen Einerlei des Lebens, ein Rütteln an den Fesseln einer erstarrten Kultur beobachten. Ein Großteil grenzte sich von den Wertvorstellungen der Eltern und Großeltern ab. Man schätzte die Leistungen der Väter gering, wollte sich nicht anpassen und stattdessen eigene Wege im Leben suchen. Was jahrzehnte- oder gar jahrhundertelang galt, wurde innerhalb kurzer Zeit Makulatur. Die Bedeutung alternativer Lebenswege und Lebensformen wuchs. Die Sechzigerjahre veränderten die Welt, sie waren eine Zeit des Aufbruchs und des Wandels. Mit eigener Musik, anderer Kleidung, anderen Vorstellungen von der Gestaltung des Lebens. Jugendliche mit langen Haaren, um den Hals blechernes Geschmeide, um die Hüften verschlissene Jeans lösten nicht selten in der Öffentlichkeit heftige Aggressionen aus. Die „ordentlichen" Bürger reagierten angewidert. Es begann ein Kampf für die sexuelle Freiheit und die Gleichberechtigung der Frauen. Freie Liebe, weibliche Lust, Orgasmus für alle. Doch gingen politische Forderungen der Frauen im Sozialistischen Deutschen Studentenbund, dem eigentlichen Motor der Studentenbewegung, unter. Studentinnen mussten auch innerhalb der Bewegung weiterhin Kaffee kochen, den Abwasch tätigen und den Müll entsorgen. Man lebte in Wohngemeinschaften und ermutigte junge Eltern zu einer antiautoritären Erziehung. Ihr Ziel war es, dem Kind einen möglichst großen Freiraum zu gewähren. Die Übermacht der Eltern, Lehrer oder Erzieher sollte aufgehoben werden. Während die Erziehung der vorherigen Generationen vor allem auf Gehorsam gegenüber Vater und Mutter beruhte, sollten die Kinder nun freier und selbstbestimmt Entscheidungen treffen dürfen. Mit Cannabis und LSD wollten viele der 68er ihr *„Bewusstsein erweitern"* oder sich einfach von der älteren Generation der „Spießer" abgrenzen. Dass sie auch ihre Gesundheit massiv gefährdeten, wollten sie nicht wahrhaben. Von den vermeintlich „weichen Drogen" war der Weg oftmals nicht weit zu Heroin, dessen Konsum immer mehr Tote forderte und bis heute immer noch fordert.

Das Elternhaus war den meisten fremd geworden. Bei den immer seltener werdenden Besuchen blieb gewöhnlich der Fernseher an, schließlich hatte man sich nicht mehr viel zu sagen. Man bevorzugte Demonstrationen, diskutierte lange Nächte und las einen der wirkungsvollsten Bestsellerautoren der Weltgeschichte, Karl Marx, der in der DDR die Rolle einer politischen und weltanschaulichen Leitfigur angenommen hatte. Traditionen und Konventionen hatten ausgedient. Man gab sich zur Begrüßung nicht mehr die Hand, dafür wurde Oralsex so normal wie das Händeschütteln. Überhaupt wurden nützliche Höflichkeiten ersatzlos gestrichen. Oftmals gingen Mann und Frau miteinander ins Bett und erfuhren erst am nächsten Morgen ihre Namen. Wenn überhaupt. Sie waren maßgeblich an einem folgereichen und gesellschaftlichen Phänomen beteiligt – der Kinderlosigkeit.

Die Befreiung der Sexualität war sicherlich einer der aufregendsten Aspekte. Denn neben der braunen Vergangenheit, die man glaubte durch kollektives Schweigen aus der Welt schaffen zu können, war Sexualität das stärkste Tabu der Nachkriegszeit. Die spießige Moral der Erwachsenen erzog die Jugend systematisch zu Heuchelei und Duckmäusertum. Darum kam es einer Explosion gleich, als die Jugend plötzlich den Mut fand, die Heuchelei abzuschütteln und sich jegliche Freiheiten zu nehmen zu tun und zu lassen, was sie wollte – egal wie, wo und wann.

Wichtig für das Verständnis der Bewegung war die Tatsache, dass es vor allem Wohlstandskinder waren, die 1968 auf die Straße gingen. Noch nie zuvor in der deutschen Geschichte war eine Generation materiell so gut versorgt aufgewachsen wie die nach 1945 Geborenen. 1968 stand das Wirtschaftswunder nach einer kurzen, milden Rezession wieder in voller Blüte, die Wirtschaft wuchs um 5,5 Prozent, 1969 sogar um 7,5 Prozent, und die Arbeitslosigkeit lag bei 0,9 Prozent, wovon man heute in Deutschland nur träumen kann.

1968 war ein Jahr der politischen Proteste, *„fing der Planet Feuer"* (Daniel Cohn-Bendit). Demonstrationen und Unibesetzungen, Schülerstreiks und Versammlungen prägten das Bild. Die sogenannte 68er-Revolte erfasste alle Bereiche des Denkens und Lebens. Da stürzte eine befreite, entfesselte Jugend mit Weltverbesserungsneigungen die morsche Moral der Nachkriegsgesellschaft vom Sockel und trat in den Staub, was doch seit Jahrhunderten als höchste Tugend gegolten hatte: keusche Enthaltsamkeit, sittsames Sichbescheiden, fromm ergebener Gehorsam und untertäniger Respekt vor Gesetz und Obrigkeiten. Es entlud sich der Frust der geburtenstarken Nachkriegsjugend über verknöcherte Institutionen und Denkweisen in weltweiten Protesten. Der gereimte Slogan *„Unter den Talaren – Muff von 1000 Jahren"* spielte kritisch auf die Rechtsprechung während der NS-Diktatur an, die einst auch als „Tausendjähriges Reich" bezeichnet worden war.

Inspiriert von Studentendemonstrationen in Frankreich und den Vereinigten Staaten begann man anfangs Ungehorsam gegen die Nazigeneration in Berlin zu organisieren. Von hier sprang der Funke dann auf andere Universitäten in Westdeutschland über. Man forderte eine Reform der Hochschulen und war aufs Äußerste entschlossen, die politischen Verhältnisse zu ändern. Die Schaffung der geplanten Notstandsgesetze sollte verhindert werden, man beabsichtigte kirchenkonservative Strukturen aufzubrechen und prangerte den von den USA brutal geführten Krieg in Vietnam an. Kurz: Man war entschlossen, die Gehorsamstradition zu brechen, die Gesellschaft durch revolutionäre Aktionen zu verwandeln, autoritäre Verhältnisse zu kritisieren und den neuen Menschen zu schaffen. Doch wohin die Bewegung führen sollte, war vielen Beteiligten unklar. Man sprach – in marxscher Diktion – von der historischen Notwendigkeit, mit welcher der Kommunismus kommen würde, und von der Revolution, die unmittelbar bevorstünde. Doch die konkreten Ziele blieben wolkig. Helmut Schmidt, zu jener Zeit Vorsitzender der SPD-Bundestagsfraktion, gab auf seine bekannt scharfzüngige Art kund: *„Während wir hier im Kabinett reden, hauen die in Kiel dem Rektor auf die Fresse und scheißen im Gerichtssaal auf den Tisch."*

In zahlreichen Großstädten kam es zu Hausbesetzungen, die bald Nachahmungen in der deutschen Provinz fanden. Die heftigste militante Besetzerbewegung zeichnete sich zweifellos in Berlin ab. Zeitweise waren dort über 150 Häuser in Händen der Protestler. Neben politischen Parolen war die Lust an der Konfrontation mit der Staatsmacht wichtigstes Motiv – und der Wunsch, Freiräume für ein selbstbestimmtes, freies Leben zu erobern.

Im Aufbruchsjahr gab es aber auch politische Rückschläge. Am 2. Juni erschoss die Polizei in Berlin bei einer Demonstration gegen den Schah von Persien den Studenten Benno Ohnesorg. Nach Zeugenaussagen hatte ihn eine Kugel aus der Handfeuerwaffe eines Kriminalbeamten in Zivil aus nur eineinhalb Metern Entfernung in den Hinterkopf getroffen. Es fiel ein Schuss, der überall im Land wütende Proteste auslöste und alles verändern sollte. Benno Ohnesorg wurde zum Symbol der Studentenunruhen. Die Berliner Bild-Zeitung berichtete am Folgetag des Attentats unter der Schlagzeile: *„Blutige Krawalle: 1 Toter – Ein junger Mann ist gestern in Berlin gestorben. Er wurde Opfer von Krawallen, die politische Halbstarke inszenierten."* (!)

Ebenfalls in Berlin wurde der bekannteste Vertreter der westdeutschen Studentenbewegung, Rudi Dutschke, Opfer eines Attentats. Auf offener Straße feuerte ein junger Hilfsarbeiter drei Schüsse auf ihn ab. Dutschke erlitt lebensgefährliche Hirnverletzungen und überlebte nur knapp nach einer mehrstündigen Operation. Er war zweifellos das populärste Sprachrohr und Ikone des Westberliner Sozialistischen Deutschen Studentenbundes. Es gab keine Demonstration ohne ihn. Doch erfuhr er als Symbolfigur der 68er-Bewegung in der Bevölkerung zunehmend Ablehnung und folgeschweren Hass. Kurz nach dem Attentat folgten die schwersten Krawalle auf Berliner Straßen seit der Weimarer Republik. In zahlreichen Filialen des Springer-Konzerns wurden Fenster eingeworfen; Flugblätter forderten: „Enteignet Springer"; Lieferwagen der Springer-Presse wurden an der Auslieferung der Zeitung gehindert oder in Brand gesteckt. Der Wortführer der Studentenbewegung war durch das auf ihn verübte Attentat zu einem Beinahemärtyrer geworden, was er durch seinen Tod Ende 1979 in den Augen vieler auch tatsächlich wurde.

Weitere Unruhen bewirkte die Abstimmung der Notstandsgesetze mit einem Sternmarsch auf Bonn. 70.000 Demonstranten, unter ihnen der Schriftsteller Heinrich Böll, protestierten
gegen die Gesetze, die als „Notverfassung" konzipiert worden
waren. Zum ersten Mal sympathisierten auch andere Teile der
Bevölkerung mit einem Anliegen der Studenten und beteiligten sich an den Protesten. Die in Erwägung gezogenen Gesetze
sollten in Ausnahmesituationen wie Katastrophenfällen und
Staatsbedrohungen die Machtbefugnisse und Zuständigkei-
ten des Bundes regeln. Doch das bedeutete massive Einschränkungen der Grundrechte. Dennoch, mit der nötigen Zweidrit-
telmehrheit der Großen Koalition beschloss am 30. Mai 1968
der Bundestag die Gesetzesänderung.

Die terroristischen Aktionen der Stadtguerillagruppe „Rote
Armee Fraktion" (RAF) zerstörten dann Anfang der Siebzigerjahre die moralische Basis der Bewegung und konnten insofern
auch nicht als unmittelbare Fortsetzung der 68er-Bewegung ge-
deutet werden. 28 Jahre versetzte diese Terrororganisation die
deutsche Politik und Wirtschaft in Angst und Schrecken. Die
Frauen und Männer der RAF wollten die Republik radikal verändern. Dieses Ziel haben sie nicht erreicht – doch mit ihren
Taten brachten sie den Staat an seine Grenzen.

Zu Beginn äußerten sie sich in militanten Demonstrationen,
doch innerhalb kurzer Zeit ernannten sich Dutzende privilegierter Bürgerkinder zur bewaffneten Vorhut einer kommunistischen
Weltrevolution und brachen einen blutigen Konflikt vom Zaun.

Im April 1968 nahm die Frankfurter Polizei nach zwei in
Brand gesteckten Kaufhäusern vier Verdächtige fest. Darun-
ter die Studentin Gudrun Ensslin und ihren Freund Andreas
Baader. Sie wollten damit gegen die Gleichgültigkeit protestie-
ren, mit der die Menschen den Krieg in Vietnam hinnahmen.
Während des Prozesses gegen die Brandstifter zeigte die Jour-
nalistin Ulrike Meinhof in ihren Beiträgen in der Hamburger
Zeitschrift „Konkret" Verständnis für diesen Anschlag auf den
„Konsumterror". Nach dem Prozess tauchten Baader und Enss-

lin unter. Durch Zufall konnte die Polizei ein Jahr später Andreas Baader verhaften. Nur kurz danach wurde er jedoch während einer Ausführung aus dem Gefängnis in Berlin-Tegel mit Waffengewalt befreit. Maßgeblich beteiligt an der Aktion waren Ulrike Meinhof und der Baader-Anwalt Horst Mahler, der harte Kern der „ersten Generation". Die gewaltsame Befreiung war die Geburtsstunde der RAF, die nun als Baader-Meinhof-Gruppe bzw. -Bande bezeichnet wurde.

Die vier Akteure gingen in den Untergrund. Zusammen mit anderen Gleichgesinnten ließen sie sich in einem militärischen Trainingscamp radikaler Palästinenser in Jordanien ausbilden. Nach ihrer ungehinderten Rückkehr in die Bundesrepublik erbeuteten sie bei zahlreichen Banküberfällen Geld und beschafften sich damit Wohnungen, Autos, Waffen und gefälschte Papiere. Mit einer Serie von Brand- und Sprengstoffanschlägen gegen Einrichtungen der US-Armee in der Bundesrepublik und des Axel-Springer-Konzerns begann der bewaffnete „antiimperialistische Kampf gegen den herrschenden Staat", bei dem es zahlreiche Tote und Verwundete gab. Die RAF forderte den Staat heraus, die jungen Frauen und Männer kämpften gegen alles, was sie für faschistisch hielten. Aus idealistischen Weltverbesserern wurden eiskalte Terroristen.

Indessen waren die Folgen des Krieges der *„Sechs gegen sechzig Millionen"*, wie der Schriftsteller Heinrich Böll den Feldzug der RAF nannte, sehr real, besonders für die Opfer und ihre Familien.

Im Oktober 1971 wird in Hamburg der Polizist Norbert Schmid erschossen. Er ist das erste von insgesamt 34 Todesopfern der RAF. Einen Tag nach der größten Fahndungsaktion in der Geschichte der Bundesrepublik werden am 1. Juni 1972 Andreas Baader, Holger Meins und Jan-Carl Raspe in Frankfurt verhaftet. Wenige Wochen später auch Ulrike Meinhof und Gudrun Ensslin. Im Gefängnis bezeichnen die Terroristen ihre Haftbedingungen als Isolationsfolter und versuchen mit einem Hungerstreik ihre Forderungen zu untermauern. Holger Meins stirbt 1974 an den Folgen dieser Aktion. Als Reaktion bilden sich in vielen deutschen Städten Komitees zur Unterstützung der RAF-

Gefangenen, was zur Rekrutierung der „zweiten Generation" führt. Somit findet der Terrorismus seine Fortsetzung. Im Februar 1975 entführen kurz vor den Wahlen Mitglieder der „Bewegung 2. Juni" den Westberliner CDU-Vorsitzenden und Bürgermeisterkandidaten Peter Lorenz. Etwa zwei Monate später besetzen das „Kommando Holger Meins" die deutsche Botschaft in Stockholm, ermorden zwei Botschaftsangehörige, nehmen zwölf Geiseln und verlangen die Freilassung von 26 Gefangenen. Im Dezember des gleichen Jahres überfallen Terroristen die OPEC-Konferenz in Wien und nehmen mehrere Erdölminister und deren Mitarbeiter gefangen. Drei Menschen sterben bei der Befreiungsaktion. Am 9. Mai 1976 wird Ulrike Meinhof in ihrer Zelle in Stuttgart-Stammheim erhängt aufgefunden. Daraufhin entführt ein palästinensisches Kommando mit Beteiligung deutscher Terroristen ein Air-France-Flugzeug auf dem Weg von Tel Aviv nach Paris. Kurz nach einer Zwischenlandung in Athen leiten die Terroristen die Maschine in das ugandische Entebbe um. Erklärtes Ziel ist die Freipressung von insgesamt 53 inhaftierten Gesinnungsgenossen – darunter vor allem in Israel einsitzende Palästinenser, aber auch sechs in der Bundesrepublik Deutschland wegen Mordanschlägen inhaftierte Terroristen. Bei der Befreiung der Geiseln durch israelische Soldaten werden mehrere Mitglieder des Terroristen-Kommandos sowie ugandische Soldaten erschossen. Im April 1977 tötet in Karlsruhe ein „Kommando Ulrike Meinhof" den Generalbundesanwalt Siegfried Buback und zwei seiner Begleiter. Und wenige Wochen später wird Jürgen Pronto, Vorstandsvorsitzender der Dresdner Bank, bei einem Entführungsversuch in seinem Haus in Oberursel erschossen.

Als „Deutscher Herbst" wird die Zeit und ihre politische Atmosphäre im September und Oktober 1977 bezeichnet, die geprägt war durch die Entführung und Ermordung des Vorsitzenden des Bundesverbandes der Deutschen Industrie (BDI), Hanns Martin Schleyer; die Entführung des Lufthansa-Flugzeugs „Landshut" nach Mogadischu/Somalia und die Selbstmorde der inhaftierten, führenden Mitglieder der „ersten RAF-Generation" Baader,

Ensslin und Raspe. Der damals amtierende Bundeskanzler Helmut Schmidt, der über kühle und abwägende Entscheidungskraft verfügte, schien für Krisen solcher Art bestens gerüstet und weigerte sich aus Gründen der Staatsräson („*Die Bundesrepublik Deutschland ist nicht erpressbar"*), den Forderungen nachzugeben. Er dirigierte das verbarrikadierte Bonn im Kampf gegen den Linksterrorismus und versicherte vor dem Bundestag: *„Zu dieser Verantwortung stehen wir auch in der Zukunft. Gott helfe uns!"* Fünf Tage nach Entführung der „Landshut" gibt er den Befehl zur erfolgreichen Erstürmung der Lufthansa-Maschine durch eine Sondereinheit des Bundesgrenzschutzes. Zuvor hatte ein Mitglied des Kommandos während einer Zwischenlandung auf dem Flughafen Aden im Jemen den Flugkapitän Jürgen Schumann erschossen, um den Forderungen der Entführer mehr Nachdruck zu verleihen.

Die Geiselbefreiung in Mogadischu gilt als das auslösende Moment für den kollektiven Suizid der inhaftierten RAF-Spitze, der wiederum die Ermordung des Siemens-Vorstandsmitglieds Beckurts, des Ministerialdirektors im Auswärtigen Amt von Braunmühl, des Treuhandchefs Rohwedder und des Vorstandsvorsitzenden der Deutschen Bank, Alfred Herrhausen, zur Folge hat.

Erst im April 1998 gibt die RAF ihre Selbstauflösung bekannt. Angeblich war sie angetreten, um die Generation ihrer Eltern, die so überhaupt nichts von der Nazizeit erzählen wollten, zu attackieren. Und was macht sie? Sie macht genau das Gleiche wie ihre Eltern, sie erzählt nichts, sie schweigt bis heute über die eigenen Verbrechen. Die Mitglieder der RAF waren keine Antifaschisten, das waren rot lackierte Faschisten. Bis heute wissen sich die RAF-Mörder in der Öffentlichkeit gut darzustellen und einige Medien fressen gierig jede Information, um an ihre Schlagzeile zu kommen. Die Opfer dagegen bleiben mit ihrem Leid, ihrer Trauer und ihrer daraus resultierenden Schweigsamkeit im Hintergrund. Die Aufmerksamkeit gilt auch heute noch mehr den toten und den noch in Haft befindlichen Tätern als den Opfern.

Die 68er-„Revolutionäre" besannen sich bereits in den Achtzigern wieder auf geordnete Familienverhältnisse und Beruf. Viele wurden Richter, Rechtsanwälte, Professoren oder Journalisten. Einige gelangten sogar an die Schaltstellen der Macht. 1999 wurde ein ehemaliger Jusos[1]-Vorsitzender, der einst in Gorleben gegen die Atomindustrie demonstrierte, Bundeskanzler. Außenminister wurde ein ehemaliger Hausbesetzer, der sich ein paar Jahre zuvor noch prügelnd mit Polizisten zu wehren wusste. Die einstige Entwicklungshilfeministerin wuchs nach eigenen Worten *„unter dem Wasserwerfer auf"* und ein vormaliger Bundesinnenminister war einst „liberaler Kommunist" und ein Anwalt, der die Rechte der Außerparlamentarischen Opposition (APO) verteidigte.

Inzwischen ist die APO-Generation größtenteils im Herbst des Lebens angekommen. Die Bärte, falls noch vorhanden, sind gestutzt, in jedem Fall aber weiß. Zeigen die Großväter heute ihren Enkeln Gruppenfotos von anno 1968, müssen sie dazu sagen, wer sie sind. Woher sollen die im 21. Jahrhundert Geborenen wissen, dass ihr inzwischen bürgerlicher Opa einmal wie ein wilder Mann aussah, mit wirrem, langem Haar und in vernachlässigter Kleidung? Die Alten sollen den Nachkommen erklären, warum sie damals auf die Straße gingen und was ihre sonderbare Sprache auf den Flugblättern sollte, die kein normaler Mensch verstand. Erst allmählich fügt sich für die nachkommenden Generationen ein Bild zusammen, das zwar unscharf ist, aber doch eine gewisse Authentizität vermittelt.

40 Jahre später, am 31. Januar 2008, fragte das Nachrichtenmagazin DER SPIEGEL: *„Sind die 68er an allem Übel dieser Welt schuld? [...] Oder haben sie die Bundesrepublik erst zu einem toleranten, lebenswerten Land gemacht, in dem eine Frau Bundeskanzlerin und ein Homosexueller Berliner Bürgermeister werden konnte?"*

---

1 Bezeichnet die Arbeitsgemeinschaft der Jungsozialistinnen und Jungsozialisten in der SPD, Kurzbezeichnungen Jusos oder Jungsozialisten.

In einem ausführlichen Aufsatz mischt sich über 50 Jahre später (April 2019) Ex-Papst Benedikt XVI. in die Debatte der Missbrauchsfälle der katholischen Kirche im neuen Jahrtausend ein und bekundet, dass die Ursachen nicht bei den Kirchen zu suchen seien, sondern bei den 68ern und deren Moralverfall. Die Revolution von 1968 habe *„völlige sexuelle Freiheit"* erkämpfen wollen, *„die keine Normen mehr zuließ"*. Pädophilie sei erlaubt und als angemessen diagnostiziert worden. Unabhängig davon habe sich zeitgleich *„ein Zusammenbruch der katholischen Moraltheologie ereignet, der die Kirche wehrlos gegenüber den Vorgängen in der Gesellschaft machte"*. Damit blendet Ratzinger historische Fakten und strukturelle Ursachen völlig aus. Schließlich hat es Missbrauch unter Kirchendächern bereits vor den Sechzigern gegeben, was weitgehend dokumentiert ist.

Aus einem halben Jahrhundert Distanz überwiegen ganz eindeutig die positiven Folgen, abgesehen von den zerstörerischen terroristischen Aktionen der RAF. Zweifellos haben wir den 68ern ein zuvor ungeahntes Ausmaß an persönlicher Freiheit zu verdanken. Galt früher die Devise: *„Alles ist verboten, was nicht ausdrücklich erlaubt ist"*, so war es danach genau umgekehrt: *„Alles ist erlaubt, was nicht ausdrücklich verboten ist."*

WANDEL – VERÄNDERUNG – ERNEUERUNG

Ehe die SPD/FDP-Koalition unter Willy Brandt 1969 die Regierung übernahm und die neue Ostpolitik auf ihr Programm schrieb, gab es noch einen wichtigen Zwischenakt: die Große Koalition. Die Regierung der beiden großen Parteien CDU/CSU und SPD kam im Dezember 1966 mit dem Sturz Ludwig Erhards mit Kurt Georg Kiesinger als Kanzler und Willy Brandt als Außenminister zustande.

1969 bringt die Bundeszentrale für gesundheitliche Aufklärung nach intensiver Zusammenarbeit mit Sachverständigen aus den Kultusministerien aller Bundesländer das erste deutsche Sexualkundelehrbuch heraus, das Schüler in Westdeutschland aufklären soll. Energisch hatte zuvor die SPD-Gesundheitsministerin Käte Strobel um ihr 48-seitiges Büchlein gekämpft. Der Bedarf an Aufklärung war zweifellos immens. Studien hatten gezeigt, wie erschreckend wenig Jugendliche über Sexualität wussten. Die Kriegsgeneration, einst selbst kaum aufgeklärt, hatte auch in diesem Bereich versagt. Der „Sexualkunde-Atlas", Teufelszeug für christliche Moralhüter, war für Teenager eine Offenbarung, für die meisten Erwachsenen eine Schamlosigkeit. Unzählige Erziehungsberechtige monierten, dass Sex als so selbstverständlich präsentiert würde, dass es *„fast Aufforderungscharakter"* habe. Dabei wurde lediglich das biologisch Natürlichste und Selbstverständlichste auf der Welt in Fotos und Schaubildern erklärt: die Anatomie von Mann und Frau, Befruchtung und Eireifung, der weibliche Zyklus, Empfängnisverhütung und Geschlechtskrankheiten. Der rheinlandpfälzische CDU-Kultusminister Bernhard Vogel empfand *„Abscheu"*, die ansonsten couragierte FDP-Linksliberale Hildegard Hamm-Brücher hätte es ihrer 14-jährigen Tochter vorenthalten und ein ständig Rosenkranz betender Ministerialrat stufte es gar als reine Pornografie ein.

Nach einer Atempause ließ dann die neue Bundesregierung unter Helmut Kohl 1983 plötzlich Zehntausende Aufklärungsfibeln einstampfen, mit dem Hinweis, neue Werte vermitteln zu wollen. Der damalige Gesundheitsminister Heiner Geisler befand, dass vorrangig erneut die Familien mit den Kindern über Sexualität reden sollten. Bloß taten dies nur vereinzelte Nichtverklemmte und die Lehrkörper an den Schulen wurden beim zu erörternden Thema nicht selten durch rote Pusteln im Gesicht heimgesucht. Derweil wurde Deutschland von einer Welle abgeschmackter Sexfilme überrollt, und Millionen Jugendliche fragten lieber das „Dr. Sommer"-Team der BRAVO um Rat als ihre Eltern und Lehrer.

Am 6. Juni 1971 erschien in einem der auflagenstärksten Wochenmagazine der Bundesrepublik ein Manifest, das Öffentlichkeit und Gesetzgeber in Aufruhr versetzte und die Gesellschaft nachhaltig veränderte. Unter dem Titel *„Wir haben abgetrieben!"* gaben 374 prominente und nicht prominente Frauen zu, einen Schwangerschaftsabbruch vorgenommen zu haben – was zu jener Zeit noch eine Straftat bedeutete, die nach der damals geltenden Gesetzeslage mit Gefängnis von einem bis zu fünf Jahren geahndet werden konnte. Unter den 28 auf dem Titel des „Stern" abgebildeten Frauen befanden sich u. a. die Schauspielerinnen Romy Schneider, Senta Berger, Lis Verhoeven und das Model Veruschka von Lehndorff. Mit den Protesten gegen die durch den Paragrafen 218 des Strafgesetzbuches geregelte Gesetzgebung zur Abtreibung wurde ab dem Frühjahr ein Prozess der Selbstorganisation in Gang gesetzt, aus dem eine soziale Bewegung hervorging, die mit ihren Forderungen und Aktionen die Protestgeschichte der Bundesrepublik für etwa ein Jahrzehnt mitprägte. Der Gesetzesverstoß provozierte, wie beabsichtigt, den Gesetzgeber und die Exekutive, die ausführende Gewalt. Die Generalstaatsanwaltschaft ermittelte in mehreren Städten gegen die Aktion 218, ließ Wohnungen durchsuchen, Beweismaterial beschlagnahmen und Aktivistinnen verhören, jedoch wurde keine der Unterzeichnerinnen des Appells verhaftet. Die große Anzahl der Bekennerinnen sowie die Polarisierung der Öffentlichkeit schützten vor einer Anklage. In den folgenden Jahren standen sich auf politischer Ebene wie auch in der Bevölkerung Abtreibungsbefürworter und Abtreibungsgegner immer wieder gegenüber. Im Februar 1976 wurde den Bundestagsabgeordneten ein Gesetzentwurf zur Abstimmung vorgelegt, der an der prinzipiellen Strafbarkeit der Abtreibung in jedem Stadium einer Schwangerschaft festhielt, davon aber Fälle ausnahm, in denen eine medizinische, soziale oder ethische Indikation vorlag. Diese erweiterte Indikationslösung wurde schließlich vom Bundestag verabschiedet und trat im Juni desselben Jahres in Kraft.

„Weg von Militarismus, weg von Gigantismus, weg von Pathos", so lauteten die in der Olympischen Geschichte einmaligen Schlagwörter von Willy Daume (Präsident des Nationalen Olympischen Komitees). Gemeinsam mit Münchens damaligem Oberbürgermeister Vogel war Daume der maßgebliche Initiator der Spiele von 1972. Der Stadt München brachte Olympia darüber hinaus eine ungeheure Verbesserung der Infrastruktur. Die XX. Olympischen Spiele sollten als „Fest des Friedens" in die Geschichte eingehen, es sollten heitere Spiele werden. Deutschland wollte sich der Welt von seiner schönsten Seite zeigen. Doch es kam anders: Am 5. September drang ein palästinensisches Terrorkommando in das Olympische Dorf ein und nahm die israelische Mannschaft als Geisel. Die Geiselnehmer forderten die Freilassung von über 200 in Israel inhaftierten Palästinensern sowie der beiden RAF-Terroristen Andreas Baader und Ulrike Meinhof, die in Stuttgart-Stammheim in Haft saßen. Die deutschen Verhandlungsführer tendierten dazu, den Terroristen nachzugeben. Israel hingegen lehnte dies strikt ab. Bei dem Überfall und bei der bestenfalls dilettantisch zu nennenden Befreiungsaktion durch die völlig überforderten Sicherheitsbehörden, die auf einen Terroranschlag in keiner Weise vorbereitet waren, ka-

men elf Israelis ums Leben. Der erste weltweit live übertragene Terrorakt war ein Medienereignis. Ein Fiasko für den deutschen Staat. Damit markierte er für jeden sichtbar die dunkelste Stunde, sowohl in der Geschichte der Olympischen Bewegung als auch in der Beziehung zwischen dem Staat Israel und der Bundesrepublik Deutschland. Die Spiele waren trotz des langen Schattens des Terrorismus zumindest in der ersten Woche heiter und galten als organisatorischer und ideologischer Erfolg.

Seit der Gründung der Bundesrepublik Deutschland 1949 regierte die CDU im Bündnis mit der bayerischen CSU und stellte den Bundeskanzler: zunächst Konrad Adenauer, dann Ludwig Erhard und schließlich in einer Großen Koalition mit der SPD Kurt Georg Kiesinger. Bei der Bundestagswahl 1969 erreichten SPD und FDP gemeinsam genügend Stimmen für die Mehrheit im Bundestag. Beide Parteien regierten nun in der ersten sozialliberalen Koalition unter Willy Brandt (SPD) als Bundeskanzler. Das Ziel der neuen Regierung war es, die Nachkriegsstarre zu überwinden und das angespannte Verhältnis zur DDR und anderen Ostblockstaaten zu überwinden. „Mehr Demokratie wagen" wurde zum Motto von Brandts Politik und die neue Verständigungspolitik im Ost-West-Konflikt stand unter der Losung „Wandel durch Annäherung". Sie gipfelte in den sogenannten „Ostverträgen" und sollte die Grundlage für Zusammenarbeit und Frieden in Europa schaffen, für Entspannung zwischen Ost und West sorgen – und vor allem dem allmählichen Auseinanderleben der beiden deutschen Staaten entgegenwirken.

Im Bundestag gab es nicht nur Zustimmung zur neuen Ostpolitik; zahlreiche Abgeordnete wechselten aus Protest die Partei. So traten einige FDP-Abgeordnete in die CDU ein, was unvermeidlich die Mehrheitsverhältnisse umkehrte. Für den CDU-Oppositionsführer Rainer Barzel war dies der Auslöser, über den Sturz der Regierung nachzudenken. Noch nie zuvor hatte im Bundestag die Opposition zum Mittel des Misstrauensvotums gegriffen, um eine Regierung abzulösen. In der Öffentlichkeit stieß der drohende Kanzlersturz auf lautstarken Protest: Tausende gingen in Bonn auf die Straße, um für Brandt und seine Ostpolitik zu demonstrieren. Um letztendlich Willy Brandt über ein Misstrauensvotum abzulösen, fehlten Barzel zwei Stimmen. Womit der Oppositionsführer offensichtlich nicht gerechnet hatte, war eingetreten: Zwei sicher geglaubte Stimmen hatten gefehlt. Dies brachte die Gerüchteküche zum Brodeln: Waren Abgeordnete bestochen worden? Und wenn ja, wer? Spekulationen gab es viele. Die Antwort kam aber erst nach der Wende: Da enthüllte der frühere DDR-Spionagechef Markus Wolf in seinen Memoiren, den CDU-Abgeordneten Julius Steiner mit der Zahlung von 50.000 DM bestochen zu haben, damit sich dieser beim Misstrauensvotum der Stimme enthielt. Das DDR-Ministerium für Staatssicherheit wollte Brandt im Amt halten und die Ostverträge sichern, an denen nicht nur der DDR, sondern auch der Sowjetunion gelegen war. Wer allerdings der zweite Abgeordnete gewesen war, der Brandt 1972 die Kanzlerschaft gerettet hatte, blieb bis vor wenigen Jahren unklar. Erst die Auswertung geheimer Stasiakten gab darauf 2006 einen neuen Hinweis. Magazine wie DER SPIEGEL oder „Cicero" berichteten, dass die sogenannten Rosenholz-Dateien den früheren CSU-Abgeordneten Leo Wagner als inoffiziellen Mitarbeiter der Stasi geführt hatten. Das erhärtete den bereits bestehenden, aber nie bewiesenen Verdacht, dass Wagner ebenso wie Steiner Geld für seine Stimme erhalten hatte.

Da sich an den Mehrheiten aber nichts geändert hatte, stellte Willy Brandt schließlich selbst einige Monate später die Vertrauensfrage. Die Regierung enthielt sich der Stimme, um so bewusst Neuwahlen herbeizuführen. Bei dieser Bundestagswahl gewann die SPD deutlich und war erstmals die stärkste Fraktion. Brandt wurde als Bundeskanzler bestätigt.

Im April 1974 stellte sich heraus, dass der persönliche Referent Brandts, Günter Guillaume, ein Spion der DDR war. Guillaume, 1956 aus der DDR in die Bundesrepublik „geflüchtet" – in Wahrheit als Agent eingeschleust –, war es gelungen, sich von einem Parteibüro in der Provinz bis ins Bundeskanzleramt hochzudienen, wo er für Partei- und Gewerkschaftsfragen zuständig war. Nun fürchtete man, der Kanzler sei erpressbar, denn Guillaume wusste ganz Persönliches aus dem Umfeld Brandts und der Regierung. Guillaume gehörte zum engsten Mitarbeiterkreis des Kanzlers und war einer der wenigen, die ihn auch privat und im Urlaub begleiteten, wo er Einblick in Dokumente von hoher Geheimhaltungsstufe hatte nehmen können. Und dies, obgleich bereits seit Frühjahr 1973 ein Verdacht gegen Guillaume bestand, über den man den Kanzler allerdings nur unvollständig orientiert hatte. Es verging dann noch ein ganzes Jahr, bis das Material ausreichte, um ihn zu verhaften. Mitten in diese Krise hinein platzten schließlich noch Gerüchte über das Privatleben des Kanzlers. Dieser zog letztendlich die Konsequenzen aus der Affäre und entschloss sich zum Rücktritt. Wenige Tage danach wählte der Bundestag Helmut Schmidt zum neuen Bundeskanzler.

Dass ausgerechnet Bundeskanzler Brandt, der durch seine neue Ostpolitik eine Annäherung zwischen der Bundesrepublik und der DDR ins Werk gesetzt hatte, wegen eines enttarnten Agenten in seinem direkten Umfeld den Hut nehmen musste, war ein klassisches Eigentor der Stasi. Das Ministerium für Staatssicherheit, bekannter unter dem Kurzwort Stasi, war Geheimpolizei und Nachrichtendienst in einem einzigen, gigantischen Imperium. Mit Tausenden von Mitarbeitern war sie der größte Arbeitgeber der DDR. Sie durchdrang die Gesellschaft komplett: in Behörden, Gerichten, am Arbeitsplatz, unter Freunden und Liebespaaren, in der eigenen Familie – in Ost, aber auch in West. Bespitzelungen, Entführungen und sogar Mordanschläge waren an der Tagesordnung.

Durch den Fall Guillaume verschlechterten sich die Beziehungen zwischen den beiden deutschen Staaten allerdings nicht wirklich – im Gegenteil. Die Verabschiedung der KSZE-Schlussakte von Helsinki manifestierte 1975 die internationale Anerkennung der DDR und damit die Grenzen zwischen den beiden Blöcken.

Obwohl schon seit Langem Politiker und einige Male auch Bundesminister, habe er Angst vor der großen Aufgabe gehabt, wird Schmidt später sagen. Realismus und Nüchternheit versprach der Pragmatiker in seiner ersten Regierungserklärung. Die acht Jahre der Kanzlerschaft prägten das Bild Schmidts als Staatsmann nachhaltig. Die Probleme, die er in seiner Amtszeit anpacken musste, waren vielfältig und wurden insbesondere von der weltweiten Ölkrise und dem Wettrüsten der Supermächte geprägt. Im Land musste er sich vor allem mit den Forderungen der Friedensbewegung und dem RAF-Terror auseinandersetzen. Schmidt selbst beschrieb später einige seiner politischen Entscheidungen als Wahl zwischen *„unerträglichen Übeln"*, die er selbst als *„existenziell bedrückend"* empfunden habe. Er bezog sich dabei insbesondere auf den Tod von Arbeitgeberpräsident Hanns Martin Schleyer, der im Oktober 1977 von der RAF ermordet worden war. Der Bundeskanzler hatte es zuvor abgelehnt, mit den Entführern zu verhandeln.

Schmidt zählte bis ins hohe Alter zu den gefragtesten Gesprächspartnern weltweit. Die Meinung des brillanten Rhetorikers hatte weittragendes Gewicht. Zu seinen Markenzeichen zählte unwiderlegbar das Rauchen. Selbst bei seinen TV-Auftritten verzichtete er niemals auf seine Zigarette. Und keiner wagte es, ihm das Kettenrauchen zu verbieten.

Eine Begabung hatte Schmidt abseits des politischen Alltags. Er spielte leidenschaftlich Schach, komponierte und nahm sogar als talentierter Pianist mehrere Schallplatten auf.

Im Herbst 1982 zerbrach die sozialliberale Koalition, u. a. an den unterschiedlichen Positionen zum NATO-Doppelbeschluss. Die Bundesminister des Koalitionspartners FDP traten geschlossen zurück. CDU und FDP stellten daraufhin ein konstruktives Misstrauensvotum gegen Schmidt. Dieser verlor die Abstimmung und Helmut Kohl wurde der sechste Kanzler der Bundesrepublik. Nach 13 Jahren sozialdemokratischer Regierung übernahm nun wieder die CDU, diesmal mit der FDP, die Regierungsverantwortung. Helmut Kohl blieb 16 Jahre lang Kanzler (1982–1998) und war somit länger im Amt als alle seine Vorgänger (Adenauer hatte 14 Jahre regiert). Bei der Bundestagswahl 1980 hatte Kohl auf eine Kandidatur zugunsten seines Rivalen aus der CSU, Franz Josef Strauß, verzichtet. Strauß fuhr das bis dahin schlechteste Wahlergebnis der CDU ein. Danach tönte er: *„Es ist mir egal, wer unter mir Bundeskanzler wird."*

Der *„schwarze Riese"*, so hatte Kohls Partei ihn 1976 in seiner ersten Kampagne als Kanzlerkandidat genannt, wurde von der gesamten linksliberalen Öffentlichkeit belächelt, als er, aus Rheinland-Pfalz kommend, wo er viele Jahre den Posten des Ministerpräsidenten innehatte, die politische Bühne in Bonn betrat. Entsprechend herablassend wurde der „Provinzler" Kohl vom schneidigen Helmut Schmidt behandelt, der ihn auch wirkungsvoll mit seiner geschliffenen Arroganz reizte.

Als Redner war Kohl eine Katastrophe. Er hatte wenig Inspirierendes, das ständige Augenblinzeln und leichte Nuscheln machten seine Auftritte für den Zuhörer oftmals zu einer Qual. Manchmal war da kaum noch Inhalt, nur noch schwülstiges Pathos.

In die Amtszeit Kohls fielen nicht nur die Auflösung der Berliner Mauer, der DDR, der Sowjetunion und anderer osteuropäischer Staaten, sondern auch die Vorbereitung der Europäischen Währungsunion. Seinen Platz in den deutschen Geschichtsbüchern – ein Thema, das ihm stets wichtig war – werden auch kritische Erinnerungen nicht schmälern. Für seine Verdienste um die Wiedervereinigung wurde der „Kanzler der Einheit" nahezu jedes Jahr für den Friedensnobelpreis ins Gespräch gebracht, allerdings blieben seine Hoffnungen auf eine Reise nach Stockholm lediglich Illusion.

Die Parteispendenaffäre zog die harte Linie, und Kohl war nicht in der Lage, diesen Schaden zu beheben. Im Flick-Parteispendenskandal 1983 wurde bekannt, dass der Flick-Konzern über Jahre die Parteien des Bundestages mit verdeckten Parteispenden versorgt hatte, und möglicherweise standen politische Entscheidungen mit den Zahlungen in Zusammenhang. Flick-Manager Eberhard von Brauchitsch behauptete, diese Praktiken dienten einer *„Pflege der politischen Landschaft"*. Durch den Untersuchungsausschuss wurde offenbar, dass zwischen 1969 und 1980 mehr als 25 Millionen Mark aus Flicks schwarzen Kassen an zahlreiche Politiker von CDU/CSU, FDP und SPD geflossen waren. Im Kassenbuch des Flick-Konzerns wurde eine Eintragung „wg. Kohl" gefunden. Vor dem Untersuchungsausschuss behauptete dieser jedoch felsenfest, sich an nichts erinnern zu können, und entging damit einem Strafverfahren nur knapp. Seine Erinnerungslücken erklärte sein Parteifreund CDU-Generalsekretär Heiner Geißler später mit einem „Blackout". Allerdings räumte er im November 1999 überraschenderweise ein, dass die CDU in der Ära Kohl über einen längeren Zeitraum *„schwarze Konten"* geführt habe. Andere frühere Generalsekretäre der CDU gaben an, davon nichts gewusst zu haben. Kohl bestätigte die Existenz dieser Konten, die er zuvor abgestritten hatte, und übernahm die politische Verantwortung für Fehler bei den CDU-Finanzen in seiner Amtszeit. Er gab an, er habe 2,1 Millionen DM verdeckter und damit illegaler Parteispenden an den Büchern der CDU vorbei angenommen, allerdings den Spendern sein Ehrenwort gegeben, ihre Namen nicht zu nennen. Eines Verstoßes gegen die Rechtsordnung oder gegen die Verfassung fühle er sich dabei nicht schuldig. Auf Druck der CDU-Spitze trat Kohl vom Amt des Ehrenvorsitzenden zurück. Die Namen der Spender nahm er 2017 mit ins Grab.

In Verdun, Ort einer der schlimmsten Schlachten des Ersten Weltkriegs, trafen sich 1984 vor dem Gebeinhaus auf dem Soldatenfriedhof Douaumont die beiden Staatschefs aus Deutschland und Frankreich, Helmut Kohl und François Mitterrand und reichten sich im Gedenken an die Toten beider Länder die Hände. Diese Geste wurde zum Symbol der Versöhnung, sie hatte etwas zutiefst Berührendes – genau wie zuvor Willy Brandts Kniefall in Warschau. In der Schlacht um Verdun starben 700.000 Soldaten. Und da man nach dem Krieg die Gebeine von 130.000 Toten nicht mehr nach Person oder Nationalität identifizieren konnte, vereinigte man deren Knochen im Gebeinhaus zu Douaumont.

Millionen Fernsehzuschauer waren am Silvesterabend 1986 irritiert, als Kanzler Kohl in seiner Neujahrsansprache den Zuschauern ein frohes 1986 wünschte. Was wie ein trotteliger Versprecher klang, erwies sich als eine der größten TV-Pannen im

355

Deutschen Fernsehen. Die Rede war vertauscht worden. Jemand von der Technik hatte angeblich das falsche Band eingelegt – die Silvesteransprache aus dem Vorjahr. Schuld daran sollen vorgeblich die ungünstigen Lichtverhältnisse in der Hamburger Sendezentrale gewesen sein. (!)

Man sollte auch bei Menschen, die im Leben Großes geleistet haben – und dazu gehört zweifellos Kohls Einsatz für die Deutsche Einheit und für die Vision eines starken Europas – die Schattenseiten nicht vergessen. Alles andere wäre posthume Glorifizierung, die dem Andenken der Verstorbenen nicht gerecht wird. Andererseits waren etliche Nachrufe nach seinem Dahinscheiden pure Heuchelei. Zu Amtszeiten wurde Kohl in der Öffentlichkeit geschmäht und niedergemacht wie kein anderer Kanzler in der Geschichte der Bundesrepublik. Autoren, ob Journalisten oder Historiker, die auch kritische Aspekte seiner Amtshandlungen anführten, fielen bei ihm schnell in Ungnade. Was offensichtlich viele Kritiker, Intellektuelle, Karikaturisten und Satiriker nicht gesehen hatten, war, dass in der Verachtung und in dem Spott, den sie über Helmut Kohl ausgegossen haben – über seinen Lebensstil, über die Art, wie er sich oftmals präsentierte, vor seinem Aquarium mit Zierfischen und seiner Münzsammlung oder bei Pfälzer Saumagen und Riesling –, sich viele Menschen in Deutschland mit verspottet sahen, die so sind oder sich wie Kohl gefühlt haben. Das erklärt auch sicherlich seinen lang anhaltenden Wahlerfolg.

In der BRD ging allmählich der Trend weg vom Bedienungsladen mit Theke (auch Tante-Emma-Laden genannt) hin zum Selbstbedienungsladen bzw. Discounter. Der Unterschied zwischen Supermarkt und Discounter liegt im Preis und dem Sortiment. Dieses Konzept ermöglicht den Anbietern einen größeren Flächenumsatz bei relativ niedrigen Laden- und Personalkosten. Niedrige Handelsmargen, kombiniert mit niedrigen Einkaufspreisen (aufgrund der großen Mengen in Verbindung mit Logistikvorteilen), erlauben den Discountern ihre Produkte zu niedrigen Verkaufspreisen zu veräußern. Die erfolgreiche Nied-

rigpreispolitik der Discounter beruht hauptsächlich auf rigoro-
sen Kosteneinsparungen bei allen eingesetzten Betriebsmitteln,
inklusive mieser Arbeitsbedingungen. Scanner und Barcodes
haben inzwischen sicherlich die Arbeit an der Kasse des Dis-
counters vereinfacht. Dennoch: Es war schon eindrucksvoll, wie
flink die Kassierer und Kassiererinnen früher nicht nur das gesamte Sortiment auswendig kannten, sondern auch noch den
Kassencode, den sie in atemberaubender Geschwindigkeit ein-
geben konnten.

Häufig sind Deutsche entsetzt über die Weise der Tierhaltung
und darüber, dass Pestizide gespritzt werden und Kunstdünger gestreut wird, um dann als Verbraucher zum Discounter zu
laufen und ein Hähnchen für 2,39 Euro zu kaufen. Wer so ein
Hähnchen kauft, darf sich nicht beschweren, dass es Massen-
tierhaltung gibt. Ein Bauer bekommt für 100 Kilo Kartoffeln
einen Euro, für zehn Eier rund 60 Cent, für einen Liter Milch
um die 30 Cent und für ein ein Kilo Hähnchen etwa 90 Cent.
Da ist das Katzen- und Hundefutter teurer als das Hackfleisch
für Menschen. Die Deutschen gehören zu den reichsten Menschen auf der Welt, haben die billigsten Lebensmittel in Europa und geben prozentual am wenigsten für diese aus. Neun von
zehn Deutschen kaufen Lebensmittel gern beim Discounter,
zwei sogar ausschließlich dort. 1970 ging noch ein Viertel der
Ausgaben eines Haushalts für Essen drauf, am Ende des Jahrtausends noch 14 Prozent. Hinzu kam ab den Achtzigern, dass
immer weniger Menschen Zeit für die Essenszubereitung aufbringen konnten oder wollten. So stieg vor allem der Absatz von
Tiefkühlprodukten rapide an. Verkaufsschlager wurden und
sind bis heute noch Pizza, Fischstäbchen, Pommes und Spinat.
Dazu kommen Fertiggerichte, die auf den vielversprechenden
Fotos auf der Packung Gourmethaftes für den Gaumen versprechen, sich im Geschmack jedoch voneinander durch nichts
unterscheiden. Und im Tagesrhythmus eröffnete irgendwo ein
neues Lokal etablierter Fast-Food-Ketten. Zahlreiche Lebens-
mittelskandale verunsicherten die Verbraucher. Hormone im

Kalbfleisch und im Geflügel, Gammelfleisch, BSE, Antibioti-
karückstände und Dioxinbelastung, das Frostschutzmittel Gly-
kol im Wein, Salmonellen im Frühstücksei, Chemie im Olivenöl
oder Würmer im Fisch.

Der ungesunden Ernährung mit viel Fleisch, Fett und Zucker folgte plötzlich die Reue und nun sollte das Übergewicht
reduziert werden. Der Handel reagierte mit einer stets wachsenden Zahl an kalorienreduzierten Produkten und das Wort
„light" bekam ein neues Erscheinungsbild.

Früher fuhr man an einer Tankstelle vor, um Benzin zu tanken. Man tankte (d. h. ließ tanken), zahlte und ging. Plötzlich
gab es nur noch Sprit mittels Selbstbedienung und man konnte von Glück sprechen, wenn man sich nicht die Klamotten und
die Hände mit Benzin oder Öl eingesaut hatte. Daran hat sich
bis heute nichts geändert. Um zur Kasse der inzwischen zum
„Supermarkt" aufgemotzten Baulichkeit vorzudringen, muss
man sich mühsam einen Weg ebnen durch frische Backwaren,
Zeitungen, Getränke, Aspirin und Tampons. Wenn man es eilig
hat, weiterzukommen, kann man all seine Restnerven darauf
verwetten, dass die Person vor einem mit besonderer Begeisterung auf das Backwarenangebot vor ihr zu sprechen kommt, sich
jedes Gluten einzeln vorsingen lässt und am Ende minutenlang
in seinen Taschen nach seiner Punktekarte sucht.

Abgesehen von einer kleineren Krise 1967/1968 war es mit der
deutschen Wirtschaft immer weiter bergauf gegangen – bis
zum Herbst 1973. In diesem Jahr explodierte der Ölpreis, ausgelöst durch den Jom-Kippur-Krieg – Ägypten und Syrien gegen Israel. Dieser Krieg sollte großen Einfluss auf die Ölförde-
rung haben, was bedeutete, dass weniger Öl den Preis auf den
Märkten ansteigen ließ. Die OPEC (Organisation erdölexpor-
tierender Länder) wollte damit die westlichen Länder, die Israel unterstützten, unter Druck setzen. Am Ölembargo beteiligten sich fast alle arabischen Ölförderstaaten. Als Maßnahme,
um Erdöl zu sparen, wurden in der Bundesrepublik nach Tem-

pobeschränkungen (100 km/h auf Autobahnen, 80 km/h auf Landstraßen) vier Sonntagsfahrverbote verhängt. Im November und Dezember 1973 fuhren dann an diesen vier Sonntagen keine Autos. Leere Autobahnen boten ein ungewohntes Bild. Die Ausgaben für Öl stiegen erheblich an. Dadurch verschlimmerte sich die Krise der Wirtschaft.

Das Bewusstsein vom Energiesparen blieb in der Bevölkerung auch nach der Ölkrise wach. Man wollte weniger abhängig vom Öl sein und suchte nach Alternativen. Es wurden Bohrinseln gebaut, um Öl aus der Nordsee zu fördern. Die Politik setzte auf Atomkraftwerke, was Widerstand in der Bevölkerung hervorrief. Mit der Planung und dem Bau der ersten Atomkraftwerke formierte sich auch ihr Widerstand dagegen. Anfangs blieb der Protest auf die Anwohner begrenzt. In Wyhl am Kaiserstuhl (Baden-Württemberg) zeigten 1975 Zehntausende ihren Widerstand gegen das dort geplante Kraftwerk. 1976 kamen Demonstranten aus dem ganzen Bundesgebiet, um in Brokdorf (Schleswig-Holstein) zu zeigen, dass sie gegen Atomkraft waren. Die Polizei griff hart durch und so verschärften sich die Auseinandersetzungen noch mehr. Und durch die Nachricht des Waldsterbens 1981 wurde die Umweltbewegung ebenfalls tatkräftig.

Zunehmend sorgten sich in den 1970er-Jahren gerade junge Menschen um die Umwelt. Schon 1963 war die deutsche Organisation des WWF (World Wildlife Fund) gegründet worden, der sich vor allem für Artenschutz einsetzte. 1975 folgte der „Bund für Umwelt und Naturschutz Deutschland" (BUND), 1980 Greenpeace. Sie alle setzen sich mit unterschiedlichen Schwerpunkten für den Natur- und Umweltschutz ein.

Zu Beginn der 1980er-Jahre wurde die Sorge um den Wald besonders groß. Studien hatten ergeben, dass der Wald in Deutschland sehr krank sei. Die Debatte um das Absterben des Waldes hatte erhebliche politische, industriepolitische und gesellschaftliche Auswirkungen und gilt als einer der Gründe für den Aufstieg der Partei der Grünen. Der „saure Regen" setzte den Bäumen zu. Die Industrie und die Braunkohlekraftwerke, aber auch der Verkehr und die privaten Haushalte hatten über Jahre mehr und mehr Schwefel in die Luft gepumpt. Die Luft war also durch schwefelhaltige Abgase verschmutzt. Der Schwefel kam nun als säurehaltiger Regen wieder hinab zur Erde und schädigte die Bäume. Man fürchtete, dass der Wald nicht mehr zu retten sei. Vorhersagen, dass der Wald innerhalb von wenigen Jahren verschwunden sein würde, haben sich zum Glück nicht bewahrheitet. Auf das Umweltbewusstsein hatte die Debatte jedoch eine positive Auswirkung und Deutschland war in vielen Maßnahmen des Umweltschutzes Vorreiter in Europa.

Dass die Waldsterbensdebatte neuerdings wieder in den Medien erscheint, ist in direktem Zusammenhang mit dem Paradigma der „Klimakrise" zu sehen, die nun die öffentliche Diskussion beherrscht. So verkündete der Bund Deutscher Forstleute, wie das in der Zeit auch viele Länder und Kommunen machten, einen „Klimanotstand für den Wald".

Während die 68er noch als geschlossene Truppe aufmarschierten, mit charismatischen Anführern wie Rudi Dutschke, war die Jugend der Achtziger bereits in viele Subkulturen gesplittet, in völlig neue Protestkulturen wie Punker, Hausbesetzer, Gangs, Ökos und Autonome.

Als der Bundestag 1979 dem NATO-Doppelbeschluss zustimmte, der vorsah, atomare Mittelstreckenraketen vom Typ Pershing II in der Bundesrepublik zu stationieren, wurde aus der Friedens- eine Massenbewegung. Hunderttausende gingen in den folgenden drei Jahren auf die Straße, um gegen die neue atomare Bedrohung zu protestieren. Ohne Erfolg. 1983 beschloss der Bundestag die Raketenstationierung trotz aller Widerstände der Bevölkerung.

Doch nicht nur revoltierende Studierende, gewaltbereite Chaoten und Aussteiger waren bereit, für ihr Anliegen auf die Straße zu gehen, sondern auch ganz „normale" Bürger. Hunderttausende – eine bis dahin beispiellos solidarische Gemeinschaft – gingen damals zum Demonstrieren gegen die Obrigkeit: den Staat. Neben eher oberflächlichen politischen Parolen war die Lust an der Konfrontation mit der Staatsmacht wichtiges Motiv. Neben den Protesten gegen die Errichtung von Kernkraftwerken und gegen den Bau einer atomaren Wiederaufbereitungsanlage in Wackersdorf für hoch radioaktiven Atommüll aus annähernd 50 Jahren ziviler Nutzung der Kernenergie in Deutschland, gegen Castor-Transporte aus der nordfranzösischen Wiederaufbereitungsanlage La Hague ins niedersächsische Atommülllager Gorleben sowie Hausbesetzungen in zahlreichen Großstädten wurde in den 1970er- und 1980er-Jahren eine Revolte zu einem der wichtigsten Bezugspunkte der Umweltbewegung: die Revolte gegen die Errichtung einer Startbahn-West am Frankfurter Flughafen, für die 350 Hektar Wald geopfert werden mussten. Mit mehr als 100 Klagen versuchten Umweltschützer und andere friedliche Startbahn-Gegner das Projekt zu verhindern. Erfolglos. Im April 1984 wurde die umstrittene Startbahn-West ohne Eröffnungsfeierlichkeiten ihrer Bestimmung übergeben. Etwa drei Jahre später wurden anlässlich einer Demonstration zum Jahrestag der Räumung des Hüttendorfs drei Polizeibeamte durch eine geraubte Polizeidienstwaffe getötet. Zum ersten Mal seit Bestehen der Bundesrepublik hatte es aus einer Demonstration heraus einen tödlichen Angriff auf Polizisten gegeben.

Im Januar 1980 war in Karlsruhe die Partei „Die Grünen" gegründet worden. Sie einte vorläufig die sehr heterogenen politischen Gruppierungen aus dem linken Spektrum und den „Neuen sozialen Bewegungen" (NSB). Erstmals drang damit wieder eine Partei in das seit den Fünfzigerjahren geschlossene System der Parlamentsparteien ein. Vorläufig und unvollständig konservierte es doch Vorstellungen, Forderungen, Träume und Utopien derjenigen politischen Generation, die in den Siebziger- und Achtzigerjahren aus der Einsicht in die Begrenztheit und Gefährdetheit gesellschaftlicher Existenz heraus das Leben in der Bundesrepublik Deutschland umfassend humanisieren wollte. Das Bundesprogramm formulierte Probleme, Perspektiven und Lösungsansätze, die in den Folgejahrzehnten allgemeine Bedeutung für die Gesellschaft der Bundesrepublik erlangten.

Strickjacken und Turnschuhe, Transparente und Blumentöpfe, der Einzug der Grünen in den Deutschen Bundestag war 1983 vor allem eins: turbulent. Helmut Kohl gab den Neulingen der Bonner Politik keine zwei Jahre – ein Irrtum, wie sich zeigen sollte. Denn als Joschka Fischer und Co. endlich am politischen Geschehen der Bundesrepublik teilnehmen konnten, hatte die grüne „Anti-Parteien-Partei" historisch gesehen schon einen langen Weg zurückgelegt. Kaum ein Gesicht hat die Anfangsjahre der grünen Partei stärker geprägt, als das der Politikerin und Friedensaktivistin Petra Kelly. Ebenso idealistisch wie kompromisslos kämpfte die „Jeanne d'Arc des Atomzeitalters" bis zu ihrem Freitod 1992 für ihre Vision einer besseren Welt. Und machte dabei, wenn nötig, auch vor der eigenen Partei nicht halt.

Innerhalb der Grünen gab es einen Streit um die Ausrichtung („Flügelkämpfe"). Die „Fundis" (Fundamentalisten) am linken Flügel standen den „Realos" (abgeleitet von „realpolitisch") gegenüber. Es ging vor allem darum, ob die Grünen tatsächlich anstreben sollten, in die Regierung zu kommen (das wollten die Realos), oder ob ihr Ziel sich nur auf die Opposition richten sollte (das wollten die Fundis). Zu den Symbolfiguren beider Richtungen zählen vor allem Jutta Ditfurth als Fundi und Joschka Fischer als Realo.

Das Bild ist unvergessen: In Schlabber-Sakko, Jeans und weißen Turnschuhen legte Joschka Fischer, die rechte Hand zum Schwur erhoben, 1985 als erster grüner Minister für Umwelt und Energie in Hessen den Amtseid ab. Zusammen mit ihrem Träger wurden die Turnschuhe berühmt, aber auch zu einem Politikum: Was heute nicht mehr groß auffallen würde, war damals eine Provokation. Fischer hat es später als Bundesaußenminister nach Bonn bzw. Berlin geschafft; das saloppe Schuhwerk ins Museum.

1985 wurde die erste rot-grüne Koalition auf Länderebene besiegelt. Auf Bundesebene regierten SPD und Bündnis 90/Die Grünen gemeinsam von 1998 bis 2005. Unter Bundeskanzler Gerhard Schröder stellten die Grünen in den Kabinetten Schröder I und Schröder II jeweils drei Bundesminister, darunter den Vizekanzler und Bundesaußenminister Joschka Fischer.

Eine der bizarrsten Skandale in der deutschen Nachkriegsgeschichte war fest verknüpft mit dem Namen des damaligen Verteidigungsminister Manfred Wörner (CDU) und hätte eher in
einer Bananenrepublik angesiedelt sein können. Im Jahre 1983
kamen Gerüchte auf, der Vier-Sterne-General und NATO-Ober-
befehlshaber Günter Kießling sei homosexuell, nachdem er angeblich als regelmäßiger Besucher von zwei Homolokalen und in
Begleitung von Strichjungen identifiziert worden war. Die Ermittlungen gipfelten darin, dass Wörner obskure Belastungs-
zeugen aus der Homosexuellenszene, darunter offenbar mindestens zwei männliche Prostituierte, zu sich ins Büro einlud
und sie persönlich vernahm. Tatsächlich aber hatten die „Zeugen" nur eine Kießling ähnlich sehende Person erkannt.

Ein Bundesminister verhörte Strichjungen – tiefer ist ein
Regierungsmitglied der Bundesrepublik in offizieller Funktion vermutlich nie gefallen. Obwohl die Vorwürfe jeder realen
Grundlage entbehrten, wurde der General zum 31. Dezember
1983 entlassen – ohne militärische Ehren. Manfred Wörner befand, dass Kießling ein hohes Sicherheitsrisiko darstelle, weil er
ledig und durch seine (angebliche) Homosexualität erpressbar
sei. Nach Entkräftung der Vorwürfe wurde der General zum 1.
Februar 1984 wieder in den aktiven Dienst und bald darauf am
26. März 1984 ehrenhaft mit dem Großen Zapfenstreich und somit allen militärischen Ehren in den Ruhestand versetzt. Dem
Verteidigungsminister schadete diese Affäre am Ende nicht. Im
Gegenteil: Er wurde 1988 zum NATO-Generalsekretär befördert
und blieb auf diesem Posten bis zu seinem Tod im Jahre 1994.

Während heute Politiker offen mit ihrer Homosexualität umgehen und diese kein Entlassungsgrund mehr ist, war die Situation im Jahre 1984 noch eine ganz andere – obwohl auch damals Homosexualität schon nicht mehr strafbar war. Damals
genügte aber offenbar schon die unbewiesene Unterstellung,
schwul zu sein, um aus dem Staatsdienst entlassen zu werden.

Vergleichbar mit der „Kießling-Affäre" war Anfang 1938 die
„Fritsch-Affäre". Der damalige Oberbefehlshaber des Heeres, Generaloberst Werner von Fritsch, wurde wegen erfundener Vor-

würfe, homosexuell zu sein, zum Rücktritt gezwungen. Es kam zu einem Prozess, in dem Fritsch wegen erwiesener Unschuld von den Anschuldigungen, die damals noch mit hohen Strafen geahndet wurden, freigesprochen und rehabilitiert wurde. Die Gestapo war der Verwechslung eines zweifelhaften Zeugen aufgesessen. Der Generaloberst wurde formal wieder eingestellt, aber nur als Regimentskommandeur verwendet. Anderthalb Jahr später starb er an der Spitze seiner Truppen vor Warschau an seinen Verwundungen. Nach dem Bericht eines Leutnants, der ihn begleitete, wurde Fritsch am linken Oberschenkel angeschossen, wobei eine Schlagader verletzt wurde. Mit den Worten *„Lassen Sie nur"* lehnte er ein Abbinden des Beins ab und verstarb eine Minute später.

Ebenfalls im Jahre 1983 ereignete sich einer der größten Skandale in der Geschichte der bundesdeutschen Presse. Das Hamburger Nachrichtenmagazin „Stern" glaubte, die vermeintlichen Tagebücher Adolf Hitlers aufgespürt zu haben, deren Veröffentlichung sich allerdings sehr bald als Fälschungen erwies. Ein gewisser Konrad Kujau hatte Hitlers Schrift nahezu perfekt nachgeahmt und komplette Passagen aus einer längst veröffentlichen Sammlung seiner Reden abgeschrieben. Daraufhin erwarb der „Stern" insgesamt 62 Bände der gefälschten Bücher für 9,3 Millionen D-Mark vom „Stern"-Reporter Gerd Heidemann, obwohl ein endgültiges Ergebnis einer bereits angelaufenen Echtheitsuntersuchung des Bundeskriminalamtes nicht abgewartet worden war.

Kujau und Heidemann wurden in Hamburg vor Gericht gestellt und verurteilt. Kujau legte ein Geständnis ab, sämtliche Bände selbst geschrieben zu haben. Er wurde wegen Betrugs in Tateinheit mit Urkundenfälschung zu einer mehrjährigen Haftstrafe verurteilt. Bei Heidemann gelangte das Gericht zu der Überzeugung, dass er von dem Geld, das der „Stern" zur Verfügung gestellt hatte, einen Betrag in Millionenhöhe nicht an Kujau weitergeleitet, sondern unterschlagen hatte. Er wurde zu vier Jahren und acht Monaten Haft verurteilt.

NEONAZIS IN DEUTSCHLAND

Bereits in den 1960er-Jahren entstand die Nationaldemokrati-sche Partei Deutschlands (NPD). Nach Einschätzung des Bun-desverfassungsgerichts weist sie eine programmatische und sprachliche Nähe zur NSDAP auf und vertritt eine völkisch-na-tionalistische und revanchistische Ideologie. Außerdem veran-schaulicht sie in ihrer politischen Programmatik Kernelemen-te eines rechtsextremen Welt- und Menschenbildes. Die NPD wurde zur Sammelpartei rechtsradikaler Kräfte sowie unzu-friedener Protestwähler. Für einige Jahre gelang ihr der Einzug in die meisten Landtage. Das Ausland reagiert seit Langem auf die Entwicklung mit großer Sorge; Parteien und Gewerkschaf-ten beziehen klare Gegenpositionen.

Die NPD als klar rechtsextreme Partei vertritt auch eindeu-tig antisemitische Positionen. Da erneut ein beträchtlicher Teil der Deutschen antisemitischen Stereotypen zustimmt, aber kei-ne rechtsextreme Partei wählt, bieten sich für die NPD hier An-knüpfungspunkte. Außerdem muss die Partei, um ihre Existenz nach 1945 zu rechtfertigen, die Verbrechen des Nationalsozia-lismus – und damit auch den Holocaust – leugnen oder zumin-dest verharmlosen. Da aber in Deutschland Antisemitismus in der öffentlichen Kommunikation tabuisiert und teilweise so-gar strafbewehrt ist, muss die NPD ihre Überzeugungen subti-ler kommunizieren. Rechte Gewalt richtet sich von jeher gegen bestimmte Minderheiten wie Ausländer, politische Gegner, Ho-mosexuelle, Juden und Behinderte.

Seit erheblich mehr Spätaussiedler sowie Übersiedler aus den Staaten des Warschauer Pakts nach Deutschland kamen, stieg die Zahl der vermutlich politisch motivierten Brandanschlä-ge gegen Aussiedlerheime, Unterkünfte für Asylbewerber und Flüchtlinge stetig. Tagelang belagerten im Herbst 1991 Neonazis in Hoyerswerda in Sachsen Ausländerunterkünfte, warfen Steine, Flaschen und Molotowcocktails, zerstörten Scheiben, versuchten die Gebäude in Brand zu setzen und grölten ausländerfeindliche Parolen – und eine große Anzahl Maulaffen feilhaltender Bürger klatschte Beifall. Nach fünf Tagen Pogromstimmung, in denen die Polizei die Situation nicht unter Kontrolle bekam oder bekommen wollte, wurden die ausländischen Bewohner mit Bussen aus der Stadt gebracht. Bei weiteren Brandanschlägen Anfang der Neunzigerjahre gegen Ausländerunterkünfte in Mölln, Rostock, Solingen und Lübeck starben mindestens zehn Menschen.

Elf Jahre zuvor hatte das Oktoberfest in München ein jähes Ende gefunden. Mit einem fürchterlichen Knall explodierte beim Haupteingang eine Bombe. Wo zuvor noch Hunderte Besucher die Theresienwiese verlassen hatten, lagen plötzlich Tote und Verstümmelte, Verletzte schrien um Hilfe. In einem Umkreis von 30 Metern gab es 13 Tote und 211 Verletzte. Unter ihnen auch der Attentäter selbst, ehemaliger Anhänger der neonazistischen, kurz zuvor verbotenen „Wehrsportgruppe Hoffmann". Viele Opfer wurden mehrfach operiert und blieben doch für den Rest ihres Lebens gezeichnet. Die Taten zeigen, dass Rassismus in Deutschland eine Geschichte hat – die sich auf erschreckende Weise wiederholt.

Mehr als 13 Jahre lang haben Uwe Böhnhardt, Uwe Mundlos und Beate Zschäpe aus dem Untergrund heraus gemordet, gebombt und mehr als ein Dutzend Banken überfallen. Kurz nach dem Selbstmord ihrer beiden Komplizen zündete Zschäpe das Versteck der Gruppe in Zwickau an und stellte sich wenige Tage später der Polizei. Bald stellten die Ermittler fest: Die blutige Spur der Terrorgruppe „Nationalsozialistischer Untergrund" (NSU) zog sich quer durch die ganze Republik.

Das um 1999 zur Ermordung von Mitbürgern ausländischer Herkunft aus rassistischen und fremdenfeindlichen Motiven gebildete Trio ermordete bis 2007 acht türkisch- und einen griechischstämmigen Kleinunternehmer sowie eine Polizistin. Doch weder Polizei noch Verfassungsschutz vermuteten hinter den

Taten ein rechtsextremes Motiv. Hunderte Beamte ermittelten jahrelang in die falsche Richtung. Die Ermittler hätten selbst dann noch am vermuteten Tatmotiv *„organisierte Kriminalität"* festgehalten, als *„Spur um Spur in diese Richtung ergebnislos blieb",* kritisierte 2013 der NSU-Untersuchungsausschuss. Was wussten die Sicherheitsbehörden – insbesondere das Bundesamt für Verfassungsschutz – über die rechtsterroristischen Aktivitäten des mutmaßlichen NSU-Kerntrios und seiner polizeibekannten Unterstützer? Und was geschah mit diesem Wissen über rechtsterroristische Strukturen, das die neonazistischen V-Leute im Netzwerk der NSU hatten?

Immer wieder schießen gewaltbereite Neonazigruppen wie Pilze aus dem Boden. Mit Gewalt und Einschüchterung dominieren Rechtsextreme bald die Jugendkultur, vor allem im ländlichen Raum.

Seit Generationen siedeln Familien mit rechter Gesinnung auf dem Land. Fernab der großen Städte bilden sie hier Gemeinschaften, die ihrem rassistischen Weltbild entsprechen. In dünn besiedelten Gebieten können sie ungestörter ihrer menschenfeindlichen Weltanschauung folgen und ihre Kinder mit weniger Einflüssen von außen erziehen. Dabei geht ihre Weltanschauung auf das rassistisch-antisemitische Denken der völkischen Bewegung Anfang des 20. Jahrhunderts zurück, das im Nationalsozialismus seinen Höhepunkt fand. Durch eine „rein deutsche Abstammung" soll der „Erhalt des Volkes" gesichert werden, eine arische, „deutsche Volksgemeinschaft" sei anderen Menschengruppen überlegen. Sie betreiben oft ökologischen Landbau, gehen traditionellen Handwerken nach und pflegen altes Brauchtum. Vor allem aber leben sie in allem ihre germanisch-völkischen Ideale: Bezeichnet werden sie deshalb als „völkische Siedler". Gekleidet in Trachtengewänder oder Lodenanzüge üben sie sich in Selbstversorgung, dazu pflegen sie ein patriarchales Familienbild. Ihren Kindern geben sie germanische Namen wie Gudrun oder Siegfried. Die Väter als Familienoberhäupter arbeiten in Handwerksberufen, etwa als Dachdecker oder Schmied, die Mütter mit streng geflochtenen Zöpfen und langen Kleidern hüten die Kinder, manche arbeiten als Erzieherinnen oder Hebammen. Sie engagieren sich im Naturschutz und machen sich für eine ökologische, nachhaltige Lebensweise stark.

In den Gemeinden treten sie als nette, hilfsbereite Nachbarn auf, engagieren sich ehrenamtlich in Vereinen, Kindergärten und Schulen – und machen sich so unentbehrlich. Ihre Weltanschauung vertreten sie aber unerbittlich. Manchmal werden schon Kinder bei Wehrsport und Überlebenstrainings gedrillt, um die Siedlungsgemeinschaft im Zweifel mit militärischen Mitteln verteidigen zu können. Hinter ihrem Verhalten steckt Kalkül: *„Wenn ihre menschenfeindliche Weltanschauung bekannt wird, sind sie oft so fest in den Alltagsstrukturen verankert, dass nur schwer gegen sie vorgegangen werden kann"*, schreibt die „Amadeu Antonio Stiftung". Das Bundesinnenministerium sieht ebenfalls die Gefahr, dass völkische Siedler ihre rassistische Ideologie verbreiten könnten, betont aber zugleich, dass nicht alle Siedler rechtsextremistisch seien. Wo wie viele Siedler leben und wie aktiv sie sind, werde nicht erhoben, da die Bewegung nicht vom Verfassungsschutz beobachtet wird. Welches Selbstbild die Szene pflegt, schien bereits in der Todesanzeige zu Ehren Rudolf Heß' durch: *„Wir sind vielleicht die Letzten von gestern, aber wir sind auch die Ersten von morgen."*

EIN VIRUS VERÄNDERT DIE WELT

1981 berichtete der US-amerikanische Arzt Michael Gottlieb dem „Center for Disease Control and Prevention" über fünf Fälle einer seltenen Form der Lungenentzündung, die bis dato nur bei immunsupprimierten Patienten beobachtet worden war. Doch das Merkwürdige an dieser Feststellung war, dass alle Patienten jung und bis dahin gesund waren, allerdings waren alle homosexuell.

Diese Meldung gilt als der Beginn einer der größten Seuchen unserer Zeit: Aids! Eine schwere Schwächung des körpereigenen Immunsystems. Auslöser ist das „**h**uman **i**mmundeficiency **v**irus" (humanes Immundefizienz-Virus), kurz **HIV** genannt. Es macht den Organismus anfällig gegen alle möglichen Infektions- und Krebserkrankungen, mit denen normalerweise gesunde Menschen problemlos fertigwerden.

Zu Beginn war weder die Ursache der merkwürdigen Erkrankung noch ein Zusammenhang der Einzelfälle bekannt. Doch schon wenige Monate später gingen weitere Berichte über Patienten mit analogen Symptomen bei den Gesundheitsbehörden ein. Auffällig häufig wurde auch von Kaposi-Sarkomen, einer sonst sehr seltenen Krebsart, berichtet, und schon jetzt wurde zumindest einigen Wissenschaftlern klar, dass es sich nicht um kuriose Einzelfälle handelte, sondern um den Beginn einer eventuell dramatischen Epidemie. Die einzige Übereinstimmung bei den räumlich, zeitlich und sozial voneinander getrennten Krankheitsausbrüchen war die Homosexualität der Patienten. Also Übertragung auf dem sexuellen Weg ohne Verwendung von Kondomen. Auch wenn sich sehr bald herausstellte, dass die Ansteckung genauso auf heterosexuellem Weg, durch infiziertes Blut, infizierte Muttermilch oder verunreinigte Spritzen von Drogenabhängigen möglich ist, war die Community der Schwulen in besonderer Weise betroffen. Die Erkrankung wurde anfangs als Problem einer Minderheit angesehen und eine gesamtgesellschaftliche Betroffenheit verneint. Konservative religiöse Eiferer in den USA sahen Aids als eine *„gerechte Strafe"* für einen in ihren Augen unsittlichen Lebenswandel und nutzten die Krankheit zu Hetzkampagnen gegen jegliche Form des Liberalismus. Schwulsein war ein Stigma; die HIV-Infektion der sichere Tod.

1983 gelang es dem Wissenschaftler Luc Montagnier, das HIV zu isolieren. Im Jahr darauf verkündete der Forscher Robert Gallo schließlich offiziell die Entdeckung des Virus. Es bestätigte sich, dass die rätselhafte Immunschwächekrankheit durch sexuelle Kontakte sowie Blut übertragen wird. Die Übertragung dieses Virus auf den Menschen erfolgte nach Ansicht der Forscher wohl bereits vor den 1930er-Jahren durch den Verzehr von Schimpansenfleisch. Dennoch wurde schon bald die als Verschwörungstheorie eingestufte Behauptung verbreitet, der zufolge eine natürliche HIV-Entstehung in Afrika unwahrscheinlich und die Krankheit im Zuge der ab 1970 aufkommenden Gentechnik von Wissenschaftlern in einem US-amerikanischen Militärlabor gezüchtet worden sei, um zur biologischen Kriegsführung zu dienen. Die Berichterstattung der Medien war über Jahre hinweg keinesfalls einheitlich und konstant. Sprach man zunächst diskriminierend von einer „Schwulenseuche", änderte sich die Berichterstattung schnell, als sich die Betroffenheit auf die ganze Gesellschaft ausdehnte. Die dunkle Bedrohung wurde zum Hauptthema, nachdem sich das Virus kometenhaft weltweit ausbreitete. Unbeachtet und gesichtslos blieb die Epidemie allerdings noch viele Jahre in den sogenannten Entwicklungsländern. Millionen Menschen starben beispielsweise in Schwarzafrika infolge der erworbenen Immunschwäche, bevor die Seuche öffentliche Aufmerksamkeit fand und die reichen Länder alarmierte. Unbekümmert ließ der polnische Papst Johannes Paul II. anlässlich einer Afrikareise im Jahre 1993 verlauten, dass die eheliche Treue das einzige Mittel sei, um *„die tragische Wunde"* Aids zu heilen, und dass auch im Kampf gegen eine weitere Ausbreitung der Immunschwächekrankheit der Einsatz von Präservativen nicht gestattet werden dürfe. Gleichermaßen bezweifelte einige Jahre später auch der niederbayerische Papst während des Fluges auf dem Weg nach Kamerun, dass Kondome im Kampf gegen Aids Wirkung zeigten. (Fallschirme öffnen sich manchmal auch nicht. Dennoch ist davon abzuraten, ohne einen abzuspringen.) In Anbetracht der Tatsache, dass sich zu jenem Zeitpunkt die Anzahl der Infizierten monatlich verdoppelte, eine zutiefst menschenfeindliche, himmelschreiende Äußerung. Kommt es nicht fahrlässiger Tötung gleich, wenn man unbedarften, leichtgläubigen Menschen Aufklärung verweigert, auf welche Art und Weise man sich am besten gegen eine todbringende Krankheit schützen kann?

In den Achtzigerjahren wurden durch die Aids-Hysterie zahllose sexuelle Minderheiten diskriminiert. Der damalige bayerische Staatssekretär Peter Gauweiler (CSU) begann einen AidsKreuzzug, in dem er lautstark Zwangsreihenuntersuchungen aller Deutschen forderte und vorschlug, Infizierte zu kasernieren. Eine praktische Anregung, welche auch ohne großen Aufwand mit einigen wenigen Modernisierungen im nahe bei München gelegenen ehemaligen KZ-Lager Dachau hätte kurzfristig realisiert werden können.

Mittlerweile hat die Forschung eine ganze Reihe von Methoden, um relativ gezielt ins Erbgut eingreifen zu können. Ganz aus dem Körper entfernen lässt sich HIV allerdings nicht. Eine Heilung ist also nicht möglich. Doch führen viele Menschen mit HIV heute dank neuer Medikamente ein relativ normales Leben. Außerdem gibt es inzwischen Pharmakon, die einer Ansteckung vorbeugen. Dadurch sank bereits die Zahl der Neuinfektionen.

Im Beruf muss die Infektion meist keine große Einschränkung mehr bedeuten. Die meisten Menschen mit HIV gehen einer Arbeit nach und sind den Anforderungen ihres Berufes gut gewachsen. Probleme entstehen allerdings oft durch Diskriminierung und Ausgrenzung. Oftmals haben Vorgesetzte und Kollegen Angst davor, sich zu infizieren – obwohl das unter normalen Bedingungen am Arbeitsplatz nicht möglich ist.

Doch heißt die Pandemie des 20. Jahrhunderts nicht Aids, Ebola oder Vogelgrippe, sondern Diabetes. Aus einer Kombination von Älterwerden, zu viel und falsch essen, zu viel sitzen und zu viel Stress entsteht eine fatale Giftmischung im Körper, die zur Entstehung der Stoffwechselkrankheit führen kann. Mithilfe von Diät, Insulinspritzen und antidiabetischen Medikamenten ist die Krankheit allerdings gut behandelbar geworden und führt nicht mehr, wie früher, zum vorzeitigen Tod. Geht es nach führenden US-Wissenschaftlern, könnte bereits im Jahre 2022 ein entsprechender Impfstoff gegen die Immunschwäche so weit entwickelt sein, dass er breit eingesetzt werden kann. Gleichzeitig hofft man bis dahin, das erstmals Ende 2019 in China aufgetauchte und danach in kürzester Zeit weltweit zu einer Pandemie verbreitete Coronavirus in den Griff zu bekommen.

DEUTSCHLAND AM ENDE DES
20. JAHRHUNDERTS

Über 40 Prozent der Deutschen sind der Meinung: *„Früher war alles besser."* Im Rückblick glauben die meisten, die 1980er-Jahre seien die besten gewesen – viel besser als die Gegenwart. Wie absurd die Annahme ist, verdeutlicht, wenn wir uns in diese Zeit zurückversetzen: Kalter Krieg, geteiltes Deutschland, Waldsterben-Szenarien, Wettrüsten, die Angst vor einem Dritten Weltkrieg, Aids und Super-GAU in Tschernobyl. Dieser Ort im Norden der Ukraine an der Grenze zu Weißrussland steht für einen der größten Unfälle in der Geschichte der Atomenergie. Am 26. April 1986 kam es dort durch einen Unfall zu einer vollständigen Kernschmelze; einem GAU (**g**rößter **a**nzunehmender **U**nfall). Durch die daraus folgenden Explosionen wurde radioaktives Material in die Luft gestoßen, kontaminierte die Umgebung in einem Umkreis von 150.000 Quadratkilometern und verteilte sich wegen der Wetterbedingungen zusätzlich auf das ahnungslose Europa.

Die deutsche Regierung versuchte, die Bevölkerung zu beschwichtigen. So erklärte der damalige Bundesinnenminister Friedrich Zimmermann (CSU) am 29. April, dass eine Gefährdung der Bevölkerung absolut auszuschließen sei. Lediglich im Umkreis von 30 bis 50 Kilometern um den Reaktor herum bestehe eine Gefährdung und niemand müsse sich deshalb in Deutschland Sorgen machen. Noch am selben Tag seines Statements erreichte die radioaktive Wolke Deutschland und ging aufgrund intensiver Regenfälle vor allem in Süddeutschland nieder. Noch heute, nach weit über 30 Jahren, sind Pilze und Wild aus bayerischen und baden-württembergischen Wäldern radioaktiv belastet.

Damals verunsicherte die unsichtbare Gefahr der Radioaktivität die Deutschen sehr. Sie fühlten sich von der Politik

schlecht informiert und allein gelassen. Als Sicherheitsmaß-
nahme kauften besorgte Menschen Lebensmittel in Konserven,
Frischmilch wurde nicht mehr getrunken und Bauern mussten
ihren reifen Spinat unterpflügen. Kinder spielten nicht mehr
im Freien, Fußballspiele wurden abgesagt, man suchte Schutz
bei Regen und in den Apotheken wurden vermehrt Jodtablet-
ten verlangt.

Die Atomkatastrophen der vergangenen Jahrzehnte beein-
flussten maßgebend die gesellschaftliche Einstellung zur Atomkraft und neben Tschernobyl trug insbesondere die Katastrophe 2011 im japanischen Fukushima ihren Teil dazu bei, dass
die strahlenden Ruinen und die deutsche Atompolitik über-
dacht wurden.

Die Zeiten, als Kohle noch wie Gold glänzte, liegen lange zurück.
Noch 1957 arbeitete im Ruhrgebiet eine knappe halbe Million
Kumpel, denn der Bedarf an Kohle war nach dem Zweiten Weltkrieg groß. Die Kohle war der Motor des Wirtschaftswunders.
Sie diente als Heizmaterial und im Besonderen für die Erzeu-
gung von Eisen und somit Stahl, welchen man für Maschinen,
Eisenbahnen und Autos benötigte. Ende der Fünfziger schlid-
derte Deutschland unerwartet in eine Kohlenkrise, von der sie
sich nicht mehr erholte. Kohle, einst gefeiert als Energieträger,
war plötzlich unrentabel. Das Zechensterben begann. Bundesweit wurden innerhalb von nur zehn Jahren 78 Schachtanla-
gen geschlossen.

In anderen Teilen der Welt waren inzwischen viele neue
Bergwerke entstanden, wo beispielsweise Steinkohle sehr viel
günstiger abgebaut werden konnte. Die deutsche Kohle war
wegen der hohen Kosten auf dem Weltmarkt nicht mehr konkurrenzfähig. Die billige Importkohle verkaufte sich besser als
die heimische, die noch dazu aufwendig in beträchtlich größeren Tiefen gewonnen werden musste. Außerdem heizten immer mehr Deutsche mit Erdöl und Erdgas, was die Nachfrage
geringer werden ließ. Trotz erregter politischer Debatten, ob es
angesichts leerer öffentlicher Kassen zu verantworten sei, wur-

de die Kohle dann jahrzehntelang subventioniert. 1975 führte man schließlich den „Kohlepfennig" auf den Stromtarif ein, der eine direkte Subventionierung der Ruhrkohle bedeutete. Als mit Ablauf des Jahres 1995 der Kohlepfennig abgeschafft wurde, wurden die notwendigen Mittel für den deutschen Steinkohlenbergbau erneut aus dem Staatshaushalt bereitgestellt.

Die letzte aktive Zeche im Ruhrgebiet schloss Ende 2018. Damit endete eine Geschichte, die sich bis ins späte 13. Jahrhundert nachweisen lässt und die den Kohlenbergbau zum Fundament der industriellen Revolution in Deutschland werden ließ.

Wachsende Altersarmut wirksam zu bekämpfen, wurde am Ende des Jahrtausends urplötzlich eine der großen Herausforderungen für Staat und Gesellschaft. Das Armutsrisiko von Neurentnern erhöhte sich unaufhaltsam. Dadurch knabbern hilfsbedürftige Ruheständler bis zum Tod am staatlich verordneten Existenzminimum. Wer nicht von seiner Rente leben kann, ist auf Sozialhilfe angewiesen oder sucht sich einen Nebenjob. Doch die Arbeitsplätze für Ältere sind rar gesät, viele Jobs gehen auf die Knochen. Besonders betroffen sind die, die während des Erwerbslebens keinen Rentenanspruch aufgebaut haben, also die während des Erwerbslebens niedrig bezahlt wurden, wenig gearbeitet haben oder oftmals arbeitslos waren.

Auch stellt uns eine sich verändernde Altersstruktur vor neue Herausforderungen, denen mit den geläufigen Patentrezepten nicht beizukommen ist. Die Probleme erweisen sich als zu neuartig und sind in den politischen Programmen bislang kaum reflektiert worden; auch sind sie als Fragestellung noch nicht sehr weit in das Alltagsbewusstsein der Gesellschaft eingesickert.

Familienstrukturen lösen sich auf; das Leben in der globalisierten Welt fordert maximale Flexibilität und Mobilität. Die wenigsten sind darauf vorbereitet, plötzlich für gebrechliche Menschen da sein zu müssen. Die Pflege reißt Lücken in unsere Lebensläufe und konfrontiert uns mit uns selbst. Dies umso mehr, wenn die Eltern den Zweiten Weltkrieg erlebt haben und in ihrer Seele nicht aufgearbeitete Traumata verbergen.

Lange galten Haushalte mit mehreren Generationen unter einem Dach als Auslaufmodell. Nach Jahren selbstständigen Lebens kehrten plötzlich unzählige junge Erwachsene zu ihren Eltern zurück, in das allseits beliebte „Hotel Mama". Im Englischen nennt man sie die *„Bumerang-Generation"*, weil sie nach dem Studium, nach einer Trennung vom Partner oder Arbeitslosigkeit wieder bei den Eltern auf der Matte stehen – sie kommen zurückgeflogen – wie das Sportgerät. Grund für die Rückwärtsbewegung waren und sind bis heute in erster Linie hohe Wohnkosten und die berufliche Unsicherheit vieler junger Menschen. Allerdings hat ein dauerhafter Wiedereinzug nicht zu unterschätzende Auswirkungen auf die Lebensqualität beider Parteien. Eltern hatten ihren Alltag auf „Kinderfreiheit" umgestellt, der Nachwuchs muss erworbene Freiheiten gegen vorgeschriebene Essenszeiten und andere Verpflichtungen eintauschen. Hinzu kommen unterschiedliche Ansichten. Konflikte und Stress lassen in einem Mehrgenerationenhaushalt nicht lange auf sich warten.

Beim Wimbledon-Tennisturnier 1985 besiegt Boris Becker im Finale den Südafrikaner Kevin Curren. Er ist damit nicht nur der erste deutsche Wimbledon-Sieger im Herreneinzel, sondern mit 17 Jahren auch der jüngste seit Bestehen des Turniers. Danach kann Becker auf eine beeindruckende Tenniskarriere zurückblicken. Er entscheidet 64 Turniere für sich, davon sechs Grand-Slam, drei Wimbledon-Turniere und eine goldene Olympiamedaille im Herrendoppel. Dummerweise fällt heute beim Namen Boris Becker der erste Gedanke nicht zwingend auf die Trophäen in seinem Wandschrank, sondern eher auf eine in einem Londoner Hotel berüchtigte Besenkammer, in der er eine Affäre mit einem Model gehabt haben soll. Anfangs sträubte sich Becker gegen diesen Verdacht, als die junge Dame allerdings schwanger wurde und die ersten Fotos des Nachwuchses durch die Zeitungen gingen, konnte er sich nicht länger dagegen sträuben und gestand die Vaterschaft ein. Seitdem er seinen Tennisschläger an den Nagel gehängt hat, ist er Dauergast in den Klatschspalten der Presse und ständig Gast in einer der zahlreichen trivialen Talkshows.

Steffi Graf war zur etwa gleichen Zeit eine der erfolgreichsten Tennisspielerinnen der Welt und hält noch heute, fast 20 Jahre nach ihrem Karriereende, mit 377 Wochen den Rekord bei der Führung in der Tennisweltrangliste.

Eine der geheimnisvollsten Affären der Bundesrepublik, in der sich die Abgründe von Wahl- und Machtkampf auftaten wie sonst nur selten, begann im September 1987 im Bundesland Schleswig-Holstein. CDU-Ministerpräsident Uwe Barschel ließ, um einen möglichen Wahlsieg seines Herausforderers Björn Engholm (SPD) zu verhindern, durch seinen Medienreferenten Reiner Pfeiffer, dem Auslöser der ganzen Affäre, Engholm mit einer anonymen Anzeige wegen vermeintlicher Steuerhinterziehung denunzieren, ließ ihn wegen vorgeblicher homosexueller Neigungen und außerehelicher Beziehungen durch Detektive beschatten und rief als angeblicher Arzt den SPD-Mann an, um ihm mit einem behaupteten Aids-Verdacht Angst einzujagen. Einen Tag vor der Wahl ließ das Nachrichtenmagazin DER SPIEGEL dann die Bombe platzen: Es deckte die Machenschaften auf und belastete das Duo Barschel und Pfeiffer schwer. Eine eidesstattliche Erklärung Barschels konnte die Glaubwürdigkeit des angeschlagenen Ministerpräsidenten ebenso wenig wiederherstellen wie eine Pressekonferenz nach der Landtagswahl in Kiel, an der Barschel die gegen ihn erhobenen Vorwürfe als haltlos bezeichnete und verkündete: *„Ich gebe Ihnen mein Ehrenwort, dass die gegen mich erhobenen Vorwürfe haltlos sind."*

Gleichwohl kündigte Barschel etwa zwei Wochen nach dem missratenen Befreiungsschlag seinen Rücktritt an. Danach verabschiedete er sich in die Ferien. In Genf wollte er sich angeblich mit einem Informanten treffen, von dem er sich entlastendes Material erhoffte. 24 Stunden später fand ihn ein Reporter des Magazins „Stern" tot in einer Badewanne des Genfer Hotels „Beau Rivage" und fotografierte den bekleideten Leichnam. Das Foto erschien auf der Titelseite des Magazins. Barschel starb an Medikamentenvergiftung; ob Suizid oder Mord, ist bis heute umstritten. Posthum unterstellt man ihm, er habe Suizid als Mord inszeniert und bewusst falsche Spuren im Hotelzimmer gelegt. Die Familie des Verstorbenen äußert allerdings bis heute den Verdacht, dass Barschel ermordet worden sei. War er vielleicht doch das Opfer eines tödlichen Komplotts, gesponnen von Politikern, Geheimdiensten und Waffenhändlern, die ihn unter falschem Vorwand nach Genf in eine Falle gelockt hatten? Die Umstände seines Todes bleiben bis heute ungeklärt. Dennoch lassen sich Abgründe von Wahl- und Machtkampf nirgendwo besser studieren als in dieser geheimnisvollen Affäre.

Als landwirtschaftliches Projekt in Chile gegründet, erlangte die deutsche Siedlung „Colonia Dignidad" (Kolonie Würde) wegen ihrer Verbrechen an Kindern und als Folterzentrum der Pinochet-Diktatur traurige Berühmtheit. Gegründet vom deutschen Paul Schäfer wurde der Ort des Missbrauchs und der Folter ein befestigtes Lager mit sektenähnlichen Strukturen. Kindesmissbrauch, Psychoterror, Arbeitszwang und körperliche Gewalt waren in der Sektensiedlung Normalität.

Der pädophile Schäfer war 1961 wegen sexuellen Missbrauchs von Kindern vor der deutschen Justiz in einer Nacht-und-Nebel-Aktion mit mehr als 200 Anhängern seiner Sekte per Charterflug nach Chile geflohen. Er lockte sie mit einem *„urchristlichen Leben im Gelobten Land"*. Zögernden und Ängstlichen drohte er mit der Behauptung, eine russische Invasion apokalyptischen Ausmaßes werde sämtliche Lebensmöglichkeiten in Deutschland zunichtemachen. Beim Siegburger Amtsgericht war die „Private Sociale Mission" als gemeinnütziger Verein eingetragen, der „mildtätige Zwecke" verfolge: die „Aufnahme gefährdeter Jugendlicher". Mit einem Persilschein des Bonner Familienministeriums in der Tasche baute Schäfer 1954 in der Ortschaft Heide, in der Nähe von Bonn, ein Kinderheim auf; und damit wenige Jahre nach dem Zusammenbruch des NS-Regimes seinen eigenen, kleinen Führer-Staat. Mit dem Verkauf des Kinderheims in Heide für 900.000 D-Mark an die Bundeswehr erwarb Schäfer in Chile, etwa 350 Kilometer südlich der Hauptstadt

Santiago, Land von der Größe des Saarlands, mit Blick auf die schneebedeckten Anden und nannte es „Colonia Dignidad". In den Siebzigerjahren diente das abgeschottete „Reich" der Pinochet-Diktatur als Folter-Lager. Im Gegenzug tolerierten die Machthaber den steilen Aufstieg der Farm zu einem der größten Wirtschaftsunternehmen Chiles. Gegenüber den chilenischen Behörden gab Paul Schäfer vor, sich um ansässige Waisenkinder kümmern zu wollen. Fromme deutsche Sektenmitglieder backten deutsches Vollkornbrot, räucherten deutsche Wurst und Kinder in Lederhose und Dirndl tanzten ausgelassen zu bayerischer Volksmusik. In Wahrheit etablierte Schäfer ein totalitäres Herrschaftssystem, verlangte von seinen Anhängern totale Unterwerfung und setzte diese auch kraft seiner Schreckensherrschaft mit Gewalt durch. Es gab streng getrennte Frauen-, Männer- und Kinderhäuser. Klagen der Kinder über Misshandlung und sexuellen Missbrauch seitens Paul Schäfer wurden von den Eltern nicht ernst genommen. Und auch in Deutschland war dies ungeahndet geblieben, obwohl bereits wenige Jahre nachdem sich die Sekte 1961 in Chile niedergelassen hatte, der Bundesnachrichtendienst und das Bundesaußenministerium von „KZ-ähnlichen" Zuständen informiert waren. Nachgewiesenermaßen haben deutsche Diplomaten in Santiago de Chile weggeschaut und die Unterdrücker gewähren lassen. Minderjährige, die damals trotz strenger Bewachung aus der Kolonie fliehen konnten und in der deutschen Botschaft um Schutz baten, wurden unter Verweis auf das Sorgerecht zurückgeschickt. Zwischendurch hatte die deutsche Vertretung einen so schlechten Ruf, dass sich Geflohene aus der „Colonia Dignidad" lieber an die kanadische Botschaft in Santiago wandten. Ein bundesdeutscher Botschaftsmitarbeiter hatte den Zustand der Kolonie mit den Worten beschrieben: *„Ordentlich und sauber – bis zu den Schweineställen."*

Die Zahl der deutschen Unterstützer schien übermächtig – neben anderen beispielsweise der CSU-Vorsitzende Franz Josef Strauß, ZDF-Moderator Gerhard Löwenthal, der Kriegswaffenhändler Gerhard Mertins, der damalige Siegburger Bürgermeister und CDU-Bundestagsabgeordnete Adolf Herkenrath sowie diverse deutsche Botschafter in Chile. Vielen Menschen wäre großes Leid erspart geblieben, wäre zu früheren Zeiten die Zahl der Bemühten nur etwas größer gewesen. Zu ihnen gehörten stets der CDU-Politiker Norbert Blüm sowie die deutsche Sektion von Amnesty International.

Nach dem Ende der Diktatur 1990 wurde Schäfer angeklagt, konnte aber nach Argentinien fliehen, wo er erst im Jahre 2005 festgenommen wurde. Nach seiner Auslieferung an Chile wurde er dort zu einer Haftstrafe von 20 Jahren verurteilt. Der ebenfalls in Chile wegen Beihilfe zu sexuellem Missbrauch und Vergewaltigung verurteilte Arzt der Kolonie, Hartmut Hopp, konnte sich durch Flucht seiner Gefängnisstrafe entziehen und lebt heute unbehelligt von der deutschen Justiz im niederrheinischen Krefeld.

DER HISTORIKERSTREIT

Deutschland war eher Opfer als Täter – mit dieser These löste der damals renommierte Berliner Zeithistoriker Ernst Nolte im Sommer 1986 einen Streit aus, den es bis dahin in der Form nicht gegeben hatte. Als „Historikerstreit" wurde eine sowohl öffentlich als auch fachwissenschaftlich geführte Debatte bezeichnet, die sich angesichts eines Artikels Noltes in der Frankfurter Allgemeinen Zeitung (F.A.Z.) unter dem Titel *„Vergangenheit, die nicht vergehen will"* entfachte. Darin stellte er die Behauptung auf, dass das NS-Regime so etwas wie eine Nachahmung des Bolschewismus in der Sowjetunion gewesen sei und die Judenvernichtung in einem kausalen Zusammenhang mit den stalinistischen Terrorakten in der Sowjetunionen gestanden hätte.

Entfacht hatte den Streit der Sozialphilosoph Jürgen Habermas aufgrund eines Artikels in der Hamburger Wochenzeitschrift DIE ZEIT, wobei er auch zahlreiche weitere Historiker scharf attackierte. In einer teilweise sehr emotional und polemisch geführten Debatte warf er ihnen vor, die deutsche Geschichte umdeuten und verharmlosen zu wollen. Im Zuge der öffentlichen Debatte, die sich über die Feuilletons der größeren Tages- und Wochenzeitungen rasch ausbreitete und an der sich sowohl Historiker und Vertreter angrenzender Disziplinen als auch Journalisten und Publizisten unterschiedlicher Couleur beteiligten, kam es zu einer deutlichen Lagerbildung innerhalb des intellektuellen Spektrums der Bundesrepublik. War der Ertrag der Debatte, die sich über ein Jahr hinzog, im Grunde aber bis zur deutsch-deutschen Vereinigung im Jahre 1990 weiterschwelte, in fachwissenschaftlicher Hinsicht auch eher begrenzt, so war der „Historikerstreit" gleichwohl ein wichtiger Kristallisationspunkt innerhalb der politischen Kultur der späten Bonner Republik. In ihm trafen sowohl unterschiedliche politische und fachwissenschaftliche Lager mit ihren je eigenen Diskurs-regeln aufeinander als auch die jeweils unterschiedlichen Logi-ken der Fachwissenschaft einerseits und der öffentlichen Ge-schichtskultur andererseits.

Der Aufsatz Ernst Noltes wurde in einer Zeit veröffentlicht, in der über die sogenannte „geistige-moralische Wende" von Bundeskanzler Helmut Kohl debattiert wurde, in welcher die-ser anregte, die Deutschen sollten ein neues Selbstbewusstsein haben und endlich wieder zum *„aufrechten Gang"* zurückkeh-ren. Kohls Kritiker argwöhnten, er wolle damit auch die jüngste deutsche Geschichte umdefinieren. Insbesondere ließen Kohls Worte von der *„Gnade der späten Geburt",* anlässlich seines Be-suches in Israel im Jahr 1984, die Befürchtung aufkommen, er wolle in vergangenheitspolitischer Hinsicht einen Schlussstrich ziehen – eine Vermutung, die durch Kohls öffentlich inszenier-te Versöhnungsgeste mit dem US-amerikanischen Präsidenten Ronald Reagan im Jahr darauf auf dem Soldatenfriedhof in Bit-burg, auf dem u. a. auch Angehörige der Waffen-SS begraben lie-gen, weitere Nahrung erhielt.

NEUE TECHNISCHE ERRUNGENSCHAFTEN

Telegrafie, Münzfernsprecher, Schreibmaschinen, Plattenspieler, die flimmernde Bildröhre, Musikkassetten und Walkman, Faxgeräte, Fotoapparate mit Filmspule, Diaprojektor und Schmalfilm gehörten noch bis zum Ende des 20. Jahrhunderts zum Alltag. Manche dieser Erfindungen haben jahrzehntelang durchgehalten und wecken bis heute insbesondere bei den Älteren nostalgische Erinnerungen. Heute sind sie fast ausnahmslos verschwunden und die Jüngeren haben vielleicht nie gewusst, dass es sie überhaupt gab. Im Zeitalter der Digitalkamera kann man sich nicht mehr vorstellen, wie aufgeregt man früher war, wenn man nach dem Urlaub die fertig entwickelten Fotos abholen konnte. Erst dann zeigte sich, ob sie nicht verwackelt oder unterbelichtet waren. Jedes Mal, wenn man eine falsche Taste der Schreibmaschine gedrückt hatte, war das ein Problem. Denn dann stand da der falsche Buchstabe auf dem Papier. Um ihn wegzubekommen, musste man kleine Korrekturfolien einlegen oder mit einem Pinselchen Korrekturflüssigkeit darüberstreichen. Wie geschickt man auch war – man sah's am Ende immer.

Der Rundfunk zu Unterhaltungszwecken begann in Deutschland, wie bereits an anderer Stelle erwähnt, im Oktober 1923. Etwa 30 Jahre später entwickelten die US-Amerikaner das erste Transistorradio. Der Vorteil dieses Radiogerätes bestand darin, dass es anders als das bisherige Röhrenradio arbeitete. Andere Bauteile – die sogenannten Halbleiter – waren sehr viel unempfindlicher und konnten Erschütterungen problemlos aushalten.

Die Geschichte der Tonbandgeräte begann bereits Anfang des 20. Jahrhunderts. 1928 entwickelte Fritz Pfleumer ein Papierband, das er mit Eisenpulver beschichtete und auf dem sich Töne festhalten ließen. Mit dieser Erfindung begann die Geschichte der sogenannten Tonbandgeräte, also Geräte, mit denen sich Ton auf ein Aufnahmemedium bannen ließ. Während die meisten Geräte zunächst für den professionellen Bereich zum Beispiel in Tonstudios entwickelt wurden, kam 1952 ein Gerät auch für den privaten Einsatz auf den Markt. Dieses war circa 20 Kilogramm schwer und verfügte über einen eingebauten Verstärker und Lautsprecher.

„Musikkassetten" gibt es erst seit den Sechzigerjahren. Sie waren sehr viel praktischer, leichter und auch besser in der Handhabung und lange Zeit das Musikmedium Nr. 1. Mit der Kassette konnte man seinen eigenen Musikmix machen, zum Beispiel von Radio oder Schallplatte überspielen, was dazu führte, dass Plattenfirmen ernsthaft um ihre Umsätze fürchten mussten. Eine echte Revolution war dann 1979 der Minikassettenplayer vom japanischen Elektronikhersteller Sony. Zum ersten Mal ließ sich die eigene Musik überall mit hinnehmen und über Kopfhörer genießen. Allerdings, je häufiger man sein Lieblingstape abspielte, desto größer wurde das Risiko von „Bandsalat". Dann nahm man einen Bleistift, steckte ihn in die Kassette hinein und drehte anschließend stundenlang das Band wieder rein. Trotz dieser Widrigkeit, die Kassette blieb über drei Jahrzehnte der erfolgreichste Tonträger der Musik.

Bald gehörte ein elektrisch betriebener Plattenspieler zur Grundausstattung eines jeden Haushaltes und wer etwas auf sich hielt, kaufte sich ein solches Abspielgerät. Bis weit in die Sechzigerjahre war die Schallplatte der wichtigste Tonträger-Die Kassette blieb über drei Jahrzehnte der erfolgreichste Tonträger der Musik.

Mit der CD begann 1982 der digitale Alltag. Als Philips und Sony im internationalen Schulterschluss die CD präsentierten, traf dies trotzdem zunächst nur auf verhaltenes Interesse. Selbst die Branche selbst glaubte bis kurz vor Ende der Achtziger nicht daran, dass die CD die geliebte und bewährte Schallplatte so schnell ablösen würde. Anfang der Neunziger schrieb zwar die audiophile Fachpresse die CD als seelenlosen Klangkörper herunter, doch kein Medienträger setzte sich – nach einigen Jahren Anlauf – so vehement und flächendeckend durch. Die CD wurde wirklich zum universellen Inhalte-Speicher. Der Musikindustrie verschaffte sie den größten Boom ihrer Geschichte. Und sie entwickelte sich fort, mutierte zur DVD, zur HD-DVD, zur Blu-ray-Disc. Seit Jahren wird sie totgeschrieben, ist aber nicht totzukriegen.

1975 präsentierte Sony seinen Betamax-Videorekorder. Erstmals sollte der TV-Zuschauer von den Vorgaben der Programmplanung befreit werden – und sich sein eigenes Fernsehprogramm zusammenstellen können. Fernsehen dann schauen zu können, wenn man Zeit hat, so lautete die Verheißung der neuen Technologie. Für die Fernsehsender begann damit jedoch das große Bangen, denn dank Vorspultaste lag es nun in der Hand der Zuschauer, ob sie die Werbung sehen wollten oder nicht, auch wenn das Vorspulen auf dem Band natürlich noch nicht so bequem war wie das Vor- und Zurückspringen, welches mit der heutigen Digitaltechnik möglich ist. Bereits 1978 wurde das Betamax-Format jedoch von Konkurrent VHS überflügelt. Eine bessere Vertriebspolitik und eine auf die Bedürfnisse der Zuschauer zugeschnittene Bandlänge gaben der Konkurrenz den entscheidenden Vorteil gegenüber Sony. Heute sind beide Formate obsolet. Im Zeitalter von DVD- und Festplattenrekordern gibt sich kaum noch jemand mit Magnetbändern ab. Und nur wenige Jugendliche wissen heute noch, wofür die Wörter Faxgerät, MiniDisc und Diskette einmal standen.

Die Computerindustrie befand sich noch in den Anfängen, als der deutsche Computerpionier und Unternehmer Heinz Nixdorf sich mit der Entwicklung eines frei programmierbaren Kleincomputers den Markt für Klein- und Mittelbetriebe erschloss. Das Unternehmen entwickelte sich in kurzer Zeit zu den bedeutendsten und innovativsten Computerherstellern in Europa. Der US-amerikanische Konzern IBM folgte schon bald mit dem ersten Personal Computer, kurz PC genannt, und war damit letztlich Apples Konzept gefolgt, die einstigen Arbeitsgeräte auch heimkompatibel zu machen. Die digitale Revolution kündigte sich spürbar an.

Noch aber interessierte das nur wenige. Kaum jemand verband die Ereignisse, sah den Zusammenhang, der in der Rückschau so klar erscheint. Heute kommt einem die damalige PC-Technologie nahezu steinzeitlich vor. 1995 veröffentliche die US-Firma Microsoft das Betriebssystem Windows 95, eine Software, mit welcher der PC tatsächlich am Mainstream ankam. Und der PC gewann mit Musikplayern bis hin zu Smartphones immer stärkeren Einfluss auch im Bereich der Unterhaltungselektronik.

Heutzutage sind Personal Computer ein großer Teil unseres Lebens. Man kann sich kein Büro auf der Welt vorstellen, in dem nicht ein PC vorhanden ist. Auch für den Privatanwender ist der digitale Begleiter mittlerweile eine Selbstverständlichkeit. Egal ob Spiele, Internet, Film oder Fernsehen – der PC ist zum Technikmittelpunkt der Wohnwelt geworden. Die Anfänge dieser globalen Powermaschine liegen nur gut ein Vierteljahrhundert zurück, und das Internet hat nochmals die Entwicklung der menschlichen Gesellschaft befeuert wie kaum eine Erfindung zuvor. Mit seiner nahezu ungezügelten Freiheit hat es Unmengen an Möglichkeiten hervorgebracht zu kommunizieren, zu handeln, zu konsumieren und sich auszudrücken. Anfang der Achtzigerjahre war es an amerikanischen Universitäten zwar schon erfunden, bis zum globalen World Wide Web, kurz www – dem Internet für alle – dauerte es aber noch ein paar Jahre.

Das erste Handy war das Motorola Dynatac. Das nahezu ein Kilo schwere Trumm wurde 1983 veröffentlicht und konnte als erstes Handy kommerziell gekauft werden. Mit ihm konnte man maximal 30 Minuten lang telefonieren und es dauerte etwa zehn Stunden, bis es wieder geladen war. Leisten konnten sich das Handy damals nur Geschäftsleute oder Reiche, denn das klobige Statussymbol kostete stolze 4.000 –, US-Dollar (inflationsbereinigt entspricht das heute annähernd 10.000 –, US-Dollar). Das etwa zur gleichen Zeit auf den Markt geworfene Nokia Talkman, ein Hybrid aus Autotelefon und Handy, wog mit seinem Akku stramme fünf Kilo und war eher nicht für die Hosentasche geeignet. Der neue Durchbruch kam dann Anfang des neuen Jahrtausends mit dem iPhone. Hier definierte Apple erstmals das Smartphone, wie wir es heute kennen. Auf einmal konnte man mit Handys fotografieren, bequem im Internet browsen und es gleichzeitig als Navigationssystem benutzen.

Ohne diese Erfindung der Neunzigerjahre würden wir uns oftmals nicht mehr zurechtfinden. Während des 2. Golfkriegs trugen US-Soldaten ein Gerät bei sich, mit dem sie präzise durch die Wüstengebiete navigieren konnten. Zivile, handelsübliche GPS-Geräte – der Begriff steht für *Global Positioning System, zu Deutsch: globales Positionsbestimmungssystem* – eignen sich für den Einsatz im Auto und im „Outdoorbereich". Ein verbreitetes Einsatzgebiet ist das Flottenmanagement von Verkehrsbetrieben und des Transportwesens zu Land und auf Wasser. Wenn die Fahrzeuge mit GPS und einem Transponder ausgerüstet sind, hat die Zentrale jederzeit einen Überblick über den Stand der Fahrzeuge. Der Urvater der Standortermittlung ist der deutsche Ingenieur Karl Hans Janke, der 1943 das Patent für einen Standortanzeiger erhielt, der dem heutigen GPS sehr ähnlich war.

Es steht außer Zweifel, dass das „digitale Zeitalter" das Leben der Menschen komplett verändert hat. Die digitale Revolution ist der größte gesellschaftliche Wandel seit der industriellen Revolution, vergleichbar nur dem Umbruch von der Maschinenzeit in die Zeit der Elektronik.

Als eine Sensation kann die in der zweiten Hälfte des 20. Jahrhunderts von Wissenschaftlern entdeckte DNA-Struktur bezeichnet werden. Sie ist der Träger der Erbinformationen in den Chromosomen im Zellkern. Das gesamte Erbgut des Menschen ist sequenziert und somit eine Art Bauplan, der den Aufbau und sämtliche Abläufe in einer Zelle steuert. Die DNA ist ein in allen Lebewesen und bei einigen Viren vorkommendes Biomolekül und Träger der Erbinformation, also der GeneIm deutschen Sprachgebrauch wird auch oft der deutsche Fachbegriff DNS benutzt.

In der frühen Kindheit und sogar schon im Mutterleib werden entscheidende Weichen für unsere Gesundheit und unser

Leben gestellt. Stress, Umweltschadstoffe oder Mangelernährung in diesem frühen Alter hinterlassen Spuren – auch an unserem Erbgut. Studien belegen, dass beispielsweise die Ernährung oder Gemütslage der Mutter bestimmte Anlagerungen an der DNA ihres ungeborenen Kindes beeinflusst. Lange Zeit hatte die Wissenschaft versucht eine Erklärung zu finden, warum Eltern und Kinder sich oftmals sehr ähnlich sehen. Die Antwort dazu kam im 20. Jahrhundert. Einen Teil dieser Antwort lieferten dabei die Forscher James Watson und Francis Crick, die für Erkenntnisse zu DNS im Jahr 1953 den Nobelpreis erhielten. Heutzutage ist die DNA-Sequenzierung – also die Bestimmung der Nukleoid-Abfolge in einem DNA-Molekül – nichts Ungewöhnliches mehr.

Lange ging der Nutzen des genetischen Fingerabdrucks kaum über den medizinischen Nutzen hinaus – etwa als Kampf gegen Verbrechen oder zwecks eines Vaterschaftstest. Inzwischen kann noch 60.000 Jahre nach dem Aussterben der Mammuts deren Erbinformation aus tiefgefrorenen Überresten ausgelesen werden. Nachdem der Mensch nun die DNS entschlüsselt hatte und somit auch verändern konnte, wurden gleichzeitig Fragen aufgeworfen. Wie weit durfte man gehen, inwieweit durfte man die DNS auch verändern? Fragen, auf die wir bis heute noch keine Antwort gefunden haben und auch so leicht keine finden werden. Die Entschlüsselung der DNS war eine der wichtigsten Entdeckungen der Moderne, hat die Menschen aber auch vor eine große Verantwortung und Herausforderung gestellt.

FALL DER MAUER/WIEDERVEREINIGUNG/ ABWANDERUNG

Seit 1982 trafen sich in Leipzig unter dem Schutz der evangelischen Nikolaikirche jeden Montag Menschen zu Friedensgebeten. Bis zum 4. September 1989. Da wurden, ermutigt durch Gorbatschows „Glasnost" (übersetzt: Offenheit) und „Perestroika" (übersetzt: Umbau oder Umgestaltung), im Anschluss an das Gebet auf dem Vorplatz der Kirche Transparente entrollt, auf denen Forderungen standen wie *„Für ein offenes Land mit freien Menschen"* und *„Reisefreiheit statt Massenflucht"*. Mitarbeiter der Staatssicherheit in ziviler Kleidung ließen nicht auf sich warten und rissen den Demonstranten die Transparente aus der Hand – vor den Augen und Kameras der westdeutschen und der internationalen Presse, die während der Leipziger Herbstmesse aus der Stadt berichtete. Schon vor 1989 hatten sich DDR-Bürger, die in den Westen wollten, auf das Gelände der bundesdeutschen Botschaft in Prag geflüchtet. Ab Juni waren es Tausende. Täglich stiegen mehr Ostdeutsche über den drei bis vier Meter hohen Zaun der westdeutschen Vertretung in Prag; immer seltener wurden sie dabei von Sicherheitskräften gehindert, denn auch in der Tschechoslowakei (und anderen Ländern des Warschauer Pakts) hatte Gorbatschows Perestroika in kurzer Zeit politisches Tauwetter ausgelöst. In der Sowjetunion hatte Michail Gorbatschow einen Reformkurs eingeschlagen, der Hoffnung machte; bei der DDR-Staatsführung allerdings keine Akzeptanz fand. Noch im Dezember 1988 hatte sich Erich Honecker ausdrücklich von der Reformpolitik Gorbatschows abgegrenzt. So wurden die westdeutschen Beziehungen zur Sowjetunion ausgebaut, denn ohne deren Zustimmung war ein Ende der deutschen Teilung nicht möglich. Kohls Besuch in der Sowjetunion im Oktober 1988 und der Besuch Gorbatschows in der Bundesrepublik im Juni 1989 waren Höhepunkte dieser Annäherung.

Am 30. September 1989 verkündete dann Bonns damaliger Außenminister Hans-Dietrich Genscher vom Balkon der westdeutschen Botschaft in Prag die Ausreisegenehmigung für Tausende DDR-Flüchtlinge. Es war ein Meilenstein auf dem Weg zur Wiedervereinigung – und der Anfang vom Ende der DDR. „Wir sind zu Ihnen gekommen, um Ihnen mitzuteilen, dass heute Ihre Ausreise ..." Der Rest des Satzes ging im Jubelsturm der Menschenmassen unter. Es waren die wohl berühmtesten unvollendeten Worte der Wendezeit. Annähernd viertausend DDR-Flüchtlinge lagen sich an diesem Abend im Park der westdeutschen Botschaft in Prag in den Armen und schrien vor Freude und Erleichterung. Einige von ihnen hatten seit Wochen ausgeharrt, in der Hoffnung nach Westdeutschland ausreisen zu können. Am Tag darauf setzte sich der erste Sonderzug mit Geflüchteten Richtung Westen in Bewegung.

Zuvor hatten sich Ende August der ungarische Ministerpräsident Miklós Németh, Bundeskanzler Helmut Kohl sowie die beiden Außenminister Hans-Dietrich Genscher und Gyula Horn auf Schloss Gymnich bei Bonn getroffen. Bei diesem Geheimtreffen erklärte sich Ungarn bereit, seine Grenze zu öffnen und Zehntausende DDR-Flüchtlinge ziehen zu lassen. In einem symbolischen Akt wurde der Stacheldrahtzaun an der Grenze zu Österreich gekappt, was zu einem Exodus in den Westen führte, wie ihn die DDR seit dem Mauerbau nicht mehr gesehen hatte. Eine Gegenleistung verlangte Ungarn dafür nicht.

Noch am 7. Oktober 1989 bat SED-Generalsekretär Honecker im Beisein des sowjetischen Ehrengastes Michail Gorbatschow das Glas auf den 40. Jahrestag der Deutschen Demokratischen Republik zu erheben, während vor dem Palast der Republik die Massen „Gorbi, Gorbi" und „Wir sind das Volk" skandierten. Elf Tage später gelangte nach einem parteiinternen Sturz Erich Honeckers der langjährige karrierebewusste „Kronprinz" des Staats- und Parteichefs, Egon Krenz, als letzter Generalsekretär der DDR an die Macht (der Mann, der seine dumpfe Systemloyalität und Kaltblütigkeit etwa gegenüber der blutigen Niederschlagung auf dem Pekinger „Platz des Himmlischen Friedens" im Juni 1989 mit Offenheit zum Ausdruck gebracht hatte). Eine Woche später erhob man ihn außerdem zum Vorsitzenden des Staatsrates und des Nationalen Verteidigungsrates. Später wird er sagen, sein Ziel sei es gewesen, den Sozialismus zu retten. Doch sein Plan von einer „Wende" scheiterte. Wenige Wochen nach dem Amtsantritt musste er seinen Posten wieder räumen, während die DDR dem Untergang entgegentaumelte. Die Bürger erkämpften sich ihren Weg aus dem System. Ein kurzes Aufbäumen gegen die Welle der Freiheit, aber der Staat stand hilflos da und wurde zum Zuschauer degradiert. Dann war die DDR Geschichte. Einige Jahre später, im wiedervereinten Deutschland, verbüßte Egon Krenz eine mehrjährige Haftstrafe wegen der Todesfälle an der innerdeutschen Grenze.

Es ist der frühe Abend des 9. November 1989: Am Ende einer internationalen Pressekonferenz kramt Günter Schabowski, Mitglied des Politbüros der SED, einen schrumpeligen Zettel hervor und beginnt einen Ministerratsbeschluss über eine neue Reiseregelung vorzulesen: „*Privatreisen nach dem Ausland können ohne Vorliegen von Voraussetzungen (Reiseanlässe und Verwandtschaftsverhältnisse) beantragt werden. Die Genehmigungen werden kurzfristig erteilt. Versagungsgründe werden nur in besonderen Ausnahmefällen angewandt. [...] Damit entfällt die vorübergehend ermöglichte Erteilung von entsprechenden Genehmigungen in Auslandsvertretungen der DDR beziehungsweise die ständige Ausreise mit dem Personalausweis der DDR über Drittstaaten.*" – „*Wann tritt das in Kraft?*", will einer der anwesenden Journalisten wissen. Schabowski schaut zunächst etwas ratlos, sucht in seinen Papieren und meint dann „*Nach meiner Kenntnis – ist das sofort, unverzüglich ...*" Wie sich erst später herausstellte, sollte die neue Reiseregelung keineswegs an jenem 9. November verlesen werden, sondern, wenn überhaupt, erst einen Tag später. Wer genau sie verabschiedet hatte, ist bis heute ungewiss. Schabowski war sich in diesem Augenblick offensichtlich nicht bewusst, welche weitreichenden Folgen seine Mitteilung haben würde. Der Zettel, von dem Schabowski vorlas, beinhaltete laut Überschrift auch nur eine „*Veränderung der Situation der ständigen*

Ausreise von DDR-Bürgern nach der BRD über die CSSR". Hatten die Mitglieder des Ministerrates eher aus Versehen einem derart weitreichenden Beschlussvorschlag zugestimmt?, Dass sich die Beamten an den Berliner Grenzübergängen ohne konkrete Anweisungen nur wenige Stunden später den Menschenmassen beugen mussten und die Grenzen öffneten, damit hatte wohl keiner gerechnet. Wer weiß, welchen Verlauf die deutsch-deutsche Geschichte genommen hätte, hätte Günter Schabowski damals nicht jenen ominösen Zettel aus seinen Unterlagen gekramt.

Die Bilder jener Nacht gingen um die Welt. Sie zeigen Menschen, die sich in den Armen liegen, Ost- und Westberliner, die auf der Mauer tanzen, Trabis, die über die Grenze gen Westen fahren. Schon am Tag nach der Maueröffnung standen DDR-Bürger in Westberlin zu Tausenden an Banken und Sparkassen an, um sich dort das Willkommensgeschenk des Westens abzuholen: 100 D-Mark Begrüßungsgeld, auf die jeder mit einem DDR-Ausweis Anspruch hatte. Die Warteschlangen zogen sich quer durch Westberlin, der Verkehr brach zusammen, die Banken verlängerten ihre Öffnungszeiten bis in die Nacht. Bis die Regelung am 29. Dezember 1989 endete, wurden mindestens 1,85 Milliarden D-Mark ausgezahlt. Danach konnte nur noch getauscht werden. Ab Juli 1990 gab es mit der Währungsunion die D-Mark für alle.

Der Kalte Krieg hatte ohne Gewalt, nur durch eine friedliche Revolution, seinen Abschluss gefunden. Kaum jemand hatte die Ereignisse jenes Jahres vorhergesehen und in ihren Folgen zutreffend einzuschätzen vermocht. Damit eröffnete sich zum ersten Mal in der europäischen Geschichte die Aussicht auf eine friedliche Vereinigung. NATO und Warschauer Pakt zogen gewaltige Panzerarmeen ab und räumten ihre hochgesicherten Depots taktischer Atomwaffen. Das Gleichgewicht des Schreckens zwischen rivalisierenden Supermächten hatte letztlich die erhoffte Wirkung gezeigt.

Zwischen Ostsee und Erzgebirge wurde sehr bald der Ruf nach der Wiedervereinigung Deutschlands laut. Bei den ersten freien Volkskammerwahlen am 18. März 1990 erhielten die

Befürworter der deutschen Einheit eine klare Mehrheit. Die beiden deutschen Staaten gründeten daraufhin zunächst eine Wirtschafts-, Währungs- und Sozialunion. In teilweise schwierigen Verhandlungen gelang es ihnen, von allen vier Siegermächten des Zweiten Weltkriegs die Zustimmung zur Wiedervereinigung zu erhalten. Die Briten und die Franzosen waren immer für die deutsche Einheit eingetreten, solange diese nicht in Reichweite lag. Nun plötzlich misstraute die seinerzeit amtierende britische Premierministerin Margaret Thatcher einer deutschen Einheit. Aus den inzwischen vom britischen Nationalarchiv freigegebenen, vormals streng vertraulichen Geheimdokumenten aus dem Büro der „Eisernen Lady" wurden demnach in Großbritannien die alten Ängste über die dunkleren Seiten des deutschen Charakters deutlich und es herrschte große Unsicherheit darüber, ob ein wiedervereinigtes Deutschland zu seiner aggressiven Politik aus der ersten Hälfte des 20. Jahrhunderts zurückkehren würde. In den Dokumenten fand man zu diesem Thema auch Vermerke, dass die Deutschen unsensibel gegenüber ihren Nachbarn seien und dass sie unter einem Minderwertigkeitskomplex litten. Auch beim ehemaligen französischen Präsidenten François Mitterrand entstand der Eindruck, er habe die Wiedervereinigung, wenn nicht verhindern, so doch wenigstens verzögern wollen.

Der 9. November 1989 veränderte das Leben von Millionen von Menschen, vereinte getrennte Familien und beeinflusste unzählige Lebensgeschichten. Für die Ostdeutschen bedeutete die Vereinigung eine enorme Anstrengung. Der Bevölkerung wurde nach einer 40-jährigen straffen politischen, ideologischen, rechtlichen, sozialen und wirtschaftlichen Einbindung die Kraft zu einem enormen Sprung in ein gänzlich anderes, weithin selbstbestimmtes gesellschaftliches System abverlangt. Alles veränderte sich plötzlich: die Gesetze und Verordnungen, Verfassung und Rechtsstaatlichkeit, Berufswahl und Arbeitsleben, Kinderbetreuung, Schulen, Berufsausbildung.

Immer noch finden sich heute viele als Bürger zurückgesetzt und fühlen bei zahllosen Westbürgern eine auf sie arrogant wirkende Überlegenheitshaltung, eine joviale Herablassung. Viele fühlen sich falsch dargestellt, über einen Kamm geschoren und abgestempelt als „Jammer-Ossis". Zahlreiche Ostdeutsche empfinden sich auch nach über drei Jahrzehnten Mauerfall als Bürger zweiter Klasse.

Der Blick auf das jeweils „andere" Deutschland ist bis heute verstellt von Klischees und Vorurteilen. Wuchs 1989 zusammen, was zusammen gehört? (Willy Brandt) Oder passten die beiden deutschen Staaten längst nicht mehr zusammen? Offensichtlich scheint die Mauer im Kopf der Menschen nur langsam zu verschwinden. Der Weg zu einer wiedervereinigten Nation war und ist noch immer mühsam.

Bei manchen kehrte Ernüchterung ein. Die deutsche Einheit ist für viele bis heute nicht erreicht. Der Fall der Mauer stand für Aufbruch und Freiheit, es folgten aber auch Chaos und Unsicherheit. Viele mussten um ihre Existenz kämpfen. Mit dem Ende der meisten Betriebe schnellte die Arbeitslosigkeit hoch. Millionen waren in den ersten Jahren nach der Wiedervereinigung ohne Job. Von den 14.000 von der Treuhand verwalteten Ostbetrieben wurden etwa 4.000 geschlossen; die Ostprodukte waren zu *https://www.focus.de/finanzen/news/tid-20013/tid-20017/ost-marken-vorwaerts-immer-rueckwaerts-nimmer_aid_557530.html* unrentabel, nicht zeitgemäß. Marketing, Vertrieb, all das war in DDR nicht nötig gewesen angesichts staatlich vorgegebener Absatzmodelle. Offiziell hatte es in der DDR keine Arbeitslosigkeit gegeben. Die sozialistischen Betriebe dienten dem Staat und seinen Zielen und nicht dem Streben nach Profit. Der Arbeitsplatz war Lebenszentrum und garantierte wichtige Sozialleistungen. Das Kollektiv war alles, die Wirtschaft durchgeplant, Löhne und Preise festgelegt vom Staat. Nicht wenige in die Jahre gekommene Ostdeutsche denken deshalb mit Sehnsucht an das vormalige Leben in der DDR.

Die deutsche Wiedervereinigung ist in der Welt einmalig und hatte weltweit umfassende politische, militärische und ökonomische Konsequenzen. Es begann der Aufbau Ost, zähe Jahre der Ossi-Wessi-Debatten über vermeintlich verscherbeltes „Tafelsilber" der Treuhandanstalt und Stasi-Überprüfungen. Jahre der ungeduldigen Ausschau nach den von Bundeskanzler Helmut Kohl versprochenen „blühenden Landschaften". Heute blüht es vielerorts, unter anderem dank dem Solidaritätszuschlag (Soli), den wider manche Legende auch die Ostdeutschen aufbringen mussten. Dennoch begann mit der Wiedervereinigung für viele ehemalige DDR-Bürger ein schmerzhafter Prozess der Aufarbeitung und der Vergangenheitsbewältigung. 40 Jahre DDR-Geschichte lassen sich nicht so einfach aus dem Bewusstsein und der Erinnerung der Menschen entsorgen. Was tun mit ehemaligen Mitgliedern des Politbüros, früheren Mauerschützen, den Hinterlassenschaften der Staatssicherheit?

Schließlich wurden die Akten eines ehemaligen Staatsgeheimnisses der Öffentlichkeit zugänglich gemacht. Sie boten Einblicke in eine Welt voller Geheimnisse und Abgründe. Die eigens dafür geschaffene Stasi-Unterlagen-Behörde unter der Leitung von Joachim Gauck, dem späteren Bundespräsidenten, kümmerte sich um die Bereitstellung und Rekonstruktion von sechs Millionen Personenakten. Etwa 110.000 Meter zu bearbeitenden Akten, in denen das Leben von Millionen DDR-Bürgern und auch Bundesbürgern dokumentiert war. Unzählige Fotos, Tausende von Filmen und Tonträgern. Geruchsproben, die man den Menschen teilweise an den Geschlechtsteilen (!) abgenommen und in Einweckgläsern konserviert hatte.

Nach dem Mauerfall befahl die Führung des schon bald umbenannten DDR-Ministeriums für Staatssicherheit den hauptamtlichen Offizieren eine gründliche Aktenvernichtung. Wochenlang liefen Papierschredder auf Hochtouren. Gleichzeitig landeten Millionen Aktenbögen von Hand zerrissen in Müllsäcken. Rechtzeitig konnte die DDR-Bürgerbewegung noch etwa 16.000 dieser Säcke sicherstellen. Aufgrund dessen wurden Tausende inoffizielle Mitarbeiter der Stasi enttarnt. Endlich war vielen Bürgern nach Jahren klar, wer sie hintergangen und verraten hatte. Wer Freund und wer Verräter gewesen war, warum sie keinen beruflichen Erfolg gehabt hatten und wer für Schikanen am Arbeitsplatz gesorgt hatte. Woran Freundschaften und Ehen zerbrochen waren, warum manche jahrelang unschuldig in Haft gesessen hatten.

Letztendlich trat am 31. August 1990 der Staatsvertrag zwischen beiden deutschen Staaten in Kraft – und die DDR trat dem Geltungsbereich des BRD-Grundgesetzes bei. Mit der Unterzeichnung des Zwei-plus-Vier Vertrags in Moskau, der die äußeren Aspekte der deutschen Einigung verbindlich regelt, erhielt ein neues Gesamtdeutschland seine volle Souveränität. Damit war die Teilung nach 45 Jahren überwunden. In Berlin feierten am 3. Oktober 1990 Hunderttausende die Wiedervereinigung vor dem Reichstagsgebäude und der Tag wurde im Rahmen eines Staatsaktes in der Berliner Philharmonie feierlich begangen. Bundespräsident Richard von Weizsäcker gelobte: *„In freier Selbstbestimmung wollen wir die Einheit in Freiheit Deutschlands vollenden. Für unsere Aufgaben sind wir uns der Verantwortung vor Gott und den Menschen bewusst. Wir wollen in einem vereinten Europa dem Frieden der Welt dienen."*

Die DDR war zeitlebens ein Auswanderungsland. Dieser Trend hat sich auch nach 1990 fortgesetzt, mit negativen sozialen und politischen Effekten für die „Bleibegesellschaft". Die Wende hatte den Westwärtstrend der Ostdeutschen nur zeitweise stoppen können. Die ehemalige DDR war weiterhin durch sinkende Bevölkerungszahlen gekennzeichnet. Gewandelt hatten sich allenfalls die Beweggründe der Wanderungswilligen; nicht mehr, wie vormals, politische Motive spielten eine Rolle, sondern es waren nunmehr hauptsächlich wirtschaftliche Erwägungen, welche die Wanderungswilligen leiteten. Massenhaft wurden Stellen abgebaut, Betriebe verkleinert oder geschlossen. Dabei gingen den ostdeutschen Bundesländern nicht nur Steuereinnahmen verloren, es zerbrach auch vielerorts das, was man die soziale Infrastruktur nennt: Arztpraxen, Krankenhäuser, Apotheken und Pflegeeinrichtungen, Schulen, kulturelle Institutionen, Sport- und Freizeitanlagen mussten schließen. Und während immer mehr junge Menschen in die Metropolen zogen, blieben die Alten in der Provinz zurück – mit verheerenden Folgen: Viele

Dörfer verödeten, Gebäude verfielen und weil sich die Geschäfte dort nicht mehr lohnten, schlossen Bäcker, Metzger, Banken und Supermärkte ihre Türen. Gleichzeitig verschärften sich in den bereits dicht bevölkerten Städten die Probleme um Wohnraum und Jobs, und im Osten wie im Westen fanden nur noch wenige Menschen den Weg in die Fußgängerzonen und Ladenzeilen der Innenstädte. Hintergrund war und ist bis heute ein tiefgreifender Strukturwandel infolge stadtplanerischen Wahnsinns, systematisch Kaufkraft außerhalb der Stadtgrenzen an die Peripherie auf die grüne Wiese zu verlagern. Einkaufszentren wurden zu Symbolen einer neuen randstädtischen Konsumwelt. Zusätzlich begann sich das Gesicht der Innenstädte mit dem immer attraktiver werdenden Onlinehandel zu verändern und kleine und mittelständische Händler in die Existenznot zu treiben. Unterdessen sind in einigen dünn besiedelten Gebieten rollende Supermärkte unterwegs, ersetzen die inzwischen dichtgemachten Dorfläden und versorgen so ausgestorbene Ortschaften mit dem Nötigsten. Denn wer kein Auto hat oder nicht mehr Auto fahren kann, der ist hier schnell aufgeschmissen.

ARMES REICHES DEUTSCHLAND

Seit Jahrzehnten spielen Woche für Woche in Deutschland Millionen Menschen Lotto, getrieben von dem Wunsch, reich zu werden. Doch ist „schnelles Geld" leider eine Illusion, auf die viel zu viele Menschen zu gerne hereinfallen. Seit den Fünfzigerjahren war es ein realistisches Ziel, durch harte, ehrliche Arbeit reich zu werden. Doch erfüllte sich dieser Traum mit der Zeit für immer weniger Menschen. Die Einführung der Niedriglohnjobs am Ende des vorigen Jahrtausends führte dazu, dass breite Bevölkerungsschichten am allgemeinen Wohlstand nicht mehr beteiligt wurden. Seither fürchtet insbesondere die „Mitte" der Gesellschaft trotz anhaltend hohem Wirtschaftswachstum den sozialen Abstieg und viele nähern sich mit ihrem Einkommen der Armutsgrenze. Die Schere zwischen Arm und Reich geht zusehends auseinander. Und viel häufiger als anderswo bestimmt die Herkunft den Lebensweg. Wer heute arm geboren wird, bleibt meist auch arm. Armut verhindert, dass Kinder ihre Potenziale entwickeln und entfalten können. Ihre Aussichten auf einen guten Bildungsabschluss sind gering, sodass bereits in jungen Jahren die spätere Berufswahl stark eingeschränkt ist. Häufig fehlen ihnen stabile familiäre Strukturen, darüber hinaus leben sie mit einem erhöhten Risiko, körperlich oder psychisch zu erkranken.

Deutschland geht es seit Jahrzehnten gut – könnte man meinen. Die Wirtschaft floriert, die Arbeitslosenquote verharrt seit Jahren auf einem verhältnismäßig niedrigen Stand, die Steuerquellen sprudeln. Und dennoch fühlen sich Millionen Menschen abgehängt. Die Mehrheit der Bundesbürger sind bereits seit den Achtzigerjahren des vorherigen Jahrhunderts davon überzeugt, dass es in Deutschland nicht gerecht zugeht und die arbeitende „Mitte" nicht das bekommt, was sie verdient. Sie fürchtet seitdem den sozialen Abstieg. Trotz anhaltend hohem Wirtschaftswachstum nähern sich immer mehr Menschen mit ihrem Einkommen der Armutsgrenze. Verkäuferinnen, Polizisten, Lehrer arbeiten Vollzeit, erziehen Kinder, pflegen Angehörige und kommen kaum über die Runden. Millionen Menschen arbeiten in Minijobs, in Jobs auf Abruf und hangeln sich von Befristung zu Befristung. Lebensplanung wird ihnen schwer gemacht, weil sie keine Bankkredite bekommen und nicht wagen, eine Familie zu gründen. Viele werden obdachlos, weil sie die horrenden Mieten nicht mehr zahlen können. Millionen Rentner gelten als armutsgefährdet und viele sind auf Grundsicherung angewiesen. Dabei sind Frauen besonders häufig von Altersarmut betroffen. Ihre Arbeitsverträge waren kurz, der Verdienst gering – für die Rente kam dadurch nur wenig zusammen. Zahlreiche Rentner suchen einen Nebenjob, doch die Arbeitsplätze für ältere Jahrgänge sind rar und viele Jobs gehen auf die Knochen. Fast jedes fünfte Kind in Deutschland gilt als arm oder armutsgefährdet. Dabei am stärksten betroffen sind Kinder Alleinerziehender.

Sozialer Aufstieg ist möglich – so lautete das Versprechen noch Jahre nach dem Zweiten Weltkrieg. Doch seit dem Ende des Kalten Krieges wird dieses Versprechen brüchig. Anstatt der Gewissheit, dass es die Kinder einmal besser haben werden, herrscht in vielen Schichten die Abstiegsangst und die Befürchtung, dass es den Kindern eher schlechter gehen wird.

Statistiken zeigen, dass der Anteil der überdurchschnittlich gut und der besonders schlecht Verdienenden in den letzten 30 Jahren zugenommen hat. Das Vermögen der Superreichen ist dabei bedeutsam gewachsen. Ein großer Teil des Wohlstands ist nicht von seinen Besitzern selbst erwirtschaftet, sondern stammt aus Erbschaften und Schenkungen. Ein großer Teil der Nachkriegsgeneration brachte es noch durch Arbeit zu Prosperität. Doch das Wirtschaftswunder gab es nur in Westdeutschland. In der DDR verhinderte eine sozialistische Diktatur, dass sich die Bevölkerung ein Vermögen aufbauen konnte. Heute ist es mit viel Mühe verbunden, ein Vermögen zu erschaffen, ohne zu erben. Wer heute ein Vermögen aufbauen will und kein Topmanager ist, müsste eigentlich in Aktien investieren. Doch für die haben sich die sicherheitsorientierten Deutschen noch nie wirklich interessiert; sie scheuen das Risiko.

Ungeachtet all dessen lassen bessere Ernährung und bessere medizinische Versorgung die Menschen immer älter werden, sodass die durchschnittliche Lebenserwartung unaufhörlich steigt.

Am 1. Januar 1999 wurde der Euro in Deutschland als Buchgeld etabliert, also für Bankgeschäfte, aber noch nicht als Bargeld eingesetzt. Als Zahlungsmittel wurde er schließlich am 1. Januar 2002 in Deutschland eingeführt.

KOSOVOKRIEG 1999

Der Zerfall des Vielvölkerstaates Jugoslawien hatte zu Beginn der 1990er-Jahre eingesetzt: Von den sechs Teilrepubliken der „Sozialistischen Föderativen Republik" erklärten sich Slowenien, Kroatien, Mazedonien sowie Bosnien und Herzegowina für unabhängig, übrig blieben nur Montenegro und Serbien mit der einstigen jugoslawischen Hauptstadt Belgrad. In der Folge entbrannte ein Krieg, in dem einerseits die Jugoslawische Volksarmee gegen die Unabhängigkeitsbewegungen kämpfte, andererseits die unterschiedlichen Bevölkerungsgruppen in den einzelnen Republiken sich untereinander bekämpften. Zwar gab es nationale Grenzen, aber die Ethnien überlagerten diese. Im Kosovo kämpften bereits seit 1997 bewaffente Gruppen für die Unabhängigkeit Serbiens. Um serbische Übergriffe auf die dortige Bevölkerung und Vertreibungen zu beenden, beschloss die NATO 1999 Luftangriffe, an denen Deutschland nicht tatenlos zusehen wollte. Zu einem Massaker wie wenige Jahre zuvor in Srebrenica sollte es nicht noch einmal kommen. Dieser Massenmord unter Führung des Militärchefs Ratko Mladic, bei dem in wenigen Tagen über 7.000 muslimische Bosnier getötet wurden, war in Europa das schlimmste Verbrechen gegen die Menschlichkeit seit Ende des Zweiten Weltkriegs. Was sich im Herrschaftsbereich der bosnischen Serben abgespielt hatte, beschrieb das UN-Tribunal einige Jahre später als „Szenen aus der Hölle, geschrieben auf den dunkelsten Seiten der Geschichte".

Der Deutsche Bundestag beschloss deshalb, sich an einem möglichen NATO-Militäreinsatz zu beteiligen. 79 Tage lang flogen neben Kampfflugzeugen der NATO auch deutsche Tornados Luftangriffe auf Ziele in Serbien. Zudem leistete die Bundeswehr mit fast 3.100 Soldaten humanitäre Hilfe für Flüchtlinge in Mazedonien und Albanien. Nach dem Ende der Kampfhandlungen beteiligte sich Deutschland an der Kosovo-Force (KFOR), um den Frieden im Land zu sichern. Die Luftangriffe auf Serbien lösten eine heftige öffentliche Debatte in der Bundesrepublik aus. Viele Menschen waren verwirrt und schockiert, weil ausgerechnet eine rot-grüne Regierung die deutsche Armee in einen Krieg hineinzog und sich am ersten Kampfeinsatz in der Geschichte der Bundeswehr beteiligte. Bundeskanzler Gerhard Schröder (SPD) und der Außenminister Joschka Fischer (Bündnis 90/Die Grünen) rechtfertigten die Angriffe und die deutsche Beteiligung: Es gehe darum, ein *„neues Auschwitz"* zu verhindern. Kritiker sprachen von einem *„Angriffskrieg"*, der laut Grundgesetz verboten sei. Besonders das pazifistisch geprägte Bündnis 90/Die Grünen war auffallend gespalten. Just nachdem sie zum ersten Mal Regierungsverantwortung übernommen hatten, drohten sie an der Kosovo-Frage zu zerbrechen. Auf einem Parteitag wurde Joschka Fischer als *„Kriegstreiber"* beschimpft und aus Protest mit einem Farbbeutel beworfen. Hunderttausende seit 1991 vor den serbischen Milizen geflohene Bosnier und Kroaten erhielten in Deutschland einen vorübergehenden Bleibestatus; viele kehrten nach Ende des Krieges 1999 zurück in ihre Heimat.

Am 27. Oktober 1998 war der ehemalige Ministerpräsident von Niedersachsen Gerhard Schröder zum siebten Bundeskanzler der Bundesrepublik Deutschland gewählt worden. Damit waren 16 Jahre Helmut-Kohl-Regierung zu Ende. Das Ergebnis der Bundestagswahl bedeutete ein Novum in der Geschichte der Bundesrepublik: Erstmals verlor eine Regierungskoalition ihre parlamentarische Mehrheit, und erstmals erhielten die Parteien, die sich traditionell als „links der Mitte" einstuften, mehr als 50 Prozent der Stimmen. Mit dem Ergebnis konnte Schröder die erste rot-grüne Koalition auf Bundesebene bilden. Weil zum ersten Mal Vertreter der neuen sozialen Bewegungen an die Regierung gelangten, sprach man vom „Projekt Rot-Grün", das einen Wandel in der politischen Kultur Deutschlands verkörpern sollte. Jahre zuvor, zu seinen Juso-Zeiten, soll Schröder nach einer Kneipentour am Zaun des Kanzleramtes in Bonn gerüttelt und geschrien haben: *„Ich will da rein!"* Nun war es ihm gelungen. Gerhard Schröder war nach Willy Brandt und Helmut Schmidt der dritte sozialdemokratische Bundeskanzler. Er machte als bislang einziger deutscher Bundeskanzler von der Möglichkeit Gebrauch, den Eid auf das Grundgesetz ohne religiöse Beteuerung zu leisten. Am 2. Mai 2001 bezog Schröder als erster Bundeskanzler das neu errichtete Gebäude des Bundeskanzleramts in Berlin. Selten hat es ein Kanzler geschafft, die Medien so für sich zu interessieren: Wenn er laut lachend nach einem Bier bat, wurde daraus ein Hit („Hol mir mal 'ne Flasche Bier"); schoss er irgendwo in der Provinz gegen einen Fußball, berichtete das Fernsehen ausführlich darüber.

Schröder berief den „Grünen" Joschka Fischer als Außenminister und Vizekanzler in sein Kabinett. Bis 1975 war Fischer Mitglied einer linksradikalen und militanten Gruppe in Frankfurt gewesen. Er beteiligte sich an mehreren Straßenschlachten mit der Polizei, in denen Dutzende von Polizisten zum Teil schwer verletzt wurden. Ein Foto zeigt den mit einem schwarzen Motorradhelm vermummten Joschka Fischer und Hans-Joachim Klein, später Mitglied der Revolutionären Zellen, wie sie gemeinsam auf einen Polizisten einschlagen. Später als Außenminister gestand er seine damalige Gewalttätigkeit reumütig ein.

NACHWORT

Ein Jahrhundert zu skizzieren, bedeutet auszuwählen, zusammenzufassen, sich zu beschränken, wegzulassen. Das 20. Jahrhundert hat in der Erinnerung praktisch aller Völker Europas tiefe und oftmals kaum verheilende Wunden hinterlassen. Es war in vielerlei Hinsicht ein Jahrhundert der Extreme, geprägt von Diktaturen, Weltkriegen, Hungerzeiten, exzessiver Gewalt, Ideologien und Massenmord; dafür stehen insbesondere die Jahreszahlen 1914 und 1939, der Ausbruch des Ersten Weltkriegs, die Entfesselung des Zweiten Weltkriegs und die dem menschlichen Geist unfassbare Katastrophe des Holocaust. Niemals hat eine Generation solch einen moralischen Rückfall aus geistigen Höhen erlitten, jene Erzpest des Nationalismus mit ihrer kollektiven Bestialität die Blüte der europäischen Kultur dermaßen vergiftet. Wie nur konnte aus dem Land der Mörder unser heutiges Land der Freiheit werden?

Der sich über Jahrzehnte hinziehende Kalte Krieg, die Teilung Deutschlands, der Mauerbau und die Wiedervereinigung, die unversöhnlichen Konflikte zwischen Faschismus, Liberalismus und Kommunismus hinterließen ebenfalls tiefe Spuren.

Aber das Deutschland des 20. Jahrhunderts wird auch in die Geschichte eingehen als erfolgreiche Demokratie, als Sozialstaat mit aus Trümmern erarbeitetem Wohlstand und Wiedervereinigung zweier divergierender Systeme. Wichtige Erfindungen und neue Technologien wie Elektronik, Kunststoffe, Medizintechnik und der Sieg über heimtückische Krankheiten veränderten das Land. Die Spaltung des Atoms, die Entdeckung des Weltraums, der Beginn des digitalen Zeitalters, das neue disruptive Innovationen in immer schnellerer Abfolge Menschen und Märkte beeinflusst, die Globalisierung der Technik durch eine engere, weltweite Vernetzung von Industrie- und Entwicklungsländern. Aber auch der steigende Komfort durch immer benutzerfreundlichere Mobile-Devices sowie die Multiplikationseffekte, die aufeinander aufbauende und sich verstärkende Technologien mit sich bringen. Ein Jahrhundert, das mit seinen historischen Ereignissen tiefgreifende Auswirkungen auf die Gesellschaftsordnung und das Selbstverständnis der deutschen Nation hatte. Ein Jahrhundert auch, dessen Aufarbeitung sich die deutsche Geschichtsschreibung verpflichtet fühlt.

Mit der Jahrhundertwende ergab sich nun die Chance, auf dem Fundament der Erkenntnisse von Zeitzeugen, Chronisten und Historikern einen ersten Blick zurück aus dem „neuen" 21. in das „alte" 20. Jahrhundert zu werfen; auf die aus deutscher Sicht zentralen Epochen und Einschnitte.

DANKSAGUNG

Mein besonderer Dank für Urteil, Rat und Hilfe gilt der historischen Beratung und Zusammenarbeit mit Helga Grote, Susanne Schwellinger und Gudrun Kemperle. Für die kritische Lektüre des Manuskripts danke ich Dr. Wolf-Dedo Toepser. Einen unverzichtbaren und unschätzbaren Beitrag leisteten außerdem die Korrektoren und Lektoren des Verlags sowie meine Autorenbetreuerin.

Ihnen allen ein besonderes Dankeschön.

QUELLEN- UND LITERATURVERZEICHNIS

Abé, Nicola, Veronica Kormaier, Alexander Sarovic – „Jagd auf Josef Mengele" – Der Spiegel – 11.09.2017

Abiweb.de – examio GmbH Siegen – „Die BRD – Ära Adenauer

Alliierten Museum Berlin – „Berliner Luftbrücke – Die Beauftragte der BRD für Kultur und Medien

Althaus, Johannes – „Als Deutsch-Südwestafrika kapitulieren musste" WeltN24 am 04.07.2015

Apfel, Petra – Spanische Grippe – FOCUS ONLINE – 14.01.2018

ARD/WDR: „Lebensborn" – Kinder für Hitler" Planet-wissen – 17.09.2014

Arnold, Mathias – „Aids, die Krankheit der Moderne" Pharmazeutische Zeitung – 28.11.2011

Austria Presse Agentur Eg 1060 Wien – „Der Anschluss Österreichs an Nazideutschland"

Bartenbach von, Catrin und David Baum – „Deutscher Adel" – Der Stern – 12.08.2019

Bayerischer Rundfunk: „Die bayerische Revolution" – 24.11.2008

Bedrosian, Tracy – Die DNA-Revolution" – Wissenschaft.de – 23.03.2018

Bento (SpiegelOnline): „Der Kugelgrill als Status" – 12.05.2018

Biess, Frank – „Republik der Angst" – Rowohlt Verlag – 2019

Blunchi, Peter – „Warum wir den 68ern unglaublich viel zu verdanken haben" – Watson News – 03.04.2018

Bohnensteffen, Marcel – 10 deutsche Unternehmen und ihre dunkle Nazi-Vergangenheit – Huffington Post – 08.06.2014

Bölsche, Jochen: „Ein Hammerschlag auf Herz und Hirn" – Der Spiegel – 21.02.2004

Bommarius, Christian – „Der gute Deutsche" – Die Ermordung Manga Bells 1914 – Berenberg Verlag – 2015

Bookmann, Hartmut, Heinz Schilling, Hagen Schulze, Michael Stürmer – „Mitten in Europa" Deutsche Geschichte – Siedler Verlag – 1984

Borchmeyer, Dieter – „Was ist deutsch" – Die Suche einer Nation nach sich selbst Rowoldt Verlag – 2017

Bosse, Ulrike – Erster Weltkrieg: Euphorie bis Ernüchterung – NDR Kultur – 29.07.2014

Brauer, Markus – „Wutredner und Choleriker" – Stuttgarter Nachrichten – 05.02.2015

Brauer, Wiebke – „Die Frau, die den perfekten Nazikörper schuf" – Spiegel Online – 19.04.2008

Bund Contergangeschädigter und Grünenthalopfer e.V – „Contergan Opfer"

Cardoso, Rafael – „Das Vermächtnis der Seidenraupen" – S. Fischer Verlag – 2016

Christ, Sebastian – „Angstdebatte" – The Huffington Post – 10.08.2015

Clark, Christopher Prof./Historiker – „Wer sind wir?" – Deutsche Gnies, Forscher, Tüftler und Erfinder – ZDF 05.11.2016

Clough, Patricia – Helmut Kohl – Ein Portrait der Macht – Deutscher Taschenbuch Verlag

Compact Magazin – Geschichte – 20.12.2017

CONDOR – (Deutsch-Chilenische Wochenzeitung) „Dichter, Denker oder doch Barbaren" – 21.04.2017

Craig, Gorden A./Rainer Beck – Weimarer Kultur – C.H.Beck Verlag – 1995

Cymes, Michel – „Hippokrates in der Hölle" – Die Verbrechen der KZ-Ärzte, Verlag Theiss – 2016

Czichon, Eberhard „Der Bankier und die Macht" – Hermann Josef Abs in der Deutschen Politik – Pahl-Rugenstein Verlag – 1970

Das Beste GmbH Stuttgart und ADAC Verlag GmbH München – „Deutschland Buch" – 1989

Das Gupta, Oliver – Als Erich Kästner seine Werke auf dem Scheiterhafen sah – SZ 11.05.2018

Das Gupta, Oliver – Wilhelm II. Hitlers Erfolge – C.H.Beck Verlag – 2008

Dettman, Ame – „Wir sind alle Afrikaner" – CONDOR, Deutsch-Chilenische Wochenzeitung – 04.08.2017 – Statement: Bärbel Auffermann, Nenderthal-Museum, Mettmann bei Düsseldorf

Deutsche Welle TV – Deutscher Mythos: Adolf Hitler und die Autobahn – 07.08.2012

Deutscher Bundestag – Misstrauensvotum im Deutschen Bundestag

Dollinger, Hans – „Das Kaiserreich" – Verlag Kurt Desch GmbH München – 1966

Dönhoff, Marion Gräfin – „Von Gestern nach Übermorgen" – Zur Geschichte der Bundesrepublik Deutschland bis 1981 – Albert Knaus Verlag – 1981

Driessen, Christoph – „Wer das noch versteht ist ziemlich alt" – Die Welt N 24 – 27.08.2015

Diessen, Christoph – „Sommerurlaub nach dem Krieg – Der Stern – 17.07.2018

Feddersen, Jan – Schwulenparagrafen – Ein Kommentar – Spiegel Online – 11.05.2016

Federl, Fabian – Schwulenverfolgung – DIE ZEIT – 06.08.2017

Fetcher, Caroline – „Kein Sex vor der Ehe" – Tagesspiegel/Kultur – 18.09.2018

Fischer, Leon – Krupp – Eine deutsche Familie" Ullstein Verlag – 2009

Fried, Johannes – „Die Anfänge der Deutschen" – Propyläen Verlag – 2015

FOCUS-Online – Gerichtsurteile bei Nachbarstreitigkeiten – 04.07.2018

FOCUS-Online – „Wenn erwachsene Kinder wieder bei den Eltern Einziehen" – 05.08.2018

Focus.de/wissen – „Das Wirtschaftswunder" – 21.06.2017

Föhrding, Hans-Peter – „Als die Welt sich abwandte" – Flüchtlingskonferenz von Evian 1938

Frank, Arno – „Streitkultur im Bundestag" – fluter/Magazin der Bundeszentrale für politische Bildung 21.02.2017

Frank, Mario – „Gauck – Eine Biographie" – Suhrkamp Verlag 2013

Fuhrer, Armin – Albert Speers erfundenes Attentat auf Hitler – FOCUS ONLINE – 03.04.2019

Fuhrer, Armin – „Aufputschmittel Pervitin im Dritten Reich" – FOCUS ONLINE – 07.01.2019

Galaktionow, Barbara: „Allgemeine Kriegsbegeisterung ist eine Mär" – Süddeutsche Z. – 06.08.2014

Ganguly, Martin Dr. – „Leben in den 50ern"- Bundeszentrale für politische Bildung

Ganslmeier, Martin – Rosinenbomber – ARD-Studio Washington D.C.- 26.06.2018

Geißler, Holger und Christoph Dösser – „Wie wir Deutsche ticken" – Verlag Edel Books – 2015

Gelsenzentrum – Portal für Stadt und Zeitgeschichte – „Nazi-Karrieren nach 1945" – 18.10.2017

GEO Epoche Panorama No. 11 – „Holocaust" – Der NS-Staat 1933–1945

Gerginow, David – „Konsum in der DDR" – GeVestor Ökonomie – 02.09.2013

Gilbert, Max – Einführung der Grundschule 2019 – Süddeutsche Zeitung – 13.09.2019

Grandt, Guido – „So bauten Nazis die BRD auf" – Watergate TV – 03.08.2016

Gruler, Sabine und Kirsten Wagner – redaction (at) zeitklicks.de

Gruler, Sabine – „Flucht und Ausreisewillige der DDR" – Bundesministerium für Familie

Grothe, Solveig – „Hotel Adlon", Deutschlands erste Adresse – Spiegel Online – 21.10.2007

Gottberg, Joachim von – „Sexualität in den 60er Jahren" – Televizion 18/2005

Große Kracht, Klaus – „Historikerstreit" – Docupedia Zeitgechichte – 11.01.2010

Gunkel, Christoph: „Kathedralen des Handels" – Spiegel Online – 04.06.2009

Gunkel, Christoph – Sexualkunde Atlas – Spiegel Online 12.06.2019

Guratzsch, Dankwart – „Das Bauhaus" – Welt am Sonntag – 03.01.2019

Harbou von, Knud – „Thomas Mann im Zweiten Weltkrieg" – Süddeutsche.de – 26.12.2015

Hellfeld, Matthias von – „Historikerstreit" – Deutsche Welle – 20.07.2011

Hemmann, Tino – „Hugo. Der unwerte Schatz" – Engelsdorfer Verlag – 2009

Hensel, Hannes – Honeckers geheimer Atombunker – Spiegel Online – 16.06.2008

Hermann, Katharina und Konrad – Honeckers unheimlicher Plan – ARD – 01.10.2018

Herbert, Ulrich, Prof. Dr. Dr. – „NS-Eliten in der BRD" – Wirtschaftsportal der Gerda Henkel-Stiftung

Herrmann, Ulrich – „Das Jahrhundert der Kinder" – ZDFinfo – 03.08.2016

Hilmes, Oliver – „Berlin 1936: 16 Tage im August" – Penguin Verlag – 2017

Hofmann, Günther – „Marion Dönhoff" – Die Gräfin, ihre Freunde und das andere Deutschland – C.H.Beck Verlag – 2019

Hoffman, Moritz – „Die abgeblasene Jagd auf Mengele" – Piqd – Zeit und Geschichte – 12.09.2017

Huber, Florian – Nachkriegszeit – Piper Verlag – 2017

Iken, Katja – „Kulturkampf um Badekleidung" – SPIEGEL ONLINE – 16.08.2012

James, Harold – „Krupp – Deutsche Legende und globales Unternehmen – C.H. Beck Verlag–2011

Janker, Karin – Kunst im Nationalsozialismus – Süddeutsche Zeitung – 04.06.2015

Jungbluth, Rüdiger – „Die Quandts" – Lübbe Verlag – 2002

Jungbluth, Rüdiger – „Die Oetkers" – Geschäfte und Geheimnisse der bekanntesten Wirtschafts-dynastie Deutschlands – Campus Verlag – 2004

Kaes Wolfgang und Andreas Stanetschek – Colonia Dignidad Chile – General Anzeiger 12.03.2005

Kahane, Peter und Toni Krahl – Botschafter des Sozialismus – ARD/rbb 11.02.2019

Kalischewski, Jennifer – „Braunes Büllerbü" – Berliner Morgenpost – 10.06.2018

Kaiser, Daniel – Thomas Mann BBC Rede – NDR Radio – 08.10.2008

Kellerhoff, Sven Felix: „Die Materialschlacht von Verdun" – WeltN24 – 15.02.2016

Kellerhoff, Sven Felix – Hitler-Verschwörungstheorien – Die Welt – 27.08.2018

Kellerhoff, Sven Felix – Die Kießling Affäre – Die Welt – 02.02.2018

Keseling, Uta – „Begrüßungsgeld" – Berliner Morgenpost – 09.11.2018

Kindel, Constanze – Deutschland unter dem Hakenkreuz – Teil 2 – GEO Epoche Dezember – 2012

Kleikamp, Antonia – „Spanische Grippe in Deutschland" – Welt Digital – 06.06.2018

Kleikamp, Antonia – „Zuchtstationen" – WeltN24 – 12.12.2015

Klein, Denni – Bombenhagel der Alliierten – Stern.de – 19.07.2018

Knackstedt, Günther – Colonia Dignidad Chile – Persönliche Ausführungen/Informationen des deutschen Botschafters in Santiago de Chile gegenüber dem Autor dieses Buches – 1989

Knopp, Guido Prof. – „Wilhelm und die Welt" – Zwischen Größenwahn und Depression – ZDF History – 25.11.2008

Koschmieder, Carsten – Antisemitismus in der NPD – Freie Universität Berlin – 2009

Kramper, Gernot – „Bombardierung von Guernica" – Der Stern – 26.04.2018

Kramper, Gernot – Der Mord an Rosemarie Nitribit – Der Stern – 28.10.2018

Kramper, Gernot – „Deutsche Erben" – Der Stern – 05.07.2017

Kratzer, Hans – Queen Besuch in Deutschland 1965 – Süddeutsche Zeitung – 25.05.2015

Kronauer, Jörg – „Burschenschaften" – 30.06.2011

Küble, Felizitas – „Der Komet Halley" – Christliches Forum – 01.01.2012

Küsters, Hanns Jürgen – „Konrad Adenauer" – Konrad Adenauer Stiftung

Kutscher, Florentine – Hördokumente in DIE WELT – 26.07.2018

Lahme, Tilmann über Alfred Kerr in „Die Manns: Geschichte einer Familie" – Fischer Verlag – 2017

Landeszentrale für politische Bildung Baden Württemberg: „Die Atomkatastrophe von Tschernobyl"

Langer, Fred – Operation Walküre – STERN.de – 20.07.2018

Leide, Henry – „Auschwitz und Staatssicherheit" – Verlag: Bundesbeauftragter f.d. Unterlagen des Staatssicherheitsdienstes der ehem. DDR

Leonhard, Jörn – „Was ist deutsch" – Süddeutsche Zeitung, Kultur – 04.12.2015

Leuschner, Udo – „Patriotismus" – Verein Deutsche Sprache: „Sprachnachrichten" Nr. 26 – 4/2005

Lietzmann, Hans J. – „Planungszellen" in einer älter werdenen Gesellschaft – Bergische Universität Wuppertal – 2004

Losse, Bert – „Milliarden fürs Brot" – Wirtschaftswoche – 08.10.2012

Lower, Wendy und Andreas Wirthensohn – „Hitlers Helferinnen" – Fischer Taschenbuch – 2016

Lüpke-Schwarz von, Marc – Wilhelm II. im Exil – Deutsche Welle – 15.08.2013

Lühmann, Hannah – „Was Sie über die Deutschen wissen müssen" DIE WELT – 27.01.2018

Machtan, Lothar – Kaisersturz: Vom Scheitern der Macht – 1918 – Verlag WBG

Manchester, William – „Krupp – Chronik einer Familie" Heyne Verlag – 1982

Mann, Golo: „Das Ungesunde seines Wesens" – Kaiser Wilhelm II. und die Bevölkerungsentwicklung im Kaiserreich – „Deutsche Geschichte des 19. Und 20. Jahrhunderts" – S.Fischer Verlag – 1992

Marohn, Norbert – „Röhm ein deutsches Leben" – Lychatz Verlag – 2011

Martens, Bernd – „Abwanderung von Ost nach West" – Bundeszentrale für politische Bildung – 30.03.2010

Meier, Sabine – TV Panne an Silvester – Spiegel Online – 16.06.2016

Merz, Jörg Martin – „Guernica oder Picasso" – Rombach Verlag KG – 2017

Meyer, Alwin – „Vergiss Deinen Namen nicht" – Die Kinder von Auschwitz – Steidl Verlag – 2015

Mitteldeutscher Rundfunk/Doku – Zwangsarbeit im Dritten Reich – Aktualisiert 21.09.2016

Mocek, Claudia – Mata Hari – Verlag Reclam, Philipp jun. 2017

Möller, Barbara – Deutschlandbesuch Königin Elisabeth II. 1965 – Die Welt – 23.06.2015

Möller, Horst – „Franz Josef Strauß: Herrscher und Rebell" – Piper Verlag – 2015

Mössbauer K., H. Ravic, A. Hänjes, T. Kittan und P. Volkmann-Schluck – 70 Jahre Berliner Luftbrücke – Bild Online – 17.06.2019

Moser, Ulrike – „Gesichter der Großstadt" – GEO Epoche Nr. 12

Moser, Ulrike – „Frieden ist keine Option" – GEO Epoche Nr. 12

Münstermann, Marius – „Völkische Siedler" – Fluter, Magazin der Bundeszentrale für politische Bildung – 19.06.2018

Muntermann, Natalie – „Berliner Mauer" – DDR – Geschichte – 11.03.2021

Naumann, Annelie – Massenmord von Demmin – Die Welt – 05.05.2018

Oppelland, Torsten – „Nationaldemokratische Partei Deutschlands – Bundeszentrale für politische Bildung – 05.06.2017

Parzinger, Hermann – „Der vergessene Krieg der Deutschen" – Maja-Maja-Aufstand in Tansania – Spiegel Online – 27.02.2017

Patalong, Frank – Die digitale Revolution – Spiegel Online 17.08.2007

Perger, Werner A. – „Der Kanzler der Einheit" – ZEIT Online – 16.06.2017

Peukert, Detlev – Ruhrarbeiter gegen den Faschismus – Röderberg Verlag – 1976

Pörtner, Rudolf – „Alltag in der Weimarer Republik" – Econ Verlag – 1990

Proske, Rüdiger – „Mitten in Europa" – Die Deutsche Geschichte – Offizielles Begleitmaterial zur Fernseh-Dokumentation SAT-1 – Archiv Verlag – 1989

Rademacher, Cay – „Mit Volldampf in den Untergang" – GEO Epoche Nr. 12

Riedle, Gabriele – „Das Bürgertum" – GEO Epoche Nr. 12

Röder, Matthias – „Anschluss" Österreichs – Die Welt – 07.03.2018

Röhl, John C.G. – „Kaiser, Hof und Staat" – Wilhelm II. und die deutsche Politik, C.H. Beck Verlag

Rother, Thomas – „Die Thyssens – Tragödie der Stahlbarone" – Bastei Verlag – 2003

Sager, Gesche – „Fritz Haarmann" – SpiegelOnline – 16.06.2009

Salentin, Ursula – „Fünf Wege in die Villa Hammerschmidt" – Herder Verlag – 1984

Salewski, Anja – „Der olle Hitler soll sterben" – Erinnerungen an den jüdischen Kindertransport nach England – Claassen Verlag – 2001

Schäfer, Hermann – „Die Pickelhaube" – Deutsche
   Geschichte in 100 Objekten – Piper Verlag 2015
Scharnowski, Susanne – „Heimat – Die Verlustangst ist real"
   Gastbeitrag – DIE ZEIT – 17.2.2018
Schierack, Sarah – „Die Deutschen sind Grill-
   Europameister" – Augsburger Allgemeine – 12.06.2016
Schoepp, Sebastian – „Seht zu, wie ihr zurechtkommt" –
   Westend Verlag – 2018
Schwarz, Ullrich – „Das Gesicht der Bundesrepublik" – Neue
   Heimat – Dölling und Galitz Verlag
Schwerersand.wordpress.com – Leningrader Blockade –
   03.03.2018
Schulz, Klaus – „Deutsche Geschichte und Kultur" –
   Langewiesche Verlag/Hans Köster – 1972
Sloterdijk, Peter – „Was geschah im 20. Jahrhundert ?" –
   Suhrkamp Verlag – 2017
SPIEGEL ONLINE: „Erziehung im Dritten Reich" –
   17.02.2008
SPIEGEL ONLINE: „Backstage bei der Peepshow" – Spiegel
   Online – 20.01.2009
Spiegel Zeitgeschichte – „Die letzten Geheimnisse der alten
   BRD – Konrad Adenauer – 15/2017
„Statista" – Das Statistik Portal zum Grillen in Deutschland
Steinke, Lars (AfD-Politiker) über Claus Schenk Graf von
   Stauffenberg – Die Welt – 01.08.2018
Stern.de – „Täter oder Opfer" – „Anschluss Österreich" –
   12.03.2018
Storkmann, Klaus – „Moral Execution of a General" –
   (Aufsatz in: „International Journal of Military History
   and Histography" 37/2017 – Verlag Brill Leiden
Strauß, Franz Josef, Zitat: „*Ein Volk, das diese wirtschaftlichen
   Leistungen vollbracht hat, hat ein Recht darauf, von
   Auschwitz nichts mehr hören zu wollen*" – Frankfurter
   Rundschau – 13.09.1969
Strauß, Franz Josef: „*Es ist mir egal, wer unter mir
   Bundeskanzler wird*" – Der Spiegel – 21.04.1975

Studlib – freie digitale Bibliothek – „Der deutsche Film in den 1950ern

Süddeutsche Zeitung/Magazin – Schlacht bei Verdun – 20.01.2014

Süddeutsche Zeitung/Photo-Archiv – „Wie Hitler an die Macht kam" – 30.01.2013

Straub, Prisca – Anstößige Badebekleidung – Radio Bayern 2 – 18.08.2017

Taz: Die Tageszeitung – „Heimkinder gehen leer aus" – 12.01.2009

Tuchel, Johannes – Widerstand im Nationalsozialismus – ZEIT-Geschichte Nr. 4/2018

Ueckert Maya – Queen Elisabeth II. 1965 in Hamburg – NDR – 26.05.2015

Ulrich, Volker – Ernst von Weizsäcker und die Juden – DIE ZEIT – 30.01.2019

Van der Gönna, Lars – „Schauspieler im Dritten Reich" –

Vogel, Hans Joachim – „Die Amtskette" über Franz Josef Strauß – Süddeutscher Verlag 1982

Wange, Gerd – „Weltreligion versus Sexualität" – AIDS – Engelsdorfer Verlag 2017

Weinke, Annette – „Die Nürnberger Prozesse" – Verlag C.H. Beck Wissen – 2019

Weizsäcker, Richard von – „Vier Zeiten" – Erinnerungen – Pantheon Siedler Verlag – 2010

Wiederschein, Harald – „Blutpumpe, Knochenmühle, Hölle" – FOCUS ONLINE – 21.02.2016

Wiederschein, Harald – So grausam waren die Menschenversuche der KZ-Ärzte – FOCUS ONLINE 07.03.2016

Wilhelm II. Kaiser – „Kaiser Wilhelm II. und sein Uniform-Tick – Süddeutsche Zeitung – 27.01.2014

Yad Vashem, Gedenkstätte Jerusalem – „The Holocaust Martyrs and Heroes"

Young, Christopher – München 1972 – Zeitgeschichte – 2018

ZDF – Glanz und Gloria – „Kleinstaaterei" – 12.07.2015

ZDF-Frontal 21 – Wenn die Eltern Fremde sind – 12.02.2019

ZDF-History – Ein Tag in der Kaiserzeit – 18.12.2016

ZDF-History – Junge Pioniere in der DDR – 18.10.2017

ZDF-History – Margot Honecker – 06.01.2019

ZDF-History – Mallorca – Die Geschichte unseres Urlaubs – 20.08.2018

ZDFinfo Doku – „Studentenverbindungen" – 06.06.2019

ZDFinfo Doku – „Geheimnisse der Weimarer Republik" – 17.01.2017

ZDFinfo Doku – „Früher war alles besser" – Die 70er und 80er Jahre – 15.01.2015

ZDFinfo Doku – Das unterirdische Reich – Von Wunderwaffen und Sklavenarbeitern – 21.09.2017

ZDFinfo Doku – TV in der DDR – 07.06.2019

ZDFinfo Doku – „Schatten der Vergangenheit" – DDR nach dem Mauerfall – 13.09.2018

ZDF-zeit – Superbauten der Geschchte – Der Reichstag in Berlin – 16.03.2010

ZDF-zeit – Türkische „Gastarbeiter" – 26.01.2019

ZDF Dokumentationsreihe – „Böse Bauten" Hitler Architektur im Schatten der Alpen – 04.03.2017

ZEIT Online „Schrebergarten" – Hinter seiner Hecke regiert der Eigensinn – 02.06.2017

Zerback, Ralf – „Kriegslügen" – DIE ZEIT – 31.08.2017

Zilles Berlin – „Man kann mit einer Wohnung töten" – Spiegel Online – 29.01.2015

Zusammenfassung.info, Hamburg – Weimarer Republik

Der Autor

Gerd Wange wurde 1941 in Bonn geboren und hat seinen Wohnsitz in Chile. Nach dem Abitur absolvierte er an der staatlichen Filmakademie in London eine Ausbildung zum Dokumentarfilmer und arbeitete im Anschluss vierzig Jahre auf sechs Kontinenten als freiberuflicher Kameramann und Regisseur. Höhepunkte seiner beruflichen Karriere sind die Mitarbeit an der Dokumentationsreihe „Auf der Suche nach der Welt von morgen" mit dem Journalisten Rüdiger Proske sowie an der populären Fernsehserie „Weltenbummler" mit Hardy Krüger. Der engagierte Autor hat bereits zwei Bücher veröffentlicht: „Ein Wanderer zwischen den Kulturen" (2010) sowie „Weltreligion versus Sexualität" (2017).

novum VERLAG FÜR NEUAUTOREN

Der Verlag

> *Wer aufhört*
> *besser zu werden,*
> *hat aufgehört*
> *gut zu sein!*

Basierend auf diesem Motto ist es dem novum Verlag
ein Anliegen, neue Manuskripte aufzuspüren, zu veröffentlichen und deren Autoren langfristig zu fördern.
Mittlerweile gilt der 1997 gegründete und mehrfach
prämierte Verlag als Spezialist für Neuautoren in
Deutschland, Österreich und der Schweiz.

**Für jedes neue Manuskript wird innerhalb we-
niger Wochen eine kostenfreie, unverbindliche
Lektorats-Prüfung erstellt.**

Weitere Informationen zum Verlag und
seinen Büchern finden Sie im Internet unter:

w w w . n o v u m v e r l a g . c o m